경제를 살리는 민주주의

EAI
동아시아연구원

EAI 정책연구시리즈 ⑥

경제를 살리는 민주주의

장 훈 · 김병국 · 정진영 공편

EAI
동아시아연구원

Making Democracy Work in South Korea

Reform for Economic Prosperity

Edited by

Hoon Jang, Byung-Kook Kim & Jin-Young Chung

EAI
EAST ASIA INSTITUTE

머리말

맹렬한 더위에 아랑곳하지 않고 노무현 대통령과 여당이 개혁을 향해 매진할 태세를 갖추던 2004년 여름(대통령은 탄핵에서 벗어났고 여당은 지난 봄의 선거에서 과반수를 확보하였다), 김병국 동아시아연구원장과 필자는 한 쪽짜리 메모를 앞에 두고 토론을 벌이고 있었다. 요지는 요란스런 개혁 어젠다보다는 "3류 정치가 한국경제의 발목을 잡고 있다"는 친숙한 주장을 차분하게 새로이 검토해야 할 때라는 것이었다. 모두가 정치개혁, 과거청산, 북핵위기를 얘기하던 그 여름에 우리 두 사람이 민주주의와 경제선진화를 고민했던 데에는 몇 가지 배경이 있었다.

첫째, 한국 민주주의를 새로운 단계로 이끌고 간 노무현 정부의 과제, 그리고 그에 대한 국민의 평가는 앞으로 정치보다는 경제문제에 집중될 것이고 또한 집중되어야 한다. 신념에 따라 극명하게 갈라지는 정치실험에 대한 평가와 달리 선진경제라는 과제는 신념이나 지역, 세대를 넘어선 우리 모두의 절실한 삶의 문제이기 때문이다. 둘째, 경제문제를 습관적으로 경제의 눈으로만 보아서는 새로운 비전을 찾을 수 없다는 반성이었다. 경제선진화는 정치의 질, 국민의식, 사회질서의 변화가 어우러져 만들어가는 '개혁의 종합판'이라고 보았기 때문이다. 셋째, 2년 전 《대통령의 성공조건》의 출판을 통해서 현 단계 한국 민주주의의 실험에 대해서 비상한 관심을 갖고 있는 우리는 모든 정부의 업적은 성과로 평가받는 것이고, 이러한 성과의 핵심은 지금 단계에서는 경제선진화라는 확신을 갖고 있었다.

연구주제가 확정되면서 연구팀의 구성과 준비는 순조롭게 진행되었다. 사회학, 언론학, 행정학, 정치학, 노사관계학, 국제관계학 등 여러 분야에서 맹렬하게 활동하는 11분의 전문가들이 기꺼이 경제선진화에 대한 비경제적 접근이라는 생소한 주제의 연구팀에 합류하였다. 또한 《중앙일보》는 이번에도 흔쾌히 동아시아연구원에 재정지원을 약속하였다. 이에 따라 2004년 12월에 "민주주의 새 구상" 팀이 발족하였다. 이후 연구팀은 2005년 가을까지 거의 매달 세미나를 열어 각자의 구상을 다듬고 핵심주장들을 일관된 틀에 담는 작업을 하였다. 이 과정에서 필자들 사이에서 합의되지 않는 생각들이 제외되기도 하고 신선한 생각들이 새로이 추가되기도 하면서 공동연구의 장벽을 하나씩 하나씩 넘어설 수 있었다.

연구팀의 출범에서부터 출판에 이르는 과정이 순조로웠던 데에는 무대 뒤의 살림꾼, 백혜영 대외협력팀장의 공이 컸다. 공동연구팀에서 공통적으로 생겨나는 책임의 분산과 중복에 따른 어려움들과 필자가 서울을 비워서 생기는 공백 등은 모두 백 팀장의 끈질긴 노력과 정열에 의해서 눈 녹듯 사라지곤 했다.

2006년 6월

EAI 거버넌스연구센터 소장 장 훈

EAI 정책연구시리즈 ⑥

경제를 살리는 민주주의

차 례

제 3 부 국민의식이 중요하다

제 1 부

민주정부의 역량강화

• 경제선진화를 향한 한국 민주주의의 새 구상
장 훈 · 정진영

• 기로에 선 한국경제: 무엇이 문제인가?
나성린

• 경쟁국가시대의 정부역량
이홍규 · 김병국

• 경쟁국가의 정치사회 : 통합과 다층화의 정치사회를 위한 제도 · 이념 · 행위의 개혁
장 훈

서 론

경제선진화를 향한 한국 민주주의의 새 구상

장 훈 · 정진영

오늘날 우리는 한국경제의 현재와 미래에 대해 안타깝고 우려하는 마음을 갖고 있다. 불경기가 지속되고 실업자와 빈곤층이 늘어나는 가운데 선진국 진입의 자신감마저 잃어가고 있다. 현재의 어려운 터널을 지나면 밝은 내일이 올 것이라는 기대를 갖기가 힘들다. 우리 경제의 미래에 대한 희망과 비전이 제시되지 못하고 있기 때문이다.

10여 년 전 민주화가 시작되던 무렵 우리는 민주화가 정치의 정상화를 가져올 뿐 아니라 시장경제의 선진화를 이끌어갈 것으로 기대하였다. 그러나 적잖은 시간이 흐른 오늘의 시점에서 돌아보면, 한국의 민주화가 정치적 삶의 질을 높이는 데에는 기여해 왔지만 경제적 삶을 더 윤택하게 하는 데에는 실패했다. 달리 말해, 지난 10년은 경제의 선진화라는 측면에서 볼 때 잃어버린 세월이었다.

지난 10년간 한국경제는 외환위기를 겪었고, 성장 잠재력을 소진했으며, 선진국 진입의 문턱에서 주저앉을지 모른다는 우려감을 팽배하게 만들었다. 한국의 민주주의가 경제선진화에 기여하지 못하고 있는 것이다. 누구도 경제선진화를 위해서 권위주의 시대로 되돌아가야 한다고 생각하지 않는다. 그러나 대다수의 한국인들은 한국 민주주의에 뭔가 문제가 있으며, 선진국 진입을 위해서는 이러한 것들이 고쳐져야 한다고 생각한다.

다시 말해, 이제 우리는 민주주의의 틀 속에서 시장경제를 선진화하고 활성화하는 데 기여할 수 있는 새로운 정치질서와 국가의 모델을 찾아야 할 시점에 서 있다. 새로운 질서 모색의 핵심은 우리가 오랫동안 의지해온 이른바 발전국가 모델로부터 벗어나 새로이 경쟁국가의 모델로 전환하는 데 있다. 경쟁국가(*competition state*)란 발전국가처럼 경제와 사회 영역의 다양한 부문을 지배하면서 성장이란 목표를 향해서 나라를 끌고 가지는 않는다. 경쟁국가는 기업, 노동, 시민사회가 각각의 자율성과 경쟁력을 최대한 발휘하도록 촉매역할을 하는 국가이다. 효율성, 경쟁성, 개방성이 사회 각 부문에서 가장 근본적인 원칙이 되도록 사회와 정치질서를 유도하는 치어리더의 역할을 하는 국가가 경쟁국가이다.

우리가 발전국가의 오랜 유산으로부터 벗어나 경쟁국가로 전환하기 위해서는 크게 세 가지의 변화가 요구된다.

첫째, 국가의 역량은 사회의 통합과 공정한 경쟁의 유지, 비전제시의 역할에 맞도록 재조정되어야 한다. 강력한 권위와 집중된 권력을 중심으로 사회와 경제를 지배하던 국가는 이제 탈권위, 탈집중화의 시대에 걸맞게 자신의 역량을 재정립해야 한다. 국가는 기업, 노동, 시민사회 사이에 일하는 관계가 조성될 수 있도록 엄정한 심판과 치어리더의 역할을 해야 한다. 엄정한 심판에 의해서 게임의 규칙이 바로 설 때 민간경제의 활력이 시작된다. 또한 국가는 민간의 활력이 생산적인 방향으로 집중될 수 있는 비전을 제시해야 한다. 아울러 국가는 성장과 분배의 조화, 자율과 책임의 조화를 통해서 경제주체들 사이의 연대의식과 통합을 이끌어야 한다.

둘째, 정치권과 시장경제의 주역들 사이에 일하는 관계가 정립되어야 한다. 이들 사이에 일하는 관계를 구축하기 위해서는 세 가지의 인프라가 절대적으로 긴요하다. 공정한 게임의 규칙, 한배를 탄 공동체 의식, 상호신뢰와 존중이 그것들이다. 국가와 대기업의 관계는 규제와 감독에서 신뢰와 선택적 감시의 관계로, 국가와 언론 사이에는 건전한 긴장관계가, 기업과 노동 사이에는 신뢰와 협력의 관계가, 대통령과 국회 / 야당 사이에는 견제와 상호협력의 관계가 일하는 관계의 핵심이다.

셋째, 의식의 복합화가 이루어져야 한다. 선진경제는 제도와 행위, 관계의 개혁만으로 진입할 수 있는 클럽이 아니다. 선진경제는 사회의 여러 주체들의 의식의 복합화를 통해서만 다가설 수 있다. 정부는 자율과 책임의식 사이에서, 대기업은 경쟁력과 사회적 책임의식 사이에서, 정치권은 운영능력과 대표능력 사이에서, 시민은 민족주의와 세계주의, 분배와 성장의 가치 사이에서 균형을 추구하는 복합적 의식을 길러야 한다.

그렇다면 민주화 이후 한국 민주주의는 왜 이러한 변화를 주도하는 데에 실패했는가? 한국에서 민주주의와 경제선진화는 함께하기 어려운 나쁜 조합인가? 한국에서 민주주의와 경제선진화가 상호충돌과 악순환에 빠진 까닭은 무엇인가? 민주주의 정치와 경제 사이의 선순환을 향한 변화를 우리는 어떻게 추구할 것인가? 이러한 문제들에 답하기에 앞서서 우리는 먼저 정치(민주주의)와 경제(시장)에 관한 일반적인 논의를 간략히 소개하고자 한다. 이어서 한국에서 민주주의와 경제선진화가 상호충돌하고 있는 실상을 논의할 것이다. 그리고 마지막으로 경제선진화를 이끌 수 있는 한국 민주주의의 10가지 조건에 대해서 논의할 것이다.

1. 정치와 경제, 민주주의와 시장

정치와 경제는 인간 삶의 본질적인 부분이다. 인간이 사회생활을 하는 한, 둘 중의 어느 것으로부터도 자유로울 수 없다. 인간의 이기심과 자원의 희소성을 고려할 때, 먹고사는 문제의 해결은 자원의 배분문제와 직결돼 있고, 이는 다시 사회질서의 조직과 운영이라는 본질적으로 정치적인 문제와 불가분의 관계에 있다. 정치와 경제의 영역을 구분하는 것은 단순히 편의를 위한 것일 뿐이다. 마치 이들이 분리될 수 있는 것처럼 가정하는 것은 학문적 연구의 관습을 좇는 일일 뿐이다. 정치와 경제가 분리되어 순수한 형태로 작동하도록 해야 한다는 주장은 본질적으로 비현실적이며 이념적이다. 현실세계에서 이 영역은 긴밀하게 상호작용하고 있는 하나의 통합된 실체이다. 시장이 정치적으로 빈 공간에서 작동하지 않듯이, 민주주의 역시 특정한 경제적 환경에서 운영된다. 정치와 경제, 민주주의와 시장은 긴밀히 상호작용한다. 이러한 상호작용의 결과 시장경제와 민주주의가 상호 보완적으로 발전할 수도 있고 상호 파괴적으로 망할 수도 있다. 우리는 한국에서 민주주의와 시장경제가 함께 발전할 수 있는 길을 모색해 보고자 한다. 이를 위해 우리는 먼저 둘 사이의 관계에 대한 일반적인 이야기부터 간단히 정리해 보려고 한다.

1) 시장경제와 민주주의의 보완성

"시장경제가 반드시 민주주의를 가져오는 것은 아니지만 모든 민주주의는 시장경제에서 발견되고 있다." 린드블룸(C. Lindblom)이 《정치와 시장》(*Politics and Markets*)에서 제기한 이래 널리 받아들여지고 있는 주장이다. 시장경제는 민주주의를 위한 훌륭한 토대를 제공한다. 시장경제의 작동을 위해 필요한 재산권과 개인의 자유는 정치적 민주주의를 위해서 필요불가결하다. 그런데 시장경제의 성숙한 발전도 민주주의를 필요로 한다. 재산권과 개인의 자유를 아래로부터 지켜내기 위해서다. 그러나 시장경제와 민주주의는 기본적으로 상이한 방법으로 사회를 조직하고 자원을 배분한다. 따라서 시장경제와 민주주의가 상호 보완적으로 작동하기 위해서는 둘 사이의 적절한 조화와 균형을 필요로 한다. 어느 한 쪽 극단으로 치우치면 다른 쪽의 존재와 발전을 위협한다. 이러한 시장경제와 민주주의 사이의 상호 보완적 성격은 다음의 세 가지로 요약될 수 있다.

(1) 정치적 자유와 경제적 자유의 상호 보완성

역사적으로 볼 때, 재산권의 확립과 경제활동의 자유는 정치적 자유를 위한 중요한 기초가 되었다. 사적 생활에서의 자유가 보장되지 않은 채 공적 생활에서의 자유를 보장할 수 없다. 따라서 시장경제의 발전과 경제적 자유의 성장은 민주주의를 위한 사회적 기초를 제공했다.

(2) 시장경제와 민주주의 작동원리에 있어서의 유사성

시장에서는 소비자가 왕이다. 기업가들은 소비자의 선호에 맞추어 상품을 공급한다. 소비자의 선호를 맞추지 못하면 도태한다. 정치의 영역에서는 유권자가 주인이다. 정치인들은 유권자의 선호에 맞추어 정책대안을 제시한다. 유권자의 지지를 얻지 못하는 정치인과 정당은 도태한다. 이와 같이 상품시장에서 소비자 주권과 정치시장에서 국민주권은 유사한 효과를 창출한다. 상품시장과 정치시장을 비슷한 시각으로 분석하려는 시도가 나타나는 이유가 바로 여기에 있다.

(3) 경제적 풍요가 민주주의의 안정성을 증대

민주주의는 시장경제가 창출하는 경제적 풍요를 기반으로 꽃피울 수 있다. 빵을 위해 자유를 팔아야 할 정도로 가난한 사람이라면 정치적 자유에 기초한 권리를 제대로 행사할 수 없다. 국민을 배불리 먹게 해줄 수만 있다면 독재라도 좋다는 생각이 지배적인 사회에서 민주주의는 발전할 수 없다. 시장경제는 높은 수준의 경제적 효율성을 통하여 경제성장을 가능하게 하고, 이는 민주주의의 발전에 적합한 토양을 제공한다.

2) 시장경제와 민주주의의 상충성

그러나 민주주의와 시장경제는 숙명적으로 상충하기도 한다. 이는 우선 시장이 비민주적이기 때문이다. 또한 민주주의와 국가의 작동은 시장경제의 효율성과 상충적일 수 있다.

(1) 시장경제의 비민주성

민주주의의 '1人 1票'와 시장경제의 '1弗 1票'는 본질적으로 상충적이다. 더욱이 선거나 이익집단 로비와 같이 정치적 영향력 행사에 돈이 많이 드는 경우 경제적 불평등은 곧 정치적 불평등으로 연결된다. 그리고 시장경제에서 자본은 특권적 지위(*privileged position*)를 누린다. 자본의 투자활동을 강제할 수는 없으나, 자본의 활동은 특정한 지역사회나 국가경제 전체의 경제적 상황에 중대한 영향을 미친다. 자본가들의 투자결정이 고용, 임금, 소비, 복지의 수준에 막대한 영향을 미치기 때문이다.

(2) 민주주의의 경제적 비효율성

민주주의와 시장 사이의 상충성은 국가기구와 민주주의의 작동이 시장의 논리와는 다르게 일어나고, 그 결과 시장의 효율성을 저해하는 데서 찾을 수 있다. 이와 관련해서 우리는 다음의 두 가지를 언급할 수 있다. 우선, 정치적 경기순환(*political business cycles*)이다. 정치시장에서 정치인과 유권자의 합리적인 선택은 요구(*demand*)와 지지(*support*)를 서로 교환하는 것이다. 유권자의 표를 얻으려는 정치인들은 유권자의 요구를 들어주는 방향으로 정책을 결정하고, 정부로부터 혜택을 받기를 원하는 유권자들은 그 대가로 자신의 지지를 제공한다. 정치인과 유권자 사이의 이러한 관계는 선거를 주기로 경제정책의 기조가 바뀌는 결과를 종종 초래한다. 그리고 지대추구행위(*rent seeking behavior*)의 발생이다. 국가의 경제개입과 경제관리가 자원의 배분에 영향을 미치는 정도가 크면 클수록 개인이나 집단들은 국가의 정책결정이 자기들에게 유리한 방향으로 이루어질 수 있도록 영향력을 행사하려 할 것이다. 이와 같이 국가정책에 대한 영향력을 통하여 독점적 수익을 추구하는 행위를 가리켜 지대추구행위라 부른다. 그 결과 사회 전체적으로 비효율과 낭비가 초래된다.

(3) 사회적 형평성에 대한 상충적인 인식

시장경쟁의 논리에서 보면 개인의 경제활동에 대한 몫은 그의 기여에 대한 대가이다. 어떤 사람에게 얼마만큼의 소득을 배분해야 정당한 것인지에 대한 선험적인 기준이 없는 가운데, 시장경쟁을 통한 기여의 평가와 소득의 배분은 정당할 뿐만 아니라 바람직하다. 개인들로 하여금 자신의 가치를 높이기 위한 노력을 하게 만들고 이로 인하여 사회 전반의 효율성이 증가할 것이기 때문이다. 그러나 인간의 평등과 일인일표의 원리에 기초하고 있는 민주주의의 논리에서 보면, 경제적 불평등은 정치적 불평등을 낳을 수 있고 인간의 자유를 제한할 수 있다. 따라서 정치적 과정을 통하여 불평등을 해소하려는 경향이 발생한다. 그런데 이것이 지나치면 시장의 작동 자체를 어렵게 하거나 왜곡할 수 있다.

3) 민주적 통제와 시장의 조화

이와 같이 시장과 민주주의 사이에는 보완적인 측면과 상충적인 측면이 함께 존재한다. 시장과 민주주의는 각각의 존재와 발전을 위해서 서로를 필요로 하기도 하지만, 서로에게 해로운 영향을 미치기도 한다. 그러나 시장과 민주주의는 모두 그 자체로는 불완전한 자원배분기구이다. 따라서 둘 사이에 상호 보완적인 관계가 작동할 수 있도록 하는 제도의 고안과 운영이 중요하다. 민주주의의 작동은 시장의 효율성을 해치지 않는 방향으로 작동하도록 해야 하고, 시장은 심각한 사회적 불평등과 이에 따른 혼란을 초래하지 않도록 적절히 조절되어야 한다. 한편으로 국가는 교육, 사회간접자본 등 공공재의 공급과 외부효과가 큰 경제활동의 지원, 독과점 규제 등의 활동을 적극적으로 수행해야 한다. 그러나 다른 한편으로 국가의 낭비, 비효율, 부정부패는 일소되어야 한다. 시장의 효율성은 적극적으로 추구되어야 하지만, 시장기구가 사회의 모든 기능을 대신할 수 있다는 생각은 위험하다. 시장이 생산하는 불평등, 비인간적 사회관계는 시장에 대한 민주적 통제를 통하여 제어되어야 한다. 이러한 방법으로 시장과 민주주의가 조화를 이룰 때, 시장경제도 번성하고 민주주의도 건강하게 발전할 수 있다.

2. 민주화 이후 민주주의와 시장경제의 충돌: 다섯 가지 병목현상

상호충돌과 보완의 가능성을 모두 안고 있는 민주주의와 시장경제의 관계가 민주화 이후 한국사회에서는 보완보다 충돌의 경향을 보여주었다. 양자 사이의 보완을 가로막는 다섯 가지의 병목현상이 민주화 이후 우리 사회에 나타나고 있기 때문이다.

첫째, 세계화·민주화 시대에 요청되는 정부의 역량이 크게 부족하다. 민주화 이후 한국의 정부들은 정치에 열중해 왔는지는 몰라도 정책에 열중하지는 못했다. 특히 세계화 시대에 요구되는 한국의 국가경쟁력을 증대시키기 위한 노력을 경주하지 못했다. 물론 과거 개발연대와 같은 국가의 역할은 대내외적으로 더 이상 통용될 수 없다. 그러나 민주화·세계화 시대에 적합한 국가의 역할은 아직 정립되지 못했다. 따라서 국민들은 정부가 무슨 일을, 그것도 제대로 하고 있는지 감을 잡을 수가 없다. 정치만능이 정책부재의 현실을 더욱 뚜렷이 부각시켜 주고 있다.

둘째, 정치제도의 작동도 원활하지 못하다. 노무현 대통령은 지역주의 정치와 여소야대의 현실에 따른 정책집행의 어려움을 토로한 적이 있다. 이것이 한국 정치의 고통스러운 현실임에는 틀림없다. 이와 같은 문제가 선거제도의 개혁과 같은 방법으로 개선될지는 의문이다. 그러나 정치가 여야간의 대립구도를 중심으로 이루어지고 대화와 타협이 아니라 반목과 대립이 주된 양상인 현재의 한국정치의 모습은 개선돼야 한다. 국가적 문제를 해결하기 위한 생산적 정치가 아니라 상대방을 죽이기 위한 파괴적 정치가 성행하기 때문이다.

셋째, 주요 경제행위자들의 역할과 이들 사이의 건설적인 관계가 정립되지 못하고 있다. 한국경제에서 재벌들의 역할, 정부-재벌관계, 재벌-중소기업 관계가 혼란스럽다. 재벌들의 국제경쟁력과 수출을 통한 국민경제에 대한 기여를 인정하면서도 과거의 비리와 독과점적 지위에 대한 비난이 그칠 날이 없다. 정부의 시장개입이 크게 약화되었음에도 불구하고 국가권력에 대한 재벌의 두려움은 여전하다. 중소 하청기업들에 대한 재벌들의 횡포가 종종 문제가 되고 있는 것도 현실이다. 노사관계도 여전히 불안정하다. 일부 대기업 노조들을 중심으로 투쟁적인 활동방식이 변하지 않고 있는 가운데, 사측의 노조에 대한 태도도 노무관리 위주로 이루어지는 과거의 행태를 벗어나지 못하고 있다.

넷째, 사회적 불평등이 심화되는 가운데, 이에 대한 대책은 부적절하고 이를 둘러싼 사회적 갈등은 심화되고 있다. 한국경제의 세계화와 더불어 부익부 빈익빈 현상이 심화되고 있다. 특히 외환위기 이후 실업과 고용불안이 늘어나고 빈곤층이 증가하고 있다. 이러한 불평등 심화는 사회적 안정을 해치고, 결국 경제에도 부정적 영향을 미칠 수 있다. 그러나 이 문제를 해소 또는 완화하기 위한 국민적 합의가 부족하고, 정부의 대책 역시 부적절하거나 부족하다. 복지체계의 필요성에 대한 합의는 어느 정도 마련돼 있지만 수익과 비용의 배분과 같은 구체적 방법에 대해서는 의견이 엇갈린다. 아래로부터의 요구는 증가하고 있지만 정부의 약속은 제대로 실현되지 못하고 있다. 많은 경우 말이 앞서 약속은 했지만 재정적인 이유 등으로 인하여 행동이 따르지 못하고 있다. 사회적 불평등 심화, 빈곤층 증대, 사회적 요구와 불만의 증대가 한국정치의 불안요인으로 등장하고 있다.

다섯째, 효과적인 정책추진에 필요한 인프라가 갖추어져 있지 않다. 우선 정책담당자들의 전문성이 부족하다. 정책의 선택과 추진이 위로부터 일방적으로 이루어지던 과거의 방식이 아니라, 정책의 선택과 집행이 민주사회의 상호작용과정 속에서 이루어지는 민주적 정책능력이 부족하다. 시민사회와 언론의 태도도 건설적이라기보다 파괴적이고 편파적이다. 정부정책에 대한 중립적 감시자라기보다 맹목적 지지나 반대의 태도를 보인다. 홍위병이나 비판언론과 같은 말들이 자연스럽게 들릴 정도이다. 정책의 결정과 추진과정에 대한 합리적인 감시와 협력의 자세가 필요하다. 정부의 역할이나 시장경쟁에 대한 국민의식도 개선될 필요가 있다. 정부가 모든 것을 할 수 있는 시대가 아니다. 모든 것을 정부의 책임으로 돌리는 것은 적절하지 못하다. 그리고 시장경쟁의 불가피성을 인정하고 승패에 승복하는 자세가 필요하다. 물론 과거에는 시장경쟁 자체가 상당부분 불공평했다. 그러나 이제 많은 개선이 이루어졌고, 이를 위한 노력이 이루어지고 있다. 물론 공정한 경쟁의 룰을 만들고 이를 엄정히 집행하기 위한 정부의 노력도 계속돼야 한다. 시장 개방에 대한 국수주의적 태도도 극복돼야 한다. 우리의 국내시장은 닫아놓고 해외 수출시장을 이용하는 데는 한계가 있기 때문이다. 개인의 복지와 기업의 생산성 증대 차원에서 수입의 긍정적 역할도 인정해야 한다.

3. 경쟁국가를 향한 한국 민주주의의 10가지 조건

시장경제와 민주주의가 선순환하는 경쟁국가를 건설하기 위하여 한국 민주주의가 추구해야 할 과제는 10가지이다. 우리는 이러한 변화들을 통하여 국가역량의 강화, 일하는 관계의 정립, 의식의 복합화가 이룩될 것으로 믿는다. 이들 하나하나를 검토하는 것이 이 책의 핵심내용이다.

(1) 한국경제의 장기적 성장동력을 찾아야 한다.
(2) 정부의 민간부문 지원역량이 강화돼야 한다.
(3) 일하는 관계를 만들어가는 정치사회의 역할이 중요하다.
(4) 국가-대기업 관계는 신뢰와 선택적 감독으로 바뀌어야 한다.
(5) 공생과 생산 중심의 노사관계를 확립해야 한다.
(6) 생산적 복지국가를 통한 성장과 분배의 조화가 필요하다.
(7) 자율적 개혁을 통한 언론의 갈등관리 역할강화가 필요하다.
(8) 정부와 시민사회의 협치를 이룩해야 한다.
(9) 국민경제의식의 개방화·복합화가 필요하다.
(10) 선진통상국가체제를 확립해야 한다.

1) 기로에 선 한국경제: 장기적인 성장동력을 찾아야 한다

(1) 위기의 증후군

- 경기침체의 지속
- 양극화의 심화
- 장기적인 성장동력의 저하

(2) 위기의 원인

- 경제적 요인: 잠재성장률의 둔화 / 노동의 양 증가율 둔화 / 자본의 양 증가율 하락 / 자본의 질 증가율 둔화 / 인적자본의 증가율 둔화/ 산업구조의 후진성 / 서비스산업의 후진성 / 정보지식산업의 후진성
- 비경제적 요인: 정부의 경제운영 능력의 하락 / 노사관계의 불안정

(3) 경제선진화의 과제

선진화의 가장 큰 목표는 더불어 잘 사는 것이다.

- 당분간 5% 이상의 성장을 지속해야 한다.
- 정부와 기업의 경쟁력이 핵심이다.
- 정부경쟁력: 시장체제 기반의 확충 / 경쟁의 활성화 / 성장잠재력의 극대화 / 인적경쟁력의 강화 / 기술개발의 강화 / 작고 효율적인 정부
- 기업경쟁력: 기업투자의 활성화 / 중소기업 / 벤처기업의 경쟁력 제고 / 신성장산업의 경쟁력 / 금융산업의 경쟁력
- 더불어 잘 사는 노력이 경제선진화의 요체이다.
  - 효과적이며 생산적인 생산적 복지국가의 수립이 필요하다.
  - 지나친 소득재분배 정책이 불평등을 완화하는 것은 아니다.
  - 균형발전은 적절한 수단을 통해서 추구해야 한다.
  - 노블레스 오블리주는 선진화의 필수적인 미덕이다.

2) 민간부문에 신바람을 불어넣는 정부의 역량강화가 필요하다.

우리가 선진경제로 진입하기 위해서는 경제시스템 자체의 개혁도 중요하지만, 경제가 운영되는 환경이 중요하다. 환율, 임금과 같은 경제영역뿐만 아니라 교육, 정치개혁과 같은 비경제영역도 시장경제의 환경이라고 본다면, 이를 운영해가는 정부의 역량은 대단히 중요하다. 그러나 민주주의가 반드시 정부의 신장된 능력을 보장하는 것이 아니다. 민주주의는 오히려 국가발전을 가로막는 무질서와 혼돈만을 만들어 낼 수도 있다. 따라서 이러한 부정적 요소들을 제어해 나갈 수 있는 정부의 역량과 사회적 지혜가 절실하다.

(1) 정부역량이란

- 사회의 다양한 요구를 수용하면서도 생산적인 방향으로 사회의 에너지가 집중될 수 있도록 비전을 창출하고 집행하는 능력
- 경제주체들 사이에 예측가능하고 일관된 게임의 규칙이 자리잡을 수 있도록 엄정한 심판으로서의 역할을 하는 능력

(2) 정부역량의 조건

정부가 이와 같은 역량을 제대로 발휘하려면 정부의 내부역량과 외부의 상황이 서로 부합하여야 하므로 정부의 역량이란 기본적으로 상황특성적인 것이라고 할 수 있다. 정부의 역량이 최대화되기 위해서는 정부시스템 내의 제반요소들이 '내적 정합성'을 갖추어야 하고, 정부의 역량과 국민의 요구가 일치되는 '외적 정합성'을 아울러 갖추어야 한다.

- 정부역량의 내적 정합성: 정부 시스템을 구성하는 공무원의 지식과 가치관, 행정문화, 정부업무의 프로세스, 유인제도와 보상 사이의 정합성

- 정부역량의 외적 정합성: 대통령의 비전과 리더십, 국민의 욕구와 가치체계, 그리고 정치사회 사이의 정합성

(3) 민주화의 터널

민주주의가 반드시 정부역량의 강화를 가져오는 것은 아니다. 오히려 민주주의는 사회 각 부문의 자율성이 늘어나면서 과거의 발전국가 시대에 유지되던 정부역량의 내적·외적 조건은 모두 와해되었다.

- 외적 조건의 와해
  - 대통령의 비전은 국민의 욕구와 부조화를 이루었고 리더십은 저하되었다.
  - 국민의 욕구는 다원화되었지만, 가치와 행위의 괴리는 심화되었다.
  - 정치사회는 여소야대의 반복과 시민단체의 등장으로 인하여 불안정성이 증대되었다.
- 내적 조건의 와해
  - 공무원의 능력저하 및 우수인재의 유입, 몰입도가 저하되었다.
  - 유인제도의 혼란, 승진의 지체와 명예심의 쇠퇴가 일어났다.
  - 업무프로세스의 표준화는 이루어졌지만, 여전히 통제적 특성이 유지되고 있다.
  - 발전국가 시대의 문화와 민주화 시대의 문화가 여전히 혼재하고 있다.

(4) 경쟁국가의 정부역량

경쟁국가의 경쟁력을 뒷받침할 정부의 역량은 외적·내적 조건의 전환을 통해서 증진된다.

- 외적 조건
  - 대통령은 공유하는 비전을 제시하고 실천적이고도 효과적인 리더십을 발휘해야 한다.
  - 국민 욕구의 고도화는 상생과 조화의 원칙으로 대응해야 한다.
  - 정치사회는 효과적인 갈등조정을 위한 통합능력을 발휘해야 한다.
- 내적 조건
  - 공무원의 지적역량 증진과 고객지향성이 정착되어야 한다.
  - 유인제도: 성과관리와 분명한 보상에 기반한 유인제도가 확립되어야 한다.
  - 선택과 집중, 효과적 조정의 업무프로세스가 확립되어야 한다.
  - 민주적 행정문화가 정착되어야 한다.

3) 일하는 관계를 만들어가는 정치사회의 역할이 중요하다.

(1) 정치사회의 역할

경제의 선진화는 기업과 노조, 이익단체들 사이에 일하는 관계가 원활하게 작동할 때 가능하다. 이들 사이에 일하는 관계가 정립되도록 하는 데 대통령, 국회, 정당의 역할은 막중하다.

- 엄정한 심판으로서의 능력: 일하는 관계는 예측가능하고 안정적인 게임의 규칙 위에서만 가능하다. 이러한 게임의 규칙을 엄격하게 관장하는 것이 정치사회의 능력이다.
- 치어리더로서의 능력: 정치사회는 장기적인 비전을 제시하고 이를 통해서 경제주체들에게 신바람을 불어넣는 것이 정치사회의 역할이다.

(2) 민주화의 터널

한국의 초기 민주화는 정치사회를 지탱하는 핵심가치인 대표성과 운영능력 사이의 균형이 대표성 쪽으로 크게 기우는 결과를 가져왔다. 따라서 정치사회의 운영능력이 현저하게 약화되고 이것이 정치사회의 전반적인 능력의 저하를 가져왔다.

- 민주화의 진전에 따른 개방형 정치체제가 등장하였다.
  - 대통령, 국회의원선거 후보 선출과정의 민주화와 개방화가 이루어졌다.
  - 정당내부의 정책결정, 자원배분 과정의 민주화가 크게 진전되었다.
  - 비례대표제의 확대에 따른 민주적 대표성이 강화되었다.
  - 정치자금제도: 기존의 독과점체제의 약화에 따른 부분적 개방이 이루어졌다.

(3) 조 건

정치사회가 일하는 관계를 만들어 가는 역할을 정상적으로 이끌어가기 위해서는 다음의 두 가지 균형과 복합화가 필요하다.

- 대표성과 운영능력 사이의 균형

  대표성은 줄곧 확대되어 왔지만, 운영능력의 신장은 그에 맞추어 이루어지지 못했다. 따라서 대표성과 운영능력 사이의 균형을 꾀하는 정치제도의 개혁이 필요하다.
- 제도와 의식의 균형

  제도의 개혁은 제도를 운영하는 행위자의 의식, 행동의 변화와 맞물릴 때에만 효과를 발휘할 수 있다. 따라서 정치사회를 구성하는 주요행위자 (대통령, 의원, 시민, 이익단체)들의 의식전환이 반드시 필요하다.

- 다층적 차원에서의 역할

  정치사회의 역할과 능력은 이제 다층적 차원으로 확대되어야 한다. 기존의 민족국가의 수준뿐만 아니라 국제, 지역의 차원으로 확대될 때, 정치사회는 세계화의 환경 속에서 우리 경제가 선진화하는 데에 기여할 수 있다.

4) 경쟁국가와 대기업의 관계는 대립과 규제로부터 신뢰와 선택적 감독의 관계로 전환해야 한다.

지난 40여 년간 한국의 초고속 경제성장을 주도해 온 핵심조직으로서의 발전국가와 대기업은 여전히 중요하다. 그러나 경제선진화를 위해서는 이들의 역량과 관계가 근본적으로 새로워져야 한다. 선진경제의 견인차는 국제경쟁력과 사회적 책임의식을 함께 갖춘 대기업이어야 하며, 국가는 공정한 경쟁이 이루어지도록 제도정비와 감독의 역할을 해야 한다. 이들의 새로운 역량강화와 더불어 이들의 일하는 관계의 재정의가 필수적이다.

(1) 역 량

- 경쟁국가: 경쟁국가의 역량은 공정한 경쟁을 촉진하여 시장 중심의 경제운용을 강화하고 이를 통해 한국경제의 경쟁력을 강화하는 것이다. 이를 위해서 제도를 정비하고, 간접규제를 통해서 시장친화적 규율기능을 확대하는 것이다.
- 대기업: 대기업의 역량강화는 국가의 보호와 규제로부터 벗어나 독립적인 존재로서 세계시장에서 경쟁력을 강화하는 것이다. 이를 위해서 대기업의 투명경영이 절대적 조건이다. 대기업의 역량은 또한 사회적 책임경영을 통해서 증진된다.

- 법적·도덕적 합법성을 꾸준히 추구하는 윤리경영
- 재벌이익의 사회환원을 위한 사업의 강화
- 중소기업의 핵심능력 강화를 위한 사업의 확대가 필요

(2) 경쟁국가와 대기업의 일하는 관계

대기업과 국가역량의 강화만으로는 선진경제에 진입할 수 없다. 대기업과 국가의 유착관계는 이제 비전을 공유한 협력과 신뢰의 관계로 전환되어야 한다.

- 일하는 관계의 출발은 국가가 경제에 대한 기존의 직접적인 개입과 규제를 포기하는 것이다. 즉 국가가 경제와 맺는 관계는 지도와 규제로부터 감시와 감독으로 전환되어야 한다.

(3) 민주화의 터널

발전국가 시대의 이념과 체제에 익숙해있던 대기업과 국가는 민주화와 더불어 근본적인 혼란을 경험하게 되었다. 그리고 이러한 혼란이 대기업과 국가가 자신의 역할과 관계를 새로이 정의하는 데에 장애로 작용했다.

- 대기업이 겪는 혼란은 주로 네 분야이다.
  - 경영체제: 기존의 지배구조와 전문경영인의 갈등
  - 기업문화: 권위적 문화와 민주적 문화의 혼재에 따른 갈등
  - 빠르게 감소되는 국가 의존도에 따른 혼란
  - 경쟁하는 이익집단들의 영향력의 가파른 증가
- 국가가 겪는 혼란은 주로 네 분야에서 나타난다.
  - 국가의 목표가 성장과 분배 사이에서 혼란을 겪고 있다.
  - 국가의 역량과 자원: 발전국가의 구습은 단지 불완전하게 개혁

되었을 뿐이다.
- 국제환경은 급격한 시장개방을 요구하고 있다.
- 국가의 정당성의 근거와 논리가 혼란에 빠져 있다.

(4) 조건

- 대기업: 경영체제는 투명경영 / 윤리경영 / 사회적 책임을 근간으로 삼아야 한다.
  - 기업문화는 민주적이고 유동적인 문화로 전환되어야 한다.
  - 낮아진 국가의존도에 새로이 적응해야 한다.
- 국가: 국가의 목표는 경제 활성화에 초점을 두어야 한다.
  - 경제활성화의 핵심기관은 경쟁국가이다.
  - 국가의 정당성은 선진경제를 이끌어가는 치어리더로서의 역할로부터 나온다.

5) 경제선진화는 공생과 생산중심의 노사관계를 통해서 이루어진다

대한민국을 선진국으로 이끄는 노사관계는 곧 경제발전과 민주주의에 기여하는 노사관계이다. 다시 말해, ① 고임금의 고용을 충분히 창출하고, ② 빈곤을 극소화하고 절대약자에 대한 사회적 보호를 충분히 하고, ③ 모든 경제주체의 인센티브가 공공의 이익에 배치되지 않도록 효율적으로 조정함으로써 경제발전에 기여하는 노사관계가 선진형 노사관계이다. 아울러 ① 법치주의를 통해서, ② 자유경쟁과 기회균등을 보장하고, ③ 절대약자를 보호하는 민주적 노사관계가 경제선진화를 향한 노사관계이다.

(1) 민주화의 터널

권위주의 정권 시대에 노사관계는 불균형 성장전략에 종속되어 있었다. 따라서 국가가 주도하는 억압적인 노사행정은 민주화 시대에 들어서면서 지속불가능하게 되었다. 그러나 참여와 개방이라는 민주화의 흐름이 성숙하고 생산적인 노사관계로 바로 이어진 것은 아니었다. 오히려 민주화는 한편으로 대립적 노사관계를 불러왔으며 경제위기 이후에는 노동시장의 양극화가 시작되었다.

• 대립적 노사관계

1987년 민주화 이후 적대적 의식 속에서 노사가 '힘의 대결'을 통해 문제를 해결하려는 분배중심의 적대적 노사관계가 등장하였다. 즉 노조 집행부의 정치적 동기보다는 조합원의 경제적 이익의 추구가 가장 중시되는 실리적 조합주의가 대두하였다. 이는 임금교섭이라는 '파이 나누기'에 집중하는 결과를 가져오고 따라서 임금 이외의 다른 주요한 문제들이 외면당하는 상황을 낳게 되었다.

• 노동시장의 양극화

1987년 이후 기업들이 고임금 추세에 적응하기 시작하면서 노동시장의 양극화가 빠르게 진행되고 있다. 즉 비정규직의 비중이 증가하고, 학력간의 임금격차가 확대되고, 종신고용의 패턴이 붕괴되는 양극화가 진행되고 있다.

• 고용불안의 가중과 조합 이기주의의 심화

고용불안이 가중되면서 노동조합은 더욱 조합원 보호를 강화하기 위해 파업을 시도하든지 혹은 해외투자에 대한 노조의 동의를 요구하게 된다. 이에 대응해서 기업은 투자를 보류하고 해외투자를 우선함으로써 국내 일자리의 창출이 위축되는 결과를 가져오고 있다.

• 정치논리에 기반한 노사정책과 파행적 노사질서

정부가 노사관계를 다루는 데에 있어서 법과 원칙을 엄정하게 집행하지 않음으로써 원칙이 실종되었다. 이는 근본적으로 법과 원칙보다는 정치적 상황논리에 따라서 노사문제를 접근하는 정부의 자세에서 비롯된 것이다.

(2) 역 량

세계화, 지식정보화, 기술변화에 대응해서 직업의 안정성과 노동자 복지를 지키면서 아울러 경제의 활력을 유지하는 기업과 노동자 관계의 역량강화가 요청되고 있다.

• 세계화와 노사관계의 변화

세계화의 진전에 따라 자본의 이동은 원활해지고 있는 반면, 노동의 이동은 상대적으로 제한됨에 따라 노동의 경쟁력이 산업경쟁력을 좌우하는 핵심요소가 된다. 이때 노동의 경쟁력은 유연한 작업조직과 노동력의 효율적인 배치에 의해서 좌우된다.

• 지식정보화와 노사관계의 변동

가장 정확한 현장지식을 갖춘 현장 노동자들의 의사결정에 대한 참여가 높아지면서 '분권화와 참여'의 노사관계가 요구된다. 지식이 핵심요소가 되면서 지식격차는 생산성 격차, 임금격차로 연결되고 궁극적으로 임금격차는 인적자본의 지식축적의 인센티브가 되어야 한다.

(3) 조건

공생의 원칙에 기초한 생산중심의 노사관계를 지향하기 위해서 다음의 원칙들이 확립되어야 한다.

- 저임금계층의 보호 강화
  - 저임금의 원인은 저숙련, 저기술에 있으므로 이들의 기술 수준을 높이는 방향으로 직업훈련, 직업소개 등의 인력개발 정책을 통해 노사관계를 개선해야 한다.
  - 상대적 약자인 비정규직이 법제도 적용에서 불리한 대우를 받지 않도록 하는 것이 중요하다.
  - 비정규직 노동자들의 노동 3권이 보장되어야 한다.
  - 기업에 의한 복지지원이 취약한 노동자 계층에 대해서 국가가 보완해주는 복지 프로그램을 제공하되, 참여근로자의 회비와 연계해서 지원을 마련하는 것이 바람직하다.

- 노동시장 변화에 대응하는 유연성
  - 노동자 고용가능성의 제고: 한 직장에서의 종신고용이 아니라 외부 노동시장에서도 고용가능성을 높이는 방향으로 노동조합원에 대한 직업훈련이 필요하다.
  - 집단적 노사관계와 개별적 노사관계의 균형: 다양성과 유연성이 확대되는 미래환경에서 집단적 노사관계의 사회통합 기능을 높이고 개별적 노사관계의 경직성을 완화하는 변화가 필요하다.

- 원칙중시의 노사질서 확립
  - 정부 중재노력의 핵심은 중재의 공정성이다.
  - 법 집행의 엄정성을 강화하기 위하여 원칙 준수에 대한 도덕적 해이를 막아야 한다.

6) 성장과 분배의 조화는 생산적 복지국가를 통해서 추구해야 한다

세계화와 한국사회의 인적구성의 변화라는 도전에 대응하여 한편으로 국민들에게 보편적인 국가복지를 제공하면서 동시에 한국경제의 다양한 집단들이 시장경쟁력을 갖추도록 지원하는 것이 생산적 복지국가의 핵심적인 역할이다. 다시 말해 복지정책과 노동시장의 연계를 통해서 복지제도가 경제선진화에 기여하도록 하는 한국형 근로연계복지국가가 생산적 복지국가이다. 이를 통해 성장과 분배의 조화를 꾀할 수 있다.

(1) 역 량

생산적 복지국가는 일, 안정, 경쟁력의 조화로운 증진을 통하여 성장과 분배의 조화를 꾀하는 것이다. 생산적 복지국가의 역량은 다음의 세 가지에 집중된다.

- 일과 고용기회의 제공: 적극적 노동시장정책과 경기부양정책을 통해서 추구한다.
- 생활안정 수준의 제고: 인구집단의 특성별 복지수요를 개발해야 한다.
- 생산성의 향상: 노동시장의 경쟁력을 증진시켜 물질적 번영을 꾀한다.

(2) 관 계

생산적 복지국가는 노동시장의 일자리, 선진경제의 경쟁력, 사회적 안전망의 제공이라는 상이한 세 가지 목표 사이의 조화와 균형을 추구하는 경쟁국가의 안전판이다. 따라서 이는 다음의 새로운 관계들에 기반하고 있다.

- 국가복지와 민간부문: 민간부문을 도입하여 시장경쟁적 요소를 국가복지와 결합한다.
- 근로연계복지: 복지프로그램을 구직노력과 근로소득과 연계함으로써 일과 복지를 연계한다.
- 수요중심에서 공급중심으로: 국가부담의 완화에 역점을 두는 공급중심으로 전환함으로써 재정건전성과 복지정책을 연계한다.

(3) 민주화의 터널

민주화 이후 복지제도의 획기적인 발전이 이루어졌지만, 복지수요의 폭증, 장기적 관점의 부재, 제도설계의 미비로 인하여 많은 비용과 혼란이 가중되어 왔다.

- 정책의 남발: 정책의 효과, 정책간의 상호충돌에 대한 고려 없이 정책이 추진되었다.
- 장기비전의 부재
- 재정악화: 사회보험의 급격한 확대와 더불어 보험재정 고갈 위기가 발생하였다.
- 혜택의 역진성: 중산층에게 많은 혜택이 돌아가는 반면, 정작 하층민과 빈곤층에게 혜택이 적게 돌아가는 역설이 발생하였다.
- 도덕적 해이의 증대
- 사회적 정의 개념의 혼란: 국민의 권리와 의무에 대한 명확한 개념 규정 없이 복지정책이 확대되었다.
- 복지전달체계의 낙후성

(4) 조건

현재의 복지국가를 생산적 복지국가로 재편하기 위해서는 다음의 조건들이 긴요하다.

• 제도적 상호연계의 확대: 복지정책은 국민의 삶을 풍요롭게 하는 포괄적 정책영역이므로 복지와 관련된 조세, 경제, 고용, 빈곤 네 개 분야의 상호연계가 필요하다.
• 사령탑의 설정과 부서간 이해조정: 부처간 이해충돌을 조정하고 중장기적 기획안을 마련하고 정책효율성을 평가·수정하며, 정책의 구상, 입안, 도입과정을 관장하는 총괄조직이 필요하다.
• 정책평가와 연구능력의 제고: 임의적으로 부가 도입되는 복지정책의 폐단을 지양하기 위해서 정책의 효과와 비용효율성을 상시적으로 점검하는 평가기구, 그리고 장기적인 관점에서 정책을 구상하는 연구기구가 필요하다.

7) 자율적 개혁을 통해서 언론의 갈등관리 역할을 강화해야 한다

선진경제로 진입하기 위해서는 언론의 역할도 중요하다. 민주화와 세계화로 인하여 사회적 갈등은 폭발적으로 늘어났지만, 사회적·경제적 갈등의 관리가 정치권에게만 맡겨져야 하는 것은 아니다. 언론 역시 사회적 갈등을 관리하고 사회통합에 기여하는 역할을 해야 한다. 민주적 공론장을 통해서 사회통합이 높은 수준으로 유지될 때 선진경제로의 진입이 가능하기 때문이다. 언론의 정상성의 회복을 위해서는 정부가 주도하는 타율적 개혁이 아닌 언론 스스로에 의한 자율적 개혁이 이루어져야 한다.

(1) 역량

• 민주적 공론장의 역량: 국민의 다양한 의견을 반영하되 갈등을 관리·조정하는 언론의 역량이 필요하다.
• 경제뉴스의 확대: 세계화 시대에 폭증하고 있는 세계경제정보를 충실하게 전달하는 역량이 강화되어야 한다.

- 경제보도의 심층성 강화: 한편으로 경제환경 변화를 면밀하게 감시하면서 동시에 경제관련 이슈에 대한 종합적인 시각을 제공해야 한다.

(2) 관 계

언론의 공론장으로서의 역량을 강화하기 위해서는 정부와 언론 사이의 적대적 관계가 건전한 긴장관계로 변화되어야 한다.

- 민주화 이후 언론과 정부의 관계는 권위주의 시대의 억압적 관계로부터 민주화 이후 정부에 의한 차별적 포섭의 관계로 변화해왔다.
  - 공론장의 축소와 언론시장의 왜곡을 가져왔다.
- 정부는 언론에 대한 불간섭 정책으로 나아가야 하고 시장기제에 기반한 언론의 자율적 개혁의 환경을 조성해야 한다.

(3) 민주화의 터널

민주화에 따른 개방과 개혁이 한편으로 언론의 양극체제를 낳고, 이는 갈등해소 역량의 위축으로 이어지고 또한 언론시장의 실패가 나타났다.

- 경제권력으로부터의 자유 위축: 언론소유주와 광고주의 언론에 대한 영향은 여전히 유지되고 있다.
- 과잉경쟁으로 인한 시장의 실패: 언론시장의 개방과 더불어 과잉경쟁의 폐해들이 속출하고 있다.
- 언론의 과도한 정치도구화:
  - 언론개혁운동이 이념갈등의 핵심으로 등장하면서 언론개혁의 목적과 방법에 대한 합의도출이 어려워졌다.
  - 보수언론과 공영방송 및 마이너언론 사이의 양극체제가 등장하였다.

(4) 조건

선진경제 진입에 기여하는 언론의 역량강화를 위해서 세 가지의 조건이 절대적이다.

- 자율적인 개혁: 외부단체나 정부의 힘을 빌린 언론개혁은 궁극적으로 언론의 자율성과 독립성을 훼손하게 된다.
- 미디어의 글로벌화: 국내 미디어의 해외진출과 해외 미디어의 국내진출을 고루 대비함으로써 언론의 경쟁력을 강화해야 한다.
- 미디어시장의 정상화: 시장의 건전성과 투명성의 제고가 언론시장 정상화의 핵심이다.

8) 경제선진화를 향한 정부와 시민사회의 협치

민주화 이후에 역량이 급격히 강화된 시민사회와 정부가 협력과 감독, 자율과 통제의 균형관계를 유지할 때 시민사회와 정부는 경제선진화를 향한 선진적인 협치의 관계를 만들어 갈 수 있다. 시민사회는 시민의 이익을 보호하고 참여의 미덕을 살려나가는 역할에 충실하기 위해서 내부개혁이 필요하며, 정부 역시 자율 또는 규제라는 특정한 모델에 얽매이지 말고 시민사회의 역할을 북돋아주는 관계를 모색해야 한다.

(1) 역량

협치의 한 축으로서 시민사회는 세 가지의 핵심적인 역량을 발휘해야 한다.

- 권력에 대한 견제세력으로서의 역할과 시민을 대표하여 집단행동을 주도하는 정치적 기업가의 역할을 맡아야 한다.
- 시민사회가 정책결정자들에게 정보를 제공하고 또한 정부가 제공

하기 힘든 공익적 서비스—교육, 의료보건, 법률서비스, 예술 및 문화—를 제공함으로써 정부의 짐을 덜어준다.

- 공신력있는 시민결사체들이 자발적으로 이익갈등을 조절하고 협력을 이끌어냄으로써 신뢰와 호혜적 네트워크의 역할을 할 수 있다.

정부는 협치의 한 축으로서 시민단체를 지원하는 역할을 통해서 협력적이고 건설적인 시민사회 - 정부의 관계를 구축할 수 있다.

- 정부는 시민결사체들에 대한 직접적인 지원보다는 세제혜택, 공공시설물의 이용, 자원봉사활동 지원법과 같은 제도들을 통해서 시민사회의 역량을 간접적으로 지원할 수 있다.

(2) 민주화의 터널

권위주의 시대에 국가가 시민사회를 강력하게 통제하던 국가조합주의가 민주화 이후에 붕괴되었다. 그러나 시민결사체의 자유로운 조직과 활동을 보장하는 민주주의가 실현되면서 시민사회와 정부 사이에 기존의 조합주의를 대체할 만한 관계는 형성되지 못했다. 따라서 생산적인 긴장관계보다는 혼돈과 무질서가 시민사회 - 정부 관계를 지배해왔다.

- 조직과 활동의 자유가 보장되면서 과도한 이익집단의 분화현상이 나타났으며, 이익의 충돌은 종종 극단적인 양상으로 치닫곤 했다. 이로써 정부에 과부하가 걸렸으며, 정부가 적절하게 이익갈등을 조정하지 못하면서 통치능력이 하락됐다.

- 국가조합주의를 대체하는 사회조합주의가 시도되었지만, 이는 아직 시행착오에 머물러 있다. 중앙노사협의회, 노사정위원회의 형태로 사적이익정부(*private interest government*) 사이의 합의와 협상

을 통해서 이익갈등을 조정하려 했지만, 이러한 정부의 노력은 아직 기대했던 효과를 거두지 못하고 있다. 타협과 신뢰의 문화도 아직 성숙하지 못했고, 이익집단 내부의 분열, 그리고 국가의 중재 역량의 부족 등이 이러한 실패의 요인이었다.

- 이익집단들 사이의 능력의 불균형에 따른 부정적인 폐해들이 나타났다. 다수의 국민은 무관심하고 무기력한 가운데 소수의 조직화된 집단의 요구가 공익을 압도하는 현상이 종종 벌어졌다.

(3) 조건

정부와 시민단체 사이에 원활한 협치가 구축되기 위해서는 정부와 시민단체 모두가 변해야 한다.

시민단체는 다음의 변화들을 주도해야 한다.

- 과도한 정치화의 지양: 시민단체의 정치세력화는 정당과의 구분을 어렵게 하고 또한 중립성과 도덕성에 치명적인 손상을 준다. 따라서 정치화보다는 국민의 삶의 현장과 직결된 과제에 집중해야 한다.

- 운영 및 재정의 투명성: 시민단체 스스로 내부의 행동강령 및 규정을 강화하고 아울러 시민단체, 언론, 학계를 통한 감시의 활성화가 이뤄져야 한다.

- 전문성의 강화: 대형 시민단체들의 백화점식 프로그램 운영은 지양되어야 한다. 시민단체가 영역별, 이슈별, 지역별로 세분화되고 전문화되어야 한다.

- 시민사회 구성원의 의사결집: '시민 없는 시민운동'의 한계를 극복

하기 위해서는 풀뿌리 차원에서 시민결사체를 중심으로 사회적 협력을 이끌어내고 시민사회 스스로 문제를 해결하는 능력을 길러야 한다.

정부도 시민사회와의 협치를 위해서는 다음의 변화들을 받아들여야 한다.

- 시민단체에 대한 재정지원: 시민단체에 대한 재정지원은 전세계적인 추세임에 분명하다. 따라서 선거운동과 같이 명백한 정치활동을 하는 단체들을 제외한 시민단체들에 대해서 정부가 지원하는 것이 바람직하다.

- 시민단체들에 대한 정부의 지원은 간접적 방식을 취해야 한다. 세제혜택, 공공시설물의 무료이용, 무료우편, 인턴인력의 제공, 기부금 면세혜택 등을 통해서 정부가 간접 지원해야 한다.

9) 국민 경제의식은 개방화, 복합화되어야 한다

한 사회의 가치정향과 의식은 그 나라의 경쟁력에 직접 영향을 미치는 경제구조나 제도, 정책의 선택에 결정적인 요인이다. 한국인들은 조직에 대한 높은 충성심, 일에 대한 적극적 태도, 근면성, 높은 절약정신과 같은 진취적 의식과 아울러 연고주의, 내부지향적 태도와 같은 정체적 태도를 갖고 있다.

(1) 역 량

- 닫힌 민족주의에서 국제주의로: 닫힌 민족주의는 최근 젊은 세대 중심의 감성적 민족주의와 세계화에 대한 이중적 태도를 포함한다.
- 국제주의와 세계화에 대한 긍정적 태도가 대단히 중요하다.
- 공정한 경쟁의 제도화와 투명성이 필요하다.
  - 기존의 연고주의와 부패문화는 퇴행적이다.
  - 공정한 경쟁의 룰과 투명성이 확대되어야 한다.
- 반기업 정서로부터 기업가 정신으로 전환이 필요하다.
  - 우리가 갖고 있는 반기업 정서의 이중성이 극복되어야 한다.

(2) 민주화의 터널

한국의 민주화는 국민들의 경제의식에서 분배 우선주의를 불러왔다. 다른 분야 예산을 줄여서라도 복지예산을 늘려야 한다는 의식이 확대되었다. 따라서 정부의 경제정책은 대중영합적 성격을 띠게 되었다.

(3) 조 건

- 경제교육: 기업과 정부, 학교가 적극적으로 나서는 경제교육 캠페인이 필요하다. 아울러 기업의 윤리경영과 사회적 책임의식이 고양되어야 한다.

10) 경제선진화는 선진통상국가 건립을 통해서 추구해야 한다

선진통상국가는 무역자유화를 통하여 경제선진화를 추구한다. 선진통상국가는 국내경제체제의 효율성을 높이고 국제적 자유무역질서 확장을 위한 책임을 위하여 적극적인 시장개방을 추구한다. 선진통상국가는 아울러 시장개방에 따른 사회적 보상과 지원을 분명한 원칙과 적절한 수단을 통해서 추진한다.

(1) 역 량

선진통상국가는 시장개방을 통하여 국내경제체제의 효율성을 높이는 방향으로 구조조정을 실시하고 이를 통하여 고소득 선진국 진입을 추구한다. 시장개방, 구조조정, 효율성 증대, 소득증대가 선순환을 이루며 지속적으로 경제발전을 가져오는 체제를 건립해야 한다.

- 시장개방을 통해서 비효율적인 국내산업을 도태시키고 효율적인 산업을 육성해야 한다.
- 시장개방과 아울러 사회간접자본의 확충, 교육 및 연구개발 지원, 사회적 타협과 신뢰의 증진을 통해서 국민경제의 효율성을 높여야 한다.
- 시장개방의 피해에 대한 직접적 보상과 아울러 생산적 복지국가를 통해 지원해야 한다.

(2) 민주화의 터널

재벌, 수출위주의 한국경제는 민주화와 더불어 노동자, 농민의 요구를 수용해야 하는 새로운 정치적 환경에 처하게 되었다.

- 세계화 시대의 시장개방 역시 노동자, 농민의 정치적 영향력의 증대로 인하여 전형적인 통상정치가 발생하고 있다. 즉, 개방에 따른 이득을 보는 조직화되지 않은 다수와 개방에 반대하는 조직화된 소수의 갈등에서 소수의 영향력이 지배하고 있다.

(3) 조건

- 개방에 따른 피해에 대한 사회적 보상과 지원의 시스템을 정비해야 한다.
  - 시장개방이 관련산업과 집단에 미치는 영향에 대한 객관적 평가가 전제되어야 한다.
  - 피해집단과 산업에 대한 지원을 통해서 국제경쟁력을 확보할 수 있는 가능성을 판단해야 한다.
  - 개방체제에서 경쟁력 확보가 어려운 산업은 구조조정을 통해 도태시켜야 한다.

제 1 장

기로에 선 한국경제

무엇이 문제인가?

나 성 린

1. 서론

우리나라는 인류역사상 가장 빠른 시간(30년) 내에 산업화와 민주화를 동시에 이룬 나라로 인정받고 있다. 그러나 오늘날 세계 11위의 경제규모(GDP)를 갖추고, 정치·사회·체제적으로 민주국가의 형태를 갖추고 있지만 아직 선진경제와 선진민주주의 국가의 수준에 이르지는 못하고 있다. 21세기가 시작되는 현 시점에서 우리나라의 국가적 과제는 경제측면에서 선진경제를 이루면서 동시에 정치·사회·문화·정신적 측면에서 명실상부한 선진민주국가로 발돋움하는 것이다. 여기서 중요한 것은 선진경제와 선진민주국가는 상호 보완적이어서 같이 발전해야 한다는 것이다. 특히 경제의 선진화 없이 선진민주국가의 달성은 절대적으로 불가능하다. 인류역사는 한 나라의 국민소득 수준이 향상하면서 교육수준, 문화수준, 의식수준이 높아지고, 더불어 국민들의 민주의식이 점차 고양되는 것을 보여주고 있다. 우리나라도 1992년부터 군사정권 시대가 막을 내리고 문민정부가 출범하면서 비로소 본격적인 민주국가로 발돋움하기 시작했지만 이러한 성과는 치열한 민주화운동과 더불어 국민소득 수준의 향상이 없었다면 불가능했을 것이다.

선진경제와 선진민주화의 달성이라는 국가적 과제를 달성하는 데 있어 오늘날 우리가 처한 여건은 그렇게 밝지는 않은 것 같다. 먼저 우리 경제는 지난 10여 년 동안 일인당 국민소득 1만 달러 대의 덫을 빠져나오지 못하고 있으며, 특히 참여정부 출범 후 최근 몇 년간 성장잠재력이 하향하는 경향이 나타나고 있어 이러다가는 영원히 선진국이 되지 못하는 것이 아닌가 하는 우려가 제기되고 있다. 특히 2018년경 우리 사회가 성장잠재력이 확연히 떨어질 고령사회로 진입될 예정이기에 그 전에 선진국의 문턱에 진입하지 않으면 안 되는 급박한 상황에서 성장잠재력의 하락은 우리 사회의 미래를 위해 바람직하지 않은 현상이다. 더욱이 고소득층, 엘리트 계층, 대기업과 같은 우리 사회 부의 창출세력을 싸잡아 죄악시하고 하향평준화와 판 바꾸기에 집착하는 듯한 정부의 태도는 우리 사회의 경제의지를 약화시킴으로써 경기침체의 지속과 성장잠재력의 하락을 자초하였다. 우리의 정치사회 상황도 참여정부 들어와 시대에 맞지 않은 이데올로기 논쟁이 심화되면서 민족과 통일을 위해서라면 자유민주주의를 희생하고 북한식 독재나 사회주의적 체제도 용인될 수 있다는 분위기가 확산되고 있다. 이러한 현상은 우리 사회가 선진민주국가로 가는 데 장애로 작용한다.

이 글의 목표는 오늘날 우리 경제가 현재 상태로 가면 결코 선진경제가 될 수 없을 정도의 중대한 기로에 서 있다는 것을 보여주고, 이러한 문제점을 극복하여 선진경제를 달성하기 위한 국가적 과제를 제시하는 데 있다.

2. 한국경제가 처한 상황

오늘날 한국경제가 직면한 가장 심각한 문제는 이 상태로 가면 영원히 선진경제로의 진입이 불가능하다는 것이다.

우리 사회는 2019년경부터 65세 이상 노년층이 인구의 14% 이상을 차지하는 고령사회로 진입하게 된다. 고령사회로 들어서면 경제활동인구의 부족, 높은 조세부담률, 높은 사회복지비 부담 등으로 경제활력과 성장잠재력이 급격히 떨어지게 된다. 따라서 우리 사회가 향후 10년 이내에 일인당 국민소득 2만 5천 달러 수준의 선진국 '문턱'에 진입하지 못하면 우리 사회는 영원히 선진국에로의 진입이 불가능할 것이다.

향후 10년 이내에 일인당 국민소득 2만 5천 달러 수준에 도달하려면 매년 연평균 5.2%의 경제성장을 해야만 한다. 그러나 지난 10년 동안 우리 사회의 잠재성장률은 지속적으로 하락하고 있으며, 앞으로 생산성 향상을 이루기 위한 전 국가적 노력이 수반되지 않으면 잠재성장률은 5% 이하로 떨어질 것으로 추정된다(〈표 1-1〉).

〈표 1-1〉 잠재성장률 추정치

	현재 생산성 유지 경우	생산성 향상 있을 경우
1986~1990	7.8	
1991~1995	6.6	
1996~2000	6.0	
2003~2007	4.8	5.4
2008~2012	4.5	5.1

자료: 한진희 외(2002).

〈그림 1-1〉 경제성장률 추이 비교

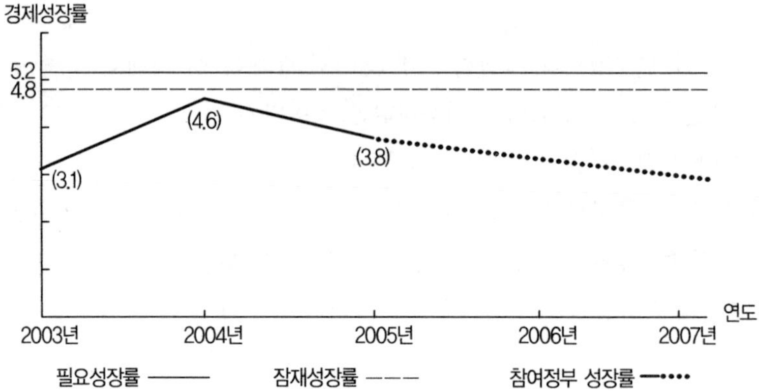

더욱 심각한 문제는 참여정부 출범 이후 우리 경제가 이러한 잠재성장률에도 훨씬 못 미치는 저조한 경제성장률을 기록하고 있고, 앞으로도 경제성장률이 계속 하락할 가능성이 농후하다는 것이다. 즉, 선진경제에 도달하기 위해 필요한 경제성장률과 실제 경제성장률의 괴리가 점점 더 커지고 있다(〈그림 1-1〉). 이것이 의미하는 바는 선진국의 진입 여부가 판가름날 향후 10년이라는 제한된 시간을 가진 우리 경제가 시간을 낭비하고 있고 선진국에 도달할 가능성이 점점 더 낮아지고 있다는 것이다.

따라서 우리경제의 시급한 과제는 단기적으로는 경기를 회복하여 필요 경제성장률과 실제 경제성장률 간의 격차를 줄이고 장기적으로는 전국가적 경쟁력 향상을 통해 잠재성장률을 5% 이상으로 끌어올리는 것이다.

참여정부 출범 이후 우리 경제는 단기적으로 경기침체가 계속되면서 양극화가 심화되고 있고 장기적으로 성장동력이 저하되고 있다.

참여정부 출범 후 지난 3년간 우리 경제는 선진경제로 진입하기 위해 필요한 연평균 5% 이상은 물론이고 잠재성장률에도 훨씬 못 미치는 경제성장률을 기록했을 뿐 아니라, 우리의 경쟁국들이 높은 경제성장률을 구가하고 있음에도 불구하고 그보다 훨씬 낮은 실적을 거두었다(〈그림 1-2〉). 특히 2004년에는 세계경제가 근래 보기 드문 호황을 누렸음에도 불구하고 우리의 경제성장률은 상대적으로 저조했다.

이러한 경제침체는 2005년에도 계속되고 있다. 2005년 1분기 우리 경제성장률은 중국과 인도와 같은 후발개도국은 물론이고 미국이나 일본과 같은 선진국에 비해서도 훨씬 낮다(〈표 1-2〉).

〈그림 1-2〉 2003년~2005년 아시아 각국 경제성장률

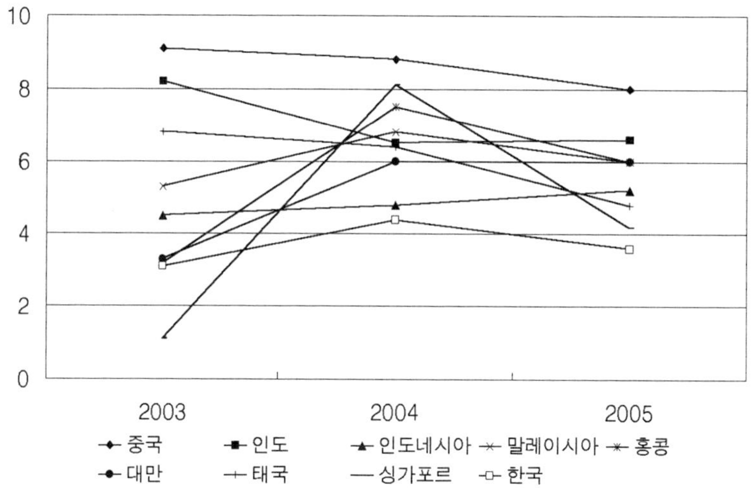

〈표 1-2〉 주요국 경제성적표(2005년 1분기)

	GDP성장률	설비투자 증가율	민간소비 증가율
한 국	2.7	3.1	1.4
미 국	3.7	5.6	3.6
일 본	4.9	14.0	–
중 국	9.4	23.1	11.9
인 도	7.0	16.2	9.8

주: 전년동기대비 증가율(%)

참여정부는 서민 빈곤층의 소득수준을 높이고 우리 사회의 양극화 현상을 완화하겠다고 공언했지만 우리 사회의 양극화 현상은 참여정부 출범 후 지난 3년 동안 오히려 심화되었다. 소득의 양극화, 부동산 가격의 양극화, 중앙과 지방의 양극화, 대기업과 중소기업의 양극화는 오히려 심화되었다. 그 이유는 경기침체가 계속되면서 일자리가 줄어들고 저소득층의 실질임금수준이 하락하였기 때문이다.

우리 경제의 성장잠재력은 장기적으로 하락추세에 있고 이것은 구조개혁, 기술개발 투자 강화, 개방화 등의 노력에 의해 어느 정도 극복될 수 있다. 그러나 불행히도 참여정부 출범 이후 여러 가지 경제·정치·사회적 여건은 이러한 성장잠재력이 더 저하되는 결과를 초래하고 있다. 무엇보다 성장잠재력의 선행지표인 설비투자 부진, 국가부채 증가, 구조개혁 부진으로 잠재성장률이 더 하락할 가능성이 있다.

3. 경제침체와 성장동력 저하의 원인

1) 경제적 요인

(1) 경제침체의 경제적 요인

최근 몇 년간 경제침체가 지속되는 경제적 원인은 수출 호조에도 불구하고 내수(투자와 소비)가 침체되었기 때문이었다. 내수의 부양을 위해 정부가 지속적으로 20차례 이상의 각종 경기부양책을 폈음에도 불구하고 내수가 계속 살아나지 않고 있는 것이 큰 문제이다.

소비부진 요인은 김대중 정부 시절 잘못된 경기부양책으로 발생한 높은 가계부채와 신용불량자 문제가 일조를 했지만, 더욱 근본적인 문제는 경제침체로 인한 고용불안, 실질임금 하락, 미래에 대한 불확실성이다. 특히 기업들의 투자부진으로 생산이 줄어들어 고용이 늘어나지

〈표 1-3〉 경제지표추이

	2002	2003	2004	2005. 1/4	2005. 2/4
GDP성장률	7.0	3.1	4.6	2.7	3.3
민간소비	7.9	−1.2	−0.5	1.4	2.7
설비투자	7.5	−1.5	3.8	3.1	2.8
건설투자	5.3	7.9	1.1	−2.9	1.8
실업률	3.1	3.4	3.5	3.9	3.5
소비자물가	2.7	3.6	3.6	3.2	3.0
수 출	8.0	19.3	31.0	12.6	9.4
수 입	7.8	17.6	25.5	14.4	15.0

주: 전년동기대비 증가율(%)

않는 것이 문제다. 그리고 부유층을 포함한 많은 국민들이 국내 레저산업의 열악한 경쟁력, 개방화, 소비의 위화감 조성에 대한 비난 등으로 국내소비보다 해외소비를 더 늘리고 있기 때문이다.

기업의 설비투자 부진요인은 마땅한 투자처의 부족, 수출상품의 부품소재산업 경쟁력 취약, 고임금, 고지가를 포함한 높은 생산비용, 불안정한 노사관계, 수도권·환경·기업지배관련 규제 등이다. 그러나 더 핵심적인 것은 참여정부의 국정운영에 대한 신뢰 부족, 정부정책의 비일관성과 불확실성 때문이다. 건설투자 부진요인은 부동산투기 억제만을 목표로 하는 편협한 고강도 부동산대책이다.

내수부진의 핵심요인은 기업투자의 부진이다. 기업투자가 살아나면 생산증가 → 고용증가 → 소비증가 → 투자증가의 선순환이 일어날 것이기 때문이다.

(2) 성장동력 저하의 경제적 요인

① 잠재성장률의 둔화

장기적 성장동력을 나타내는 잠재성장률이 계속 하락하는 이유는 잠재성장률에 영향을 미치는 노동과 자본의 양뿐만 아니라 질이 현저하게 낮아지고 있기 때문이다(〈그림 1-3〉). 20세기 후반까지 우리 경제는 노동과 물적 자본의 증가에 힘입은 투입의존형 성장을 지속했다. 그러나 최근 들어 노동과 물적 자본의 증가율이 현저히 둔화되는 추세여서 요소투입의존형 성장이 한계에 이르렀고 생산성 주도의 성장으로 변화하고 있다. 그러나 우리나라는 노동과 자본의 양뿐 아니라 질(생산성)이 함께 하락하고 있다. 이는 다음과 같은 네 가지 측면에서 나타난다.

- 노동의 양
- 노동의 질
- 자본의 양
- 자본의 질

〈그림 1-3〉 잠재성장률 및 성장요인 추이와 전망

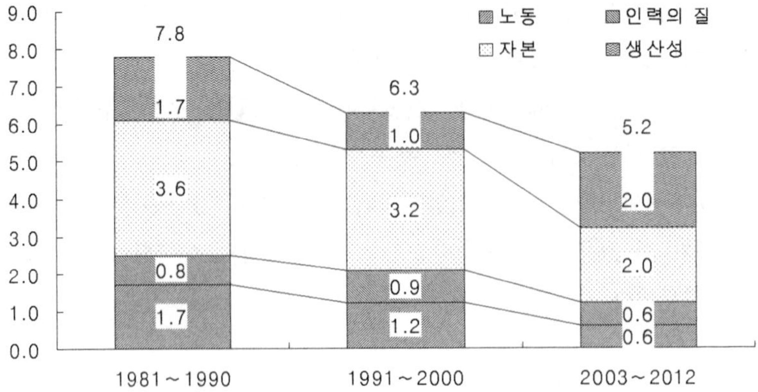

자료: 한진희 외(2002).

첫째, 노동의 양 증가율이 둔화되고 있다. 그 원인은 저출산·고령화 현상으로 인해 생산가능인구와 취업자 수 증가율이 지속적으로 둔화되고 있기 때문이다(〈표 1-4〉). 둘째, 자본의 양 증가율이 하락하고 있다. 물적 자본의 투자부진은 성장잠재력을 저하시킨다. 1998년 이래 총저축률이 총투자율을 초과하는 현상이 지속되고 있다. 최근의 총투자 증가율은 2003~2012년간 잠재성장률 5.2%로, 성장에 필요한 6.5% 수준을 크게 하회하고 있다(〈그림 1-4〉).

〈표 1-4〉 생산가능인구, 경제활동인구 및 취업자 수 (연평균)증가율 추이

연 도	생산가능인구	경제활동인구	취업자 수
1980~1985	2.41	1.56	1.81
1985~1990	2.31	3.52	3.85
1990~1995	1.73	2.37	2.45
1995~2000	1.46	1.15	0.72
2000~2003	1.05	1.26	1.53
2003~2010			0.97
2010~2020			0.45
2020~2030			−0.59
2030~2040			−1.23
2040~2050			−1.45

자료: 문형표 외(2004)의 〈표 2-7〉 인용.

주: 2003년까지는 통계청, 《경제활동인구연보》(각 연도) 참조, 2003년 이후는 합계출산율 1.40 가정 하에 문형표 외(2004) 추정치.

그리고 최근 설비투자율 하락세가 지속되고 특히 중소기업의 투자부진이 심각한데(〈그림 1-5〉), 이것은 1990년대 이후 중소기업의 생산성 증가율 하락에 기인한다(〈그림 1-6〉).

〈그림 1-4〉 총투자 증가율 추이

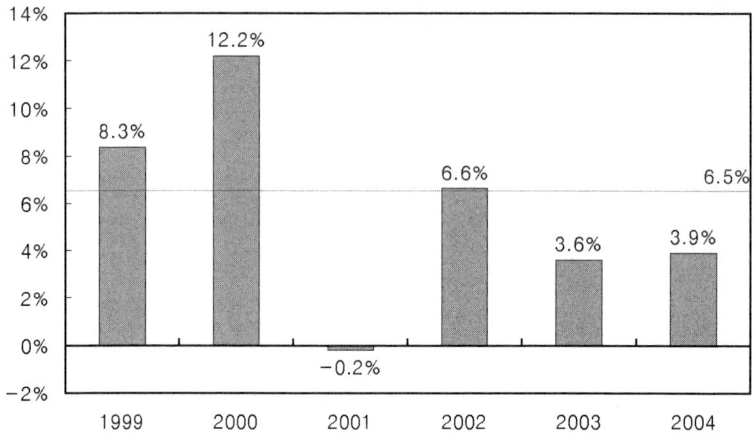

자료: 이창용(2004).

〈그림 1-5〉 설비투자 증가율

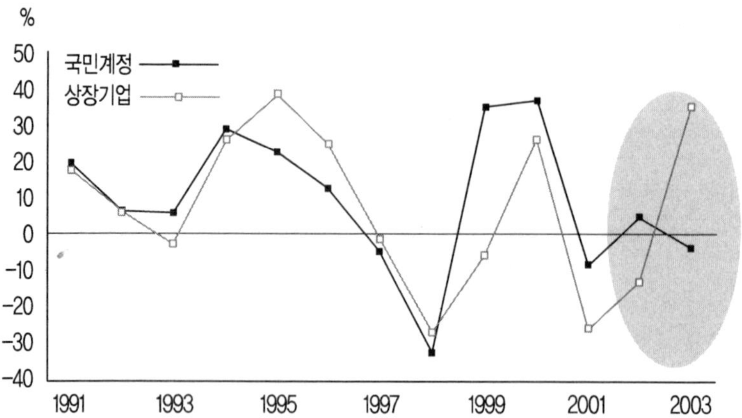

자료: 이창용(2004).

셋째, 자본의 질(총요소 생산성) 증가율이 둔화되고 있다. 총요소 생산성은 투입요소 1단위당 국민소득으로 계산되며, 우리 경제의 생산성, 효율성을 나타낸다. 생산성이 증가하면 적은 양의 생산요소를 투입하고

〈그림 1-6〉 기업규모별 총요소 생산성 증가율

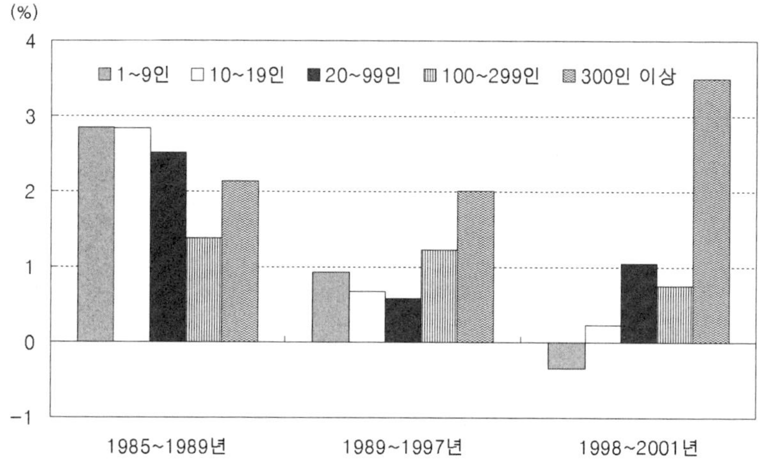

자료: 이창용(2004).

〈그림 1-7〉 총요소 생산성 추이

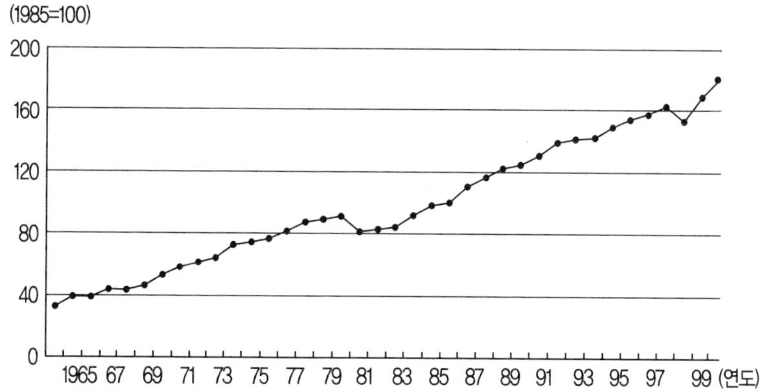

자료: 한진희 외(2002)의 〈표 31〉 인용.

도 높은 국민소득을 달성할 수 있으므로 성장잠재력이 그만큼 높아지는 것이다. 이것은 제도의 효율성과 경제의 개방화, 기술발전 정도 등에 영향을 받는다. 앞으로 우리 경제의 생산요소 투입 증가율은 점점 감소될 수밖에 없으므로 생산성을 향상시키는 것이 중요하다. 그러나 최근 들어 이 생산성 증가율이 점점 둔화되고 있다(〈그림 1-7〉).

넷째, 인적 자본의 증가율이 둔화되고 있다. 앞으로 경제성장이 생산성 주도형으로 바뀜에 따라 노동생산성에 영향을 미치는 인적 자본의 증가율은 매우 중요하다. 인적 자본이란 노동력에 체화된 지식, 교육수준, 기술숙련도 등으로 노동의 질에 영향을 미치는 모든 생산요소를 포함한다. 전반적으로 인적 자본의 증가율은 둔화되고 있는 추세이다(〈표 1-5〉). 노동생산성은 국제적으로 낮은 데 비해 임금인상률은 더 높다(〈표 1-6〉).

〈표 1-5〉 인적 자본 증가율 추이

연 도	인적 자본
1970~1979	0.88
1980~1989	1.10
1990~1995	1.04
1996~2001	0.47

자료: 정권택(2003).

〈표 1-6〉 노동생산성과 임금인상률(2003)

	한국	미국	일본	독일	대만
노동생산성	100	203.4	289.2	235.4	125.1
임금인상률 (1995=100)	152	117.4	105.2	118.0	117.7

자료: 한국은행(2003.9), 제조업 임금 및 근로시간 동향과 주요 특징.

〈표 1-7〉 GDP 대비 신성장산업의 비중의 국제 비교

미 국	일 본	G7 평균	아일랜드	싱가포르	네덜란드	스웨덴	덴마크	한 국
38	37	35	53	47	38	36	34	33

〈표 1-8〉 서비스업 노동생산성 국제비교

	한 국	미 국	일 본	프랑스	영 국
서비스업 노동생산성	100.0	221.2	205.0	203.2	176.1
제조업 대비 노동생산성	63.0	73.9	96.0	86.9	101.0

자료: 대한상공회의소(2003).

② 산업구조의 후진성

우리 산업구조의 후진성도 우리 경제의 경쟁력을 떨어뜨려 성장잠재력을 저해하는 중요한 요소이다. 특히 앞으로 우리 경제성장을 견인할 수 있는 신성장산업이 전체 경제에서 차지하는 비중이 우리 경쟁국보다 낮거나 낙후되어 있다면 문제이다. 신성장산업은 IT, BT, ET, 문화, 레저, 서비스산업 등을 포함한다.

첫째, 신성장산업의 비중이 낮다. 선진국에 비해 향후 10년 이상 세계 경제전쟁을 주도해 나아갈 신성장산업이 전체 GDP에서 차지하는 비중이 낮다(〈표 1-7〉).

둘째, 서비스산업이 후진성을 면하지 못하고 있다. 서비스업 고용비중은 증가하고 있으나(63.3%, 2003년) 경제적 비중은 낮다(54%, 2003년). 고용창출효과가 큰 서비스산업 비중이 선진국에 비해 낮다(한국 54%, 선진국 70%대). 서비스부문 노동생산성이 1990년대 중반 이후 정체상태이고 제조업에 대한 생산성 격차가 지속적으로 확대되고 있다(〈그림 1-8〉). 이것은 고용안정은 물론 제조업 생산성 향상의 장애요인이 되고 있다. 서비스업의 평균 노동생산성도 외국에 비해 낮다(〈표 1-8〉).

〈그림 1-8〉 취업자 1인당 부가가치 추이

(단위=백만 원) / (미국=100)

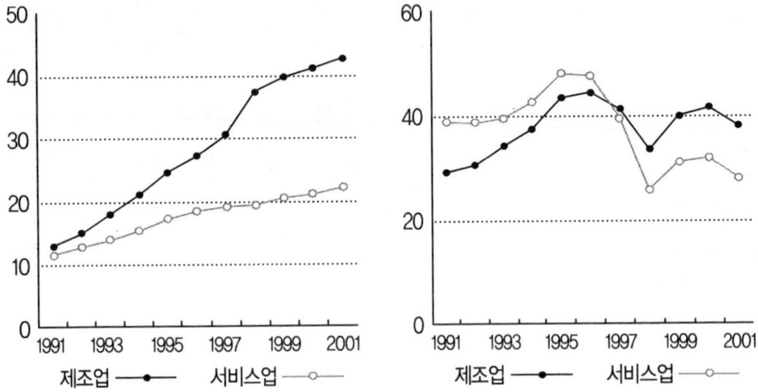

자료: 이창용(2004).

〈표 1-9〉 서비스업 비중(2000년)

(단위: %)

	한 국	미 국	영 국	캐나다	일 본	네덜란드
비생산적 서비스업	21.0	15.2	14.3	13.0		13.1
지식기반 서비스업	29.6	40.3	42.4		39.9	
생산적 서비스업	6.9	13~20	13~20			

주: 전체 서비스업 대비 비중

〈표 1-10〉 정보화관련 설비투자 추이(%)

	1996	1998	2000	2001	2002	2003.1/4
설비투자증가율	9.1	−38.8	35.3	−9.6	6.8	1.6
정보통신상품 증가율	28.1	−3.5	47.6	−3.0	−3.8	−20.6
설비투자 비중	13.0	26.7	33.2	35.6	32.1	25.4

자료: 한국은행, "최근의 설비투자 동향과 특징", 2003.6.
주: 2002와 2003은 추정치.

셋째, 비생산적 서비스업(음식, 숙박, 부동산) 비중이 높고 생산적 서비스업(물류, 유통 등)과 지식기반 서비스업(IT, 금융, 교육, 의료, 컨설팅 등)의 비중은 낮다(〈표 1-9〉).

넷째, 정보·지식산업의 후진성도 문제다. 20세기 국가경쟁력이 제조업의 경쟁력에 의해 결정되었다면 21세기 국가경쟁력은 정보·지식산업의 경쟁력에 의해서 좌우될 전망이다.

우리나라는 일부 IT제품에서 세계적 경쟁력을 가지고 있다. 2004년 현재 세계 매출액 기준으로 보면 반도체(3위), D램(1위), 플래시메모리(2위), TFT-LCD(1위), 휴대전화(2위) 순이다. 그러나 2001년 이후 정보통신 관련 설비투자와 정보통신상품 수는 지속적으로 감소하고 있다(〈표 1-10〉). 그리고 신성장동력으로 간주되는 벤처창업이 2001년 말 11,392개에서 2004년 5월 현재 7,898개로 줄어들어 급격히 감소하는 추세다.

다섯째, 금융산업이 후진성을 면하지 못하고 있다. 기본 자본기준 세계 1,000대 은행 중 한국은 12개만 포함(18위)되어 있고, 100대 은행에는 국민은행(79위) 1개만이 포함될 정도로 금융산업이 취약하다. 최근에 사실상 공금융기관인 우리은행을 제외하고 모든 시중은행들이 외국 금융자본에 넘어갔다.

2) 비경제적 요인

(1) 경제침체의 비경제적 요인

참여정부 하에서 경제가 침체한 이유는 경제적 요인보다 비경제적 요인이 더 크다고 할 수 있다. 이것은 참여정부가 지난 2년 반 동안 20회가 넘는 경기부양책을 추진했지만 경제가 살아나지 않았기 때문이다(3차례 추경편성, 4차례 콜금리 인하, 2차례 재정 조기집행, 2차례 서민·중산층 대책, 청년실업대책, 신용불량자 종합대책, 중소기업 경쟁력 강화방안,

서비스산업 경쟁력 강화방안, 건설경기 연착륙 방안, 사회적 일자리 창출, 2004년 8월 대규모 감세와 재정확대 정책, 2005년 팽창예산과 재정조기집행, 한국형 뉴딜정책 등). 지속적인 경기부양책에도 불구하고 경제가 살아나지 않는 것은 경제침체의 요인이 다음과 같이 비경제적인 데 있다는 것을 반증하는 것이다.

- 집권 초기: 아마추어적이고 진보적인 국정운영
- 집권 2년 차: 4대 개혁입법 추진으로 갈등 유발

참여정부 출범 이후 내수가 침체된 근본적인 원인은 참여정부가 불안한 초기여건(북핵위기, 세계경제 침체, 이라크전쟁 발발 가능성, 높은 가계부채, 높은 국가부채, 여소야대 정국, 위험스러운 국론분열 상태)에 대한 경제전문가들의 경고에도 불구하고 경제안정과 경제활성화보다 정치사회적 틀 바꾸기를 우선한 아마추어적이고 지나치게 진보적인 국정운영에 있었다. 예를 들면, 반미·친북적 외교안보노선으로 인해 한반도 긴장을 고조시킴으로써 외국인 투자가 감소했고, 반기업(재벌)·친노적 정책, 반기업정서를 부추겨 국내기업 투자가 감소하였다. '주류·기득권층과 비주류·비기득권층' 간, '진보세력과 보수세력' 간의 갈등조장으로 국론분열을 심화시킴으로써 우리 사회 부의 창출세력의 경제의욕을 저해하였고, 분배우선적 경제정책으로 성장잠재력을 훼손했다(상속증여세 완전포괄주의, 종합부동산세, 수도이전, 국가균형발전, 사회복지비 급증). 코드인사정책으로 위기관리 능력 부족, 국정운영의 난맥상을 초래하고 전문가 계층과 시장의 신뢰를 상실하였다.

집권 2년 차엔 탄핵정국의 종식으로 반전의 기회를 맞았으나 진보적 4대 개혁입법의 무리한 추진으로 불필요한 정치·사회적 갈등을 유발함으로써 경제는 뒷전으로 밀려나고 이것이 경제침체를 가속화시켰다. 미래에 대한 불안감은 기업투자와 소비를 더 감소시키는 경제침체의 악순환을 초래하였다. 이에 더하여 '청와대 · 정부 · 여당' 간의 정책갈등은 정책불확실성을 증폭시켜 기업의 투자를 저해했다(아파트 분양원가 공개, 법인세 인하, 경기부양, 출자총액제한제도, 금융계열사 의결권 제한제도, 노사관계정책).

(2) 성장동력 저하의 비경제적 요인

참여정부에 들어와 성장잠재력이 하락하고 있는 이유는 우리 경제의 나아갈 방향에 대한 정부의 잘못된 시각에 있다. 개혁의 방향이 국가경쟁력의 극대화에 있어야 함에도 불구하고 4대 개혁을 포함한 참여정부의 개혁은 기득권 세력과 비기득권 세력 간의 판 바꾸기에 주력하였다. 이것은 국부창출의 핵심세력인 대기업, 엘리트계층, 고소득층의 경제의지를 꺾음으로써 우리 경제의 활력을 저하시켰다. 국가경쟁력의 원천은 기업경쟁력이고 기업의 미래경쟁력은 설비투자와 기술개발투자에 있다. 그럼에도 불구하고 정부에 대한 기업의 신뢰저하로 인해 기업들이 막대한 현금자산을 보유하고도 투자를 하지 않아 기업의 미래경쟁력과 국가의 미래경쟁력이 하락하고 있다. 그리고 우리나라와 같이 사람 이외에 특별한 자원이 없는 나라에서 국가경쟁력의 핵심은 사람의 경쟁력이다. 사람의 경쟁력을 강화하기 위해선 교육제도가 경쟁력을 가져야 함에도 불구하고 참여정부는 교육평준화제도에 집착함으로써 교육과 사람의 경쟁력을 저하시키고 있다.

4. 경제선진화를 위한 국가적 과제

1) 선진화의 목표는 더불어 잘 사는 것

경제정책의 과제는 이러한 목표를 실질적으로 달성하는 것이다. 따라서 경제정책은 탈이념적이고 실사구시 정신에 입각해야 한다. 국민 모두가 더불어 잘 살기 위한 필요조건(충분조건은 아닐지라도)은 국민소득수준이 선진국 수준에 도달하는 것이다. 왜냐하면 선진국의 소득수준에 도달하지 않고는 빈곤을 척결하고 빈곤서민층의 삶의 수준을 높이기 위한 재원마련이 불가능하기 때문이다. 그러나 경제가 선진국 수준에 도달하면 절대 빈곤층이 급격히 줄어들고(불평등은 여전히 존재하겠지만) 세수가 늘어나 사회복지를 위한 재원마련이 용이하게 된다. 세계의 모든 사회복지국가들이 경제선진국이 되고 나서 가능했던 사실이 이를 증명한다. 국민소득의 증가는 국민들의 의식수준을 높여 민주화를 더 강화할 것이다. 다시 말해서 경제선진화가 정치·사회·문화 선진화를 가능하게 하는 것이다. 경제선진화 없이 정치·사회·문화 선진화를 이룬 나라는 인류역사상 존재하지 않는다.

물론 경제선진화가 더불어 잘사는 것을 위한 충분조건은 아니다. 경제선진화를 이루면서 그 나라의 소득수준에 적절한 사회복지제도를 점진적으로 도입하는 노력이 병행되어야 한다.

그러나 어떠한 경우에도 소득수준이 낮고 국가경쟁력이 낮은 나라가 소득재분배와 사회복지 강화에 우선순위를 두면서 선진화를 이루는 것은 불가능하다. 과도한 세금과 도덕적 해이가 경제의 활력을 떨어뜨리고 국가경쟁력을 떨어뜨려 경제를 더 퇴보시키게 될 것이기 때문이다. 사회주의 국가의 몰락과 20세기 후반 서구 복지국가들의 경제적 퇴보가 그 예이다.

2) 선진경제를 이루기 위해서 당분간 5% 이상의 경제성장을 지속해야 한다

(1) 고령사회에 진입하기 전에 선진국의 문턱에 도달해야 한다

우리나라는 2019년경부터 65세 이상 노년층이 인구의 14% 이상을 차지하는 고령사회로 진입하게 된다. 선진국의 문턱에 도달하기 전에 고령사회로 진입하게 되면 선진경제의 달성은 영원히 불가능하게 된다. 경제활동인구의 부족, 높은 조세부담률, 높은 사회복지비 부담 등으로 경제활력과 성장잠재력이 급격히 떨어지게 되기 때문이다.

(2) 향후 10년간 연평균 5% 이상의 경제성장은 필수적이다

따라서 우리가 경제선진국으로 진입하기 위해서는 2015년 정도까지는 소득수준이 선진국의 문턱에 도달해야 한다. 이를 위해서는 향후 10년간 적어도 연평균 5% 이상의 경제성장을 지속해야만 한다.

그러나 우리가 국가경쟁력을 높이기 위해 각고의 노력을 하지 않는 한 현 상태로는 앞으로 우리의 잠재성장률은 5% 이하를 밑돌 것으로 추정되고 있다. 이러한 상황에서 성장잠재력을 훼손하거나 불필요한 성장과 분배 논쟁으로 국력을 낭비하는 것은 바람직하지 않다.

국민 모두가 더불어 잘살기 위한 사회복지제도의 강화는 계속되어야 하지만 향후 10년간은 경제성장과 그를 위한 국가경쟁력의 강화가 가장 우선시되어야 할 것이다. 경제성장이야말로 일자리 창출과 전체 국민소득 수준의 향상을 통해 가장 효과적인 빈곤완화대책과 사회복지정책이 될 수 있음을 인식해야 한다.

소득분배와 사회복지 향상을 위해서도 경제성장은 지속되어야 한다. 경제침체는 실업과 임금하락을 초래하여 빈곤을 증가시키고 소득분배를 악화시킨다. 그로 인해 사회복지비용의 증가를 초래하여 재정적자를 심화시키고 성장잠재력을 약화시킴으로써 또 다시 경제침체를 초래하는

〈그림 1-9〉 경제성장과 소득분배

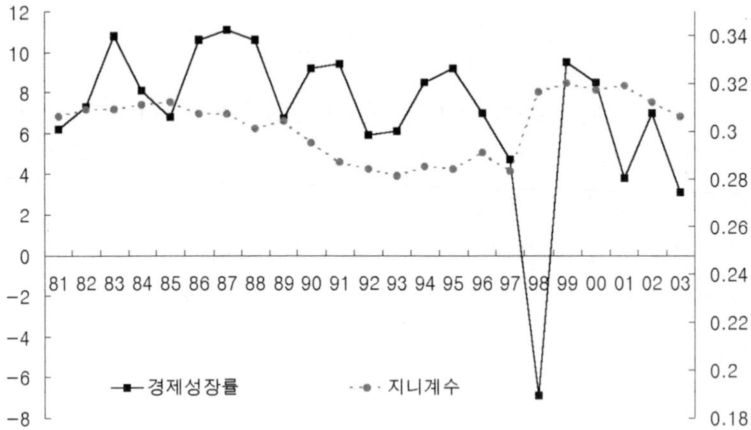

주: 지니계수는 도시가계의 소득불평등도를 나타냄.

악순환을 초래한다. 경제성장은 실업을 줄이고 임금을 상승시킴으로써 세수를 증대시킨다. 이것은 사회복지 재원을 증가시키면서 사회복지 수혜대상을 줄임으로써 사회복지 수준을 향상시키고 소득분배를 개선하게 된다. 〈그림 1-9〉에서 보듯이 1980년대 이후 연 6% 이상의 고도성장기 동안엔 전반적으로 소득불평등도(지니계수)가 완화되는 데 반해, 1997년 경제위기 이후 경제침체기 동안엔 소득불평등도가 전반적으로 악화되어 있음을 알 수 있다. 특히 1997년 말 경제위기 이후 소득분배가 급속히 악화되었음을 알 수 있다.

3) 경제성장을 하기 위해선 국가와 기업의 경쟁력을 강화해야 한다

(1) 21세기는 무한 경쟁시대이다

21세기에는 개방화·국제화가 더 심화·확대되어 경제에 국경이 없어짐에 따라 국가간 경쟁이 더 치열해지고 기술발전 속도가 20세기보다

몇 배나 빨라 한 번 경쟁에서 뒤처진 국가는 회복이 거의 불가능하게 된다. 후발 개발도상국의 거센 추격과 선진경제의 높은 기술력 사이에 샌드위치되어 있는 대외의존형 국가인 우리나라로서는 이러한 경쟁에서 뒤처지지 않고 살아남기 위해선 국가와 기업의 경쟁력을 극대화하는 길밖에 없다.

(2) 국정운영의 비전을 바로 세워야 한다

한국경제의 선진화를 위해서는 무엇보다 하락하고 있는 성장잠재력을 회복해야 한다. 이를 위해서 가장 시급한 것은 정부가 국정운영의 방향을 진보적, 국론분열적, 정치우선적, 분배우선적 국정운영에서 자유시장경제와 자유민주주의를 근간으로 하는 국론통합적, 경제우선적, 성장중심적 국정운영으로 전환하는 것이다. 참여정부 출범 후 지난 3년간 참여정부의 잘못된 국정운영이 불필요한 정치사회적 갈등과 국론분열을 초래했고, 그로 인해 우리 사회의 성장주도세력들(기업, 기업가, 고소득층, 전문가그룹)의 경제의욕(기업가 정신, 투자심리, 소비심리 등)을 떨어뜨림으로써 성장동력을 하락시켰기 때문이다. 우리 사회를 개혁하되 상생과 타협을 통해 모든 국민과 함께 성장동력을 유지하기 위해 노력하고 동시에 사회의 비효율적인 부분들(부정부패, 고비용 정치제도, 지나친 양극화)을 개선해 나가야 할 것이다. 그리고 개혁의 목표는 우리 국가경쟁력을 높이는 것(예: 4대 부문 구조개혁)이어야지 지배세력의 교체, 사회의 진보화에 그쳐서는 안 된다.

(3) 국가경쟁력 강화를 위해서 반드시 다음을 이루어야 한다

첫째, 시장경제체제 기반을 튼튼히 해야 한다. 한정된 자원을 바탕으로 국가경쟁력을 높이기 위한 가장 효율적인 경제체제는 시장경제체제라는 사실이 20세기 1세기 동안의 이데올로기실험을 통해 증명되었다. 경제규모가 커지고 개방화·국제화되는 세계에서 제한된 정보를 가진 무능하고 비효율적이고 때로는 부패한 정부가 모든 자원을 배분하고 맹목적 평준화를 추구하는 사회주의체제는 치열한 국제경쟁에서 살아남을 수 없었던 것이다. 모든 경제주체들이 자신의 이익을 극대화하기 위해 경쟁하고, 자신의 노력만큼 정당하게 보상받는 시장경제체제는 사회의 부족한 재원을 가장 효율적으로 활용하는 체제이다. 시장이 있는 곳에는 수요가 공급보다 클 때 가격이 상승하고 반대의 경우에 가격이 하락하는 시장원리가 작동하게 마련이고 이러한 시장원리를 위배하는 어떠한 정부정책도 실패하기 마련이다. 시장원리는 좋고 나쁨의 문제가 아니라 시장이 존재하는 한 작동하는 자연스러운 원리라는 사실을 인식해야 한다. 물론 이러한 시장이 항상 효율적으로 작동하는 것은 아니고 때로는 실패할 때가 있다. 그러나 자본주의 시장경제는 이러한 시장실패의 존재를 인정하고 그것을 치유하기 위한 방법을 꾸준히 개발해 왔다. 어떤 경우에도 시장에 대한 정보가 불완전한 정부가 모든 자원배분을 독단적으로 좌지우지하는 사회주의 경제체제보다는 불완전하지만 시장경제체제가 우위에 있는 이유가 여기에 있다.

둘째, 경쟁을 활성화하고 하향평준화를 경계해야 한다. 21세기 무한경쟁의 시대에 살아남기 위해서는 세계무대에서 경쟁해 이겨야 한다. 그러나 국내에서 치열한 경쟁을 거치지 않고 바깥에서의 경쟁에서 이긴다는 것은 불가능하다. 국내에서의 치열한 경쟁을 통해 각 분야의 대표주자를 육성하고 그들로 하여금 다른 나라의 대표주자들과 겨루어서 이기도록 해야 한다. 이런 의미에서 우리는 모든 분야에서 경쟁을 활성화해야 하고 포퓰리즘적 하향평준화를 지양해야 한다. 물론 경쟁에서 뒤처진 사람들을 위한 공동체적 배려는 필수적이다. 어떠한 경우에도 잘하는 사람을 끌어내려 평준화하려 하지 말고 잘하는 사람은 더 잘하도록 인센티브를 주어 격려하고 뒤처진 사람에 대해서는 사후적으로 배려하도록 해야 한다.

셋째, 성장잠재력을 극대화해야 한다. 이를 위해선 잠재성장률의 하락을 막아야 한다. 2000년대 후반부터 우리나라의 잠재성장률은 4%대로 떨어지고 2010년 이후에는 3%대로 떨어질 것이다. 잠재성장률 제고를 위해서는 인력자원의 양과 질, 자본의 양과 질을 높여야 한다.

먼저 노동의 양을 증가시키기 위해서는 출산을 장려하고(조세감면, 저비용 교육정책, 출산휴가, 보육제도 개선 등) 고령자 노동력의 활용(임금피크제, 파트타임제, 정년연장), 여성인력의 활용정책(민간 보육제도의 활성화)을 개발해야 한다.

자본의 양을 증가시키기 위해서는 저축률과 투자율이 증가하도록 해야 할 것이다(연기금 투자대상 확대, 개인연금제도, 기업연금제도, 이자소득세 감면제도, 법인세 인하 등). 그리고 외국자본의 국내 투자를 확대하기 위한 유인제도를 강화해야 한다.

노동의 질을 높이기 위해서는 창의성과 수월성을 중시하는 교육제도를 도입해야 한다. 이를 위해서 교육평준화를 보완하고 경쟁을 강화해야 한다. 국내에서 치열한 경쟁을 거치지 않고 무한경쟁의 국제경쟁에서 결코 이길 수 없다. 위화감조성과 평등한 교육기회 논리로 언제까지 교육의 질 저하를 용납할 것인가? 모든 사람이 평등한 교육기회를 갖되 질 높은 교육을 받을 기회 또한 허용해야 할 것이다. 저소득층 거주지역이나 지방의 똑똑한 인재들이 질 높은 교육을 받을 기회를 박탈하는 현재의 교육평준화는 반드시 개선되어야 한다. 국제경쟁에서 이길 수 있는 인재를 양성하기 위해서는 경쟁은 경쟁대로 하고 경쟁으로 인한 불평등은 사후에 재정정책과 사회복지정책을 통해 시정하도록 해야 한다.

중등교육에서는 교육평준화 틀을 완전히 깨지 않으면서도 자립형사립고와 특목고의 확대를 통해서 우수한 인재를 조기에 양성해야 한다. 그리고 대부분의 학생이 등록금과 시간을 낭비하는 현재의 고등교육제도를 획기적으로 개선해야 한다. 4년제 대학은 학문을 할 학생들만 진학하고 대부분의 학생은 2, 3년제 전문대학에 진학하여 직업교육을 받고 빠른 시간 내에 산업현장에 투입되는 것이 국가의 인적 자원을 효율적으로 활용하는 길이다. 이렇게 되면 4년제 대학은 대폭 통폐합하거나 전문대학으로 전환할 수 있을 것이다. 그리고 4년제 대학은 정원 외 기여금입학제와 등록금 자율화를 허용하여 풍부한 재원을 바탕으로 외국의 유수한 대학과 경쟁할 수 있게 해야 한다. 현재 외국 유수대학의 10분의 1도 되지 않는 예산으로 운영되는 우리 대학들은 결코 세계 일류대학이 될 수 없는 것이다. 교육개방을 통하여 국내에서도 외국의 유수한 교육기관의 교육을 받을 수 있도록 하고, 무분별한 조기유학으로 인한 외화의 낭비를 막아야 한다. 정규 교육제도와 더불어 평생교육제도, 직업훈련제도, 실업자 취업 훈련제도를 강화하는 것이 노동의 질 향상을 위해 필요할 것이다. 궁극적으로 모든 사람이 평생 동안 '취업 아니면 교육'을 받을 수 있는 평생학습제도를 구축하는 것이 필요할 것이다. 즉 정규교육제도를 이수한 후 은퇴하기 전까지 모든 사람이 취업을 하거나 실직시에는 곧 바로 직업 - 기술 교육을 받을 수 있는 기회를 부여하는 것이다. 이렇게 되면 실업으로 고통을 받지 않고 노동의 질도 계속 유지할 수 있게 될 것이다.

자본의 생산성 향상을 위해선 R & D 투자를 확대해야 하고 구조개혁을 지속적으로 추진하여 제도의 효율성을 높여야 한다. 그리고 개방을 확대하여 외국기업이나 상품과의 경쟁을 통해 생산성을 높이도록 해야 한다.

넷째, 기술개발을 강화해야 한다. 인류역사를 통해 국가의 경쟁력은 항상 기술력에 의해 결정되었음을 알 수 있다. 철검, 화약, 증기기관, 원자력, 반도체와 같은 기술력에서 우위를 점한 나라가 항상 다른 나라와의 경쟁에서 이기고 선진국이 되었다. 모든 기술이 실시간으로 변하는 21세기 무한경쟁시대에 기술력의 중요성은 아무리 강조해도 지나치지 않다. 기술력의 우위를 점하기 위해서는 기술개발에 대한 투자를 강화해야 하고 우수한 인력들이 기술개발 분야에 몰리도록 해야 한다. 이를 위해서는 기술개발분야에 종사하는 이공계, 과학계 인력들에게 막대한 인센티브를 제공해야 한다. 같은 직장이나 같은 대학 내에서도 성과에 따른 보수의 차별이 있어야 한다. 우수한 인재들이 오지 않는다고 걱정만 할 게 아니라 그런 인재들이 나올 수 있도록 막대한 인센티브를 제공하면 되는 것이다. 이렇게 될 때 우수한 인재들의 법대, 의대 등에로의 쏠림현상을 완화할 수 있는 것이다.

다섯째, 작고 효율적인 정부를 만들어야 한다. 기업을 포함한 모든 경제주체들의 경제활동이 활성화되기 위해서는 지원도 필요하지만 규제완화가 더 필수적이다. 그러나 큰 정부는 반드시 규제를 양산하기 마련이고 참여정부처럼 이상에 치우쳐 성장을 저해하고 시장원리에 위배되는 비효율적인 정책을 양산하기 마련이다. 그리고 큰 정부는 국가경제수준에 비해 과도한 분배정책과 사회복지정책 추진의 결과로 생겨나게 된다. 따라서 정부는 시장의 실패를 치유하고 자본주의 시장질서가 유지되도록 법과 질서를 지키고 적정한 사회복지 수준을 유지할 수 있는 최소한의 규모만 유지하도록 해야 한다.

여섯째, 개방화·국제화는 필수적이다. 21세기는 개방화·국제화 시대이기에 어느 국가도 홀로 살아갈 수 없고 경쟁을 피할 수 없다. 개방화·국제화는 국내 경제주체들의 경쟁력 강화를 위해 필요할 뿐 아니라 대외의존형 국가인 우리가 선진국이 되기 위해 당연히 가야할 길이다. 문을 닫아걸고 국내에서 독과점적 지위를 누리려는 이기적인 태도로는 결코 국제경쟁력을 가질 수 없으며 선진화 또한 불가능하다. 우리 상품과 서비스를 수출함으로써 개방화의 이익만 향유하고 다른 나라의 상품과 서비스에 대해서는 폐쇄적 태도를 취하는 것은 선진국가의 태도가 아니다. 다만 개방화 과정에서 피해를 보게 되는 계층에 대한 보상대책을 효과적으로 강구하는 것이 필요할 것이다. 개방화·국제화를 위해서는 국가간·지역 내 협력체제를 강화해야 하고 경쟁력을 키워야만 살아남을 수 있다. 따라서 국가경쟁력 극대화와 FTA, 지역경제협력체 확대가 중요하다. 그리고 개방화, 국제화 시대에는 어느 한 지역의 위기나

기회가 실시간으로 다른 지역에 전파된다. 따라서 튼튼한 경제기초(*fundamental*)를 갖추어야 한다. 이를 위해 기업, 금융, 공공부문, 노사관계에 있어 지속적인 구조개혁과 글로벌 스탠더드의 확보가 중요하다.

일곱째, 법치주의를 정착해야 한다. 모든 선진국은 자유민주주의와 자유시장경제 체제를 채택하고 있고 이러한 체제는 정부나 이익집단의 재량과 협박이 아니라 법과 제도에 의해 유지되고 있다. 우리나라는 민주화가 뿌리 내린 지 십수 년이 지난 지금도 사회의 각계각층이 법과 제도를 무시한 집단이기주의적 주장과 행동을 계속하고 있다. 노조, 농민, 학생운동권, 특권계층의 이기적 행동이 시장원리의 작동을 저해하고 있는 것이다. 민주화가 정착된 오늘날 정부의 합법적 공권력 행사가 사회적 비난을 받을 이유는 없다. 법과 제도의 정립과 그것을 집행하기 위한 공정한 공권력의 엄격한 행사가 절실하다. 법치주의의 확립 없이 효율적인 시장경제의 작동은 불가능하다.

여덟째, 우리의 강점을 극대화하고 약점을 보완해야 한다. 치열한 국제경쟁에서 살아남아 선진국으로 진입하기 위해서는 우리가 가지고 있는 강점을 극대화하고 약점을 보완하는 것이 필요하다. 전통적으로 우리의 강점은 치열한 기업가 정신, 높은 교육열, 높은 저축률, 높은 경쟁심리, 적극성, 근면성 등을 들 수 있다. 이러한 국민성을 바탕으로 전통제조업 분야에서 세계적 경쟁력을 가지고 있다(예: 조선 1위, 자동차 6위, 철강 5위, 석유화학 5위, 섬유 5위). 그리고 몇몇 IT산업 분야에서도 세계적 경쟁력을 가지고 있다(예: 반도체 3위, D램 1위, 플래시메모리 2위, TFT-LCD 1위, 휴대폰 2위, 디지털가전 5위). 이러한 경쟁력을 바탕으로 2004년도에는 11개 한국기업이 세계 500대 기업에 포함되었고 세계에서 열 번째로 세계 500대 기업을 많이 보유하고 있다. 그리고 연구개발 투자 세계 7위, 연구개발 인력 세계 7위, 과학기술논문 발표수 세계 14위, 내국인 특허등록 건수 세계 3위, 한국인의 해외취득 특허건수 세계 11위로, 기술개발 분야에서도 세계적 경쟁력을 가지고 있다.

반면에 우리의 서비스산업, 특히 교육, 의료, 금융과 같은 지식기반 서비스산업의 경쟁력은 아직 취약하다. 그리고 BT, ET를 포함한 신성장산업의 경쟁력 또한 아직 약하다. 기술개발 분야도 양적인 측면에서 뒤지지 않으나 질적인 측면에서는 아직 매우 취약하다. 그리고 높은 생산비용, 전투적 노조로 인한 불안한 노사관계, 정부의 간섭과 높은 규제, 비효율적 공공부문, 취약한 금융시장, 무책임한 시민단체 등 기업환경이 아직 열악하다. 이러한 열악한 기업환경에도 불구하고 많은 우리 기업들이 세계적인 경쟁력을 가지고 있다는 것은 기적에 가깝다.

(4) 기업경쟁력 강화를 위해서 다음을 반드시 이루어야 한다

첫째, 기업의 중요성을 인식하고 불필요한 반기업정서를 불식해야 한다. 자본주의 시장경제에서 부를 창출하는 주체는 기업이다. 기업이 투자와 생산활동을 통해 부를 창출함으로써 고용을 창출하고 고용이 창출되어야만 민간소비가 가능해지고 그래야만 자영업이 활성화되고 정부가 기능할 수 있는 세금이 걷히게 되는 것이다. 정부는 기업과 자영업자, 근로자들의 세금 없이는 어떠한 경우에도 스스로 고용과 부를 창출할 능력이 없다. 따라서 자본주의 시장경제의 요체는 기업인 것이다. 그러나 불행히도 우리나라에서는 학생들이 어릴 적부터 전교조와 학생운동권, 좌파세력에 의해 반기업적 정서의 주입을 받아 자신들도 모르게 반기업적 태도를 가지는 경향이 있다. 이러한 경향은 취업전선에 뛰어들면서 수정되기 마련이지만 기업들로 하여금 불필요한 에너지의 낭비를 초래하게 한다. 기업들이 국제경쟁에서 이기고, 보다 많은 국부를 창출하고 고용을 창출할 수 있도록 하기 위해선 기업의 기를 살려주고 불필요한 에너지를 낭비하지 않도록 하는 것이 필요하다.

둘째, 기업투자를 활성화해야 한다. 지난 몇 년간 우리 경제가 침체된 가장 근본적인 요인은 기업들이 투자를 하지 않는 데 있다. 기업들이 투자를 하지 않는 이유는 마땅한 투자처가 부족한 이유도 있지만 그보다는 투자를 저해하는 요인들이 많기 때문이다. 기업투자 활성화를 위한 세제 및 금융지원과 같은 전통적인 방법들은 계속돼야겠지만 기업투자를 가로막는 불요불급한 규제를 완화하는 것이 급선무이다. 대안 없는 수도권규제와 환경규제 등으로 인해 국내외 기업들이 투자를 중단하거나 국외로 투자처를 돌리는 현상은 막아야 한다. 정부의 국정운영방향도 반기업적, 반시장적이어서는 안되고 기업들이 안심하고 신명나게 투자할 수 있는 분위기를 조성해야 한다.

셋째, 재벌의 문제점은 고치되 강점은 최대한 활용해야 한다. 재벌의 지나친 경제력 집중과 족벌경영은 시정되어야 하나 국제경쟁에서 재벌의 브랜드파워나 기술개발력은 우리 기업경쟁력의 중요한 요소이다. 재벌이 우리 수출과 국민소득의 창출에 기여하는 바는 당장 어떤 대안적 체제로도 대체할 수가 없다. 현재와 같은 중소기업의 열악한 경쟁력으로 중소기업 중심의 경제체제로 단기간 내에 전환할 수도 없는 것이다. 따라서 당분간 우리 경제는 재벌 또는 대기업 중심의 체제를 유지해 갈 수밖에 없고 이러한 체제는 시간이 지나면서 서서히 완화될 것이다. 1997년 IMF 경제위기를 거치면서 재벌체제는 상당히 붕괴되었고 현재 재벌이라고 부를 수 있는 기업이 삼성 외에는 별로 없다고 해도 과언이 아니다. 삼성도 다음 세대로 가면서 자연스럽게 분화될 것으로 예상된다. 더욱이 지주회사제도, 집단소송제도, 사외이사제도 등을 통해 재벌의 투명성이 점차 강화되고 있다. 따라서 재벌문제에 관한 한 앞으로 기업경영의 투명성은 제고하되 규제는 철폐하는 방향으로 나가는 것이 바람직한 방향일 것이다.

넷째, 중소·벤처기업의 경쟁력을 키워야 한다. 피고용자 수나 기업수에서 절대 다수를 차지하는 중소기업과 향후 신성장산업의 견인차가 될 벤처기업을 활성화하는 것은 우리 경제의 선진화를 위해 필수적이다. 문제는 효과적인 지원대책을 수립하는 것이다. 무차별적인 개별적 지원은 흔히 낭비적이고 도덕적 해이만 불러일으킬 수 있기 때문이다.

따라서 중소벤처기업에 대한 지원은 개별기업에 대한 직접지원보다는 전반적인 사업여건 개선에 집중하는 것이 필요할 것이다. 기술개발, 기술금융, 수출금융, 신용보증, 벤처캐피탈 육성, 코스닥시장 활성화, 세제지원과 같은 시스템적 지원을 강화하고 개별기업 차원에서는 시장원리에 따라 자원의 배분이 이루어지도록 해야 할 것이다. 그리고 시장실패가 발생하는 분야에서 정부의 지원이 이루어지도록 해야 한다. 인력문제 해결, 기술개발, 물류 및 판매시장 확보 같은 것이 그 예가 될 것이다.

다섯째, 신성장산업의 경쟁력을 키워야 한다. 21세기 세계경제전쟁의 주무대가 될 신성장산업(IT, BT, ET, 문화, 레저, 서비스산업, 지식기반서비스산업, 금융)의 경쟁력을 강화해야 한다. 이를 위해서는 첫째, 이러한 신성장산업에서의 경쟁을 활성화해야 한다. 이를 위해서는 이 부문(특히, 금융, 교육, 의료)의 개방이 필요하다. 둘째, 개방과 더불어 외국기업과의 경쟁에 대비해 이러한 신성장산업에 대한 기술개발 투자를 강화해야 한다. 기초기술은 정부가 주도하고 응용기술은 금융, 조세 인센티브를 동원하여 민간이 주도하도록 해야 한다. 셋째, 서비스부문의 취약한 노동생산성을 강화해야 한다. 특히 금융산업에서 고급금융인력의 양성이 시급하다. 넷째, 교육과 의료부문의 경쟁력을 높이기 위해서 공공성을 지나치게 강조해서는 안 된다. 이 분야에 영리법인의 설립을 허용하고 대형화를 추진해야 한다. 그리고 의료산업의 세계적 경쟁력을 위해 민간의료보험을 도입해야 한다. 위화감 조성이라는 비난 때문에 규제를 하고 하향평준화해서는 세계적 경쟁력을 갖춘 교육이나 의료기관을 기대할 수 없을 것이다.

여섯째, 금융산업의 경쟁력을 강화해야 한다. 일본의 장기 경제침체에서 볼 수 있듯이 아무리 제조업이 강해도 금융이 취약하면 국제경쟁에서 이길 수가 없다. 금융시장의 불안정은 제조업에 자금압박을 가해 흑자도산을 초래할 수 있는 것이다. 1990년대 이후 미국 경제가 제조업

강국 일본의 경제를 따라잡을 수 있었던 것은 금융산업의 경쟁력 우위 때문이었다. 우리나라의 1997년 외환위기도 금융의 취약성이 그 주된 요인이었다. 따라서 제조업의 경쟁력도 향상시켜야 하지만 그보다 더 금융산업의 경쟁력을 강화하는 것이 중요하다. 이를 위해서는 관치금융을 근절하고 공적자금 투입은행과 제 2금융권에 대한 금융구조조정을 빠른 시일 내에 마무리해야 한다. 그리고 금융계열사 의결권제한제도의 완화, 사모투자전문회사(PEF)의 활성화, 연기금의 자율적 투자확대를 통해 최소한 2개 이상의 세계적 금융기관을 갖도록 해야 할 것이다.

일곱째, 생산적 노사관계를 정립해야 한다. 기업의 경쟁력 강화를 위해 가장 중요한 것은 노사관계의 안정이다. 노동자의 모든 권리가 법에 의해 보장되는 오늘날, 노조활동은 더 이상 정치적·이념적이어서는 안된다. 향후 노조활동은 근로자의 복지향상에 집중되어야 하고 탈정치·탈이념적이 되도록 해야 한다. 마찬가지로 노사관계에 관한 기업의 탈법적·위법적 행위도 용서되어서는 안 될 것이다. 향후 생산적이고 상생적인 노사관계의 법과 제도를 정비하고 이것이 철저히 지켜지도록 해야 한다.

여덟째, 외국인 투자를 활성화해야 한다. 21세기 개방화·국제화 시대에 자본에 국경은 존재하지 않는다. 부족한 국내자본을 보완하고 국내 일자리 창출을 위해 외국인 투자는 필수적이다. 외국투자 활성화를 위해 규제완화, 투자 인센티브 강화와 같은 투자여건의 개선도 필요하지만 외국투자에 대한 국민들의 부정적 인식을 불식시키는 것도 매우 중요하다.

(5) 경제에 대한 국민의식의 재정비가 필요하다

- 시장경제에 대한 인식 재정비
- 경제성장에 대한 선입견 타파

- 경쟁과 평준화에 대한 선입견 타파
- 대기업, 부자, 엘리트에 대한 오해 불식

첫째, 시장경제가 기업과 기득권층의 이익만 대변하는 비인간적 제도라는 선입견을 바로잡아야 한다. 사회주의체제의 몰락으로 끝난 20세기 한 세기 동안의 체제경쟁은 시장경제가 경제성장과 분배를 가장 효과적으로 동시에 달성할 수 있는 체제임을 보여주었다.

둘째, 성장은 불평등을 초래한다는 선입견을 타파해야 한다. 경제성장은 일자리를 창출하고 임금수준을 높임으로써 빈곤을 제거하고 국민 전체의 삶의 수준을 향상시킨다. 성장은 사회복지 수혜대상자 수를 줄임과 동시에 세수를 증대시킴으로써 더 풍부한 재원으로 더 적은 수의 빈곤서민층에게 혜택을 줄 수 있기에 사회복지수준의 향상을 더 용이하게 한다. 경제선진국이 복지선진국이 될 수 있는 이유가 여기에 있다. 역사적으로 성장은 항상 불평등을 완화했고 경제침체는 불평등을 악화시켰다. 즉, '분배 없는 성장은 가능해도 성장 없는 분배는 불가능한 것'이다.

셋째, 경쟁은 악이고 평준화는 선이라는 선입견을 버려야 한다. 우리가 21세기 무한경쟁의 시대에 살아남기 위해서는 세계무대에서 경쟁해서 이겨야 하고, 그러기 위해서는 국내에서 치열한 경쟁을 통해 경쟁력 있는 대표주자들을 육성해야 한다. 사람 이외에는 아무것도 가진 것 없는 나라가 불평등을 초래한다는 이유로 당장 편한 평준화에 안주한다면 결코 선진국의 문턱에 도달할 수 없을 것이다. 경쟁은 촉진하되 탈락자들에 대한 사회적 배려장치를 잘 만드는 것이 우리와 같은 후발국가가 가야 할 길이다.

넷째, 대기업, 부자, 엘리트는 수구보수적이고 나쁘다는 선입견을 버려야 한다. 이들이 인지상정으로 기득권에 집착하는 경향이 있는 것은 사실이지만 이들은 우리가 지향해야 할 대상이지 지양해야 할 대상은 아니다. 모든 기업이나 국민이 대기업, 부자, 엘리트가 되면 우리나라는 저절로 선진국이 될 수 있기 때문이다. 모두가 그들처럼 되도록 격려해야지 성공했다는 이유로 질시하고 폄훼해서는 선진국이 될 수 없을 것이다.

4) 더불어 잘사는 노력을 꾸준히 해야 한다

(1) 더불어 잘사는 것이 중요하다

경쟁과 효율에 바탕을 둔 성장전략은 필히 태생적인 육체적·정신적·가정적 한계로 인한 사회적 소외계층을 양산하게 된다. 이러한 계층을 함께 끌고 가는 것은 사회적 안정을 위해서뿐만 아니라 선진사회를 위해 필수적이다.

(2) 효과적이고 생산적인 사회복지제도의 수립

사회복지제도의 목표는 미래의 불확실성에 대비하여 모든 국민이 일생을 통해 안정적인 소득수준을 유지하여 인간적인 삶을 영위하도록 하는 것이다. 중산층 이상에 대해서는 자구적이고 시장원리에 입각한 사회보험제도를 활용하고 서민 빈곤층에 대해서는 사회부조제도를 활용하는 것이 바람직하다.

- 빈곤척결 수단의 중요성 인식
- 효율적 사회보험제도 정립
- 적정수준의 사회복지지출 확보

① 빈곤척결은 사회적 소명이나 그 수단이 중요하다

사회적 소외계층의 소득수준을 향상시키고 최소한도의 인간적 삶을 누리도록 하는 공동체적 노력은 필수적이다. 그러나 이러한 정책이 단순히 시혜적이어서 일시적인 고통만을 제거할 뿐, 그들을 빈곤이나 실업의 굴레에서 벗어나지 못하게 하는 정책이어서는 안 된다. 그들의 자생력을 키워줌으로써 스스로 빈곤과 실업의 굴레에서 벗어날 수 있도록 하는 것이 중요하다. 절대빈곤의 완화를 위해 국민기초생활보장제도를 효과적으로 개선하는 것도 중요하지만 가장 효과적인 빈곤퇴치 방법은 경제성장과 그를 통한 일자리 창출 및 교육·훈련기회의 확대임을 잊어서는 안 된다.

② 효율적인 사회보험제도의 정립이 중요하다

중산층 이상의 경우에는 스스로 보험료를 납부하고 예상치 못한 사건이 발생할 경우 급격한 소득감소를 예방할 수 있는 사회보험제도를 활용해야 한다. 정부의 역할은 이러한 사회보험제도를 안정적이고 지속가능하도록 만드는 것이다. 일단 사회보험제도가 정착되고 나면 민간보험제도를 도입하여 능력 있는 계층에게는 보다 좋은 서비스를 받을 수 있는 기회를 제공하고 동시에 경쟁과 적절한 지원을 통해 공적 보험제도의 수준을 높이는 것이 필요하다.

③ 적정 수준의 사회복지지출을 유지해야 한다

어떠한 경우에도 사회복지지출이 무조건적으로 선진 OECD 국가의 수준을 따라가려 해서는 안 된다. 우리나라의 경제력 수준에 적합한 수준을 유지하는 것이 성장잠재력을 떨어뜨리지 않고 성장과 복지의 조화를 이루는 바람직한 방법이다. 이 경우 우리 소득수준이 상승하면서 사회복지수준도 자연스럽게 상승하게 되고 우리가 경제선진국에 도달하면 자연스럽게 복지선진국에 도달하게 될 것이다.

(3) 지나친 불평등의 완화 노력은 필요하나 지나친 소득재분배정책은 지양해야 한다

시장경제는 경쟁을 통해 국민소득수준 향상에 기여하는 반면 부와 소득의 불평등을 심화시킬 수 있다. 어느 정도의 불평등은 상위계층에게 열심히 할 인센티브를 제공하고 하위계층에게는 신분상승을 해야 할 동기를 부여함으로써 필요하지만 지나친 불평등은 사회적 통합을 해치고 사회적 불안정을 초래할 수 있다.

따라서 누진적인 세제와 재정정책을 통해 소득과 부를 적절하게 재분배하는 것이 필요하다. 그러나 이 경우 지나친 누진세는 사회 부를 창출하는 세력들의 경제의욕을 꺾게 되고 지나친 재정지원은 취약계층의 도덕적 해이를 초래할 수 있다. 따라서 이러한 부작용을 초래하지 않을 적정 수준의 소득재분배정책을 강구해야 한다. 이러한 적정 수준에 대한 기준은 존재하지 않으며 사회구성원들의 합의를 통해 정해질 수 있을 뿐이다.

(4) 국가 균형발전은 중요하나 그 수단이 더욱 중요하다

계층간 불평등 완화가 필요하듯이 지역간 불균형도 완화되어야 한다. 그러나 그 수단이 효과적이어야 한다. 잘사는 지역에서 뺏어 낙후지역으로 주는 제로섬식 균형발전은 국가경쟁력과 경제성장에 위해할 뿐 아니라 낙후지역의 발전에도 전혀 도움이 되지 않는 낭비적 정책일 뿐이다.

중요한 것은 지방의 자생력을 증대시키는 것이고 잘사는 지역을 더 잘살게 하면서 낙후지역의 경쟁력을 강화하는 것이다. 지금처럼 잘사는 지역에 규제를 강화하고 수도분할과 같이 잘사는 지역에서 뺏어 낙후지역에 주는 것은 모든 지역의 성장을 저해하는 것이다. 낙후지역의 자생력이 없어 막대한 정부재정의 낭비만 영원히 계속될 뿐이다.

지역균형발전은 지역이 주도권을 가지고 지역특성에 맞는 자생력 있는 지역발전계획을 수립해야 하고, 중앙정부는 그 타당성에 따라 지원해야 한다. 가장 효과적인 지역균형발전은 지역별로 '기업+대학' 결합 거점도시를 형성하는 것이고 이를 위해 중앙정부는 규제완화와 더불어 막대한 인센티브를 제공하는 것이 필요하다. 이러한 도시는 자생력을 갖출 뿐 아니라 정부재정의 지원도 최소화할 수 있을 것이다.

(5) 노블레스 오블리주의 실천이 필수적이다

가진 자들이 스스로를 낮추고 없는 자들을 위해 자선활동을 하고 사회적 모범을 보이는 것이 중요하다. 있는 자들의 이러한 자세는 강요에 의해서 되는 것은 아니고 어릴 때부터 교육을 통해서 가능하고 세제를 비롯한 적절한 인센티브 제도가 필요할 수 있다. 그리고 종교단체가 이러한 사회적 분위기를 형성하는 데 기여할 수 있을 것이다.

· 참고문헌 ·

나성린(2004), 《참여정부 경제실책의 원인과 과제》, 연세대학교 동서문제연구원.
대한상공회의소(2003. 11), 《제조업 공동화 현상과 대응방안》.
문형표 외(2004), 〈인구고령화와 거시경제〉, 한국개발연구원.
이창용(2004), 〈2005년 경제전망과 과제〉, 한국채권연구원.
정권택 외(2003), 〈휴먼캐피탈과 성장잠재력〉, 삼성경제연구소.
최공필(2003), 〈잠재성장률 및 성장잠재력의 추이와 시사점〉, 한국금융연구원.
통계청(2004), 《2004 한국의 사회지표》.
한국경제의 분석패널(2004), 〈한국경제의 재도약을 위한 정책과제〉, 한국금융연구원.
한국은행(2003. 6), 〈최근의 설비투자 동향과 특징〉.
한진희(2002), 〈한국경제의 잠재성장률 전망: 2003~2012〉, 한국개발연구원.

제 2 장

경쟁국가시대의 정부역량

이홍규 · 김병국

1. 문제의 제기

세계는 지금 민주화, 지식정보화, 세계화라는 물결 속에 있다. 비록 그것이 달갑지 않다 하더라도 우리는 이를 피해갈 수 없다. '경쟁국가'라 함은 이런 세계질서 속에서 살아가야 하는 국가의 제도, 행위, 의식을 압축시켜 표현하는 단어이다.[1] 다시 말해 국가 내부의 제계층간의 분열과 대립, 반목과 갈등을 민주주의를 통해 용해시키고, 국민 각 개인들의 역량을 하나의 국가적 발전에너지로 통합시키는 동시에 외부로부터 주어지는 위험과 도전에 유연하고 신속하게 응전할 수 있는 비상한 능력을 갖춘 국가를 말한다.

국가의 능력 중에서도 경제운용 능력은 그 무엇보다 중요한 능력이다. 경제란 나라를 경륜〔經國〕하고 백성을 구제한다는〔濟民〕 의미이다. 한 나라의 경제가 성공적으로 운용되기는 쉽지 않은 일이다. 경제에는 호황과 침체의 사이클이 있고, 방심하면 선진국도 하루아침에 후진국으

1) 경쟁국가의 개념에 대해서는 Philip G. Cerny(1996)를 참조할 것.

로 추락할 수 있는 것이다. 이런 의미에서 지난 40여 년에 걸쳐 한국경제가 보여주었던 고도성장은 매우 의미 있는 일이라 아니할 수 없다. 그러나 이러한 성취에도 불구하고 한국경제는 지금 심리적 불안에 빠져 있다. 그 불안은 미래에 대한 불안으로, 경제환경의 불확실성 증대, 경제정책에 대한 신뢰저하, 중국경제의 급속한 성장, 사회지도층의 리더십 약화, 노사·이념·정치에서의 갈등심화 등에 기인한다 할 수 있다. '경제가 심리의 산물'이라 할 때 이러한 불안감이 경제에 끼치는 악영향은 그 무엇보다 크다 할 것이며, 이의 치유야말로 한국경제의 당면과제라 할 수 있다.

경제가 성과를 내기 위해서는 경제 자체의 시스템도 중요하지만, 경제외부의 환경 또한 그에 못지않게 중요하다. 특히 정부가 어떠한 역할을 하느냐는 경제에 있어 매우 중요한 요소이며, 시장경제체제라 하더라도 그 역할을 과소평가할 수는 없다. 시장은 금리, 환율, 임금, 부동산과 같은 '경제적 영역'뿐 아니라, '비경제적 영역'에서 벌어지는 교육, 정치개혁, 과거사 논쟁 등과 같은 사안까지도 면밀히 지켜보고 있는 것이다. 특히 시장은 정책결정자들의 인식수준과 판단능력을 가늠하고 그들이 부여하는 정책적 의미에 대해 나름대로의 평가를 내린다. 관료들의 판단과 인식이 시장의 기대에 부응하지 못하게 되면 정부는 시장으로부터 신뢰를 상실하게 될 것이다. 정부에 대한 신뢰가 무너지면 불확실성은 더욱 커질 것이고, 이에 따라 시장의 거래비용은 증대되고 경제는 퇴보될 것이다. 이 점에서 민주화 시대의 한국정부도 민주주의의 진보라는 그 놀라운 성과에도 불구하고, 경제적 측면에서는 불확실성을 증폭시키는 데 일조하였다.

비록 정부의 정책에 '정부 실패'의 가능성이 내재되어 있다 하더라도 현실적으로 정부는 경제에 대해 매우 중요한 영향력을 행사하는 존재이고, 따라서 정책역량이 있는 정부는 반드시 필요하다고 할 수 있다. 아무리 탈규제정책을 추진한다 하더라도 여전히 국가가 담당해야 하는 역할이 있다. 특히 현재와 같은 불확실성 시대에는 정부가 올바른 리더십을 발휘할 수 있어야 한다. 정부의 통찰력 있는 비전이 불확실성을 줄일 수 있고 효율적, 효과적 제도가 거래비용을 감소시키기 때문이다. 지금 세계에 국가간, 정부간에 제도경쟁, 정책경쟁이 일어나는 이유는 바로 그 때문이다.

정부의 역량을 확보하는 문제는 역대 정부에서도 이미 중요한 과제로 부각되었다. 문민정부(YS), 국민의 정부(DJ) 모두 정부개혁 기구를 정부 내에 두고 정부개혁을 추진하였다. 그러나 그들은 정권교체에는 성공했으나, 국정운영의 원칙과 방식을 변화시키지는 못했다. 시장의 핵심행위자들을 '기득권 집단'으로 보고 개혁대상으로 삼았으나, 그 방식에서는 과거의 권위주의적 방식을 답습하였을 뿐이다. 민주주의가 견제와 균형을 통해 권력을 공유하는 제도임에도 불구하고 마치 '승자가 모든 것을 차지'하듯이(*A winner takes all*) 선거를 통해 획득한 권력을 제왕적 권력으로 인식하는 듯이 보였다. 이와 같은 정부의 문화는 지금까지 큰 변화를 보이지 못하고 있다. '개혁 이데올로기'조차 지난 10여 년간 이러한 반(半)민주적 정부들에 의해 정치적으로 이용됨으로써 개혁에 대한 '피로감'만 점증시키는 결과를 초래하였다.

참여정부도 정부개혁에 의욕을 보이고는 있으나, 국민들의 입장에서는 아직 성과를 느끼지 못하고 있다. 물론 개혁에는 여러 이견(범위와 대상, 추진주체와 객체, 내용과 방식 등)이 있을 수 있고, 다양한 이해관계의 갈등, 기득권층의 저항 등이 나타날 수 있으나, 그럼에도 지금까지의 정부개혁은 가시적이지 못하다고 평가된다. 반(半)민주정부가 진정한 민주정부가 되려면 바로 그런 다양한 이해갈등을 수용하고 이견을 절충해 새로운 통합에너지를 만들어낼 역량이 있어야 한다.

2. 분석의 틀

모든 정부의 불변의 사명은 국리민복의 증진이라 할 수 있다. 정부는 국민으로부터 권한을 위임받아 인적·물적 자원을 활용하여 국리민복이란 서비스를 창출하는 것이다. 이런 정부의 성과는 그 활동범위와 역량에 의해 결정된다 할 수 있다(Fukuyama, 2004). 활동범위란 정부가 그 시대에 맡는 다양한 기능과 목표를 말하며, 이는 외부와의 관계에서 규정되어진 조건이다. 반면 역량이란 내부적으로 정책을 기획하고 집행하는 능력을 말한다. 정부시스템이 성과를 내려면 내부역량이 외부상황과 서로 부합해야 하므로, 역량이란 상황특정적인(*situation-specific*) 요소라 할 것이다.

정부의 성과를 측정하는 기준으로 세 가지 — 효율성, 효과성, 유연성 — 를 제시하고자 한다. 효율성이란 최소비용으로 최대의 성과를 내는 것을 의미하며, 효과성은 국민들의 다양하고 광범한 욕구를 충족시키는 정도를 의미하며, 유연성은 환경변화에 적시에 능동적으로 적응하는 것을 말한다. 효율성이 명령과 지시를 통해 높일 수 있다면, 효과성은 주로 자율과 참여를 통해 달성 가능하다. 민주주의 시대의 정부는 특히 효과성이 높아야 하는데, 효과성이란 정책이 당위적으로 산출해야 할 성과를 만들어 내는 것이다. 효과성의 실패는 할 일을 하지 않는 것뿐 아니라, 하기는 하지만 제대로 하지 않는 것, 타인의 지지를 받아야 할 일에 그 지지를 받지 않는 것, 하지 말아야 할 일을 하는 것 등을 포함한다. 특히 많은 민주적 정부들이 당면하는 정부의 위기는 일차적으로 해서는 안 되는 일을 했기 때문에 발생하고 있는 것이다. 이를 예방하기 위해서는 정책결정에 있어 무엇보다 권한과 책임이 명확하여야 한다. 책임 없는 권한, 권한 없는 책임 모두 과욕의 정책, 성과 없는 정책을 양산할 뿐이다.

〈그림 2-1〉 정부역량의 메커니즘

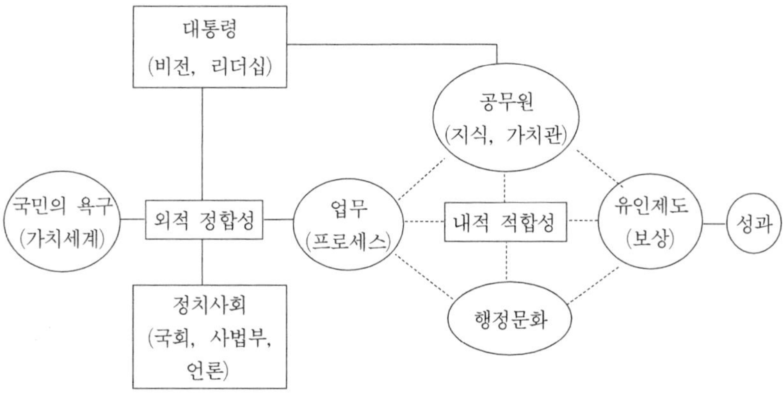

정부의 역량이 발휘되는 메커니즘을 상정해 보면 〈그림 2-1〉과 같이 나타낼 수 있다. 정부의 내재적 능력을 정부시스템 제반요소의 '내적 정합성'에 의해 이룩되는 것이라 한다면, 그런 정부의 능력과 국민적 요구와의 일치는 '외적 정합성'이라 할 수 있다. 외적 정합성과 내적 정합성의 확보야말로 정부역량이 발휘되기 위한 기본조건이라 할 것이다.[2)]

1) 내적 정합성

정부의 역량을 논의하기 위해서는 정부 내의 성과변수에 대한 이해가 필요하다. 정부 시스템에는 규칙과 관행들로 이루어진 업무 프로세스가 있고, 나름대로의 조직문화가 있으며, 공무원들의 업무를 일정한 방향으로 유인하고 감독하는 유무형의 인센티브 제도가 있고, 또한 무엇보

---

2) 정합(*congruence*, *fit*)이란 말은 서로 다른 변수 상호간의 균형과 조화를 의미하며, 효과성과 유사한 의미를 지닌다. 정합성이 높을수록 효과성도 높아진다고 볼 수 있다.

다 지적 능력과 나름대로의 가치관을 가진 공무원들이 있다.[3] 이런 요소들이 어우러져 일정한 정부의 성과를 낳는 것이다.

정부가 성과를 제대로 내려면 우선 비전과 목표가 있어야 한다. 민주주의는 리더십에 관한 경쟁이고[4] 리더십은 비전의 제시로부터 시작된다. 비전은 정부라는 시스템의 로드맵이며, 이는 국민들에게도 중요하지만 정부를 움직이는 공무원들에게도 중요하다.

비전이란 국가전략과 정책목표의 방향설정에 기반이 되며, 공무원의 행동지침과 성과관리의 기준이 된다. 비전은 정책의 일관성을 유지하게 하고, 정책간의 조화와 조정을 이루게 한다. 비전이 명확하면 세밀한 전략과 기획이 이루어지고, 우선순위가 명확해지며, 내부조직의 운영방향이 일치하게 되나, 비전이 불명확하면 조직이 자신의 역량을 발휘할 수 없다. 비전이 제대로 공유되지 못하면 각 정부부처는 서로 따로 놀 수밖에 없다.

정부의 비전은 대통령중심제 하에서는 대통령의 비전이 된다. 대통령은 비전을 통해 국민의 신임을 얻고 관료들에게 정부가 나갈 방향을 제시해야 한다. 정책이란 정책결정자가 명확하게 자신의 우선순위를 세우고 '선택과 집중'의 방향을 관료와 국민들에게 일관된 논리로 반복적으로 알려주고 설득할 때에만 성과를 볼 수 있다. 정부의 성과는 그런 리더십이 발휘되고, 이에 합당한 지식과 가치관이 확보되고, 그에 적합한 업무설계가 이루어지고 인센티브가 마련되어야 가능한 것이다. 즉, 국민 욕구 - 대통령 비전 - 공무원의 지적능력 및 가치관 - 업무 프로세스 -

---

3) Ghosal · Hahn · Moran(2000)은 조직이 성과를 발휘하기 위해서는 세 가지 일반적인 힘이 작용하는데, 그 세 가지는 ① 사람들의 의지, ② 시간과 장소의 제약을 받는 가용자원, ③ 그 자원들을 규율하는 제도망(*web of institutions*)이라고 하였다.

4) J. Schumpeter(1942)는 민주주의를 '리더십에 관한 경쟁'(*competition for leadership*)으로 파악한다.

유인제도 - 행정문화 등 간에 상호 정합성이 높아야 하는 것이다. 이들간의 관계는 상호 '인과적'이기도 하다. 대통령이 명확한 비전을 가지고 있을 때에만 공무원의 지적능력과 가치관이 구축되고, 업무 프로세스가 하나의 통합된 방향으로 이루어지며, 성과를 내도록 유인제도가 만들어지고, 행정문화가 구축된다. 따라서 대통령의 비전은 명확해야 할 뿐 아니라 그 구성원들에게 공유되어야 한다. 대통령의 비전이 대통령만의 비전이 되어서는 안 된다. 이는 곧 대통령이 타인의 이해관계를 중시하고 수용하는 방향으로 자신의 비전을 구축해야 한다는 것을 의미한다. 사실 대통령이 직접 하는 일은 없다. 대통령은 언제나 정부관료, 정당 및 국회, 이익집단 등과 같은 '타인'을 통해 자신의 비전을 정책화하는 존재이다. 정책목표는 대통령이 명령한다 해서 달성되는 것이 아니다. 대통령은 '타인'에게 대통령이 원하는 것이 그들에게도 이로운 것이라는 것을 설득할 수 있을 때 그 목표를 달성할 수 있다. 대통령의 권력은 이와 같은 설득능력에서 나오는 것이다. 다시 말해 대통령은 국가발전의 백년대계를 타인이 수용할 수 있도록 설득할 수 있어야 한다. 한국의 민주정부들이 보여준 문제는 이러한 설득이 아니라 명시적 또는 암묵적 강제를 통해 그 목표를 달성하려고 했다는 점이다.

대통령의 정책형성 권력은 절대적인 것이 아니다. 선거를 통해 선출되었다 하더라도 그가 만드는 정책의 모든 내용에까지 정당성이 부여되는 것은 아니다. 특히 정당정치가 정책이 아니라 정쟁을 중심으로 이루어지는 한국에서는 더욱 그렇다. 선거에서 이겼다 해서 국민으로부터 정책을 자의적으로 결정할 권한을 위임받았다 생각한다면 그 정책은 실패할 수밖에 없을 것이다. 정당정치가 부실하고 선거가 정책이 아닌 정쟁과 이미지 위주로 치러지는 한국과 같은 나라에서의 정책은 오히려 대통령이 당선 이후에 국민의 소리를 '경청'하고 끊임없는 '대화'를 통해 만들어야 하는 과제이다. 대통령이 이를 소홀히 하면 국민은 등을 돌리게 되는 것이다.

업무 프로세스란 정부가 과연 업무를 효율적으로 처리할 프로세스를 확립하고 있느냐는 점이다. 업무의 역할범위가 합리적으로 설정되어 있느냐, 업무절차가 효율적으로 설계되고 표준화되어 있느냐, 업무간에 협력과 조정 및 통제가 제대로 이루어지고 있느냐 하는 점들이다.

공무원의 지적 능력 및 가치관도 정부성과에 영향을 미치는 중요한 요소이다.[5] 사회의 다원화, 정부업무의 복잡성이 증가하는 것처럼 정부시스템의 지적 능력향상도 빠르게 이뤄져야 하지만, 공무원이 그 변화의 속도를 따라가기는 쉽지 않은 일이다. 더구나 한국의 발전수준이 과거와 같이 서구적 제도의 모방만으로 문제를 해결하는 데는 이제 한계에 도달했으므로 창의적 제도형성 능력의 확보가 무엇보다 시급한 과제이다.

조직 구성원의 행동을 일정방향으로 유도하는 역할을 하는 유인제도 또한 정부성과의 중요요소이다. 공무원 또한 다른 조직상의 대리인과 다르지 않으므로(Tullock, 1965), 사익추구와 책임회피 같은 대리인 비용(*agency cost*)을 인센티브와 감시를 통해 통제할 수 있어야 한다. 유인제도가 효과적으로 작동해야만 위계질서가 있는 정부조직이 독립적 계약관계보다 효율성을 가질 수 있다. 따라서 정부 비전에 맞추어 공무원을 움직이게 만드는 유인제도의 구축능력이야말로 정부의 역량이라 할 것이다.

---

5) 정부는 국가를 경영하는 기구이다. 경영이란 계획을 성과로 바꾸는 것이다. 정부의 경영도 정부가 가진 비전과 목표를 성과로 바꾸는 것이다. 그러나 경영이란 언제나 매력없고 매우 힘들기만 한 일이다. 그것은 모든 구성원들이 목표를 위한 규율을 이행하고 책임감을 갖고 적합한 판단을 할 것을 요구한다. 이를 위해서는 지적 능력이 있어야 하고 올바른 가치가 있어야 한다. 높은 지적 능력이나 옳은 가치 없이 장기적 성과를 올리기는 어려운 법이다.

2) 외적 정합성

정부시스템이 성과를 내기 위해서는 외적 정합성 또한 필요하다. 외적 정합성을 결정하는 요소로는 국민들의 욕구방향, 범위 및 수준, 국회의 정치행태 및 정책형성 능력, 사법부의 구제절차 및 판단능력, 언론 및 시민단체들의 영향력 등 다양한 요소들을 들 수 있다.

국민들의 욕구와 정부의 역량은 불가분의 관계를 갖는다. 국민이 원하지 않는 것을 정부가 밀어붙인다면, 정부가 아무리 탁월한 능력을 가지고 있다 하더라도 그 결과는 실패일 수밖에 없다. 정부의 역량과 국민의 요구가 서로 불일치하게 된다면 정부시스템은 성과를 내기 어려운 것이다. 사법부 또한 법적, 사후적 구제절차를 통해 정부의 정책과 행동들에 영향을 미친다. 수도이전 등 최근 헌법재판소의 판결들이 정부의 정책에 미친 영향은 실로 크다 할 수 있다. 언론 또한 그 역할을 과소평가할 수 없다. 언론이 합리적 비판자로서, 한편으로는 사회적 통합자로서 그 역할을 다할 때 정부의 성과는 고양될 것이다.

정당, 국회 등의 행태 또한 정부의 성과를 결정하는 중요 요소이다. '강력한 국가에는 그에 걸맞은 정치체제가 있다'(Fukuyama, 2004) 하듯이, 정치권의 정책형성 능력은 정부성과에 영향을 미치는 중요변수이다. 정부는 정치의 종속변수이고, 그런 점에서 정부역량이 발휘되기 위해서는 정치가 국민들 요구에 부응하여 움직여 주어야 할 것이고, 대통령과 여당이 이를 정부의 비전과 정책으로 실천해 나갈 수 있어야 할 것이다. 정치권의 정책형성 능력이 취약하다면 이런 '정치권의 실패'를 정부가 보완할 수 있어야 하며, 동시에 그 능력을 키우기 위해 노력해야 할 것이다. 정치권의 정책형성 능력이 부족하다 해서 정치권을 정책결정 과정에서 배제시킨다면 이는 민주주의를 제약하는 일이라 할 것이다.

정부역량의 발휘는 또한 정부가 처한 정치적, 사회적 환경의 지배를 받게 된다(Satyanath et al., 2004). 시대에 적합하지 않은 정부의 역량은 성과를 내기 어렵다. 권위주의 시대에는 권위적 문화에 적합한 역량이, 민주주의 시대에는 민주적 문화에 적합한 역량이 있다. 따라서 외적 정합성을 논의하기 위해서는 시대적 구분이 필요하다. 즉 권위주의 시대의 정부모델과 민주주의 시대의 정부모델이 다를 수밖에 없는 것이다.

근대 정부의 관료제는 효율성이 높은 시스템으로서 특히 권위주의 시대에 효과적인 제도였다고 할 수 있다. 중앙집권적 권한, 계층적 구조, 업무의 표준화 및 비인격화, 규칙에 의한 통제 등을 특징으로 하는 관료제는 민주주의의 확산으로 중요한 도전에 부딪히게 되었다. 민주주의 시대는 효율성보다 효과성이 중요시되는 시대이다. 국민의 다원적 욕구가 효과적으로 충족되어야 할 뿐 아니라, 비정형적 업무가 빈번히 대두되어 창의성과 유연성이 필요하다. 이에 따라 행정조직도 민주화, 분권화, 수평구조화되어야 한다고 할 수 있다.[6] 문제는 어떻게 해야 관료사회가 추구하는 '효율성'을 민주화 시대에 요구되는 '효과성'과 접목시킬 수 있는가이다. 효율성만 중시하면 시민사회의 반발로 결국 효율적 정책을 펼칠 수 없고, 효과성만 중시하면 정부의 정책 리더십이 약화되고 정책비용이 배가되어 효과적 정책이 되기 어렵다. 효율성과 효과성은 양자택일이 아니라 상호조화의 대상이라 할 수 있다.

이 글은 정부역량 모형을 ① 권위적 안정형, ② 민주적 불안정형, ③ 민주적 안정형으로 구분하고자 한다. 권위적 안정형은 근대적 관료제에

---

6) 명령과 지시 위주의 권위주의 시대에는 효율성이 중시되므로 일을 짧은 시간에 효율적으로 처리하는 관료제가 효과적이다. 그러나 이는 그 구성원의 창의성을 저해하고 조직의 혁신능력과 유연성을 약화시킨다. 민주주의 시대에는 다양한 시민들의 이해관계에 부합되는 일이냐가 우선 중요하므로 효율성보다 효과성이 중시된다. 즉, 어떻게 일을 효율적으로 할 것이냐보다는 어떤 일을 할 것이냐는 논의에 많은 시간을 보내게 된다. 이는 일견 비효율로 비쳐질 수도 있으나, 결국 옳은 일을 선택하게 하여 국민들이 정말 필요로 하는 일을 하는 정부가 될 수 있다.

기반을 둔 정부역량으로써 권위주의 문화와 권위적 정부라는 정합성이 발생하지만, 민주적 불안정형은 민주주의 문화와 권위적 정부라는 부정합성이 발생하여 정부시스템이 기본적으로 불안정하고, 민주적 안정형은 민주주의 문화와 민주적 정부라는 정합성이 발생하여 정부시스템이 안정화된 것을 의미한다. 권위적 안정형과 민주적 안정형은 그 시대적 배경이 다르고 그 작동원리가 상이하지만 나름대로 효율성과 효과성을 접목시킨다는 공통점이 존재한다.

3. 한국경제의 발전과 정부역량

지난 40여 년에 걸쳐 한국경제는 '한강의 기적'을 만들어냈다. 압축성장이 가능하였던 요인에는 여러 가지가 있겠지만, 상대적으로 효율적인 행정시스템도 그 한 요인이었다 하지 않을 수 없다. 강력한 중앙집권적 권력에 의해 뒷받침되는 높은 효율성이야말로 압축적 근대화를 촉진시켰던 원동력이었다.[7] 그러나 그러한 정부역할은 민주화가 진행되면서 중요한 도전에 부딪히게 되었다. 근대 시민의식의 발전이 아직 초보단계에 있고 절대빈곤 문제가 심각했던 상황에서는 권위주의 정부의 권위주의 리더십을 사회가 일정부분 받아들였지만, 경제발전과 민주시민 의식의 발전으로 그러한 리더십은 곧 저항에 부딪히게 되었다고 할 수 있다. 따라서 민주주의에 적합하면서도 역량 있는 민주적 정부 구축은 근대 한국정부가 해결해야 할 가장 중요한 과제가 되었다.

---

7) 한국뿐 아니라, 동아시아에서도 전략적인 산업정책을 성공시킨 것은 높은 자율성을 가진 중앙집권적 관료제였다고 한다(Kim & Ma 2000).

1) 권위주의 시대: 권위적 안정형

권위주의 시대라 함은 1961년 군사정변 이후 약 30년 동안 지속된 일종의 군사개발독재 시대로서, 정치적 권위주의와 경제적인 중상주의가 결합된 시대라 할 수 있다. 이 시대의 화두는 근대화였다. '잘살아 보세'로 대변되는 근대화는 우선 국민들의 생활 및 생존이 시급한 상황에서 군사정부가 국민들에게 제시한 비전이었다. 급속한 성장이 이루어지며 그 슬로건도 점차 변모했지만, '경제빈곤 탈피', '경제성장 지속'은 개발국가(*development state*) 시대였던 당시 무엇보다 명확하고 효과적인 비전이었다.

이런 비전 하에서 정부가 선택한 성장전략은 자원빈곤 국가로서 특정 성장부문의 선택과 이에 자원을 집중하는 '불균형' 전략이었으며, 상대적으로 풍부한 자원인 노동력에 의존하는 '노동집약적' 전략이었으며, 해외시장과 자본에 의존하는 '대외의존적' 전략이었다. 이런 정부의 전략은 하향적 자원동원 체제, 가부장적이었던 유교적 문화, 미숙한 시민사회의 조직화 등에 의해 뒷받침되었다고 할 수 있다. 다시 말하면 '잘살아 보세'라는 단순 명확한 비전에 대해 국민적 합의(*consensus*)를 이룬 다음에 그 비전을 성취하기 위한 전략, 정책수단, 추진방식 등이 거의 연역적으로 산출되었다고 할 수 있다. 비전이 로드맵을 '만들어주었다'고 해도 과언이 아니다.

정치적으로는 정부와 여당이 주도하고 독주할 수 있는 여대야소의 국회, 대통령이 여당 총재로 정치를 직접 관리하고 통제할 수 있는 여권구조, 대중참여에 무관심하고 대중과 유리되어 기능하는 정치시장 구조 등이 정부의 가부장적 리더십을 가능하게 했다고 할 수 있다. 이로 인해 민주적이 아닌 제왕적인 대통령 리더십, 국회의원이 아닌 정부주도의 입법구조, 정책형성의 주도자가 아닌 소극적 참여자로서의 국회 등의 현상이 노정되었다.

〈그림 2-2〉 권위주의 시대의 정부역량 메커니즘

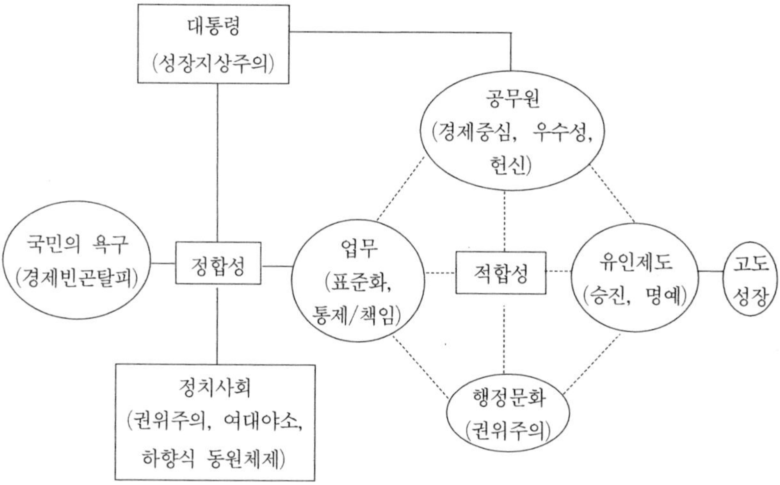

이런 정부운영 형태를 이 글에서는 '권위적 안정형'이라고 규정하고자 한다. 이는 그 행태 면에서는 매우 권위적이었지만, 운영 면에서는 제반요소간 정합성이 확보되어 나름대로 높은 안정성을 가진 형태였다고 할 수 있다.

그 시대에는 '경제빈곤 탈피'라는 국민적 욕구가 강했으며 대통령이 이를 정부 비전으로 받아들이고, 정부의 시스템을 이에 맞추어 구축하였다. '경제성장'의 비전이 정부와 사회 전반에 공유되었으며, 대통령은 그 비전을 챙기고 확산시키는 데 리더십을 발휘해 정부 내에서 비전이 효과적으로 공유되고 실천되었다. 특히 경제비전을 만드는 실무업무를 담당했던 경제기획원(EPB) 출신 관료들이 〈그림 2-3〉에서 보듯 타 경제부처의 장차관으로 이동함으로써(EPB 차관보 / 실장 중 38.5%가 직임 직후 타 부처 차관으로 이동했으며, 11.5%는 타 부처 차관보 / 실장으로 이동하여, 결국 경제기획원 차관보 / 실장의 50.0%가 타 부처 정책결정자의 위치로 이동), 그 비전을 범정부적으로 공유시키는 '비전 전파자'로서의 결

〈그림 2-3〉 1961~1980 박정희 정부 시기
경제기획원의 차관보, 실장들의 경력 추적*

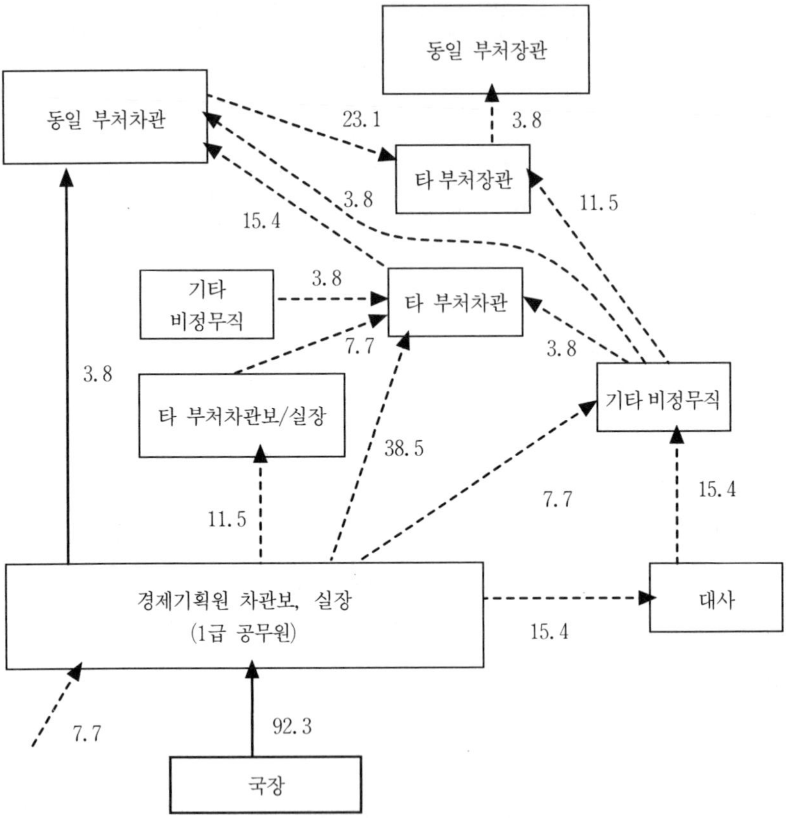

* 1961~1980년까지 경제기획원 차관보, 실장 28명을 대상으로 경력을 추적하였다. 직선은 부처 내 이동을 나타내고 점선은 해당부처에서 다른 부처로의 이동(부처간 이동)을 의미한다. 비정무직은 조정국장, 국무총리 기획운영실장, 은행장, 청와대 경제수석을 나타낸다.

정적 역할을 한 것으로 보인다.[8] 다시 말해 압축성장의 성과는 권위주의 그 자체만이 아니라, 권위적 지도자와 능력 있는 경제관료들이 함께 손을 잡고 보여준 성과물이라 할 수 있다.

한편 업무프로세스 면에서는 업무의 표준화가 빠르게 진전되어 효율성이 높아졌을 뿐 아니라, 정책조정도 효과적으로 이루어졌다 할 수 있다. 경제분야에서는 경제기획원(EPB) 장관이 권위와 책임을 갖고 있었을 뿐 아니라, 주요 경제부처를 EPB 출신들이 장악함으로써 정책조정을 원활히 할 인적 기반을 갖고 있었다 할 수 있다(〈별첨 표 2-1〉 참조).[9] 이러한 EPB 중심의 업무 프로세스는 관료들이 만든 것이라기보다 박정희 대통령이 만들었다고 보인다. 박대통령은 각 영역을 담당하는 정부부처가 자신의 관할영역만 보며 정책을 입안하게 되는 할거주의

8) 경제기획원은 대통령의 비전과 정책 우선순위를 최전선에서 실행한 기관이었고 정부경제정책의 최종 '조정자'역할을 했다. 경제기획원의 차관보, 실장은 중앙정치권력이 구상한 국가운영의 밑바닥에 흐르는 정책 우선순위를 체화/습득한 이들이었다. 이들의 이동은 ① 타 부처에서 정책 우선순위에 관한 공감대를 형성하여 경제성장 정책이 원활히 추진되도록 했으며, ② 경제부처들의 권력을 장악함으로써 경제기획원을 수장으로 하는 위계화된 권력관계를 형성했으며, ③ 경제정책의 실행을 위한 정부 내 분업체계 형성에 기여했다고 할 수 있다.

9) 경제전반을 거시적으로 통제하는 경제기획원과 재무부는 고도성장의 실질적 주체이며 산업을 담당하는 상공부(50.0%), 동력자원부(60.0%), 농수산부(42.3%)의 정무직을 과점했고, 청와대 경제수석비서관직의 전체(100.0%)를 독점했다. 한편 군부는 경제관련 분야에서 보조적 기능을 수행하거나 정책의 집행단계에서 역할이 부각되는 건설부와 교통부 등의 '이차적'인 부처에서 각각 건설부장관(40.0%), 차관(20.0%) 및 교통부장관(68.8%), 차관(25.0%)직을 과점했다. 또한 박정희 정부는 경제기획원, 재무부, 내무부 출신이 농림수산부의 장관(66.7%), 차관(45.5%)직을 과점함으로써 공업화가 빚어내는 도·농 간의 갈등을 도시소비자와 산업자본가의 입장에서 해결하였다(〈별첨 표 2-1〉 참조).

를 직시하고, 정부부처 중 유일하게 산업과 금융을 다같이 보고 성장과 안정을 다 함께 고려할 수 있는—다시 말하면 관할영역이 한국경제 전반인—하나의 부처(EPB)를 만들어 경제전반의 조정권한을 맡겼던 것이다.

한편 공무원들의 자질을 보면 상대적으로 매우 우수했고 그들이 보인 업무추진능력도 매우 높았다 할 수 있다. 책임성 면에서도 김시윤(2004)의 지적과 같이 관료의 자율성을 효과적으로 제한하는 다양한 메커니즘이 제도화됨으로써 자율성과 책임성 간에 균형을 이룰 수 있었다.[10] 사회·문화적으로도 관료를 중시하는 유교적 전통문화가 살아 있어 그 사회적 역할이 보다 용이했던 시기라 할 수 있다.

유인제도 면에서는 대통령의 비전을 실천에 옮기는 관료들에게 고속승진(권력)과 안정된 직장(경제)을 보장하였다. 이 시대는 고위관료에 대한 사회적 인정감이 컸고 고급인력이 취업할 기회도 제한되어 있었으므로, 이러한 '당근' 중심의 유인제도가 정부를 하나의 강력한 업무추진체로 전환시키는 데 크게 기여한 것으로 보인다.

'명확한 비전 - 권위주의 리더십 - 정부주도 - 명령 / 지시 - 조정 / 통제의 용이 - 강력한 유인제도'라는 이와 같은 '권위적 안정형'은 효율성면에서는 의미가 있었지만, 동시에 많은 문제를 또한 드러냈다 할 수 있다. 경제적 측면에서의 압축성장에도 불구하고 민주주의의 억압에 따른 정치적, 사회적 불안정이 결국 사회 전체의 활력을 크게 제약하는 결과를 초래하였다.

업무프로세스 차원에서 정책결정을 대통령 및 소수 고위관료들의 명령과 지시에 과도하게 의존함으로써 정부의 시스템이 제도화되기보다 그들 개인의 리더십의 자질(*quality of leadership*)에 좌우되는 결과를 초

---

10) 다시 말해 박정희 정부는 집권 후 제도적 개혁을 통해 관료에게 나타날 수 있는 약탈적 경향을 제어했다고 한다(김시윤, 2004).

래했다. 반면 그 권한과 책임은 불분명하여 권위적이고 자의적이며 투명성이 낮은 의사결정 구조였다고 할 수 있다. 이런 권위주의 정부 시스템이 우리 사회에 행정부문의 우위 및 압도현상을 노정시키면서, 과도하고 자의적인 정부규제의 만연, 임무보다는 지위 및 권한 중심적인 행정 프로세스, 번문욕례의 행정절차, 수동적인 업무행태, 정부의존적 체질의 강화 등 부정적 요소들을 만들어냈다. 이러한 문제점들이 정부의 성과에 특히 부정적 영향을 미치기 시작한 것은 1970년대 중반 이후이다. 1973년 유신체제 이후 사회 전반에 명령과 지시 위주의 경직적 통제구조가 강화됨에 따라 정책결정에서도 무리수를 두게 되었다. 정부시스템이 유연성을 상실하면서 정책적 무리수는 불가피한 결과였다고 할 수 있다. 특히 경제정책에서 중화학공업에 대한 대규모 투자라는 무리수로 인해 성장저력이 급격히 약화되는 가운데 오일쇼크라는 외부적 충격이 가해짐으로써 경제는 물론 정부의 정치적 기반도 크게 흔들리게 되었다.

2) 형식적 민주주의 시대: 민주적 불안정형

1980년대의 민주화 물결은 사회전반에 광범위한 영향을 미쳤다. 정치적 권위주의가 해체되면서 경제적 중상주의에 대한 합의도 약화되었다. 자유주의, 집단이기주의, 평등주의 등이 사회 구석구석으로 확산되었다. 국민들의 욕구분출이 대폭 증가했을 뿐만 아니라, '민주 대 반(反)민주'라는 대립구도가 붕괴되어 국민들의 관심이 엄청나게 다원화 · 파편화 · 분절화되었다. 관치경제를 탈피하고자 하는 경제적 자유의 확대, 시장원리의 확산, 정부규제의 개혁에 대한 압력도 높아졌다. 1980년대 후반부터는 무역장벽의 철폐, 금융시장의 개방 등 외국으로부터의 시장개방 압력에도 시달리게 되었다. '안'으로는 민주화의 열풍 때문에, '밖'으로는 세계화의 압력 때문에 개발국가 모델은 이미 그 유효성을 잃어

버렸다. 정부합법성의 유일하고도 진정한 원천이 바로 민주주의라 할 때, 또한 정부가 대표하는 국민국가가 외딴 섬이 아니라 국제법과 관습 및 제도의 제약을 받는 국제사회의 한 구성원이라 할 때 정부시스템의 변화는 피할 수 없는 과제가 되었다.

새로운 민주정부들은 기존 권위주의 질서의 개혁에서 나름대로 정체성을 찾으려 했다. 많은 개혁조치들이 시도되었으며, 과거에는 금기시되었던 새로운 질서가 도입되기 시작하였다. 그러나 민주화 세력들에는 국정운영의 경험과 노하우가 없었고, 국가개혁에 관한 정교한 청사진이 없었다. 개혁이란 슬로건을 내걸기는 했으나, 그 노력은 언제나 하드웨어를 고치려는 것에 머물 수밖에 없었다. 형식적 민주주의는 도입되기 시작했으나, 실질적 민주주의는 아직 요원하였다. 권위주의 시대는 종식되었으나, 과거의 운영 메커니즘이 지속되고, 새로운 소프트웨어가 제시되지 못하였다. 민주주의에 대한 열망은 있었으나, 자유와 책임의 조화, 성장과 분배의 조화, 차별과 평등의 조화, 개인과 공동체의 조화는 창출되지 못하였다. 새로운 국가운영 소프트웨어가 만들어지지 못함에 따라 국가의 시스템 유지비용이 매우 높아지는 현상이 노정되었다.

이와 같이 새로운 국정운영 소프트웨어가 만들어지지 못했던 이유 중의 하나는 개혁에 대한 담론들이 실용적 차원에서 전개되지 못하고, 지나치게 '정치적' 성향을 띠었기 때문이다. 예를 들어 경제적 차원에서 정경유착의 고리를 끊는 것이 중요하다고 하면서 그 고리를 만들어내는 정부규제의 개혁은 뒷전으로 밀려났다. 논의과정에서 정작 '경제'에 대한 문제는 언제나 부차적 어젠다로 다루어졌다. 무엇을, 어떻게 하는 것이 경제의 장기경쟁력에 도움이 되는지에 관한 치밀한 논의가 이루어지지 못했다. 경제란 가만히 내버려두어도, 때로는 핍박을 받아도, 스스로 성장하고 발전할 수 있는 것으로 인식되었다. 지속적인 성장신화에 익숙해 앞으로도 그럴 것이라는 막연한 낙관주의가 정부와 사회내에 팽배해 있었다. 이와 같이 정부가 가진 정치지향성, 비경제적인 사고, 경제적 낙

〈그림 2-4〉 전환기 시대의 정부역량 메커니즘

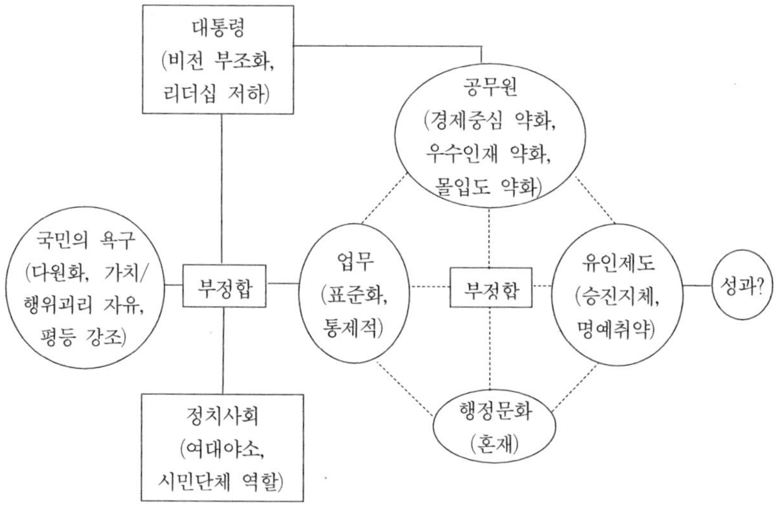

관주의 등으로 인하여 경제발전을 지원하여 나갈 정부시스템의 운영 소프트웨어가 만들어지지 못하였다.

정부의 개혁조치들이 중도에 변질되어 당초 목표한 성과가 이루어지기도 어려웠다. 경제분야는 1997년의 외환위기로 많은 개혁조치들이 앞당겨졌지만, 다른 분야에서는 아직도 개혁의 지체현상이 지속되고 있다. 정책결정과 집행의 비효율성, 비효과성, 비일관성이 나타나고, 의사결정의 지연과 책임회피가 확산되었다. 집단 및 계층 간 대립과 갈등이 심해지고, 반(反)행정, 반(反)관료 풍조까지 나타나게 되었다. 정부의 '합리적 권위'까지도 실종되고, 취약한 법치주의는 더욱 취약해지는 현상이 초래되었다. 행정자치부 장관의 말과 같이 "국가경쟁력이 26위라면 10위권인 민간부문이 벌어놓은 경쟁력을 36위인 정부가 까먹고" 있는 것이 정부역량의 현주소라고 할 수 있다.[11)]

---

11) 《매일경제》, A13, 2005.4.27.

이 글에서는 이런 정부운영의 형태를 '민주적 불안정형'이라 규정하고자 한다. 이는 다시 말해 정부운영에 내재적 혼돈이 큰 것이다. 문제는 이러한 내재적 혼돈이 대통령이 바뀐다 해서 갑자기 없어질 수 있는 것이 아니라는 것이다. 그 혼돈을 극복하려면 대통령이 가진 한계를 보기 이전에 한국 민주주의 체제의 모순과 한국정부의 역량적 한계를 냉철하게 인식할 수 있어야 한다. 만일 국민들이 선거 때마다 후보자의 비전과 능력, 그리고 자신의 이성보다 지역과 연고, 정서에 따라 투표를 한다면 그런 혼돈은 피할 수 없는 것이다.

내재적 혼돈은 내외적 요소들의 불합치(*misfits*)에 기인한다 할 수 있다. 우선 외적 부정합이 일어난다. 외부환경은 변했는데, 정치권 및 정부의 접근방식은 과거 그대로를 답습함에 따라 부정합이 발생하는 것이다. 성장과 분배, 정부와 시장, 통제와 자율, 근대와 탈근대의 이념적 혼돈 속에 각 분야의 마찰과 갈등이 커지며 정부가 그 사이에서 우왕좌왕하는 것을 빈번히 목격하게 되었다. 민주화는 획기적으로 진전되었으나, 정치적으로는 불안정이 높아졌다. 여권의 권위주의적 리더십은 약화되었으나, 그 자리를 합리적, 설득적 리더십이 대체하지 못하고 있다. 특히 국회에서 여소야대의 현상이 일상화되고 있으며, 여야 간 극한적 대립과 공방으로 정책현안들이 표류되고 있다. 선거로 여소야대의 구조가 만들어지면, 이를 거스를 수 없는 상수로 인식하고 여야관계를 만들어가야 하지만 현실은 그렇지 못하다. '의원 빼오기'니, '정계개편'이니 하는 여대야소로의 전환을 위한 술수가 등장하기 일쑤다. 더구나 정당들이 각계각층의 다양한 이해와 욕구를 중재하고 걸러내는 역할을 하지 못하고 유권자의 표를 잃을까 하는 걱정만으로 갈등의 소지가 있는 정책논의에서는 의도적으로 발을 뺌으로써 정책형성에서 정당과 국회의 공백현상이 빈번하게 일어난다. 사회적 갈등은 점증하는데, 이와 같이 정치공백이 발생함에 따라 권한과 책임이 없는 시민단체가 그 역할을 자임하는 현상이 목도되고 있다.

이러한 현상은 정부의 비전형성에도 지대한 영향을 미치고 있다. 민주주의 시대에 적합한 가치관 및 비전이 정당 차원에서나 개인 차원에서나 만들어지지 못해 제대로 된 국가비전이 마련되지 못하고 있다. 대통령선거 입후보자들의 공약이 급조되거나 우선순위가 불분명한 정책들이 나열되는 가운데, 정부출범 후 상당시간이 지난 뒤에야 비전을 제시하는 일도 있다. 선거공약 차원을 넘어 비전의 형태를 갖춘 정책을 선보이는 데 걸린 시간들이 1~2년에 달하고 있어, 5년이란 대통령의 임기상의 제약과 임기 초가 국민들이 정부비전에 대해 높은 관심을 갖는 시기라는 점을 고려할 때, 비전의 성공을 가늠할 주요 시간을 낭비하는 일이 반복되고 있다.

그나마 이런 비전과 정책의 일관성도 매우 취약한 형편이다. 문민정부의 세계화 비전, 국민정부의 100대 국정과제, 참여정부의 정책 로드맵을 비전이라고 하기에는 핵심가치의 일관성과 상호연계성이 취약하다. 정책목표들을 추진하는 과정에서 벌어지는 다양한 문제점들을 하나씩 짚어가면서 득과 실을 계산하고, 어떠한 '비용'과 '희생'이 있어야 하며 왜 그러한 비용과 희생을 짊어지고 그 과제를 추진해야 하는가에 대한 체계적인 설득이 없다. 오히려 비용과 희생에 대해서는 침묵하고 이득만 선전하는, 그래서 비전이라기보다 공허한 수사에 지나지 않는다는 비판을 받을 수밖에 없다. 이러한 형태의 비전이 나오게 된 것은 선거과정에서의 실천할 수 없는 공약의 남발 등으로 불가피한 점도 있으나, 보다 근본적 이유는 정부 자체의 확립된 가치관과 역량이 미흡하여 수사학적으로만 비전을 만들었기 때문이다. 역대 대통령들이 이러한 수사를 비전으로 받아들였던 것도 그들이 선거를 통해 권력을 쟁취한 다음 그 권력을 가지고 국리민복을 위해 무엇을 할 것이고 무엇을 하지 않을 것인가에 대해 명확한 개념이 없었던 데 기인하는 것이 아닌가 하고 생각된다.

더구나 국가의 백년대계 관점에서 입안되고 추진되어야 할 주요 국책사업들마저 일반대중들의 목소리에 따라 중도에 혼선을 빚는 일이 많을 뿐 아니라,[12] 이른바 호텔링 - 다운스(*Hotelling - Downs*) 현상으로 단기적이고 어정쩡한 절충식 타협들이 선택됨으로써 사후 사회비용이 큰 정책들이 양산되고 있다.[13] 행정목표의 변동도 너무 쉽게 자주 일어나고, 장관을 자주 바꾸는 폐단도 줄어들지 않았다.[14] 이러한 상황에서 정책이 장기적 관점에서 제대로 된 성과를 내기는 어렵다고 보이며, 결국 그 정책은 일과적인 전시행정으로 끝나기 쉬운 것이다.

업무 프로세스에서는 민주화된 환경을 반영한 정부프로세스 정립이

---

12) 대한상의 조사보고서("주요 국책사업 중단사례 및 시사점", 2005. 4.)에 따르면 새만금 간척사업 등 5대 대형국책사업의 차질로 인해 경제적 손실이 이미 4조 원에 달하고 있고, 향후 대규모 국책사업들이 중단될 경우 그 부가가치 손실은 35조 원에 달할 것이라 한다.

13) 대형 국책사업 시행착오의 원인과 교훈(자료: CEO Information, 삼성경제연구소).

구분	시행착오의 원인	교훈
의사결정	- 타당성 검토소홀 및 졸속결정 - 이해관계자 독주(소수의견 무시)	- 국가비전/전략 중요, 실용중시 - 다양한 이해반영, 전문가 중시 - 충분한 검토
계획 수립/수정	- 계획부실, 일관성 결여(낙관적 계획) - 여건변동 및 경직적 계획	- 치밀한 계획수립 - 여건안정, 유연한 계획수정
추진과정	- 사업자/방식선정의 불투명성 - 갈등 및 이기주의 조정 실패 - 공기지연, 투자비 급증 - 관성 때문에 사업중단 불가	- 절차와 과정의 투명성 - 갈등조정, 협상력 발휘 - 공기 준수, 투자비 최소화 - Go or Stop 선택
사후활용	- 구조적 부실 → 저활용(고가격 등) - 사후보완/혁신에 소극적	- 타당성/경쟁력 확보 → 재투자 - 사후 보완책 강구

14) 이러한 일관성의 부재는 특히 개혁적 정책들에 있어 심각한 문제이다. 개혁정책이란 일반적으로 변화의 폭이 크고 그 대상들이 주로 구조적인 문제들이기 때문에 성과가 나타나기 위해서는 다른 일반정책보다 더 많은 시간을 필요로 한다.

아직 미완이다.

그 동안의 규제개혁 노력으로 정부의 규제총량이 점점 감소하고 있다고는 하나 규제완화의 속도가 매우 더딜 뿐 아니라, 사회적 규제들은 점증하고 있다.[15] 더구나 그 규제의 질과 투명성이 아직도 매우 낮은 수준에 있으며, 규제를 형식적으로 없애 놓고 암묵적으로 지속하는 경우도 있어, 공무원의 재량권 남용에 대한 우려가 가시지 않는다. 과거의 권위주의 행정문화와 관치경제의 유산이 아직 실질적으로 사라지지 않았다.

정부조직 운영 면에서는 최근 팀제 확대, 고위공무원단 운영 등 과거의 위계적·권위적 구조가 민주화되고 있다고 하나, 업무 자체의 표준화가 아직 제대로 이루어지지 않아 효율성의 향상을 제약한다. 특히 성과관리가 제대로 이루어지지 않아 주요 대형사업의 실패사례에서 보는 바와 같이 국가자원의 낭비도 심각한 상황이라 할 수 있다.[16]

정책조정 면에서도 과거의 권위적 조정시스템을 대체할 새로운 시스템이 정착되지 못했다. 정책조정기구들이 과거의 통과의례 형식의 운영을 그대로 지속하고 있다. EPB의 폐지 등으로 권위적 조정능력은 약화되었으나, 민주적 조정능력은 아직 만들어지지 못하였다. 과거 EPB 조직이었던 3개 부처 출신 관료들의 타 부처 고위직으로의 영전현상도 이제 드문 사례가 되었다(〈그림 2-5〉).[17] 권위주의 시절의 정부와 달리

---

15) 국무총리실 산하 규제개혁위원회의 조사에 의하면 정부 행정규제 건수는 10,717개(1998.8)에서 7,795개(2005.4)로 27% 감소한 것으로 나타나고 있으나, 공정위, 노동부, 법무부, 환경부 등의 규제는 증가하였다. 특히 경제분야인 공정위의 규제는 동기간 중 75개에서 165개로 대폭 증가했다(《매일경제》, A3, 2005.4.11).

16) 대한상의 보고서(2005.4)에 의하면 주요국책사업의 예산낭비가 심각한 상황이다. 예를 들어 지방공항의 과다확충으로 일부공항의 경우 10%에도 못 미치는 형편없는 운영 자립도를 보이고 있는 상황에서도 3개의 공항이 추가 건설 중에 있다.

이제 주요부처의 정무직은 그 부처 출신이 가장 많이 차지하고 있다. 반면 대학교수, 연구원, 정치인 같은 타 집단 출신들의 대두가 두드러졌다.[18] 이는 인맥을 통한 정책조정의 가능성이 준 것을 의미하는 동시에, 제도화되지 못했던 정책조정 능력이 급격히 약화되는 것을 의미한다. 다시 말해 조직운영의 경험이 없는 그들이 거대한 정부조직을 이해하는 데는 상당한 시간이 필요하고, 조직운영에 상당한 위험부담이 따를 뿐 아니라, 정책조정에도 상당한 암묵적 비용이 발생할 우려가 크다. 정책조정 시스템의 약화는 정책혼선과 갈등을 심화시킬 수 있다. 정책 당사자들에게 서로 다른 언행을 가능하게 하고 정책상 혼란을 야기시켜(〈표 2-1〉), 정부에 대한 신뢰를 저하시킬 것이다.

이러한 정책조정 시스템의 약화, 이에 따른 정책혼선은 역설적으로 실질적 조정능력의 향상은 없이 조정기구만 크게 하는 결과를 초래하였다. 다시 말해 정책조정 시스템의 소프트웨어는 만들지 못하고 하드웨어만 확대시키는 결과가 되었다. 근래 국무총리실의 정책조정기구가 확

---

17) 과거 EPB관련 3개 부처 차관보/실장 중 7.4%만이 직임 후 타 부처 차관으로 이동했고 3.7%는 타 부처 차관보나 실장으로 이동했다. 결국 11.1%가 타 부처의 실질적 정책 결정자로 자리를 옮겼다. 이는 박정희 정부 시와 비교할 때 매우 낮은 수치이다. 박정희 정권에서는 경제기획원 실장 및 차관보의 50.0%가 직임 직후 타 부처의 실장급 이상으로 이동했다. 1998~2005년을 보면 타 부처 고위직으로의 이동이 박정희 정부의 5분의 1 수준이다. 이는 이들 세 개 부처의 타 부처에 대한 장악력이 과거 권위주의 시절에 비해 현격히 저하되었고 경제부처간 정책 차이를 조율할 조정자가 없어졌음을 의미한다.

18) 국회의원의 등장이 두드러지는데 김대중 정부 이후 국회의원출신 인물은 건교부(22.2%), 과기부(28.6%), 농림부(16.7%), 노동부(12.5%)의 장관직을 차지하였다. 이와 함께 교수/연구원 집단의 등장도 확연히 드러난다. 김대중 정부 이후 교수 및 연구원 출신 인물은 노동부(37.5%), 과학기술부(42.9%), 농림부(33.3%), 해양수산부(9.1%), 산업자원부(12.5%)의 장관직을 차지하였다(〈별첨 표 2-2〉 참조).

〈그림 2-5〉 1998~2005년 재경부 / 기획예산처 / 공정거래위원회 차관보, 실장들의 경력추적*

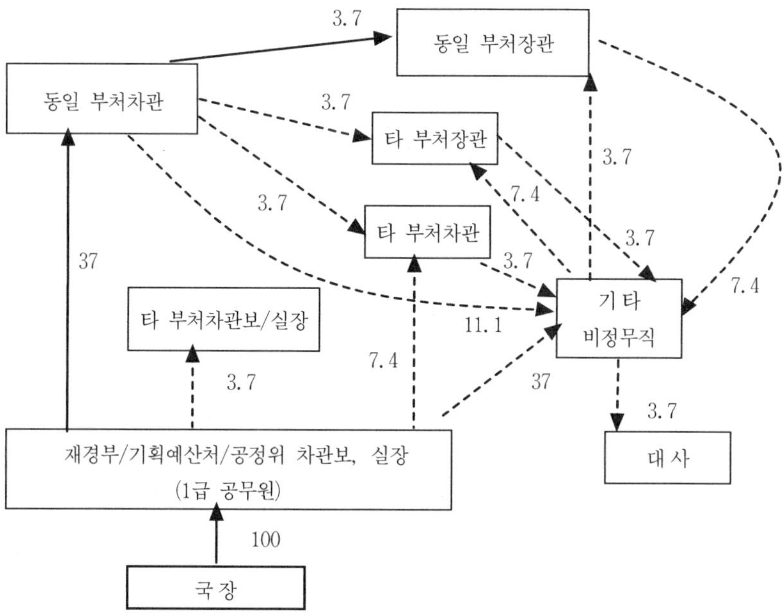

* 재경부는 차관보, 실장(19명); 기획예산처는 실장(13명); 공정거래위원회는 사무처장(5명)을 추적대상으로 삼았고 이들 중 재임중 관료, 자료 없음, 직임 변화 없는 이를 제외한 27명이 분석대상이다. 해당 3개 부처간 이동은 박정희 정권의 경제기획원(EPB) 차관보, 실장 표와의 비교를 용이하게 하기 위해 부처내 이동으로 처리하였다. 직선은 부처 내 이동을 나타난다. 점선은 해당부처에서 다른 부처로의 이동(부처간 이동)을 의미한다. 기타 정무직은 공사 사장, 대학총장, 국무총리실 실장, 부지사, 은행장, 청와대 수석비서관, 국회의원, 청와대 정책실장, 정부 위원 등이다. 조달청장은 재경부산하 기관장으로 동일 부처차관으로 분류하였고 감사원 감사위원은 차관급에 해당하기에 타 부처차관으로 분류하였다.

대되었음에도 불구하고 청와대 비서실의 조직 및 인력이 그대로인 것은 이런 사례로 보인다. 한편 정부 내 각종 위원회의 양산도 정책조정 능력을 더욱 약화시키는 결과를 초래하고 있다. 정부 전체의 정책통합 능력에 대한 고려 없이 정책결정 및 집행권한이 없는 각종 대통령 자문기구

〈표 2-1〉 참여정부의 정책갈등 사례

분야	사례	부정합 유형	정책적 일관성	대립·갈등 기관	최종결정
경제	부동산 정책 (양도세 중과시기)1)	내적 부정합	해당부처간 정책 불일치	재경부장관, 정책기획원장, 여당 간	정책기획위원장 의견채택
	통화정책2)	내적 부정합	▸해당부처간 정책 불일치 ▸주관부처의 비일관적 정책	재경부와 한국은행	때로는 재경부 때로는 한은 입장채택
교육	NEIS 시행3)	외적 부정합	장관의 비일관적 발언	교육부와 전교조 간	전교조의 입장수용
환경	새만금4)	외적 부정합	정부는 일관되게 개발 입장	환경보존 시민단체와 개발추구의 농림부 간	법정공방
	천성산5)	외적 부정합	정부는 일관되게 개발 입장	시민단체 및 지율스님과 건교부 간	지율스님의 의견수용

주 1) 《조선일보》(2004. 11. 12, 11. 23, 11. 29, 12. 1, 12. 3, 12. 7) 참조.
2) 《조선일보》(2004. 12. 7, 12. 10) 참조.
3) 《조선일보》(2003. 3. 6, 3. 8, 3. 12, 5. 19, 5. 26, 5. 28, 5. 29, 7. 7, 12. 15, 2004. 9. 23), 《연합뉴스》(2004. 11. 29) 참조.
4) 《조선일보》 (2003. 11. 26, 2004. 1. 29. 7. 9, 2005. 1. 17, 1. 29, 2. 6, 2. 12) 참조.
5) 《조선일보》(2005. 2. 4) 참조.

들이 정책 로드맵의 제시 및 구체적 정책추진에 참여함으로써 공무원들의 불만은 물론 정책혼선에 대한 우려를 증대시켰다. 일의 기획은 위원회가 하고 그 집행은 부처에 맡긴다면 과연 그 정책이 제대로 집행되고 제대로 성과를 낼지 의문이다. 정책이란 명확한 권한과 책임소재, 정책갈등의 효율적 조정능력, 정책집행자의 풍부한 경험 등이 어우러져야 비로소 그 성공 가능성을 점칠 수 있는 것이다.

중요한 것은 사람이다. 변화의 주체도 사람이고 핵심역량을 만들어내야 할 주체도 사람이다. 문제는 공무원들의 역량변화가 이루어지지 못하고 있다는 점이다. 우수인력들이 계속 유입되고 있다고 하나, 지적역량이 지속적으로 계발되지 못하여 고도 정보사회에 필요한 역량을 갖추지 못하고 있다. 이에 따라 정책의 모습이 구태를 벗지 못하고 과거의 편의적 규제, 효율성 위주의 정책들만이 남발되고 있는 상황이다.

공무원들에 대한 유인제도 역시 매우 취약한 형편이다. 성과관리가 제대로 안 되니 인센티브 메커니즘이 작동될 수 없다. 성과급제가 시행되고 있다고 하나, 성과급 지급의 폭이 매우 좁아 인센티브로 작용되기 어렵다. 다른 비금전적 인센티브도 매우 취약하여, 지적능력 향상, 가치관의 변화, 책임의식의 고양 등을 위한 인센티브가 작동하지 못하고 있다.

공무원들의 업무의욕도 취약하다. 더구나 사회에서 직업적 명예감의 저하, 계속적인 '공무원 때리기' 분위기 등으로 업무의욕이 더욱 낮아지고 있다. 이를 반영하여 공무원들의 책임의식(*accountability*) 또한 낮아지고 있는 것으로 보인다. 정부조직에 기본적으로 필요한 권위와 규율(*disciplines*)의 이완현상까지도 목격된다.

'민주화 - 국민요구 증대 - 비전부재 - 리더십 취약 - 규제위주 행정 - 지적역량 취약 - 정책조정능력 취약 - 사회갈등 확산'이라는 이 같은 형태는 '권위적 안정형'과 비교하여 볼 때, 효과성뿐 아니라 효율성도 낮은 형태라 할 수 있다. 행정수요는 질적으로 고도화된 데 비하여 행정서비스 공급능력은 오히려 퇴화된 형태라 할 수 있다. 아울러 정부조직의 변화와 혁신을 위한 동인도 만들어내지 못하여 유연성도 낮은 형태이다.

3) 실질적 민주주의 시대: 민주적 안정형

민주주의가 제대로 작동하려면 그 조타수 역할을 해야 할 역량 있는 프로정부가 필요하다. 정부에는 각계각층의 에너지를 끌어내는 창의적 비전, 국민적 합의를 이끌어내는 설득력, 반대편을 추스르는 포용력, 일을 챙길 줄 아는 집행력 등 이 모든 것들이 갖추어져 있어야 한다. 그래야 형식적이고 명목적인 자유와 평등이 아니라 실질적이고 지속 가능한 자유와 평등을 만들어 낼 수 있다. 그래야 도덕적 해이를 막고 보다 경쟁력 있는 사회 에너지가 창출될 수 있다.

그 동안 우리 사회에는 민주적 정부가 들어서기만 하면 저절로 선진화도 이뤄질 것이라는 막연한 믿음이 있었다. 그러나 민주주의가 정부능력을 보장하는 것은 아니다. 민주주의는 오히려 국가발전을 가로막는 무질서와 혼돈만을 만들어내기 쉽다. 독선과 아집, 파당과 포퓰리즘이 판을 칠 수도 있다. 따라서 민주주의에는 이러한 부정적 요소들을 제어해 나갈 수 있는 사회적 지혜와 정부의 역량이 필요하다. 그런 지혜와 역량이 없다면 민주주의는 거래비용이 매우 큰 제도이다. 그런 의미에서 우리에게 놓인 과제는 하드웨어가 아닌 소프트웨어를 만들어내는 것이며, 그런 과제는 오히려 지금까지의 민주화 노력보다 더 큰 노력을 요구한다.

새로운 시스템은 시대적 조류를 반영하여야 한다. 현대는 불확실성(*uncertainty*)의 시대일 뿐 아니라, 정보기반(*information-based*)사회, 지식주도(*knowledge-driven*)사회, 서비스집약(*service-intensive*)사회라 할 수 있다. 이 새로운 조류는 모든 조직들에게 효율성, 효과성, 유연성을 재점검할 것을 요구한다.[19] 정부도 이런 능력을 갖추어 나갈 수 있어야

〈그림 2-6〉 민주화 시대의 정부역량 메커니즘

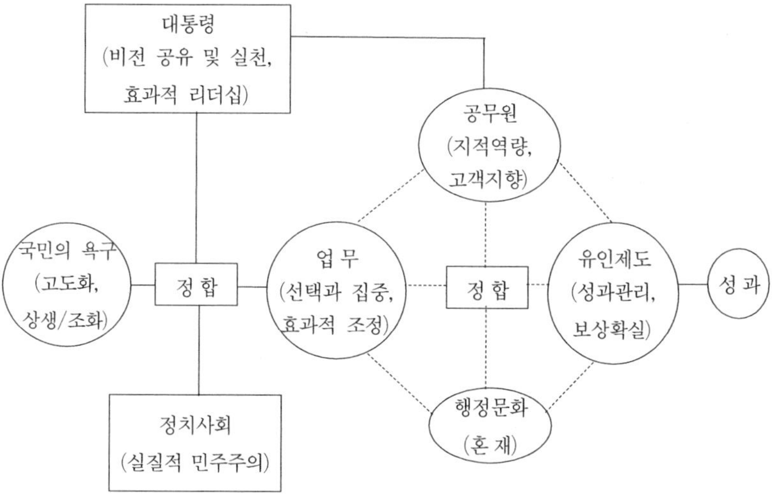

한다. 문제는 제반요소간의 부정합 상태에 있는 정부를 어떻게 이러한 능력을 갖춘 안정적인 정합상태의 정부로 전환시켜 나갈 것이냐 하는 것이다. 그렇게 전환되기 위해서는 〈그림 2-6〉과 같이 국민욕구의 고도화 - 대통령의 효과적 리더십 - 분명한 정부 비전 - 역량 있는 정부 - 효과적인 갈등조정 능력 - 실질적 민주주의의 심화 등의 선순환이 일어나야 할 것이다. 그 세부적 사항을 논의하면 다음과 같다.

19) Bartlett & Ghoshal(2002)은 현대 기업조직에 민첩성(*speed*), 유연성(*flexibility*), 자기혁신성(*self-renewal*)이 필요하다고 하였음.

4. 한국정부역량의 발전방안

세계는 지금 혁명적 변화의 물결 위에 있다. 정부도 그 변화의 물결에서 예외일 수 없다. 수많은 사람들의 고귀한 희생으로 얻어진 민주주의도 정부의 실질적 변화로 연결되지 않는다고 한다면 하나의 불필요한 장식에 지나지 않을 것이다.

1) 정부역량 발전의 기본방향

(1) 정부목표와 가치의 변화: 고객지향성의 정착

오스본(D. Osborne, 1997)은 현대 정부는 '기업가적 정부'(*Entrepreneurial Government*)가 되어야 한다고 역설하였다. 세이(J. B. Say)의 말과 같이 '기업가'란 생산성이 낮은 영역의 경제적 자원을 생산성이 높고 더 많은 이윤을 내는 영역으로 전환하여 주는 것을 의미한다. 그러나 이 전환에는 불확실성이 있고, 따라서 기업가에는 남다른 도전정신과 통찰력이 요구된다. 기업가적 정부의 공무원에게도 남다른 도전정신과 통찰력이 요구된다고 할 수 있다.[20]

'기업가적 정부'란 효율성과 함께 효과성이 높은 정부이다.[21] 국민이

---

20) 공공분야의 개혁에는 다섯 가지 신화가 있다고 한다. 그것들은 ① 진보주의자적 신화(*liberal myth*): 정부가 지출을 늘리고 더 많은 일을 함으로써 정부성과가 향상될 수 있다고 하는 믿음, ② 보수주의자의 신화(*conservative myth*): 정부가 지출과 활동을 줄임으로써 정부성과가 증대된다는 믿음, ③ 기업 신화(*business myth*): 정부를 기업처럼 운영하면 정부성과가 향상된다는 믿음, ④ 공무원 신화(*employee myth*): 예산이 풍부하면 공무원들이 좋은 성과를 낼 수 있다는 믿음, ⑤ 인력자원 신화(*people myth*): 더 좋은 인력자원을 고용하면 정부성과가 향상된다는 믿음이다. (출처: D. Osborne & P. Plastrik(1997), *Banishing Bureaucracy*)

21) 모든 조직은 저마다 특징을 갖는다. 어떤 조직은 효율성을 더 추구하고, 어

필요로 하는 서비스를 원하는 질(質)로 적시에 제공하는 '효과성'을 확보하려면 공무원이 고객인 국민의 중요성을 인식해야 한다. 공무원의 태도변화와 지적 역량의 제고 없이는 얻어지기 어려운 과제이다. 실질적 민주주의 시대의 국민들은 효과성이 높은 정부를 원한다. 국민들의 다양한 욕구충족과 지속가능한 국가발전이라는 목표를 조화할 수 있어야 한다. 그러나 우리 정부의 서비스는 아직 효율성 위주이며, 공급자 중심적인 사고를 벗어나지 못하고 있다.

과거 권위주의 시대의 행정서비스가 시혜적 차원에서 이루어진 것이었다면, 민주주의 시대의 서비스는 국민들의 적극적 권리의 대상으로서의 서비스가 되어야 한다.[22] '고객을 최우선시하라'는 것은 기업과 정부의 현대적 사명이다. 이런 관점에서 고객에 대한 명확한 정의는 중요한 의미를 지닌다. 정부의 업무에서 누가 고객인지를 정의하는 것이 쉬운 일은 아니지만,[23] 고객에 대한 정의는 그 업무가 지향하는 가치와 목표

떤 조직은 효과성을 더 추구한다. 이러한 효율성과 효과성 중 어느 것을 우선할 것이냐 하는 것은 그 시대가 필요로 하는 것이 무엇이냐에 따라 결정되어야 할 것으로 보인다. 압축적 근대화가 요구되던 시대에는 효율성이 더 필요하고, 탈근대 민주사회에서는 효과성이 더 필요하다. 그러나 이 두 과제는 상호배제 되어야 하는(*mutually exclusive*) 것이 아니고 상호보완 되어야 하는 것들이다.

22) 네티즌들의 온라인 '댓글 파워'(예를 들면 대구 어린이집 원장 초등생 자매 폭행사건, 육군 훈련소 인분 사건 등)에서 보는 바와 같이 국민들의 여론형성 기능이 대폭 강화됨으로써 정책 프로세스에 매우 큰 영향력을 미치고 있다(《중앙일보》, 5면, 2005. 5. 11).

23) 고객 지향적 서비스란 행정 분야에서는 실상 이루어지기 어려운 것이다. 첫째, 행정에서는 고객의 자유 선택권이 없기 때문이다. 기업에서 고객이 대우받는 것은 그 구매선을 자유롭게 옮길 수 있기 때문이다. 그러나 행정은 독점적 서비스이다. 국민들은 자유롭게 행정 서비스의 구매선을 바꿀 수 없다. 만일 고객이 그 구매선을 옮길 수 없다면, 다시 말해 전환비용(*switching costs*)이 매우 크다면 고객은 고객답게 대우를 받기가 어렵게 된

뿐 아니라, 업무의 성과, 책임 및 갈등조정 방식까지도 규정해 줄 수 있기 때문이다. 민주주의 정부라고 하면 그 제반 프로세스 및 제도가 고객 지향성을 갖도록 하여야 할 것이다.24)

(2) 정부역할과 규제의 재설정: 정부와 시장의 조화

정부가 할 수 있는 일은 정치·사회적 제약으로 인해 제한되기 마련이다. 특히 국가발전의 단계에 따라 정부의 역할도 달라질 수밖에 없다. 정부주도형 경제발전 전략은 1970년대 말부터 이미 한계를 보이기 시작하였다. 특히 1980~1990년대 들어 경제구조의 고도화 및 복잡화, 경제체제의 개방 및 지구촌 경제화, WTO체제의 출범, 민주적 지배구조의 확산 등 경제환경이 크게 변하였다. 더구나 구조적으로 정부영역과 시장영역의 구분도 모호해지고 있다.

이는 '지원과 통제' 위주의 과거의 관치경제 방식으로는 경제발전을 지속할 수 없다는 것을 의미한다. 다시 말해 '정치의 민주화'와 함께 '경제의 시장화'가 이미 이루어진 것이다. 문민정부 이후 역대정부의 경제운영 기조는 경제적 자유의 확대라 할 수 있다. 경쟁의 촉진, 대외개방의 확대, 정부규제의 완화가 이루어졌다. 그러나 의식면에서는 아직 정부 내에 과거의 보호와 규제 위주의 의식이 많이 남아 있다고 할 수 있

다. 독점시장 구조에서는 독점기업에 대한 규제가 불가피하다. 국민 전체의 후생을 증대시키기 위해서는 독점적 지대를 약화시키는 조치가 필요하다. 둘째, 행정에서 고객의 의견이란 것이 일반대중의 의견이 아니라 소수 행동주의자들인 시민단체나 일부 여권지지층의 의견으로 대변되기 일쑤이기 때문이다. 그럼에도 고객이란 용어를 행정 분야에서 사용하는 것은 행정 서비스의 수요자는 국민이며, 그 평가의 주체도 국민이기 때문이다.

24) North (1994)는 제도란 "정치적 경제적, 사회적 상호작용을 구조화시키는 제약조건들이며, 이는 사람들이 고안해 낸 것들이다. 그것들은 공식적 규칙들(헌법, 법률, 재산권) 뿐 아니라 비공식적 제약조건들(제재, 금기, 관습, 전통, 행동규범)을 포함한다"고 한다.

다. 공무원은 자신의 권한을 놓기 싫어하고 국민은 정부의존적 체질을 버리지 못해 규제와 보호로 문제를 해결하려는 성향이 바뀌지 않고 있다. 시장에 대한 믿음도 취약해 과잉투자, 시장무질서에 대한 염려가 크며, 또한 시장친화적 규제방식을 개발하지 못하여 규제를 하더라도 직접적이고 광범위한 규제를 하기 일쑤다. 어떻게 정부규제를 줄이고 규제를 하더라도 그 질을 높일 것이냐는 것이 정부의 핵심과제가 되어야 한다.

시장경제에서도 정부의 역할은 막중하다. 사유재산권의 보호, 계약의 자유, 자기책임의 실천이라는 시장경제의 원리들이 제대로 실천되기 위해서는 게임의 규칙을 세우고 집행해 나가는 정부가 필요하다. 스티글리츠(Stiglitz, 1998)는 정부가 시장을 대신하는 대체기구가 아니라 시장이 그 기능을 더 잘 작동하도록 돕는 '시장기능의 보완기구'(*a complement to markets*)로 인식되어야 한다고 하였다.

시장경제는 작고, 강하고, 유능한 정부를 필요로 한다. 작다 함은 규제가 작다는 의미이고, 강하다 함은 확고한 비전 하에 일관성 있게 정책을 추진한다는 의미이고, 유능하다 함은 정부개입 범위가 넓고 힘이 강력하다는 의미가 아니라 개입범위가 매우 한정적이고 투명하면서도 시장기능이 작동되도록 효과적이고 높은 품질의 정책을 추진한다는 것이다. 과거의 정부가 '(제도를) 만들고(*make*), (자원을) 구매하고(*buy*), (시장을) 규제하는(*regulate*)' 역할을 했다면, 미래의 정부는 '(국민을) 설득하고(*cajole*), (공무원들을) 유인하고(*incentivize*), (기업활동을) 촉진하는(*facilitate*)' 역할을 해야 한다.

(3) 정부운영방식의 변화: 분화와 통합의 조화, 자율과 책임의 조화

모든 조직은 전문화되는 동시에 통합이 이루어져야 한다. 전문성과 자율성에 기반을 두어 분화가 일어나는 동시에 하나의 조직으로 시너지를 낼 수 있도록 조정과 통합이 이루어져야 한다. 이는 정부조직에서도 마찬가지이다. 전문적 지식역량이 존중되는 동시에 그 역량들이 서로 모여 시너지를 낼 수 있도록 조정되고 통합되어야 한다. 과거 권위주의 사회는 조정과 통합이 용이한 사회였다. 반면 민주주의 사회는 조정과 통합에 비상한 역량이 요구되는 사회이다.

정부의 운영방식이 민주화되어야 하는 것은 시대적 요구이다. 자유와 평등, 분권과 참여의 욕구는 정부조직 내에서도 점증하고 있는 욕구이다. 그러나 자유와 평등은 창의성을 높일 수도 있지만, 무책임과 무질서를 가져올 수도 있다. 엄정한 내부규율과 고도의 책임의식이 갖추어지지 않은 조직은 효율적이고 효과적인 성과를 만들어 낼 수 없다. 서로 상반관계를 갖는 분화와 통합, 자율과 책임은 정부 내에서 상호 조화되어야 하는 가치이다. 모든 정부운영 제도들이 이러한 조화를 위해 고안되어야 한다.

(4) 변화와 개방의 수용: 정체성과 유연성의 조화

변화를 유연하게 수용하는 조직이어야 장기적으로 생존할 수 있다.[25)]정부 조직도 외부를 향해 열려 있는 조직, 변화의 수용성이 높은 조직이어야 한다. 그런 점에서 우리 정부도 폐쇄적 민족주의가 아닌 세계를 향해 열려 있는 정부이어야 한다. 세계화란 이 시대의 조류이므로 우리의 적극적인 변화의 동인으로 활용하는 자세가 필요하다, 이는 서구중심의 세계표준(*global standard*)이 국내에서도 제도화됨을 의미한다. 우리에게 필요한 것은 이를 거부하고 배척하는 것이 아니라, 이를 능동적으로 수용해 나가는 유연성이다.

그러면서도 한편 자신을 남들과 차별화시킬 수 있는 차별화된 역량이 있어야 한다. 그것은 우리 자신의 정체성 문제이다. 세계가 동조화(*syn-*

25) 환경은 변화하기 마련이고, 따라서 모든 조직은 끊임없이 변화와 혁신의 과정에 있어야 한다. 더구나 조직은 세월이 지나면 경직화되기 마련이고, 자신의 고객을 잊게 되고, 자신과 내부에 더 신경을 쓰게 된다.

chronization) 되어 가는 세계화 시대에도 자신만의 고유한 것이 필요하다. 기업을 두고, 자본을 두고, 인재를 두고 경쟁하는 국가경쟁에서 이기기 위해서는 정책과 제도에서도 남과 차별화될 수 있어야 한다. 정부 운영방식, 인력의 질적 수준, 지도자의 철학과 비전이 남달라야 함을 의미한다. 우리나라 자체가 그런 창의적 집적지(*cluster*)가 되어야 한다. 우리는 과연 이런 차별적 역량을 어떻게 확보할 것인가? 이런 질문에 답하기 위한 비전과 정책지침이 마련되어야 한다.

2) 정부역량 강화를 위한 제언

정부의 변화는 정부의 힘만으로는 이루어내기가 어렵다. 정치, 언론, 경제, 사회 각 부문들도 같은 방향으로 같은 속도로 변화해야 하고 또한 그들 사이에 긴밀한 협력이 전제되어야 한다. 다만 이 글에서는 그 논의를 정부내부의 역량에 국한시키고자 한다.

(1) 정부 비전과 리더십

- 공유되는 비전을 창출해야 한다.
- 비전을 보다 차별화하고 명확히 한다.
- 비전이 정부문서가 아니라 공무원들에게 살아 있도록 리더십을 발휘한다.

① 비전 창출능력

역사는 그것을 만들려는 자에 의해 만들어진다. 의지가 없다면 그 어떤 것도 이룰 수 없다. 거의 모든 정부가 그런 의지를 갖고 있고, 거의 모든 지도자들이 그런 욕망을 갖고 있다. 과거의 '잘살아 보세'라는 구호 속에도 그런 의지가 있었다. 이런 의지의 표현이 비전이다. 비전을 통해 정부는 국민을 설득하고 통합시키고, 나아가 공무원들의 에너지를 한 방향으로 결집시켜 나갈 수 있는 것이다.

비전은 ① 실현가능성이 보여야 하고, ② 핵심과업과 목표, 그리고 행동계획들로 구체화·명확화되어야 하고, ③ 구성원들 사이에 공유가 일어나야 한다. 비전은 단지 꿈으로만 끝나는 것이 아니며, 그것을 이루기 위한 명확한 전략과 계획에 의해 뒷받침되어야 하며, 그것이 모든 구성원들의 목표로 받아들여져야 한다. ① 그들에는 우선순위가 명확히 부여되어야 하고, ② 그 과업 및 목표들에 맞추어 조직구조 및 업무프로세스가 설계되어야 하며, ③ 목표를 성취하는 것과 상충되는 사안들은 교정되어야 하며, ④ 이런 과업중심의 구조를 상당기간 유지할 수 있어야 한다. 그러나 이를 실제 실천하기는 쉽지 않은 일이다. 비전이란 다양한 정책들의 조합인 동시에 그 개별정책의 효과와 비용의 다양한 조합이며, 다양한 계층의 다양한 이해관계의 상충 속의 선택이다. 정부의 능력은 이러한 제약 속에서 설득력이 있는 비전을 만들 수 있느냐 하는 것이다. 제약 속에서도 작동할 수 있는 비전을 만드는 것이 정부의 능력이다.

제도는 경로의존적(*path-dependent*) 특성을 가진다. 경로의존적이라 함은 과거의 역사로부터 독립적일 수 없다는 의미인 동시에, 한편으로는 남과 차별화될 수 있다는 의미이다. 우리의 자본주의도 그 점에서 타국의 자본주의와 다를 수밖에 없고 또 달라야 한다. 그런 의미에서 근대화 과정에서 서구 선진문명을 모방하면서 상실된 우리 자신의 정체성에 대한 진지한 성찰이 필요하다. 세계표준과 조화되면서도 차별화된 정체성을 만들어내야 한다. 그 정체성이 경제전쟁에서 이길 수 있는 핵심역량이다. 정부가 비전을 세우고자 한다면 우리가 지향하는 자본주의가 외국 자본주의의 특성과 어떻게 같고 어떻게 다른 것인지를 분명히 하는 비전이어야 한다. 그런 비전을 가져야 남들과 차별화된 역량을 만들어 나갈 수 있는 것이다.

② 이념적 다양성의 수용능력

비전의 핵심은 이념과 가치이며, 비전에는 자신이 지향하는 이념과 가치가 담겨 있어야 한다. 따라서 작동될 수 있는 비전이 만들어지려면 이념과 가치에 대한 합의가 있어야 한다. 그래서 민주주의 사회에서는 제대로 작동되는 비전을 만들기가 쉽지 않다. 왜냐하면 민주주의의 기본은 다양성이고, 특히 이념적 다양성이 존중되기 때문이다. 이념적 다양성은 사회의 창의와 활력의 원천이 될 뿐 아니라 민주주의의 수준을 가늠하는 주요한 기준이다.

그러나 그 사회에 이념적 다양성을 받아들이는 이념적 수용능력이 취약하다면 그 다양성이 창의와 활력으로 연결되지 못하고 오히려 갈등과 분열만 조장하는 요인이 될 수 있다. 현재 우리 사회를 보면 이념적 다양성의 수용능력이 매우 취약하다 할 수 있다. 권위주의 시대를 거치며 이념적 빈곤상태에 있었던 반동으로 인해 오히려 단선적이고 극단적인 사고, 배타적인 미움만이 넘쳐흐르고 있다.[26] 이런 상황에서 이념적 스펙트럼의 확대는 사회계층과 세대 간의 갈등만을 증폭시킬 위험성이 크다.

이념적 스펙트럼의 확대는 정부에 고도의 갈등관리능력을 요구한다. 민주주의의 다양성은 갈등의 해소능력을 통해 용해되어야 하는 것이다. 갈등해소가 전제되지 않는 이념적 비전은 그 명분이 아무리 좋다 하더라도 사상누각에 불과한 것이다. 만일 갈등해소 능력이 없다면 비전과 이념은 갈등을 조장할 뿐이고, 그 갈등비용으로 인하여 국가발전은 오히려 심각한 장애를 받을 것이다. 그런 점에서 정부인사들은 갈등해소자로서의 역할을 보여주어야 한다. 정책 당국자마다 말이 다르고, 비전

26) 예를 들면 '보수는 안정이고 진보는 위험하다'거나 '보수는 정체이고 진보는 발전'이라는 사고, '사회발전을 위해 인간의 무한한 욕망추구를 허용해야 한다'거나 그러한 '욕망을 악으로 보고 평등한 사회만을 고집하는' 사고에 이르기까지 유사이념들이 이념의 자리를 차지하는 '이념빈곤' 상태가 지속되고 있다.

과 정책의 겉과 속이 다르다면 그 비전과 정책은 국민뿐만 아니라 공무원들에게조차 공유될 수 없는 것이다. 비전의 부정합 현상이 발생하는 것이다. 비전이 역할을 하려면 이런 부정합 현상이 해소되어야 한다. 그래야 비전이 효력을 발휘할 수 있다.

③ 비전 실천의 리더십

많은 사람들이 비전이 중요하다는 말은 하지만, 정작 비전을 제대로 실천하는 경우는 찾아보기 어렵다. 그러나 실천하지 않는 비전은 꿈에 불과하고, 비전이 없는 실천은 시간만 낭비하는 것이다. '비전이 있는 행동'이어야 세상을 바꿀 수 있다. 비전을 실천하려면 무엇보다 유능한 리더십이 필요하다. 왜냐하면 비전에는 대중적 신뢰(*public confidence*)가 뒷받침되어야 하고, 그래야 비전에 대한 회의론과 그 실천에서의 저항을 극복할 수 있기 때문이다. 그렇지 않다면 비전은 한낱 정부 문서로만 존재하고, 조직 내에서 살아 숨쉴 수 없다. 비전을 살아 숨쉬게 하는 리더십이 있어야 한다. 유능한 리더십은 다양한 사람들의 에너지를 한 방향으로 모이게 할 수 있다. 명확하고 실용적인 목표를 제시할 뿐 아니라, 국가정책 어젠다에 있어 우선순위를 명확히 하고, 정부정책들을 일관성을 가지고 추진할 수 있기 때문이다.

그 동안 역대 민주정부들이 당면한 문제 중의 하나는 리더십의 취약성이다. 미래의 불확실성이 커지고 이념과 가치의 다원화가 심화되고 이해관계가 점점 더 파편화되는 상황을 고려할 때, 리더십의 중요성은 더욱 커지고 있으나, 지도층의 리더십은 점점 약화되었다. 민주사회에 적합한 합리적 · 설득적인 리더십이야말로 정부가 성과를 내기 위한 전제조건이다. 특히 자신의 지지계층뿐 아니라 반대계층까지도 설득시킬 리더십이 필요하다. 그러나 우리 현실을 보면 지도층 양성을 위한 리더십 전문 교육기관 하나 없는 실정이다. 제대로 된 비전을 만들고 비전이 작동될 수 있도록 민주적이고 개명적인 리더십을 교육시켜 나갈 교육기관이 필요하다.

정부가 리더십을 발휘하기 위해서는 정파적 정쟁의 승리가 아니라 정책서비스의 혁신에 역점을 두어야 한다. 리더십의 최종목표는 승리가 아니라 국민을 위한 가치창출이다. 여당의 정치적 지원을 받아야 하는 입장인 정부로서는 현실적으로 정파적 입장을 가지기 쉽다. 그러나 정쟁적 관점의 정부운영은 결국 정부에 대한 신뢰를 떨어뜨린다. 그것은 ① 국정의 중심을 야당과의 일상적 대결에서의 승리에 두게 되어 국가발전을 위한 국민적 역량을 결집해 나가지 못하며, ② 새로이 대두되는 국가발전의 기회를 잡는 데 소홀해지고 환경변화에 둔감하게 한다. 정부도 '가치혁신자'(*value innovator*)가 되어야 한다. 가치혁신자라 함은 정쟁보다 세계의 질서 속에서 우리 자신의 위상을 새롭게 창조하고 고객을 만족시키는 고객중심의 혁신을 하는 것을 말한다.[27)]

(2) 업무범위 및 프로세스 관리

- 정부의 역할을 과감히 줄여 보다 선택과 집중이 이루어질 수 있어야 한다.
- 과감한 규제개혁이 있어야 한다.
- 프로세스가 표준화되는 동시에 유연성도 확보되어야 한다.
- 정책조정 능력이 대폭 강화되어야 한다.
- 정책에 일관성이 있어야 한다.

① 정부역할의 선택과 집중

자원이 제약되는 상황에서 최대의 성과를 내기 위해서는 자신의 힘과 자원을 자신이 더 잘할 수 있는 분야에 집중할 수 있어야 한다. 자기가

---

27) 가치혁신(*value innovation*)에 대한 논의는 기업의 가치혁신이지만 Kim & Mauborgne(1999)을 참조할 수 있다.

잘하는 일을 선택하고 그것에 자신의 역량을 집중시키는 것은 현대조직이 취해야 할 가장 기본적인 전략이다.[28] 이는 정부에서도 마찬가지이다.[29] 대통령의 임기는 제한되어 있으며, 주어진 예산 및 인적 자원도 제약되는 것이 정부이다. 그러나 우리 정부는 아직도 너무 광범위한 분야에서 너무 많은 일을 하려는 유혹에 빠져 있는 듯이 보인다. 이는 우리 국민들의 정서가 정부의존적 성향을 보이는 것에도 연유하지만, 정부의 조직문화에 기인하는 바도 크다. 국가 전체의 이익보다 자기부처의 권한과 이익을 우선시키는 부처이기주의, 우선순위가 낮은 일이라도 열심히만 하면 그만이라는 맹목적 충성심의 문화가 있다. 그러나 이는 산업사회의 덕목은 될지언정 지식정보사회의 덕목은 될 수 없다. 지식정보사회의 덕목은 옳은 일을, 정말 필요한 일을 열심히 하는 것이다. 그런 의미에서 최근 정부가 전면에서 국가발전을 기획하고 모든 산업발전을 주도하고 조장하려는 모습을 보이는 것은 자못 우려되는 일이라 할 것이다. 경제분야에서 정부의 적극적 역할은 결국 정부실패로 귀결되기 쉽다. 정부는 어디까지나 자신을 비전 제시자, 촉진자의 역할에 국한하여야 한다는 것이 사회주의의 실패가 보여준 교훈이라 할 것이다. 따라서 정부의 문화를 어떻게 옳은 일만 찾아서 열심히 하는 문화로 바꾸어 나갈 것인가에 대한 체계적 노력이 무엇보다 필요하다.

---

28) 경영학자인 J. Collins는 중요한 일이 세 가지 이상이 되면 중요한 일이 하나도 없다는 것과 같다고 한다.

29) 정부의 역할을 줄이면서 고려할 것은 정부의 능력까지도 줄일 수 있다는 것이다. 이는 1997년 외환위기 사례에서도 찾아볼 수 있다. 적절한 제도가 보완되지 않는 상태에서의 단기 자본거래의 자유화가 외환위기의 직접적 도화선이 됐다는 지적은 귀담아 들을 만하다.

② 철저한 규제개혁

그 동안의 규제개혁 조치에도 불구하고 우리는 아직 과다한 정부규제 속에 있다. 더구나 최근 각계각층에 확산된 평등이념의 과잉으로 평등 지향적 규제는 오히려 확대되고 있다. 기회의 평등이 아닌 결과의 평등, '경쟁을 보완'하는 평등이 아닌 '경쟁을 억압'하는 평등은 무엇보다 중요한 국민적 창의성과 유연성을 저하시킬 것이다. 정부에 규제완화의 강력하고도 지속적인 의지가 없다면 규제는 증가하기 마련이다. 대형사고가 한 번 터지면 아마도 수십 종의 규제가 증가할 것이다. 아마 그 규제의 상당부분이 나중에 보면 실질적 효력이 없는 것이겠지만 규제를 완전히 없애겠다는 각오를 하지 않는 이상 규제는 줄어들기 어렵다. 국민이 체감할 수 있는 규제개혁이 되려면 획기적인 대책이 필요하다. 예를 들어 국가유지에 필수적인 규제를 제외한 현존하는 모든 규제를 앞으로 일정한 기간 후에 자동적으로 폐지하도록 하고, 필요한 규제는 그 기간 내 필요성을 재입증하도록 하는 규제의 제로베이스화 방안 같은 대안도 검토해 보아야 할 상황이다.

규제가 필요하다 하더라도 최대한 시장기능을 존중하는 규제가 되어야 할 것이다. 시장을 정부와의 경쟁관계에서 보기보다는 보완관계로 보아야 한다. 정부역할을 시장을 보완하는 범위로 한정하고, 규제방식도 시장친화적이 될 수 있도록 노력하여야 한다. 그것이 정부실패의 위험을 최소화하면서 시장실패를 교정하는 길이 될 것이다.

③ 업무 프로세스의 표준화

업무 프로세스가 보다 더 표준화되어야 한다. 프로세스는 어느 조직에서나 중요한 과제이다. 프로세스의 표준화는 암묵지를 형식지로, 개인지를 조직지로 전환시키는 일이다. 표준화가 되어야 같은 품질의 서비스가 반복적으로 제공될 수 있어 예측이 가능하다. 표준화가 미흡하면 정책품질이 담당자의 자질에만 과도히 의존하게 되어 일관된 품질을 보장할 수 없다. 특히 정부조직에서 프로세스가 중요한 것은 정부조직이 대규모 조직이고, 정책간 상호 연계성이 높은 조직이며, 규칙과 관행에 의해 움직이는 관료제 조직이며, 국민들에게 일방적으로 특별권력을 행사하는 조직이기 때문이다. 그럼에도 우리 정부의 업무 프로세스는 아직 철저한 직무분석조차 제대로 이루어지지 않았다. 철저한 직무분석, 그에 기반한 조직구조 및 세부업무 프로세스의 설계, 업무의 상세한 매뉴얼화 및 지식의 축적, 권한과 책임의 명확화 등이 이루어져야 한다. 그러나 표준화된 규칙에 너무 얽매이다 보면 유연성과 효과성이 낮아져 관료제의 병폐가 나타나기 쉬우므로, 담당직원의 재량 또한 충분히 고려되어야 한다. 아울러 급변하고 있는 환경을 고려한 업무 프로세스의 주기적 재설계가 이루어져야 한다.

④ 정책조정 능력의 강화

조직설계에 있어 고려해야 할 가장 중요한 두 가지 요소를 들라고 하면 유인(*incentives*)제도와 조정(*coordination*)능력이라 할 수 있다. 그만큼 조정은 업무의 성패에 중요한 요소이다. 특히 민주주의가 진전될수록 이해관계자 간의 다양한 갈등을 피할 수가 없으므로 정부의 갈등해결 역량이야말로 가장 중요한 정부역량이라 할 수 있다. 더구나 정책환경이 전문화, 복합화되어 가고 있어 정부구조도 전문화, 세분화되는 한편 고도로 상호의존적이 되므로 정책부문간 조정능력의 고도화가 필요하다. 그럼에도 우리 정부의 경우 정책조정, 특히 횡적인 조정기능이 매우 취약하다 할 수 있다. 정부에 〈표 2-2〉와 같이 국무회의, 차관회의, 관계장관회의 등 각종 조정기구가 존재한다고는 하나, 그 실제 운용을 보면 실질적 정책조정기구로서의 역할은 매우 미흡하다. 더구나 최근 다양한 자문위원회, 행정위원회, 보좌관, 팀제 등 다핵화된 형태가 정부조직에 광범위하게 도입되고 있어 국정통합운영의 차원에서 더욱 고도의 조정능력이 필요하게 되었다.

이제는 정부 내 정책조정기구들이 형식적인 통과의례기구가 아니라 실질적 토의 및 조정기구가 되어야 한다. 최근 총리 및 부총리의 조정역할 및 관계장관회의의 조정역할이 중요시되고 있는데,[30] 이는 대통령과의 역할분담, 각 분야에서의 조정자의 강화라는 측면에서 일단 바람직하다. 그러나 이송호(2003)에 의하면 관계장관회의는 공정성은 높으나 정책의 질에 중요한 충실성, 생산성, 능률성, 적시성 등은 매우 미흡하며, 또한 조정기구의 의장이나 특정 위원에 대한 대통령의 신임도에 따라 조정기구의 조정능력이 과도하게 좌우되는 경향이 나타나므로,[31] 이러한 운영행태에 대한 개선이 뒤따라야 할 것이다. 효율적 정책조정을 위한 정보공유 및 운영체계를 만들고 그 투명성도 강화시켜야 할 것이다.

〈표 2-2〉 주요 정책조정회의[32]

회 의	주재자	개최빈도	주요참석자(장·차관급 이상)
국무회의	대통령	주 1회	18개 부처 장관, 법제처장, 국정홍보처장, 국무조정실장 등
국정현안 조정회의	국무총리	주 1~2회	18개 부처 장관
부총리, 책임장관회의	국무총리	월 1회	재경, 통일, 교육, 과기, 행자, 법무, 복지, 예산, 국정홍보
관계장관회의	국무총리	현안따라	18개 부처 장관
차관회의	국무조정실장	주 1회	18개 부처 차관

30) 국무회의, 차관회의는 실질적 정책논의, 갈등조정기구로서의 역할이 부적합하다고 할 수 있다.

31) 이송호(2003)는 DJ정부시절 국가안보회의 상임위원회가 당시 대통령의 신임을 받고 그 위원인 L씨에 의해 주도되었다는 점을 지적하고 있다.

32) 《매일경제》, A5, 2005. 4. 25.

⑤ 정책의 일관성

정책이 성과를 거두기 위해서는 일관성을 가져야 한다. 일관성이란 정책이 성과를 내기 위한 전제조건이다. 변화란 일정한 힘이 일관성 있게 가해져 임계치를 넘겨야 일어나는 것이다. 변화가 중도에 그치면 과거로의 복원력이 작용한다. 그럼에도 우리나라 역대정부의 정책 일관성은 매우 낮은 수준이라 할 수 있다. 일관성의 취약은 특히 개혁정책에 있어 심각하다. 개혁정책이란 일반적으로 변화의 폭이 크고 정책대상이 주로 구조적 문제이기 때문에 성과가 나타나려면 타 정책보다 더 많은 시간이 필요하기 때문이다.[33] 정책 일관성을 높이려면 다음과 같은 환경들이 조성되어야 한다.

장관들의 임기 보장

정책의 일관성이 확보되려면, 장관들의 수명이 길어야 한다. 그러나 민주화 이후 장관 및 청와대 주요 보좌진의 임기는 극히 짧아지는 추세를 보인다. 임기를 상당기간 보장하겠다고 공언한 참여정부 들어서도 지난 정부 시절보다는 다소 나아지고 있으나, 아직 큰 진전을 보이지 못하고 있다 (〈표 2-3〉). 장관들의 임기가 짧다는 것은 정책이 일과적 전시행정으로 끝나기 쉬움을 의미한다. 언제 바뀔지도 모르는 상황에서 장기적 안목을 갖고 정책을 추진하라는 것은 불가능한 주문이다. 사람마다 가진 철학과 가치관이 다르므로 사람이 바뀌면 정책은 바뀔 수밖에 없는 것이다.

---

33) 선진국의 경우에도 정부개혁이란 수십 년에 걸쳐 추진되고 있으며, 지난 20세기 후반의 노력이 20세기 말에 비로소 성과를 나타내고 있는 것이다(KDI 보고서).

〈표 2-3〉 권위적 정부시대와 민주적 정부시대 장관 재임기간 비교[34)]

(단위: 개월)

정부 부처	박정희	전두환	노태우	김영삼	김대중	노무현
외교안보	25.66	21.33	17.00	14.07	11.36	14.67
정보과학	21.48	15.66	15.71	13.55	13.17	10.00
교육문화	20.65	16.83	12.93	18.30	10.00	9.50
경 제	20.58	18.61	13.33	10.00	10.69	10.75
사회복지	23.86	24.42	11.21	10.36	10.95	16.00
법질서 · 인사	23.48	13.94	10.43	9.57	8.91	12.75
평 균	22.25	17.78	13.02	11.63	10.65	12.14

34) 부처별 분류는 다음과 같다. 외교안보: 외교부, 통일부, 국방부. 정보과학: 정보통신부, 체신부, 과학기술부. 교육문화: 교육부처, 문화부처, 공보부, 체육부. 경제: 재정경제부, 재무부, 건설부, 산업자원부, 농림부, 교통부, 동력자원부, 해양수산부. 사회복지: 노동부, 환경부, 복지부, 여성부. 법질서 · 인사: 내무부, 행정자치부, 총무처, 법무부. 분석시기는 박정희 정부의 경우 1963년 민정이양 이후 1979년까지이고 노무현 정부의 경우 2005.3.15 현재를 기준으로 재임 중 장관을 제외한 역대장관을 조사하였다. 이 표는 박정희 정부시절 거의 2년에 가까운 장관 평균재임기간이 민주정부로 들어서며 급격히 저하됨을 보여준다. 노태우 정부 이후 계속적인 하강곡선을 그리다 김대중 정부에 와서는 10개월 남짓한 수준으로 떨어졌다. 노무현 정부는 재임중 정부인지라 현재로서는 재임기간을 단정할 수 없으나 2005년 6월 현재까지의 결과는 과거 민주정부와 별다른 차이를 보이지 않고 있다. 민간인 출신 대통령인 김영삼, 김대중, 노무현 정부의 경제부처 장관 재임기간은 세 정부 모두 10개월 정도로 다른 부처 장관의 재임기간보다 상대적으로 낮게 나타났다. 또한 장기적인 성장기반을 제공하는 교육문화의 경우 김대중, 노무현 정권 장관 평균재임기간은 10개월 미만을 보여준다. 이 표는 박정희 정부의 경우 이시원 · 민병익, "우리나라 역대정부장관의 재임기간 및 배경분석", 《한국행정연구》(11권 3호, 2002년 가을호), 53~82쪽 참고,

장관에 대한 간섭 불식

외부기관으로부터 장관의 정책에 대한 간섭이 없어야 한다. 조정이란 조화를 의미하지만, 간섭은 방향과 내용에의 개입이다. 근래의 정책조정 프로세스의 특징 중의 하나는 직접적 권한과 책임을 갖지 않는 인사들이 정책수립에 영향을 미치는 일이 많다는 것이다. 권한과 책임을 가진 인사들의 정책조정은 필요하지만, 외부인사가 정책에 직접적 영향을 미치거나 정책방향을 외부상급기관이 일일이 지시하는 일은 피해야 한다.[35) '미덥지 않으면 쓰지를 말고, 일단 썼으면 믿어야'(疑人不用 用人不疑) 한다. 장관이 자신의 철학에 따라 정책을 집행하도록 해야 하며, 그러기 위해서는 무엇보다 청와대가 정치적 인기에 대해 조급증을 갖지 말아야 한다. 청와대가 조급해 하면 할수록 해당 부처들은 정책분석과 집행에 있어 단견적 시각을 갖게 되고, 그 정책은 성과를 거두기 어렵다.

유사정책의 패키지 추진

일관성을 보다 높이려면 상호 연계성이 강한 정책들을 단일 정책묶음으로 하여 추진할 필요가 있다. 예를 들어 목표관리제, 직무분석, 성과주의 예산, 성과급 연봉제 등은 연계성이 강한 정책들이므로 이러한 정책들을 개별적으로 추진하기보다는 하나의 묶음으로 추진하는 것이 정책효과도 기대할 수 있고, 투입비용과 노력 면에서도 효과적일 것이다.

전두환~김대중까지 정부는 김호균, 《21세기 성공장관론》, 나남출판, 2004, 41~68쪽 참고, 노무현 정부는 각 부처 홈페이지 방문 및 조선일보 인명관리 데이터를 이용하여 작성하였다.

35) 경제정책의 여건 내 결정 프로세스를 보면 청와대의 정책실장, 정책기획위원장, 경제정책수석, 경제보좌관 등을 들 수 있다. 이는 과거의 경제수석 단일체제보다 많은 사람들이 정책결정에 간여하고 있다는 점이다(《동아일보》, A3, 2004. 12. 24). 이는 의사결정의 민주화라는 측면에서는 의미가 있지만 참여자간의 갈등과 정책혼선으로 연결되기 쉬운 구조이다.

(3) 공무원 역량

> • 인재의 충원을 위한 노력과 투자가 확대되어야 한다.
> • 지적 능력의 향상을 위한 노력을 강화한다.
> • 국책연구기관을 정부의 내부조직화 한다.

① 인재충원에 대한 노력과 투자확대

'사람'이란 지식기반사회에서 가장 중요하면서도 동시에 가장 차별화할 수 있는 역량이다. 중요한 지식은 대부분 사람에 체화되어 있고, 따라서 사람이 조직의 경쟁력을 결정하는 주요 요소이다. 국가간 정부역량의 차이도 결국은 이러한 우수한 인재의 확보능력에 의존하는 것이다. 그러나 '사람'이 중요하다고 하면서도 이를 정작 제대로 실천하는 조직은 찾아보기 어렵다. 특히 정부조직은 인재확보, 성과관리, 보상구조 등에서 취약성을 갖고 있다. 사람이 중요하다고 인식하고 있다면 그 충원 프로세스부터 달라져야 한다. 우리의 충원채널은 그 폭이 너무 제한되어 있다. 최근 그 채널이 다양화되고 있다고는 하지만,[36] 아직은 매우 제한된 상황이다. 그런 의미에서는 고시제도 위주의 충원경로를 탈피할 필요가 있다. 예를 들어 공적 정책업무를 다룬 경험은 없지만 조직경험이 풍부한 전문경영인들을 일정기간 교육 후 활용하는 방안도 생각해 볼 수 있다. 정부도 유사한 계획을 가지고 있으므로 현재 시도되고 있는 민간전문가의 대폭 충원계획이 과업에 적합한 지적역량과 경영능력을 가진 인사들의 발굴로 뒷받침된다면 이는 매우 의미 있는 일이라 할 것이

---

36) 청와대 수석비서관들의 출신배경을 조사해 보면 박정희 정부시대에는 총 29명 중 관료 11명, 군 8명, 언론인 5명, 기타 5명으로 분류되는 데 비하여, 김대중, 노무현 정부에서는 총 48명중 관료 14명, 군 4명, 언론인 5명, 정치인 7명, 학자 6명, 법조인 7명, 시민단체 1명, 민주화 운동 2명, 기타 2명으로 분류되었다. 보다 자세한 사항은 〈별첨 표 3〉을 참조할 것.

다.[37] 그러나 DJ 정부 때부터 시작된 '개방형 임용제, 공모제'가 외부의 역량 있는 인사들의 기피로 대부분 내부출신 인사들로 충원된 실정을 볼 때, 충원의 실질적 다양화는 그만큼 힘든 과제라 할 것이다.

또한 인재를 찾아 쓰는 데 드는 노력과 비용을 아끼지 말아야 한다. 청와대에 설치된 인사비서실은 행정부처의 개별인사에 개입하는 일보다 새로운 인재를 찾아내는 데 노력을 집중해야 한다. 인사가 능력보다 색깔을 중시하는 '코드인사', 출신지별로 숫자를 맞추는 '지역안배 인사'가 되어서는 역량 있는 정부를 만들 수 없다. 인재를 찾는 노력을 기울일 뿐 아니라, 그런 인재들의 역량이 발휘될 수 있는 시스템 또한 갖추어져야 한다. 정부 내에는 잘한 사람과 잘못한 사람을 차별하지 않으려는 풍조가 있다. 그러나 조직에 평등이 강조된다면 인재를 찾아 쓸 필요도 없는 것이다.

② 지적 역량의 향상

지식기반사회에서 정부의 지적 역량은 이제 선택사항이 아니라 국가 생존의 필수요건이 되었다. 더구나 서구의 선진제도를 모방(벤치마킹)하는 것도 이제는 한계에 봉착하고 있어 우리 자신의 독창적 제도형성능력 없이는 국가발전을 기대하기 어렵게 되었다. 특히 하드웨어보다 소프트웨어의 창출능력이 필요시되고 있다. 문제는 우리 자신이 어떻게 이런 창조능력을 높일 것이냐 하는 것이다. 이런 역량은 형식지뿐 아니라 경험과 지혜를 갖춘 암묵지를 포함한다. 오히려 암묵지가 더 중요하다. 이러한 암묵지는 자기계발과정에서 축적되어야 한다. 그런 의미에서 고위직위로의 승진이 단순히 출세의 과정이 아닌 자기발전을 이루어 나가는 과정이어야 한다. 그들이 리더로 성장하기 위해서는 그 하나의

---

37) 참여정부의 '정부혁신지방분권위원회'는 행정고시 선발인원을 대폭 줄이고 대신 민간전문가 특별채용을 확대하려는 계획을 가진 것으로 알려졌다(《매일경제》, 2005. 4. 22).

과정이 그들의 능력을 시험하는 테스트 기간이어야 할 뿐 아니라, 군대에서 고위장교를 양성하듯이 그것이 지식과 경험을 축적하는 과정으로 이해되어야 한다. 교육훈련의 질적 고도화, 다양한 보직관리를 통한 경험축적은 이제 조직운영의 필수적 전제조건이다. 그런 의미에서 교육훈련 시스템이 전반적으로 재검토되어야 할 뿐 아니라, '안식년' 같은 제도의 도입 등으로 재충전의 시간 및 여유가 주어져야 한다. 개인들의 자기개발에 대해서도 정부가 적극적인 지원자, 상담자의 역할을 할 수 있어야 한다.

또한 리더십에 대한 교육이 강조되어야 한다. 공무원은 문제해결능력과 함께 남을 설득하는 능력도 가져야 한다. 정책의 성과를 올리려면 국민인 고객과의 의사소통이 중요하고 또한 그들의 힘을 빌려야 한다. 정책적 리더십은 대중과의 협력 속에서 발휘되는 것이다. 특히 정책수립 및 집행에는 실천적 경험지식이 중요하다. 그러나 우리나라 공무원에게는 리더십을 체계적으로 배울 기회도 없고 민간현장과의 교류도 제약되어[38] 국민과의 의사소통 능력도 매우 취약한 상황이다. 따라서 교육훈련을 통해서라도 그 설득역량, 토론역량, 통솔역량을 강화시키는 것이 필요하다.

③ 국책연구기관의 내부조직화

중앙정부 조직의 지적 역량을 단기간 내 높이려면 정부 내 국책연구기관의 내부조직화(*in-house*)를 검토해 볼 필요가 있다. 고도 지식정보사회가 필요로 하는 것이 새롭고 창의적인 정책이라고 한다면, 그런 업

38) 우리나라에서 관료조직의 형성은 고려 광종 때 과거제도를 통해 직업관료계층을 형성한 이래 실상 1000년의 역사적 배경을 가지고 있어 상당히 폐쇄적이라 할 수 있다. 이는 관행적으로 다양한 직업군과의 수평이동이 활발하게 이루어지는 미국 관료체제의 회전문체제(*Revolving Door System*)와는 다른 문화와 관행을 형성한다.

무를 산업사회에서 정형화되거나 집행 위주인 업무에 익숙하였던 인력들이 맡아나가는 것에는 한계가 있다고 할 수 있다. 이에 대한 대안으로 현재 정책분석 업무에 종사하고 있는 사회과학 분야의 국책연구기관을 내부화하여 그 인력을 정부의 정책분석 업무에 투입하는 방안을 검토해 볼 수 있다. 그렇게 함으로써 단기간 내에 정책분석 능력을 향상시킬 수 있는 것으로 보인다. 보수, 직종, 경력 등의 관리체계상 추가적 검토사항이 많이 있을 것이나, 정책분석영역과 정책집행영역의 두 가지 전문영역의 조직 내 지식통합을 통해 정부의 조직지(*organizational knowledge*)를 향상시킬 수 있을 것이다.

(4) 성과관리 및 유인제도

- 업무의 성과관리가 엄밀하고 책임성이 확보되어야 한다.
- 인사 및 보상 등 인센티브를 강화해야 한다.
- 공무원에게 명예를 주어야 한다.

① 성과관리의 강화

정책의 효과성을 높이려면 성과중심(*performance-driven*) 조직이 되어야 한다. 다시 말해 성과관리제도의 도입이 중요하다. 개인이 이룬 성과가 조직비전과 목표에 어느 정도 적합한 것인지가 규명되어야 한다. 공공부문의 경우 최종적 목표의 개념정의가 어렵거나 변수가 다양해 성과를 객관적으로 측정하기가 쉽지 않아 제대로 된 성과관리가 이루어지기 어려우나(Ammons, 2001), 그렇다고 성과관리를 등한시하는 것은 결국 정부의 무책임과 비효율을 심화시키는 결과가 될 것이다. 다이아몬드(Diamond, 2005)는 성과관리를 위해 무엇보다 명확한 목표의 설정, 우선순위를 가지고 핵심정보에의 집중, 기관 및 업무특성에 부합된 성과측정, 공정하고 적시적인 성과정보 획득 등이 선행되어야 한다고 한다.[39]

우리 정부도 1999년 목표관리제(MBO)를 도입한 이래 여러 성과관리제도를 시행하고 있으나, 아직 개선할 점이 많다(고영선 외, 2004).[40] 김경한(2004)도 우리나라에서 성과관리가 이루어지기 위해서는 목표의 구체성, 성과평가의 공정성, 평가결과와 보상의 연계 등이 필요하다고 지적한다. 특히 거시적 관점에서도 KDI(2004)의 지적처럼, 성과와 예산 연계, 사업계획수립 및 사후성과 보고체계 확립, 성과중심의 조직문화 정착 등의 광범한 노력이 있어야 할 것으로 보인다.

② 유인제도 강화 및 경쟁의 촉진

공무원이 역량을 발휘하게 하기 위해서는 대리인으로서의 자신의 이익과 주인인 국민의 이익이 부합되도록 하는 인센티브 구조를 발전시켜야 한다. 대리인의 기회주의가 억제되기 위해서 상벌제도가 분명해야 한다. 인센티브가 약하면 평균주의로 인해 기회주의를 막을 수 없다. 이를 위해서 우선 성과관리가 확실해야 한다. 지금까지 거의 작동하지 않았던 성과관리 시스템을 작동하는 성과관리 시스템으로 변모시켜야 한다. 성과평가의 결과를 보상에 연계시키면 공직사회에도 경쟁이 도입되게 될 것이다. 아울러 제대로 된 인사관리가 이루어져야 한다. 공무원들은 승진에 대한 집착이 강하므로(하상묵, 1994), 승진을 성과평가와

---

39) OECD PUMA는 정부의 성과관리 프로세스를 위한 가이드라인을 1998년 발표한바 있다.

40) 우리나라의 경우는 이미 기획예산처의 '성과관리제도', 국무조정실의 '정부업무평가제도', 행정자치부의 '목표관리제도', 감사원의 '성과감사' 등의 성과관리 제도가 시행되고 있다. 그러나 KDI 보고서는 이에 대해 성과관리 업무가 여러 기관들에 분산되어 있을 뿐 아니라, 그 기능이 기획예산처의 예산편성과 같이 해당부처의 고유업무에 한정되어 있어 종합적인 성과평가가 이루어지지 않고 있는 점, 각 기관에서 사업계획수립과 사업성과 보고체계가 명확하게 설정되어 있지 못한 점 등 아직 많은 문제점을 가지고 있다고 지적한다(고영선, 윤희숙, 이주호(2004), 공공부문의 성과관리, KDI).

연계시키는 것이 중요하다. 정치권의 영향력에 휘둘리는 인사나 국·과장급 관리자의 빈번한 보직이동 같은 인사관행(김판석, 2003)들이 불식되어야 유인제도가 작동될 수 있다. 그러나 성과평가의 공정성이 확보되지 못한다면 성과관리 시스템은 오히려 부작용을 가져올 수 있다. '줄세우기', 정치적 중립훼손, 단기적 성과에의 집착 등 심각한 역기능이 초래될 수 있으므로 공정한 평가시스템 구축에 많은 노력을 기울여야 할 것이다.

③ 공무원들의 의욕관리

공무원들의 동기부여를 강화하기 위해서는 또한 그들의 '의욕'을 관리해야 한다. 이는 승진이나 금전적 보상만을 의미하는 것이 아니다. 오히려 그들의 '명예'를 높여주는 것이 금전적 보상보다 중요한 일이다. 공무원의 명예는 지난 수십 년간 지속적으로 폄하되었다. 일부 공무원들의 부패 문제도 있었지만, 역대 정권들이 '공무원 때리기'를 정치적으로 이용한 측면이 있다. 그 결과 이제 공직이 능력 있는 사람들에게는 일종의 기피직종이 되었다.[41] 그러나 명예를 상실하면 사람은 의욕도 잃게 될 뿐 아니라 부패하기 쉬운 법이다. 명예가 있어야 명예를 높이는 데 적극적이 되어 정부의 성과가 높아지는 것이다. 개혁에 있어서도 공무원을 개혁대상으로 만들어 피동화시키기보다는 공무원 내부의 자생적인 개혁동력을 끌어낼 수 있어야 비로소 개혁이 성공할 수 있을 것이다.

---

41) 최근 재경부에서 정부 소유재산을 관리할 국유재산관리과장을 공모했는데, 지원자가 건설업계 출신 1명에 불과하여 재공모 결정을 한 바 있다(《매일경제》, A2, 2005.4.8).

5. 결 론

조직의 역량을 한마디로 말하기는 어렵다. 그것은 시대상황과 적합해야 할 뿐 아니라 대부분 암묵지의 형태로 존재함으로 분석 가능한 명시적 지식으로 표현하는 데는 한계가 있다. 암묵지는 사람에 체화되어 있으므로 결국 우수한 인재들이 정부를 운영해 갈 수 있어야 조직의 역량을 키울 수 있는 것이다. 그런 측면에서 볼 때 우리나라에서 정부의 정책이 기대되는 성과를 올리지 못하는 주원인도 결국 공직을 맡을 우수 인재들을 정부가 지속적으로 길러내지 못했기 때문이라 할 수 있다. 정부를 이끌어가는 지도층들이 ① 과연 조직원리에 대한 깊은 이해를 갖고 있었는지, ② 국민을 설득하고 비전을 제시할 리더십은 갖추고 있었는지, ③ 정치적 목적에 의한 정책왜곡은 없었는지, ④ 그리고 장기적 안목을 가지고 사람을 기르는 일을 게을리 하지 않았는지 등에 대한 깊은 성찰이 전제되어야 정부능력을 향상시킬 길을 찾을 수 있을 것이다.

· 참고문헌 ·

고영선 · 윤희숙 · 이주호(2004), 《공공부문의 성과관리》, KDI.
김경한(2004), "목표관리제의 효과성에 대한 영향요인 연구", 《한국행정학보》 38(1): 93~114.
김시윤(2004), "국가와 경제발전: 약탈적 국가론에 대한 비판적 고찰", 《한국행정학보》 38(2): pp. 203~223.
김판석(2003), "대통령과 인사: 정무고위직 인사혁신," 《한국정치학보》 37(2).
김호균(2004), 《21세기 성공 장관론》, 나남출판.
박중훈(1996), 《대통령비서실의 조직과 기능》, 한국행정연구원.
이송호(2003), "국민의 정부분야별 관계장관회의에 대한 분석과 평가", 《한국행정학보》 37(3): 1~22.
이시원 · 민병익(2002), "우리나라 역대정부장관의 재임기간 및 배경분석", 《한국행정연구》 11(3): 53~82.
하상묵(1994), "공무원의 승진과 출신배경," 《한국행정연구》 3(4).

Ammons, D. N., C. Coe, & M. Lombardo(2001), "Performance-Comparison Projects in Local Government: Participants' Perspective", *Public Administration Review* 61.
Bartlett, C. A. & S. Ghoshal(2002), "Building Competitive Advantage Through People", *Sloan Management Review*, 34~41.
Cerny, Philip G. (1996), "Restructuring the Political Arena: Globalization and the Paradoxes of the Competition State", "Globalization and its Critics: Perspectives from Political Economy"(ed.), PERC.
Dianmond, J. (2005), "Establishing a Performance Management Framework for Government", IMF Working Paper.
Fukuyama, F. (2004), *State Building*, 안진환 역(2005), 《강한국가의 조건》, 황금가지.
Kim, Hyung-Ki & Jun Ma(2000), "The Role of Government in Acquiring Technological Capability", *The Role of Government in East Asian Economic Development*, M. Aoki, H. Kim, & M. O. Fujiwara (eds.), Oxford: Clarendon, pp. 101~133.

Kim, W. C. & R. Mauborgne (1999), "Strategy, Value Innovation, and the Knowledge Economy", *Sloan Management Review*, Spring: 41 ~54.

Klitgaard R. & P. C. Right (2005), "High Performance Government: Structure, Leadership, Incentives" (eds.), Pardee Rand Graduate School.

Marshall, W. & M. Schram (1993), *Mandate For Change*, Berkeley Book.

North, D. C. (1994), "Economic Performance through Time", *American Economic Review* 84 (3), June: 359~68.

Osborne, D. & P. Plastrik (1997), *Banishing Bureaucracy*, Wesley.

Satyanath, S. & A. Subramanian (2004), "What Determines Long-run Macroeconomic Stability? Democratic Institutions", IMF Working paper, WP/04/215.

Stiglitz, J. (1998), "More Instruments and Broader Goals: Moving toward the post Washington Consensus", WIDER Annual Lecture, Jan. 7.

Tullock, G. (1965), *The Politics of Bureaucracy*, Public Affairs Press.

Van den Bosch, F. A. J., H. W. Volberda & M. Boer (1999), "Coevolution of Firm Absorptive Capacity and Knowledge Environment: Organizational Forms and Combinative Capabilities", *Organizational Science* 10 (5): 551~568.

Wohlgemuth, M. (2000), "Political entrepreneurship and bidding for political monopoly", *Journal of Evolutionary Economics* 10: 273~295.

별 첨

〈별첨 표 2-1〉 1963~1982년 경제부처 장・차관의 주요경력

장・차관 재직시 근무부처		경제기획원				
직 책	해당인원	은 행	재무부	내무부	군	경제기획원
장 관	13	5(38.5)	1(7.7)		1(7.7)	3(23.1)
차 관	13		3(23.1)			10(76.9)

장・차관 재직시 근무부처		청와대비서실				
직 책	해당인원	경제기획원	재무부	내무부	군	외무부
비서실장	8	1(12.5)	1(12.5)		2(25.0)	2(25.0)
경제수석	9	7(77.8)	2(22.2)			

장・차관 재직시 근무부처		재무부				
직 책	해당인원	경제기획원	은 행	내무부	군	재무부
장 관	14	2(14.3)	2(14.3)			3(21.4)
차 관	18	4(22.2)	3(16.7)			10(55.6)

장・차관 재직시 근무부처		상공부				
직 책	해당인원	경제기획원	재무부	군	은 행	상공부
장 관	11	4(36.4)	1(9.1)	2(18.2)	1(9.1)	1(9.1)
차 관	9	1(11.1)	4(44.4)			3(33.3)

장·차관 재직시 근무부처		농림수산부				
직 책	해당인원	경제기획원	재무부	내무부	군	농림수산부
장 관	15	3(20.0)	3(20.0)	4(26.7)		2(13.3)
차 관	11	4(36.4)	1(9.1)			5(45.5)

장·차관 재직시 근무부처		동력자원부				
직 책	해당인원	경제기획원	재무부	상공부	군	동력자원부
장 관	7	4(57.1)	1(14.3)		1(14.3)	
차 관	3	1(33.3)		1(33.3)		

장·차관 재직시 근무부처		건설부				
직 책	해당인원	경제기획원	재무부	내무부	군	건설부
장 관	15	2(13.3)		1(6.7)	6(40.0)	
차 관	10	2(20.0)	1(10.0)	3(30.0)	2(20.0)	

장·차관 재직시 근무부처		교통부				
직 책	해당인원	경제기획원	재무부	내무부	군	교통부
장 관	16			3(18.8)	11(68.8)	
차 관	8	2(25.0)			2(25.0)	1(12.5)

장·차관 재직시 근무부처		내무부				
직 책	해당인원	경제기획원	재무부	교 수	군	내무부
장 관	13			1(7.7)	9(69.2)	2(15.4)
차 관	13				3(23.1)	7(53.8)

장·차관 재직시 근무부처		노동청(부)				
직 책	해당인원	노 총	군	경 찰	내무부	언 론
장 관	2	2(100.0)				
차관·청장	11	2(18.2)	2(18.2)	2(18.2)	1(9.1)	2(18.2)

〈별첨 표 2-2〉 1998~2005년 3월 현재의 경제부처 장·차관의 주요 경력

장·차관 재직시 근무부처		재정경제부				
직 책	해당인원	상공부	재무부	내무부	교수, 연구원	재경부 (경제기획원)
장 관	8	1(12.5)	4(50.0)			3(37.5)
차 관	6		4(66.7)			1(16.7)

장·차관 재직시 근무부처		기 획 예 산 처				
직 책	해당인원	상공부	내무부	기업인	교수, 연구원	재경부 (경제기획원)
장 관	6					6(100.0)
차 관	5					5(100.0)

장·차관 재직시 근무부처		산업자원부				
직 책	해당인원	재경부 (경제기획원)	재무부	기업인	교수, 연구원	상공부 (산자부)
장 관	8	1(12.5)	2(25.0)	1(12.5)	1(12.5)	3(37.5)
차 관	6					6(100.0)

장·차관 재직시 근무부처		정보통신부				
직 책	해당인원	재경부 (경제기획원)	재무부	기업인	교수, 연구원	정통부 (체신부)
장 관	6	1(16.7)		5(83.3)		
차 관	7	1(14.3)	1(14.3)			4(57.1)

장·차관 재직시 근무부처		과학기술부				
직 책	해당인원	재경부 (경제기획원)	재무부	교수, 연구원	국회의원	과기부
장 관	7			3(42.9)	2(28.6)	
차 관	8	1(12.5)	2(25.0)			5(62.5)

장·차관 재직시 근무부처		건설교통부				
직 책	해당인원	재경부 (경제기획원)	국세청	상공부	국회의원	건교부
장 관	9	1(11.1)	2(22.2)	1(11.1)	2(22.2)	1(11.1)
차 관	8	1(12.5)				7(87.5)

장·차관 재직시 근무부처		해 양 수 산 부				
직 책	해당인원	재경부 (경제기획원)	건교부 (교통부)	내무부	교수, 연구원	해양수산부
장 관	11	3(27.3)	1(9.1)	2(18.2)	1(9.1)	1(9.1)
차 관	6		1(16.7)		1(16.7)	3(50.0)

장·차관 재직시 근무부처		농림부				
직 책	해당인원	재경부 (경제기획원)	시민단체	국회의원	교수, 연구원	농림부
장 관	6		1(16.7)	1(16.7)	2(33.3)	2(33.3)
차 관	7					7(100.0)

장·차관 재직시 근무부처		행정자치부				
직 책	해당인원	재경부 (경제기획원)	상공부	국회의원	교수, 연구원	행자부
장 관	7		1(14.3)	1(14.3)	1(14.3)	3(42.9)
차 관	7					7(100.0)

장·차관 재직시 근무부처		노동부				
직 책	해당인원	재경부 (경제기획원)	내무부	국회의원	교수, 연구원	노동부
장 관	8	1(12.5)	1(12.5)	1(12.5)	3(37.5)	1(12.5)
차 관	5					5(100.0)

〈별첨 표 2-3〉 청와대 수석비서관 출신배경

1. 박정희 정부 시대

	인원	연령	군	관료	언론	정치	학자	법조	시민 단체	민주화 운동	재임 기간
정무	9	42	3	3	1						31
경제	9	40		7							32
민원	4	45	3								36
공보	5	43	1		4						26
의전	2	41	1	1							61
합계	29	42	8	11	5						33

1) 두 차례 이상 수석을 역임한 경우는 가장 오랜 기간 재임한 경우만 계산하고, 나머지는 계산에서 제외. 즉, 중복인원은 한 번만 계산.
2) 청와대 수석으로 임명되었을 때의 연령평균, 소수점은 반올림처리.
3) 재임기간의 단위는 개월이다. 소수점은 반올림처리.

2. 김대중・노무현 정부 시대

	인원	연령	군	관료	언론	정치	학자	법조	시민 단체	민주화 운동	재임 기간
정 치	8	50			1	5		2			10
경 제	5	53		4			1				16
정책기획	7	52		4		1	2				10
외교안보	9	59	4	4			1				11
법질서・인사	6	55						5	1		14
복지・교육	7	55		2			2			1	15
홍 보	6	52			4	1				1	14
합 계	48	54	4	14	5	7	6	7	1	2	13

1) 수석분류는 다음과 같음: 정치(정무);경제(경제, 경제정책, 경제보좌관);정책기획(정책기획, 정책); 외교안보(외교안보, 국가안보보좌관, 국방보좌관, 외교보좌관); 복지・교육(사회복지, 교육문화, 복지노동, 국민참여, 사회정책, 시민사회, 참여혁신); 법질서・인사(민정, 인사); 홍보(공보, 홍보).
2) 두 차례 이상 수석을 역임한 경우는 가장 오랜 기간 재임한 경우만 계산하고 나머지는 계산에서 제외. 즉 중복인원은 한 번만 계산. 비서실장, 정책실장은 수석인원에서 제외했고 보좌관은 정보과학기술보좌관을 제외하고 수석인원에 모두 포함(총 49명을 대상).
3) 청와대 수석으로 임명되었을 때의 연령평균. 소수점은 반올림처리.
4) 재임기간의 단위는 개월. 소수점은 반올림처리.

자료: 인사자료 및 조선일보 인명데이터베이스 활용하여 작성.

제 3 장

경쟁국가의 정치사회

통합과 다층화의 정치사회를 위한 제도 · 이념 · 행위의 개혁

장 훈

1. 문제의 제기: 경제선진화를 향한 정치사회의 새 구상

범세계적인 민주화가 진행되면서 새로운 민주주의 국가들이 마주하게 된 핵심적인 과제의 하나는 민주주의체제를 통해서 어떻게 경제의 활력을 지속하고 나아가 선진경제로 진입할 것인가의 문제였다. 그러나 다수의 신민주주의 국가들의 경험에서 확인되는 바와 같이, 민주화가 반드시 선진경제를 낳는 축복이 되는 것은 아니다. 우리의 경험을 보더라도, 민주화 이후 근 20여 년간 경제적인 측면에서 적지 않은 성취가 이루어졌지만, 활력과 경쟁력을 갖추고 아울러 국민의 에너지와 열기를 통합해가는 선진경제는 여전히 멀리 있는 목표로만 여겨진다.

20년의 한국 민주주의가 선진경제를 견인하지 못하고 있는 현실의 여러 요인들 가운데 정치사회(대통령, 국회, 정당 - 선거)에 초점을 맞춰보면 적어도 두 가지 중대한 난맥상이 분명해진다. 첫째, 우리는 선진경제로 진입하기 위해서 반드시 요구되는 정치제도의 설계와 운영에 실패하고 있다. 선진경제는 다양한 사회세력들간의 에너지를 모을 수 있는 협력과 통합을 통해서만 들어갈 수 있는 클럽이지만, 민주화 이후 한국

정치사회는 이러한 통합과 협력을 충분하게 끌어내지 못하고 있다. 둘째, 한국경제는 이미 세계화된 국제경제체제에 깊숙이 연계되어 있는 다층화된 열린 경제이지만, 이를 이끌어가는 한국의 정치사회는 여전히 전통적인 민족국가 정치에 머물고 있는 단층체제이다. 이러한 경제와 정치사회의 불일치가 선진경제로의 전환을 가로막고 있다.

따라서 경제의 선진화를 위한 정치사회의 새 구상은 크게 두 가지의 목표를 갖는다.

- 통합의 정치사회를 통한 경제활력의 증진
- 다층적 정치사회를 통한 세계 속의 한국경제 구축

첫째, 여러 사회세력들의 조화와 협력을 이끌어내는 통합의 정치사회를 구축해야 한다. 통합의 정치사회의 제일 조건은 우선 사회 내의 갈등하는 여러 이익이 다양하게 표출되는 정치의 대표성이 확보되어야 한다. 아울러 다양한 세력과 이익들의 에너지를 모을 수 있는 정부의 운영능력이 제고되어야 한다. 결국 정치의 대표성과 정부의 운영능력이 균형을 이룰 때 우리는 통합의 정치사회를 구축할 수 있다. 이때에 비로소 정치사회에 대한 불신과 냉소는 해소되고 정치사회는 본연의 정당성과 신뢰를 회복할 수 있다.

둘째, 세계화 시대에 국제체제에 깊숙이 연계되어 있는 다층적 경제에 걸맞은 다층적 정치사회를 구축해야 한다. 다층적 정치사회의 핵심은 물론 여전히 우리의 민족국가에 있지만, 동시에 민족국가는 위로는 국제질서의 차원으로 아래로는 지역의 차원으로 권한과 능력, 정당성을 분산해야 한다. 이는 곧 우리 정치사회의 근본적인 재구성을 의미하는 것이며 아울러 우리의 의식과 행동의 재구성을 필요로 한다.

통합의 정치사회 구축과 다층적 정치사회 구축이라는 과제에 비추어 볼 때 민주화 이후 우리사회의 경험은 만족스럽지 못하다. 따라서 우리는 먼저 권위주의 시대와 민주화 시대를 거치면서 한국의 정치사회가 어떠한 경로를 걸어왔으며, 이러한 경험이 어떻게 경제선진화에 장애가 되었는지를 검토할 것이다. 그리고 이러한 경험분석에 기초해서 통합과 다층화를 지향하는 새로운 정치사회의 목표와 원리 그리고 이를 위한 제도, 이념, 행위의 개혁과제를 논의할 것이다.

권위주의 시대와 민주화 시대의 경험을 논의하기에 앞서 지금까지 민주화 이후에 숱하게 논의되어온 정치사회의 개혁(흔히 정치개혁이라 불리는) 논의가 적절하지 못했던 이유를 두 가지 들어보자.

첫째, 민주화 이후 거의 20여 년간 우리는 정치개혁에 접근하는 데에 있어 제도개혁에만 초점을 맞췄다. 그러나 이러한 제도개혁에 있어 일관된 원칙은 결여된 채 여러 목표들이 혼란스럽게 추구되었다. 이제 필요한 것은 여러 가치들 사이의 균형을 통해서 생산적이고 유연한 정치사회를 구축하는 것이다. 둘째, 기존의 정치개혁 논의는 제도, 행위, 의식이라는 세 요소들 가운데 제도를 지나치게 강조했다. 통합과 다층화의 정치사회로의 전환에 필요한 것은 제도, 의식, 행위의 균형적인 개혁이다.

이는 좁게 말하자면, 대통령 - 국회 - 정당 - 선거를 규정하고 있는 제도들 사이에서 대표성과 운영능력, 정당성이 균형을 이루어야 한다는 것이며(내적 정합성), 넓게 말하자면 정치사회의 제도와 정치행위자들의 의식, 행위 사이의 균형(외적 정합성)이 확보되어야 함을 의미한다.

2. 분석의 틀

모든 정치사회는 그 형태를 막론하고 갈등과 협력이라는 이중주의 변증법 위에 서 있다. 민주주의 체제이든 비민주적 체제이든 여러 종류의 갈등하는 사회적 이해관계가 존재하기 마련이며 모든 정치사회는 이러한 갈등을 관리하고 통합해 가는 기제를 갖게 마련이다. 따라서 한 정치사회의 성패는 이러한 갈등을 적절하게 관리함으로써 이를 생산적이고 역동적인 방향으로 어떻게 전환하는가에 달려 있다. 이러한 전환에 있어 핵심적인 열쇠는 정부의 운영능력(거버넌스)이다. 결국 다양한 갈등을 표출하도록 하는 정치사회의 이익대표능력(대표성)과 이러한 갈등 위에서 정부의 목표를 실현해 나가는 운영능력(거버넌스)의 적절한 조화가 바로 통합된 정치사회의 핵심기제이다.

아울러 대표성과 운영능력의 적절한 균형 위에서 통합의 정치사회를 구축할 때에 비로소 그 정치사회는 국민들로부터 정당성을 인정받고, 따라서 사회의 에너지를 모을 수 있는 사회적 기반을 마련할 수 있다. 다시 말해, 경제의 선진화를 위해서는 대표성과 운영능력의 균형에 따른 통합의 정치사회가 구축되어야 하는데, 이러한 관점에서 볼 때 우리의 권위주의 시대의 정치사회는 이념·제도·의식의 모든 면에서 과도하게 운영능력에만 치우쳤던 하향식 동원체제였다고 할 수 있다. 또한 1987년 민주화 이후의 체제는 운영능력보다 대표성이 훨씬 중요한 위치를 차지하는 개방형 정치사회의 성격을 지녀왔다. 이제부터 우리는 이러한 분석틀에 기초해서 권위주의 시대와 민주화 시대의 정치사회의 성격을 살펴볼 것이다. 이어서 현재의 정치사회가 선진경제로 전환하는 데에 있어 구축해야 할 개혁내용과 조건에 대해서 논의할 것이다.

3. 권위주의 시대 : 발전국가의 정치사회

1) 대표보다 운영능력이 강조된 하향식 동원체제

1961년부터 1987년까지 유지된 권위주의 시대 한국 정치사회의 특성은 정부의 운영능력이 대표성을 압도했던 하향식 동원체제라고 할 수 있다. 이 시대의 대통령, 국회, 정당, 선거는 압축적인 경제성장을 위한 정부의 운영능력을 확보한다는 목표에 철저하게 종속되어 있는 체제였다. 따라서 다양한 사회이익을 대표하는 대표능력은 거의 철저하게 부정되었다. 다시 말해, 다양한 사회적 이해관계를 억누른 채 경제성장에 매진하는, 즉 권위주의 정치를 위한, 동시에 권위주의 정치에서만 가능한 정치사회의 구조를 갖고 있었다.

대통령 - 국회 - 정당 - 선거를 규율하는 제도는 하향식 동원을 위한 나름대로의 정합성을 갖춘 체제였으나, 정당성이 결여된 하향식 비민주적 체제였다. 또한 하향식 동원체제라는 제도와 국민들의 민주주의를 지향하는 의식 사이에 지속적으로 갈등이 존재했다.

따라서 권위주의 시대는 하향식 동원이 비교적 안정적으로 유지되었지만, 정당성의 부족과 외적 정합성의 부재에 따른 반복적인 위기에 직면하였다. 이와 같은 주기적 위기는 1969년 3선 개헌, 1971년의 대통령 선거, 1972년 유신체제의 등장과 같은 국면에서 폭발적으로 제기되었다.

2) 대표보다 운영능력이 압도적인 동원형 정치사회

자유로운 의사표현과 이를 통한 정치적 통합보다는 시민들의 의사표현을 억누르면서 경제성장이라는 목표를 하향식으로 부과하려 했던 것이 발전국가의 정치사회 형태였다. 따라서 사회의 여러 다양한 이익을 대표하는 정치사회의 역할은 지극히 형식적이고 제한적으로만 존재했다. 경제성장을 우선하는 발전국가의 지배이념과 민주주의를 우선하는 반지배이념이 대립하고 있었지만, 이러한 이념적 대결이 정치사회를 통해서 정상적으로 대표되지는 않았다. 즉, 정당, 선거, 국회를 포괄하는 정치사회는 지배이념과 대안이념의 경쟁이 단지 매우 제한적으로 이뤄지는 반자율적 공간에 불과했다. 국가는 정치사회를 압도하는 수단, 통로를 통해서 선경제성장이라는 지배이념을 효과적으로 생산, 유통시키고 있었다. 즉 정치사회의 소통구조는 하향식이었고 분권은 부재했으며 참여는 제한적이고 간헐적인 동원이 대신하고 있었다. 결국 다양한 이익대표를 통해서 정치사회가 정당성을 유지하는 것은 불가능했고 이는 괄목할 만한 경제성장에도 불구하고 권위주의체제가 지속적인 위기에 봉착하는 요인이 되었다. 발전국가의 정치사회의 취약한 대표능력은 다음 세 분야로 나누어 볼 수 있다.

- 국회: 대표기제의 핵심으로서의 역할, 정당성, 가치의 상실
- 정당: 하향식 지지 동원에 봉사
- 선거제도: 집권세력의 정치적 다수 형성에 봉사

초기에 국회는 활발한 당정협의, 장관 불신임안 등을 통해서 대표기관의 역할을 수행했지만 공화당의 몰락과 함께 이러한 역할은 급격히 축소되었다. 다만 여당과 야당이 경제성장이라는 지배이념과 민주주의라는 반지배이념을 합법적으로 대표하는 제한적인 공간으로서의 역할만을 수행하였다. 특히, 야당에게 절차적 민주주의라는 대안적 가치를 대표하고 이를 옹호하는 마당으로서의 역할은 국회 내에서 제한적으로 허용되었다. 그러나 이것이 입법, 행정부감독, 예산감독 등의 형태로 이루어지지는 않았다. 다만, 국정감사, 대정부질의, 위원회 회의 등을 통해서 이루어졌다.

정당 역시 사회이익을 대표하는 상향식 대표조직으로서보다는 하향식

지지동원에 봉사하는 정당에 머물러 있었다. 여야 정당을 막론하고 정당의 정책, 선거운동, 자금은 모두 하향식으로 형성·집행되었다. 선거제도는 대통령, 국회의원 선거 모두 단순다수제를 택함으로써 다양한 이익을 대표하는 개방형 제도보다는 집권세력이 정치적 다수를 형성하기에 유리한 방향으로 설계되었다. 물론 이러한 선거제도는 1972년 유신체제의 등장과 함께 사라졌다.

3) 운영능력

대단히 취약한 정치사회의 대표능력과는 대조적으로 발전국가의 정치사회는 매우 효과적으로 운영능력을 발휘할 수 있는 제도적·이념적·정치적 기반을 보유하고 있었다. 제도적인 면에서 볼 때, 대통령은 안정된 임기를 보장받고 있음은 물론 자신이 지배하는 집권여당은 국회 내에서 안정적인 다수를 확보하고 있음으로써 수평적 견제로부터 자유로운 상태에서 경제성장이라는 목표에 매진할 수 있었다. 또한 다양한 물질적 유인과 억압, 그리고 이념적인 동원을 통해서 국민들의 견제로부터 상대적으로 자유로운 상태에서 정책을 집행할 수 있었다. 이러한 제도적·정치적 기반과 아울러 대통령은 경제성장이라는 분명한 목표에 대한 뚜렷한 비전을 가지고 있었다. 그러나 비교적 높은 운영능력에도 불구하고, 발전국가의 운영능력은 내재적으로 심각한 결함을 안고 있었다.

1960년대 중반부터 이른바 삼선개헌, 유신체제의 성립과정을 거치면서 공화당이 점차 박정희 개인 지배 하에 들어가는 것과 아울러 체제전반의 구조도 개인화된 지배로 옮겨가게 되었다. 따라서 지도자 개인이 정점에 서 있고 정치사회가 그에 종속된 체제가 되었다. 따라서 정당, 선거과정, 의회는 정치사회의 운영과정에서 주변적인 역할에 머물렀을 뿐만 아니라 자율성과 의지마저도 잃게 되었다.

〈그림 3-1〉 권위주의 시대의 정치사회

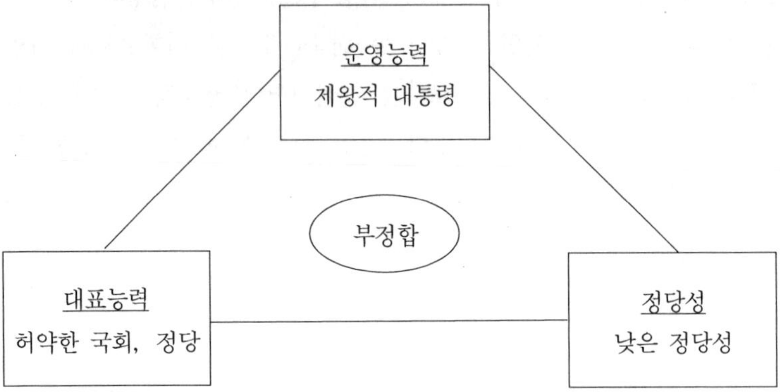

4) 정당성 - 형식적 정당화의 딜레마

발전국가의 정치사회는 하향식 소통의 구조, 강력한 집권화와 개인적 지배로 인해 시민들로부터 정당성과 신뢰를 얻지 못하는 체제였다. 억압과 제한적인 참여를 통해서, 한국사회의 에너지를 경제성장에 효과적으로 집중하는 체제를 구축하였지만, 정작 이는 정당성과 신뢰라는 가장 중요한 기반을 결여한 체제였고, 따라서 근본적으로 불안정한 체제일 수밖에 없었다.

5) 외적 정합성:
동원형 정치사회의 제도와 의식 - 행위의 불일치와 정치적 불안정

대표능력과 운영능력, 정당성 사이의 불완전한 내적 정합성이 내부와 외부의 압력을 견디기 어려운 것은 근본적으로 발전국가 시대의 정치제도와 국민의식 그리고 국민들의 정치적 행동 사이에 상당한 불균형과 갈등이 있었기 때문이었다. 첫째, 제도와 의식 사이에 갈등이 존재했다. 정치제도는 하향식 동원에 효율적인 방식으로, 즉 국민의 자유로운 의사표현을 억압하고 단지 성장이라는 목표를 향해서 다른 가치들을 희생하는 방향으로 구성되어 있었지만, 시민들의 의식 속에는 성장과 아울러 민주주의에 대한 요구가 광범하게 자리잡고 있었다. 예컨대, 1960년대와 1970년대에도 도시지역과 상대적으로 교육수준이 높은 시민들 사이에서 민주주의에 대한 의식의 지향은 매우 뚜렷해서, 선거 때마다 절차적 민주주의의 회복을 주장하는 야당에 대한 강력한 지지가 지속되었고 이는 흔히 우리가 여촌야도로 부르는 현상으로 이어졌다.

둘째, 민주적 의식을 보유한 시민들의 실제적인 행동이 반드시 항상 이들의 민주적 의식을 반영하는 것은 아니었다. 도시지역과 교육수준이 높은 시민들 사이에서도 지역연고에 기초한 투표를 하거나 권위적인 정부가 가져온 경제적 성과에 대한 보상으로써 여당을 지지하는 경우가 종종 일어남으로써 이들이 민주의식과 경제적 성과 사이에서 종종 방황하는 경우가 나타났다.

정리해서 말하자면, 발전국가 시대의 정치사회는 스스로 그 운명을 재촉하는 비극을 처음부터 안고 있었다. 즉 압축적이고 국가주도의 경제성장을 위해서 국가는 시민들의 자유를 억압하고 단지 정부가 높은 운영능력을 보유하는 데에 중점을 둔 정치사회를 구축하였지만, 이는 최근 한 논자가 지적한 바와 같이 지속가능하지 않은 체제였다. 첫째, 앞에서도 지적한 바와 같이 대표기능을 억압하고 단지 운영능력을 강조하는 발전국가의 정치사회는 국민으로부터 신뢰와 지지를 얻지 못했고 지속되기 어려운 체제였다고 할 수 있다. 둘째, 경제성장을 위해서 민주적 대표성을 유보한다고 하였지만, 경제성장이 이루어질수록 시민들의 민주주의에 대한 요구는 강해지기 마련이라는 점에서, 발전국가의 정치사회는 태생적 한계를 안고 있었다.

4. 민주화 시대의 정치사회: 대표능력이 운영능력을 초과하는 개방형 체제

발전국가 시대가 물러가고 민주화가 이루어짐에 따라서 민주주의의 급격한 신장이 이루어졌다. 즉 시민들의 다양한 이익이 자유롭게 대표되는 민주적 대표성은 빠르게 신장되었다. 그러나 정치사회의 대표능력의 신장이 운영능력의 신장과 발맞추어 이루어지지는 않았다. 과거와 같은 방식의 권위주의적인 운영능력이 아닌 민주적인 방식의 운영능력이 계발되어야 했지만, 이러한 운영능력은 아직까지도 만족스럽지 못한 수준에 머물러 있다.

따라서 이러한 대표능력과 운영능력의 불균형이 곧 선진경제를 이끌어내는 데에 장애가 되고 있다. 다양한 세력의 이익이 활발하게 대표되고 있지만, 이들이 공존을 위한 상생의 틀을 찾는 데 성공하지 못하고 있기에 다양한 이익대표가 사회의 통합을 이끌어내지 못하고 있다. 다시 말해, 경제의 선진화에 필요한 유연성과 리더십, 다층적 정체성을 형성해야 하는 정치사회의 역할을 충분하게 발전시키지 못하고 있는 것이 지금까지의 양상이고, 따라서 민주화의 2차 전환이 절실하다고 할 수 있다.

1) 민주화시대 정치사회 변동의 특성

1987년 민주화 이후 한국 정치사회가 대표성, 운영능력, 정당성의 차원에서 비약적인 발전을 한 것은 분명하다. 그러나 비약적인 변화에도 불구하고 발전은 지금까지 불균형적으로, 때로는 방향감각을 상실한 상태로 이루어졌다. 민주화 이후 이처럼 불균형적이고 혼돈스러운 발전이 진행된 까닭은 다음 몇 가지 요인 때문이다.

(1) 이행모델의 혼돈

이행모델간의 경쟁은 두 가지 측면에서 일어난다. 첫째, 미국형 대 유럽형 정치제도 모델의 경쟁이다. 미국형은 느슨한 정체성, 유동적 지지집단, 온건한 정책대결을 특징으로 한다. 따라서 비교적 약한 정당, 강한 대통령, 강한 의회로 구성된다. 반면, 유럽형은 집단적 정체성, 안정적 계급지지기반, 선명한 정책대결을 특징으로 하기 때문에 강한 정당, 강한 의회로 구성된다. 둘째는 합의형 대 다수결형 정치사회 모델의 경쟁이다. 이 두 모델은 선거제도, 정당모델, 의회운영, 대통령과 의회 사이의 관계 등에서 구별된다.

위와 같이 대립하는 유형의 정치제도 모델들이 이른바 정치개혁 논의를 주도했다고 할 수 있다. 이들 모델을 두고 치열한 논쟁과 그에 따른 다양한 제도개혁의 시도가 이루어졌지만, 지금까지 이행의 대체적인 방향은 다수결형 제도로부터 점차 합의형 제도에 근접하는 방향으로 이행해 왔다고 할 수 있다.

(2) 유산으로부터의 혼돈

정치사회를 보면, 권위주의-발전국가 시대의 정치사회의 제도, 의식, 행위자의 상당한 지속이 민주화 초기(3김시대)까지 지속되었다. 즉 근본적인 결별보다는 과거로부터의 유산에 따른 상당한 연속성이 정치사회 내에 유지되었다. 이러한 현상은 물론 한국 민주화의 이행방식과 직접적으로 연계되어 있다. 한국 민주화는 권위주의 세력과 민주화 세력 간의 타협에 의해서 이루어졌고 또한 이행을 가름하는 선거(1987년)가 권위주의 계승세력(노태우 후보)의 승리로 귀결되었다.

이에 따라 이른바 계승형 카르텔 체제가 등장하게 되었다. 즉 권위주의 시대의 여당(권위주의 세력)과 야당(민주화 세력)이 민주화 이후에도 그대로 정당정치를 지배하면서 새로운 세력의 등장은 이루어지지 않았다. 따라서 정당 내의 분권, 소통의 구조 역시 양김시대가 끝나던 2002

년까지 과거 권위주의 시대의 개인적 카리스마에 의존한 구조가 그대로 유지되었다. 정당들뿐만 아니라 이들 사이의 경쟁을 규율하는 게임규칙으로 작용해온 선거제도, 정당제도, 정치자금제도 역시 최소한의 변화만 경험한 채 기본뼈대는 그대로 유지되었다.

(3) 두 차례에 걸친 전환

민주화 이후 한국 정치사회의 성격변화는 크게 두 단계를 거치면서 이루어졌다. 첫째 단계는 1987년부터 2002년까지 이른바 양김시대였다. 앞에서 언급한 바와 같이 권위주의 시대의 특성들이 적지 않게 유지되는 가운데 기성 정치세력들에 의한 독과점체제가 유지되는 이른바 계승형 카르텔 정치사회의 시기였다고 할 수 있다. 둘째 단계는 양김시대의 종식 이후 한국 정치사회가 좀더 구조적인 변동을 급격하게 겪게 되는 시기이다. 이 시기에 과거 권위주의의 유산은 대부분 해체되었으며 우리 정치사회는 일련의 제도변화를 겪으면서 빠르게 개방형 체제로 변화했다. 다시 말해, 2002년 민주당의 정당개혁을 시발점으로 해서 정당내 권력구조의 분권화, 대통령과 정당의 분리, 대통령 선출과정의 민주화, 정당법·선거법의 개정 등을 거치면서 개방형 정치제도로의 2차 전환이 본격화되었다.

2) 내적 정합성: 대표가 거버넌스를 압도하는 개방형 제도로의 변동

(1) 민주화 시대의 대표

권위주의 시대의 여야(민주·반민주) 구도 중심의 대표로부터 양김시대의 지역주의 중심의 대표로, 그리고 최근 개방형 체제에서는 지역과 이념대표가 공존하는 대표체제로 전환하였다. 이러한 대표기능의 전개과정에서 우리는 몇 가지 중대한 특징을 발견할 수 있다.

첫째, 진영간 소통의 단절과 통합의 실종이다. 오늘날 정치사회의 대표는 대체로 보수와 진보 이념을 중심으로 짜여져 있지만, 이들 보수와 진보세력 사이에 생산적인 토론과 경쟁은 매우 빈약하다. 오히려 이념대립을 중심으로 한 정치경쟁은 상생과 공존의 질서보다는 도덕주의에 기초한 영합게임의 형태로 진행되고 있다. 다시 말해 이념중심의 대표체계가 자리잡게 되었지만, 이것이 다양한 사회세력들 사이의 공존과 통합을 이끌어내지는 못하고 있다.

둘째, 세계적 흐름으로부터 동떨어진 이념논쟁이다. 한국은 이미 사회적 · 경제적 · 문화적으로 세계화 · 정보화의 흐름에 깊숙이 연계되어 있다. 따라서 한국사회에서 정치적 이해관계의 대표는 지극히 당연하게도 세계화 · 정보화의 맥락 속에서 이루어져야 한다. 그러나 오늘날 한국의 이념중심의 대표가 세계화 · 정보화의 흐름과 긴밀하게 연계되어 있지 않은 것은 분명하다.

셋째, 개방형 체제의 득과 실이다. 2002년 이후에 급격히 정치사회가 개방형 체제로 이동했는데, 개방형 체제는 기대했던 효과 못지않게 예상치 못했던 부정적 결과도 동시에 가져왔다.

2001년 말 수세에 몰린 여당이었던 민주당이 대통령후보 경선제를 도입하면서 개방형 체제로의 전환이 시작되었다. 이후 정치지도자의 개인적 카리스마에 기초한 대표과정의 독과점은 붕괴되고 대표과정은 시민과 당원, 지지자들에게 대폭 개방되었다. 이에 따라서 한편으로는 정치사회의 개방성과 민주성을 높이는 효과를 보았지만, 동시에 정당을 포함한 정치사회의 불안정성은 눈에 띄게 높아졌으며, 또한 일부 활동적인 지지자들에 의해 대표과정이 포획되는 결과를 불러왔다. 다시 말해 정치사회 내에서 '개방성 · 민주화 · 안정성'이라는 세 가지 목표를 동시에 달성하기는 매우 어렵다는 정치제도의 딜레마를 극명하게 경험하고 있다고 할 수 있다. 물론 이러한 딜레마는 우리가 이제부터 살펴보게 되는 바와 같이 정치사회의 운영능력의 침체를 가져왔다.

〈그림 3-2〉 민주화 시대의 정치사회

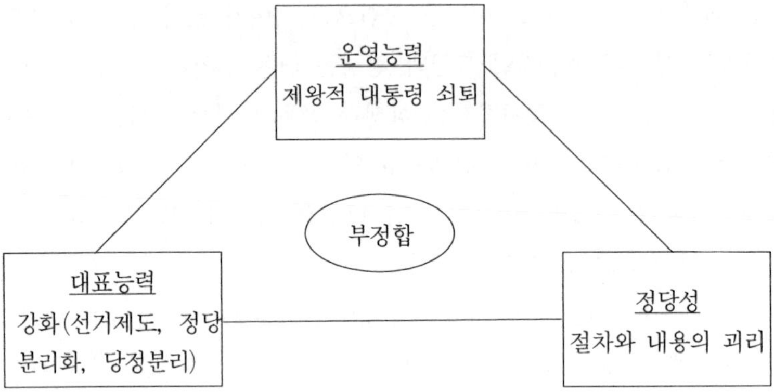

(2) 민주화 시대의 거버넌스: 신장된 대표에 뒤처지는 운영능력

제도와 의식·행위의 불일치에서 빚어지는 거버넌스의 불협화음이 발생했다. 정치사회의 제도는 점차 다수제에서 합의형으로 이동했다. 이는 선거제도뿐 아니라 대통령-의회의 관계, 의회의 운영, 대통령-정당의 관계, 선거제도 등에서 공통적 현상이었다. 예컨대, 대권-당권의 분리, 정당 내 원내대표의 신설, 비례대표 의원수의 확대 등을 꼽을 수 있다. 그러나 이러한 제도의 전환에도 불구하고 의식·행동은 다수제에 머물거나 비민주적 양식에 머물러 있음으로써 운영능력을 제약하는 결과를 가져왔다.

예를 들면, 대통령과 국회의 관계에서 양자가 각각 상대방에 대해 상당한 거부권을 지닌 권력분점의 구조를 구축해 놓았지만, 이 제도를 운영하는 대통령과 국회는 여전히 다수제 시대의 의식과 행동에 머물러 있다. 즉, 대통령은 국회에서 소수파를 차지하고 있는 야당의 반대에 아랑곳하지 않고 자신의 정책을 일방적으로 밀어붙이는 행동을 되풀이하고 있다. 국회 역시 2004년 봄 노무현 대통령에 대한 탄핵결정에서 보듯이, 국민 다수의 반대에도 불구하고 대통령에 대한 가장 결정적인 견제수단인 탄핵을 감행하는 행동을 보여주었다. 이에 따라 유연하고 생산적이며 적응력 있는 운영능력 창출이 어려워졌다.

3) 민주화 시대의 외적 정합성: 제도, 행위, 의식의 불협화음

정치사회의 역할과 기능은 정치사회를 구성하고 있는 제도, 그리고 제도의 틀 안에서 행위하는 행위자들의 의식과 행동 사이에 일정수준의 정합성이 존재할 때 효과적으로 이루어진다. 민주화 시대, 특히 2002년 이차 전환 이후 한국 정치사회에는 제도와 행위, 의식 사이에 상당한 불일치가 발생하고 있다. 앞에서도 언급한 바와 같이, 정치세력간의 대립과 다수결보다는 합의와 상생을 강조하는 정치제도가 2002년 이후 빠르게 강화되었다. 그러나 이를 운영하는 정치엘리트와 시민들은 여전히 합의와 상생보다는 대결과 승리를 강조하는 의식에 사로잡혀 있다.

5. 경쟁국가의 정치사회: 복합적 균형을 향하여

경쟁국가란 단순히 국가내부의 역량을 강화하는 데 목적을 두지 않는다. 경쟁국가는 내부의 역량강화와 더불어 국가와 사회의 관계를 지배와 규제의 관계로부터 협력과 협치의 관계로 근본적으로 전환하는 것이다. 또한 이러한 역량강화와 관계의 전환은 세계화와 정보화의 맥락 속에서 이루어져야 한다. 이러한 세 부문의 전환이 유기적으로 통합되는데 있어서 정치사회의 역할·구조·기능의 개혁이 절실하다.

이러한 개혁은 한편으로 정치사회의 전통적인 역할인 대표, 거버넌스, 정당성 사이의 균형을 회복함으로써 역량의 강화와 협치로의 전환에 기여한다. 또한 이러한 전통적 영역에서의 균형은 정치사회를 구성하고 있는 세 요소, 제도-행위-의식에 있어서의 균형과 동시에 추구되어야 한다. 마지막으로 이러한 내적·외적 균형은 정치사회가 맞이하고 있는 새로운 맥락으로서의 세계화·정보화 맥락에서 이루어져야 한다. 즉, 이제 선거-정당-의회가 제공하는 정체성과 정당성, 통치안정성의 무대는 단지 우리 민족국가 안에 머무는 것이 아니라 아래로는 지방으로 위로는 지역과 세계로 확장된다.

복합적 균형의 정치사회의 목표는 세 가지로 압축된다.

- 대표성과 거버넌스, 정당성 사이의 균형을 지향함으로써 국가의 효율성, 민주성, 유연성의 균형 있는 발전을 추구한다.
- 정치사회를 구성하고 있는 정치제도, 국민과 정치지도자들의 의식과 행위가 상호조응함으로써 제도의 효율성과 국민들의 신뢰, 긍지의 선순환을 추구한다.
- 국내적인 차원에서뿐만 아니라 지역과 세계차원과의 연계에 있어 정치사회의 역할과 구조를 확대함으로써 민주주의와 세계화, 정보화의 동시적인 확장과 성숙을 추구한다.

복합적 균형을 지향하는 정치사회는 다음의 두 가지 핵심적인 원리에 기초한다.

- 민주주의의 성숙은 곧 내적 정합성과 외적 정합성 사이의 균형의 동시적인 성숙을 통해서 이루어진다.
- 민주주의의 성숙은 세계화와 정보화라는 맥락과의 연계 속에서, 즉 국가라는 단일한 차원이 아닌 다층적인 차원에서 이루어져야 한다.

프로그램, 즉 정책방향과 목표에 관해서는 다음과 같은 방안을 제시할 수 있다.

첫째, 현재의 정치제도는 이미 상당히 높은 수준의 대표성을 가지므로 이제는 대통령, 국회, 정당, 사법부의 통치능력을 제고하는 제도개혁이 필요하다.

- 대통령에 관하여, 대통령의 임기는 현재의 5년 단임제에서 4년 중임제로 전환되어야 한다. 이를 통해 대통령 선거와 국회의원 선거의 동시실시가 이루어져야 한다.
- 대통령의 정책입안과 집행이 세계화와 정보화 맥락에서 진행될 수 있도록 청와대 내에 초당파적인 외교위원회(Council for International Affairs)와 정보화위원회(Council for Information Society)가 신설되어야 한다. 이들 위원회는 대통령의 정책이 단기적·정치적 이해관계에 의해서 좌우되는 경향을 줄이고, 단기적 이해관계와 장기적 국가이익 사이의 균형 위에서 추진되는 역할을 한다.
- 대통령의 외교보좌조직으로서의 NSC에는 외교·국방·통일부서 출신의 전문관료와 외부전문가의 비율이 균형을 이루도록 구성한다. NSC와 외교부, 국방부, 통일부 사이에 긴밀한 정보교류와 순환이 이루어지도록 하기 위한 주간 국가안보회의가 청와대에서 이루어져야 한다.
- 국회는 국회의원의 입법능력과 입법의 질적 제고를 위한 의회정책연구처를 신설해야 한다.
- 외교국제 문제를 담당하는 관련 상임위원회의 구성에서는 비례대표의원들이 최소 3분의 1 이상이 되도록 한다.
- 국제협력(경제, 안보, 군사 등)이나 국제기구가입과 조약의 심의를 다루는 법안이나 동의안은 일정기간 내에 처리되든지 혹은 폐지되도록 하는 법안일몰제를 통해서 국회의 세계화관련 입법의 밀도를 높여야 한다.
- 행정부와 입법부의 예산운용과 정책결정과정을 감사하는 감사원은 행정부에서 국회로 이전되어야 한다.
- 국고보조를 받는 정당의 정책연구소의 규모와 인력을 더 늘리고 이

들이 행정부와 국회의 결정과정에 실질적 영향을 미칠 수 있는 제도적 협의기구를 신설해야 한다.

둘째, 민주-세계시민을 향한 의식과 행동의 변화가 이루어져야 한다. 자유롭게 의사와 이익을 표현하는 대표능력과 아울러 사회적 책임과 공동체의 안정을 추구하는 의식과 행동의 개혁이 필요하다.

- 시민교육을 담당하는 초당파적이고 범사회적인 시민교육원이 신설되어야 한다.
- 한국 민주주의와 선진경제에 대한 자부심을 전파하고 아울러 지역과 세계의 흐름을 이해하고 우리의 책임을 인식하는 운동으로 21세기 세계화 청년단·21세기 동아시아 청년운동이 조직되어야 한다. 21세기 청년운동은 동아시아의 인권, 환경, 노동, 여성과 같은 이슈들을 중심으로 동아시아지역에서 봉사·교류에 기여하도록 한다. 21세기 청년운동은 온라인 상에서 동시적으로 추진되도록 한다.
- 광범한 범위의 사회단체와 이익집단들이 함께 참여하여 '사회적 권리와 법질서의 조화'를 추구하는 새로운 사회협약을 맺어야 한다.

셋째, 한국 민주주의의 성숙과 선진경제화를 국내 차원뿐 아니라 지역과 세계 차원에서 동시적으로 추구하는 다층적 경쟁국가로 나아가야 한다.

- 동아시아 주변국들뿐 아니라 아시아 혹은 그 밖의 지역의 국가들과 양자적인 자유무역협정을 다양하게 맺어야 한다. 동아시아 국가들과 공동으로 과거를 돌아보는 '역사공동위원회'뿐만 아니라 공동의 미래를 함께 설계하는 '동아시아 미래위원회'를 민간 차원, 정부 차원, 기업과 지식인-학생 차원에서 추진해야 한다.

- 안보, 군사질서와 같은 경성이슈보다는 협력이 용이하고 파생가능성을 지니고 있는 연성이슈, 즉 동아시아의 인권, 노동, 여성, 환경문제를 중심으로 동아시아 공동 이니셔티브(*initiative*)를 한국의 정부와 민간이 주도해야 한다. 정부는 이와 같은 동아시아 이니셔티브의 사무국, 지원조직을 서울에 유치하고 이에 참여하는 국내 기업과 민간단체에 대해서 폭넓은 지원을 해야 한다.

개혁의 추진전략과 주체에서 중요한 점들은 다음과 같다.

- 제도개혁의 초당파성과 공공성이 필요하다. 제도개혁의 효과적인 추진전략에서의 핵심은 당파성의 극복과 주도세력의 공공성을 확보하는 일이다. 이를 위해서는 두 가지 요건이 중요하다. 그 중 하나는, 제도개혁을 추진하는 정치제도개혁위원회를 정당과 시민사회가 공동으로 주도하도록 하는 것이다. 이미 2003년과 2005년에 활동한 바 있는 범국민정치개혁협의회가 모델이 될 수 있다. 다른 하나는, 제도변화에 따른 사후효과와 이해관계로부터 상당히 자유로운 현직 대통령이 이러한 제도변화의 주도권을 발휘하는 것이다. 물론 이때 현직 대통령의 역사의식과 공공의식이 대단히 중요하다.
- 의식변화의 시민주도이다. 과거에 의식의 변화는 국가가 주도하고 사회가 수용하는 형식으로 이해되었지만, 복합적 경쟁국가로 전환하는 과정의 의식변화는 시민사회가 주도하고 국가가 수용하는 방식이 되어야 한다. 이미 시민사회의 상당부분은 정부보다 세계화·정보화의 흐름에 대한 이해와 적응에서 월등히 앞서 있다. 따라서 시민사회 내의 선진적인 영역에서 정부와 기타 부문을 이끌어가는 의식전환운동이 이루어져야 한다. 정보통신관련 중소기업, 국제적 협력에 익숙한 시민단체와 민간 부문들이 중추적인 역할을 할 수 있다.

- 다층적 국가화 주도세력의 다층성을 들 수 있다. 지금까지 논의한 거시구조 상의 다층적 경쟁국가의 개혁은 다음의 두 차원에서 추진된다.

- 국내차원의 내적 정합성: 대표, 운영능력, 정당성의 균형

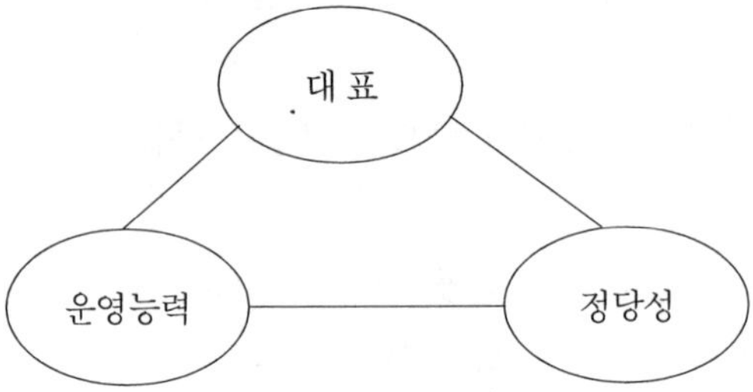

거버넌스 능력의 제고를 통해서 3자간 균형을 추구한다.

- 국내차원의 외적 정합성: 제도, 의식, 행위의 균형

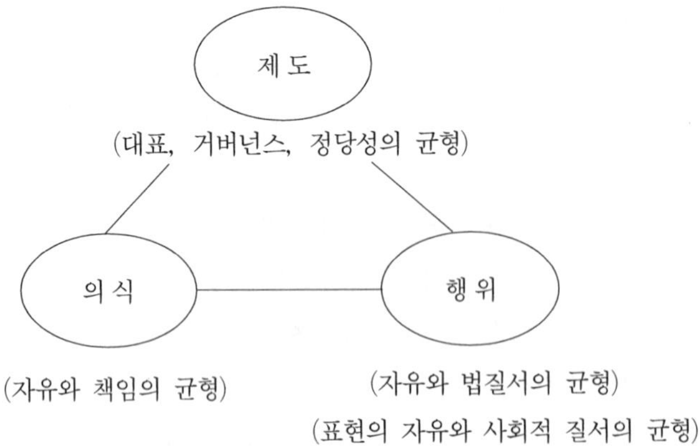

· 참고문헌 ·

곽진영(2001), "한국정당체계의 민주화", 《의정연구》 11.

김용호(2000), 《한국정당정치의 이해》, 서울: 나남.

박세일 · 장 훈 공편(2003), 《정치개혁의 성공조건》, 서울: 나남.

장 훈(2003), "카르텔 정당체제의 형성과 발전: 민주화 이후 한국의 경우", 《한국과 국제정치》 19(4).

최장집(2002), 《민주화 이후의 민주주의》, 서울: 후마니타스.

Diamond, Larry and Doh Chull Shin(2000), 《Institutional Reform and Democratic Consolidation in Korea》, Stanford: Hoover Institution Press.

제 2 부

함께 일하는 관계의 구축

제 4 장

경제선진화와 국가-재벌 관계

경쟁국가와 세계적 경쟁력을 갖춘 재벌

김은미

1. 서론

한국경제는 1961년 인도와 똑같이 일인당 국민소득 81달러를 기록한 저개발국가였으나, 지난 40여 년간 국가와 기업이 경제에 올인한 결과 세계에서 유례없는 빠른 경제성장을 이룩하였다. 1997~1998년 한국경제의 근간을 뒤흔들었던 경제위기도 무사히 넘긴 지금, 한국경제는 또다시 총체적 위기에 직면하고 있다. 고속성장을 하던 1970년대의 두 자릿수 경제성장률은 못 따라잡는 것이 당연하다고 하더라도, 올해 경제성장률이 4%를 밑돌 것이라는 국내외 전문가들의 진단은 일인당 국민소득 2만 달러를 목표로 경제에 올인하겠다고 한 노무현 대통령의 2005년 초기의 발언을 무색하게 하면서 모두에게 큰 실망감을 안겨주고 있다.[1]

1) 노무현 정부 취임 초반부터 경제가 급격히 얼어붙어 2003년에는 경제성장률이 전년대비 3.1%로 하락하였다. 2004년에는 수출호조에도 불구하고 민간소비의 극심한 침체로 경제성장률은 전년에 비해 4.6% 성장하는 데 그쳤는데, 이는 당초 정부가 목표로 했던 5% 안팎의 성장률과 상당한 거리가 있는

그렇다면 과거 한국의 초고속 경제성장의 원인은 무엇이었으며, 오늘의 변화된 환경에서 어떻게 해야만 경제활성화가 이루어질 수 있는 것인가?

한국의 지난 40여 년간의 초고속 경제성장을 이룩한 가장 중요한 핵심조직은 개발국가와 대규모 기업집단(재벌)이며, 이 두 집단이 경제성장이라는 비전에 대해 공감대를 형성하여 경제성장에 올인했기 때문에 가능했다고 하겠다. 특히 이 두 조직은 그 지향점이 일치했기 때문에 다른 집단들을 따돌린 채 정경유착이라고까지 비난을 받으면서 유기적인 협조체제를 발전시켰다. 즉, 경제성장을 가능하게 한 요소들은 다음과 같다.

- 경제성장에 올인한 국가와 기업
- 경제성장을 선도한 개발국가
- 규모의 경제(*economy of scale*)와 범위의 경제(*economy of scope*)의 원칙에 입각한 대규모 기업집단(재벌)의 탄생과 성장

그러나 경제성장에 올인하기 위해 앞만 보고 달렸던 이 시대는 또한 불공정한 경쟁과 노동탄압을 수반하였으며, 민주적 정치나 시민사회의 발전 측면에서 보면 낙제점수를 받았던 시대이기도 하다.

결과치였다. 최근 〈2005년 상반기 경제전망 보고서〉(*Economic Outlook*)를 발표한 OECD는 올해 한국경제성장률 전망치를 당초보다 0.2% 낮은 4.3%로 하향 조정했고, LG경제연구원도 "2005년 한국경제는 수출증가세가 크게 둔화되는 반면, 내수회복은 소폭에 그쳐 3.8%의 경제성장률을 기록할 것"이라고 전망하면서 많은 국내외 기관들이 올해 한국경제에 비관적 전망을 내놓고 있다. 이와 같은 수치는 과속 성장기이던 1970년대의 두 자릿수 경제성장률과 비교해 보거나, 심지어 IMF경제위기 이후 경제가 회복되어 경제성장률이 9.5%(1999), 8.5%(2000)에 달했을 때와 비교해 볼 때, 경제중진상위국인 한국으로서는 총체적 경제위기를 맞이했다고 할 수밖에 없다.

경제에 올인했던 권위주의 시대는, 성공적인 경제성장에 힘입은 중산층의 확대, 노동자의 권익을 찾기 위한 노동조합과 노동운동의 확산, 사회 전반의 민주주의에 대한 열망이 권위주의 정권에 대한 반발로 이어지다가 결국 종말을 맞고, 1987년 민주주의 이행의 시대를 맞이하게 되었다.

권위주의 시대의 종말은 정경유착적인 국가 - 재벌 관계에 중대한 전환을 가져왔다. 정부는 과거에 재벌과만 가졌던 특수한 협력관계를 고수하기 힘들게 되었고, 다른 이해집단의 목소리를 들어야만 했다. 여기에는 재벌의 시장 독·과점에 반대하는 중소기업과, 재벌의 노동탄압적인 사·노 관계에 반대하는 노동계, 재벌의 정경유착과 그에 따른 각종 비리를 밝혀내는 데 힘을 쏟는 언론과 시민단체 등이 포함된다. 또한 세계 경제강국들도 한국의 경제성장에 대해 높이 평가하면서, 이제는 한국도 선진국과 같이 정부의 시장개입을 최소화하는 시장자유화와 시장개방을 해야 한다는 압력을 가하기 시작하였다. 따라서 국가는 과거와 같이 개발국가를 통해 경제에 직접적으로 개입하고, 재벌에게 특혜를 주며, 외국기업의 국내 진입을 막는 등 시장규제 조치들을 계속 지속시켜 나가기 힘든 국내·외적 상황을 맞았다.

설상가상으로 국가의 굳건한 동반자였던 재벌마저도 과거 정부와의 종속적인 관계를 벗어나고자 목소리를 높이기 시작했다. 재벌은 정부의 보호와 특혜는 계속 받으면서 선진국과 같이 기업에 대한 간섭과 규제는 적은 정부를 원했다.

민주주의 시대가 열리면서 국가와 재벌의 관계는 경제성장에 대한 비전을 공유하며 그것을 향해 올인하던 협력적 동반자 관계로부터 갈등과 대립의 관계로 변했다. 문제는 이러한 갈등과 대립이 민주주의 시대에 불가불 나타날 수 있으며, 보다 성숙한 민주주의의 발전을 위해 꼭 필요한 것임에도 불구하고 현재와 같이 국가와 기업이 서로를 신뢰하지 못하는 극단적 대립상황에서는 경제활성화를 기대하기 힘들다는 데 있다.

여기서 우리는 한국경제가 재벌을 중심으로 조직되어 왔다는 점을 강조한다. 과거 재벌은 경제적·사회적 문제점들을 — 불투명한 경영체제, 정경유착, 중소기업에 대한 불공정 경쟁, 억압적인 노사관계 — 재생산하면서 국가와 사회로부터의 신뢰를 잃었다. 따라서 재벌기업은 젊은 구직자들이 가장 선호하는 직장임에도 불구하고 사회적 신뢰를 받지 못하고, 걸핏하면 구조조정의 대상으로 지목되며 심지어는 재벌해체론까지도 나오게 되었다. 이와 같은 문제가 있음에도 불구하고 재벌은 규모의 경제(*economy of scale*)와 범위의 경제(*economy of scope*)를 통한 선진산업으로의 진출, 한국 재벌브랜드의 세계화 및 한국경제성장의 견인차 역할을 톡톡히 함으로써 한국이 세계 11위의 경제강국이 되는 데 지대한 역할을 했다. 따라서 앞으로도 무한경쟁의 세계경제에서 살아남고 선진한국을 이룩하기 위해서는 재벌을 무조건 없애고 중소기업 위주로 한국경제의 판을 새로 짜는 것보다는 재벌을 중심으로 한국경제의 활성화를 이룩하는 것이 바람직할 것이다. 그러기 위해서는 무엇보다도 재벌이 보다 성숙한 세계기업으로 거듭나야만 국가와 사회의 신뢰를 얻으면서 계속 성장해 나갈 수 있을 것이다.

따라서 이 글의 목적은 한국이 여러 집단간의 이해갈등과 대립으로 대변되는 민주주의 이행시대를 지나, 민주주의 성숙시대로 이동하면서 경제의 활성화도 함께 이룰 수 있는 국가-재벌의 관계를 모색해보는 것이다. 민주주의 성숙시대의 경제활성화는 국가와 기업의 새로운 상호신뢰구축에 그 해답이 있다고 하겠다. 이를 위해서는 다음의 세 가지 원칙에 따른 새로운 국가-재벌 관계의 정립이 있어야 할 것이다.

- 국가의 공정한 경쟁구조 구축
- 재벌의 정부로부터의 독립
- 재벌의 사회적 책임경영: 윤리경영과 이익의 사회환원

첫째, 국가는 과감하게 경제에 대한 직접적인 개입과 규제를 포기하고 개발국가에서 경쟁국가로 변신해야 한다. 국가는 경제를 선도하고 지도한다는 패러다임에서 과감하게 벗어나서 경제의 운용은 시장에 맡기는 것을 원칙으로 해야 한다. 따라서 국가는 공정한 경쟁이 이루어질 수 있도록 제도를 정비해야 하며, 특히 감시 및 감독 기능이 중요하다. 과거의 사전개입과 지도로부터 사후규제(간접규제)로 국가의 역할을 재정비하면서 국가의 기능에 대한 혁신이 이루어져야 할 것이다. 그러나 여기서 주의해야 할 것은 과거에 개발국가가 재벌을 경제성장의 주역으로 키워왔기 때문에 한국경제는 소수의 재벌과 다수의 중소기업으로 양분화되어 왔다는 점이다. 따라서 이와 같은 경제구조 아래서는 공정한 경쟁이 쉽지 않다. 그러므로 정부는 이와 같은 불공정한 경쟁구조에서 어떻게 하면 보다 공정하고 개방된 시장구조를 구축할 수 있는가를 연구하고 방향을 제시해야 한다.

둘째, 재벌은 과감히 정부의 보호와 특혜로부터 독립선언을 해야 한다. 재벌과 기업은 정부의 특혜적인 지원과 보호 — 예를 들어, 정책금융, 시장진입 및 퇴출에 대한 부담 완화장비 등 — 에 기대지 않고 세계시장에서의 경쟁력을 키워나가야 한다. 이를 위해 무엇보다 투명경영, 책임경영을 해야 한다.

셋째, 재벌은 사회적 책임경영을 해야 한다. 과거 국가 - 재벌 간의 유착에 따른 경제 · 사회적 비용에 대해 국가와 재벌이 함께 책임지며, 그로 인한 직접적인 피해 당사자들에게 물질적인 책임과 함께 향후 기업경영에 따른 사회적 책임을 져야 한다. 즉, 재벌은 법적 · 도덕적 합법성을 꾸준히 추구하는 윤리경영, 재벌이익의 사회환원을 위한 제반사업 강화, 중소기업의 핵심능력 강화를 위한 사업 등을 통해 사회적으로 존경받을 수 있는 기업으로 거듭나야 할 것이다.

2. 분석의 틀

경제활성화를 위한 국가 - 재벌 간의 관계는 〈그림 4-1〉로 정리해 볼 수 있다. 정부가 효율적으로 작동하기 위해서는 대통령과 정부가 비전을 확립함으로써 정부정책의 목표를 설정하고, 정부정책간 또한 정부기구간의 우선순위를 정하여, 정부정책의 실현이 효율적이며 효과적으로 이루어지도록 해야 할 것이다. 재벌도 이와 마찬가지로 목표를 설정하여, 그 목표를 달성하기 위한 여러 기구와 기재들을 확립해야 할 것이다. 이때 재벌이 처한 국내외적인 환경 ― 경제적 · 정치적 · 사회적 ―에 대해 어떠한 전략적인 방법으로 대응하고 개척하는가가 중요한 성공의 관건이 될 것이다. 주요 개념들은 다음과 같다.

(1) 국가: 한국과 같이 초기 경제성장을 달성함에 있어 개발국가가 시장을 리드했던 경우에는 특히 정부와 정책부문의 역량이 중요하다. 즉, 경제성장을 위한 확고한 비전의 확립, 그러한 비전을 실행할 수 있는 역량을 갖춘 핵심기관의 설립이 필요하며, 이러한 국가비전과 핵심기관은 국가의 정당성 및 국제적 환경과 방향의 일관성을 확보해야 한다.

(2) 국가 - 재벌 관계: 정부의 정책이 기업에 원활하게 전달되고 실행될 수 있도록 재벌 및 사회와의 관계구축이 필요하다. 이때 정부는 정책수립에 있어 자율성은 확보하되, 정책의 실현을 위해 기업과 사회전반에 유기적인 연결망이 있어야 한다. 각 기관을 둘러싸고 있는 원의 크기가 각 기관의 상대적 영향력(의존도)을 나타낸다.

(3) 재벌(기업): 재벌의 고유한 소유지배구조, 경영체제, 기업조직과 기업문화가 재벌이 경제성장을 이끌 수 있는 제반 요소들이다. 특히 경제성장 초기의 한국 재벌(기업)과 같이 자원의존도가 높은 기업은 그 자원을 보유하고 있는 기관과 유사한 제도, 기구, 문화를 발전시키게 된다. 따라서 어떠한 소유지배구조와 경영체제, 기업조직, 기업문화가

〈그림 4-1〉 국가 - 재벌 분석 모델

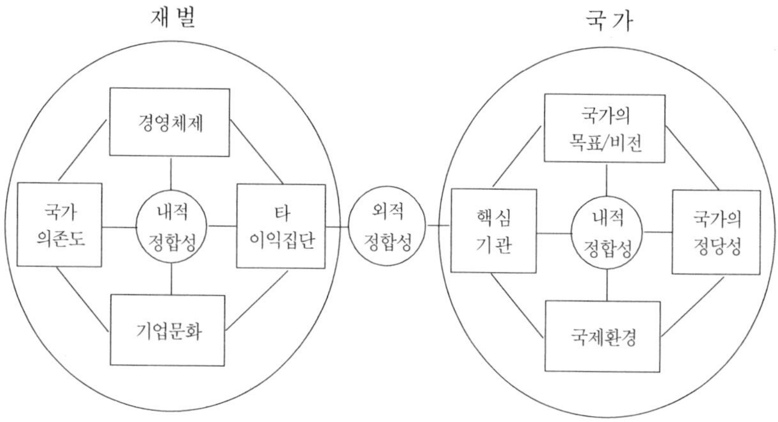

어떠한 정치적 · 사회적 현황에 잘 부합되는가가 관건이다.

(4) 내적 정합성: 각 주체 내부의 여러 요소들간의 일관성과 실천을 위한 합리성은 내부의 여러 요소들간의 정합성에 기인한다고 가정하고, '내적 정합성'이라는 개념을 도입하고자 한다. 내적 정합성이 높은 경우, 그 기관은 효율적으로 운용될 수 있는 주요 조건을 갖추었다고 할 수 있다.

(5) 외적 정합성: 목표달성을 위해 효과적인 관계가 이루어졌을 때 '외적 정합성'이 있다고 가정한다. 즉, 경제활성화라는 목표를 위해 국가 - 재벌 간의 관계가 효과적으로 형성된 것을 외적 정합성이 이루어졌다고 하겠다. 또한 여기에는 사회의 제반 이익집단과, 금융기관 등 위의 두 주체에 영향을 미칠 수 있는 기구들도 포함된다.

3. 한국의 경제성장과 국가-재벌 관계

1) 권위주의 시대의 국가-재벌

한국의 1960~1980년대의 급속한 경제성장의 주요 조직은 개발국가와 재벌이었으며, 이 과정에서 국가가 재벌을 키우는 데 주도적으로 또한 직접적으로 관여했다. 그러나 이와 같이 국가가 주도하는 경제성장 패러다임에서 가장 큰 모순은 목표달성—즉, 경제성장—이 이루어지면 그를 주도했던 국가가 스스로 환골탈태(換骨奪胎)하여 개발국가의 목표와 기재들을 벗어 던지고 경쟁국가나 또 다른 국가가 되어야 한다는 점이다.

국가의 목표 및 비전은 '빈곤탈출', '경제성장', '선성장 후분배'로 일관되었으며, 비전을 담아내고 실현하는 데 적합한 권위주의적인 행정기구 및 문화와 여대야소의 국회가 이 시기의 정부와 정치권이었다. 또한 와, 경제성장을 위한 여러 가지 기구와 제도를 만들어나갔던 시기이기도 하다.

재벌 쪽을 보더라도, 가족경영체제의 재벌이 등장하여 개발국가와 동일한 비전을 가지고 한국의 경제성장을 이끄는 주요 동력이 되었다. 이 당시 재벌 내의 기업문화가 재벌의 자원 의존도가 높은 국가의 제도와 기구조직을 닮아가고 있었으며, 권위주의적 경영체제와 비민주적이며 군사적인 기업문화를 엿볼 수 있다.

국가와 재벌의 관계를 보면 재벌이 국가에 대해 종속적이다. 예를 들어, 재벌은 국가로부터 국내자본(국내은행)에 대해 특혜를 받았으며, 외국자본의 경우에도 정부가 직접 지불보증을 해줌으로써 국가에 대한 의존도가 상당히 높았던 시기이다. 이외에도 재벌은 내수시장의 독과점에 대해 정부의 묵인을 받았으며, 또한 외국기업의 국내진출 및 수입에 대해 정부가 관세 및 비관세 장벽을 높임으로써 외국기업과의 무리한 경

〈그림 4-2〉 권위주의 시대의 국가 - 재벌 관계

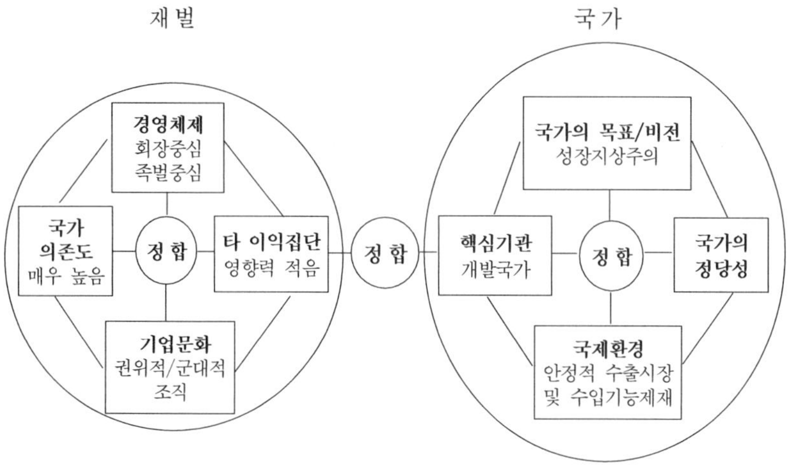

쟁으로부터 보호를 받았다.

국제환경 또한 경제성장을 지향하던 국가의 목표에 정합성을 가지고 있었다고 볼 수 있다. 당시 한국은 미국이라는 보장된 대규모 수출시장을 확보하고 있었고, 수입제한 등의 불공정 무역도 큰 국제적 문제없이 진행할 수 있었던 것이 사실이다.

이와 같이 내적 정합성이 양 기관에 높게 나타나고 정부의 중점산업을 육성시키기 위한 관료주도적 규제와 그와 동일한 비전을 가지고 있는 기업의 결합은 높은 외적 정합성을 보이고 있는데, 이는 경제성장의 측면에서 보면 상당히 효율적이다. 물론, 다른 잣대로 이 시대를 평가한다면 상당히 다른 평가가 나오는 것은 말할 것도 없다. 예를 들어, 민주주의의 발전, 시민사회의 성숙, 노동운동의 자유 등의 기준에서는 상당히 부정적인 측면이 많았다.

이 당시 정부구조 및 재벌정책, 재벌의 구조와 성장 그리고 국가 - 재벌 관계를 시대별로 정리하면 다음과 같다.

(1) 1960년대

1960년대 박정희 정부는 경제제일주의, 성장제일주의를 주장하면서 포괄적 개발국가를 설립하였다. 쿠데타 이후 박정희 정부는 국가능력을 경제정책결정에 집중시키기 위해 1961년 경제기획원 설립을 기점으로 정부조직을 경제부처 중심으로 개편했다. 특히 경제기획원은 경제개발계획의 수립, 운용과 재원조달을 위한 계획의 조정, 예산편성 및 집행관리 등 각 중앙행정기관의 기획조정과 심사분석에 관한 대부분의 사무를 관장했다. 또한, 박정희 정부는 포괄적 성격의 경제개발계획을 내포하고 있는 5개년 경제개발계획을 착수하게 된다.

또한, 박정희 정부는 국가 경제발전 전략을 수입대체산업화에서 국가주도의 수출주도성장으로 전환하였다. 일반적으로 동아시아의 발전은 국가개입에 의한 무리한 수입대체 산업을 포기하고 비교우위에 입각한 수출지향적 산업으로 전환하여 국가와 기업이 함께 경제성장에 참여했기 때문이었다. 수출은 규모의 경제를 개발하고, 최대효용을 보장함으로써 개도국이 국내시장의 한계를 극복하는 것을 가능하게 하였다. 박정희 정권 역시 비교우의를 지니는 노동집약적 경공업 등을 수출산업으로 육성시키기 시작하였는데, 이와 같이 수입대체산업화 전략에서 수출주도 성장전략으로 전환되었던 과정은 국가의 단순한 시장개입 차원을 넘어 계획과 관리, 통제 및 규제 등 시장을 형성해나가는 과정이었다고 해도 과언이 아니다.

다시 말해, 이 시기에 대규모 기업집단이 한국 경제발전의 견인차 역할을 할 수 있도록 국가가 직접 지도함으로써 국가 - 재벌의 공생관계가 형성되기 시작했다고 할 수 있다. 위에서 설명한 정부구조 및 정책변화를 실행에 옮기려면 사실상 많은 투자와 재원이 필요했고, 당시 재원축적과 경험 면에서 우위에 있었던 대규모 기업집단이 경제발전 계획의 핵심적 부분을 담당하게 된다. 따라서 이 시기부터 국가와 재벌 간의 상호보완적인 연결고리가 형성되었다고 볼 수 있다. 1960년대의 재벌에 대한 국가의 지배가 비교적 절대적이었다면 이와 같은 관계는 1970년대 들어 변화되기 시작한다.

1960년대의 대규모 기업집단은 정부 · 은행 · 기업 간 긴밀한 연결고리를 바탕으로 점차 재벌체제를 형성하게 된다. 재벌의 구조적 특징으로 대규모와 중앙집권적 통제구조, 계열기업간의 경영 등을 들 수 있다. 또한, 형태적 특징으로 가족 및 혈족 중심의 지배, 인적 유대, 다각적 경영의 면을 들 수 있다. 재벌의 특징 중 한국의 전통적 관습인, 가부장적 가족제도 및 문중 등의 공동체적 영향으로 재벌에 대한 가족이나 친족의 지배력이 강하게 나타났다.

(2) 1970대

1970년대 초까지 풍부한 저임금 노동력을 바탕으로 주로 의류, 가발 등 노동집약적 경공업을 중심으로 수출산업화가 이루어졌으나, 1972년 중화학 공업화 선언을 기점으로 정부의 산업정책은 중화학공업 중심으로 전화되었다.

이는 경공업중심의 제조업이 외화 가득률과 부가가치 유발효과가 낮아 성장의 견인차 역할을 하기에 역부족이었으며, 후발 신흥공업국들이 등장함에 따라 점차 노동력 비교우위를 상실하게 되었기 때문이다. 또한 산업구조의 고부가가치화를 이루어나가기 위해서는 상대적으로 낙후된 소재, 부품, 기계 산업의 육성을 통한 산업의 기술집약화 · 중화학공업화가 요구되었다(차철호, 1996: 59). 중화학공업의 추진배경에는 경제적 이유뿐만 아니라 군사적 이유도 있었다. 미 · 중 화해, 월남패망, 미군철수계획 등에 의해 중화학공업 중심의 독자적인 군산복합체를 육성하여 자주적 안보체제를 구축하려는 의도를 반영하고 있었다(Haggard, 1992: 195).

중화학공업 위주의 발전전략 선택 이후 경제정책 결정과 집행과정은 경제기획원 중심의 단일구조에서 경제기획원과 중화학공업 육성위원회 등으로 양분되었다. 박정희 정부는 국가적 산업인 중화학공업 육성을 위해 중화학공업 육성위원회에 제도적 권한을 부여해 관료기구를 집중화하면서 포괄적 개발국가의 영향력을 더욱 강화하였다.

이 시대의 국가-재벌 간의 공생관계는 점차 발전하여 재벌의 영향력이 급속히 강화되고 재벌에 대한 국가의 영향력은 시간이 흐름에 따라 감소하기 시작한다. 이러한 중화학공업화 초기단계에 국가와 중화학공업화의 주요한 담당자가 될 재벌과의 전략적 상호의존성이 불가피하게 된다. 따라서 정부는 각종 지원과 특혜 및 지급보증을 재벌에게 부여했고, 이러한 자본을 필두로 중화학공업 분야에 엄청난 투자가 이루어지면서 현대적 의미의 대재벌들이 모습을 나타내기 시작했다. 동시대의 국가-재벌관계는 기존의 정부와 대규모 기업 간의 결연이라는 개념에서 정부와 소수 재벌 간의 보다 밀착된 관계로 변화되었다. 하지만 일부 재벌들은 정부의 적극적인 재정적 도움을 받았던 중화학공업 이외의 산업에도 진출하여 성공했는데, 이와 같은 재벌 스스로의 노력이 한국경제 발전에 중요한 역할을 했다는 점을 무시할 수 없다.

이 시대에 정부가 추진한 중화학공업 육성기조에 적극적으로 동참했던 재벌들은 급속히 성장하였다. 〈표 4-1〉은 각 기업의 1980년 총자산을 기준으로 한 10대 재벌 순위를 나타내고 있다. 당시 10대 재벌 중 가장 짧은 역사를 가지고 있던 대우는 50% 이상의 연평균 총자산 증가율을 보이면서 놀라운 성장을 하였다. 한국의 중화학공업화를 주도했던 현대 역시 연평균 38%의 성장률을 보이면서 삼성과 LG를 따돌리고 재벌순위 1위 자리매김에 들어간다.

이 당시 재벌은 본격적인 사업다각화에 들어간다. 건설, 금융산업 및 무역 등 비관련 사업에도 진출하기 시작하는데, 1980년까지 10대 재벌 모두가 건설사업에 참여하고, 9개 재벌이 금융산업, 8개 재벌이 무역사업으로 진출하게 된다. 이러한 현상은 국가의 개입으로부터 독립하고자 하는 재벌의 의지가 담겨 있었다고도 볼 수 있다.

〈표 4-1〉 1970년대 10대 재벌 순위 및 총자산

순 위	재 벌	총 자산(백만 원)		연평균 총 자산증가율(%)
		1971	1980	
1	현 대	158,261	2,874,114	38.0
2	삼 성	415,978	1,901,127	18.4
3	럭키-골드스타 (현재 LG)	437,060	1,825,429	17.2
4	대 우	34,679	1,663,400	53.7
5	쌍 용	310,424	1,255,876	16.8
6	한 진	83,734	1,085,337	32.9
7	국 제	153,489	772,993	19.3
8	대 림	64,522	748,795	31.8
9	한국화약	256,424	659,363	11.7
10	선 경(현재 SK)	40,049	666,359	36.7

자료: Eun Mee Kim(1997), p. 153.

2) 민주주의 이행시대의 국가 - 재벌 관계

1987년 6 · 29 민주화 선언 이후 정치계와 재계 모두 권위주의적 요소가 잔존하는 가운데 민주적 요소들이 등장하면서 행정문화와 기업문화에도 큰 변화가 일어나기 시작했다.

재벌의 경우 소유지배구조가 크게 변화하지 않았음에도 불구하고, 사회의 전반적인 민주주의 발전과 더불어 민주적인 문화가 서서히 자리를 넓혀나가고 있었고, 그에 따라 노사간의 갈등도 상당히 고조되었다. 또한, 미국 등지에서 MBA 학위를 받은 전문경영인이 대폭 증가하면서, 창업 1세대의 비전문적인 경영방식에 대한 비판적 시각이 나타나기 시

작하였다.

기업 외부에서는 시민사회 집단들의 역량과 조직력이 향상됨에 따라 국가나 재벌 등을 향한 감시와 비판을 한층 강화하였다. 언론도 과거와는 달리 국가와 재벌에 대해서 보다 체계적인 분석과 비판을 하게 되었다.

그러나 재벌의 최고경영자나 정부는 이러한 사회변화를 능동적으로 수용하지 못했다. 또한, 권위주위 시대의 국제환경과는 다르게 동시대의 국내의 거의 모든 산업분야가 시장개방 압력을 받았다. 특히 자본시장의 개방에 대응하기 위한 적절한 규율이 매우 미비한 상황이었기 때문에 한국경제는 수입물가 상승, 인플레이션 위험, 외국자본이탈 등의 위험에 쉽게 노출되었고 이는 곧 대규모 경제위기로 이어졌다.

이 장에서는 민주주의 이행시대의 두 주요 정부였던 김영삼, 김대중 정부의 정책과 당시 국가-재벌의 관계 그리고 재벌의 변화상을 재조명해 보겠다.

(1) 김영삼 정부(1993~1998)

① 국가

30여 년간의 군사독재정치를 마감한 김영삼 문민정부는 신한국 창조와 세계화라는 두 가지 국가비전을 달성하기 위해 깨끗한 정치, 안정된 경제, 건강한 사회, 평화통일의 네 가지 목표를 수립하였다. 이 원칙에 기초하여 김영삼 전 대통령은 정치사회 개혁, 경제활성화 및 문화발전을 주도했다(Ungson, Steers, and Park, 1997).

정치사회 개혁은 정계와 관료사회에 만연한 부정부패, 무사안일과 무책임, 국가기강 문란, 지역감정, 부유층의 과소비 및 휘청거리는 경제 등으로 특징지어졌던 '한국병' 치료에 초점이 맞추어졌다.

경제회생과 개혁은 '국제화와 세계화' 하에서의 개방정책을 통한 한국시장의 자유화에 집중되었다. 이때 본격적으로 도입된 금융실명제는

〈그림 4-3〉 민주주의 이행 시대의 국가 - 재벌 관계

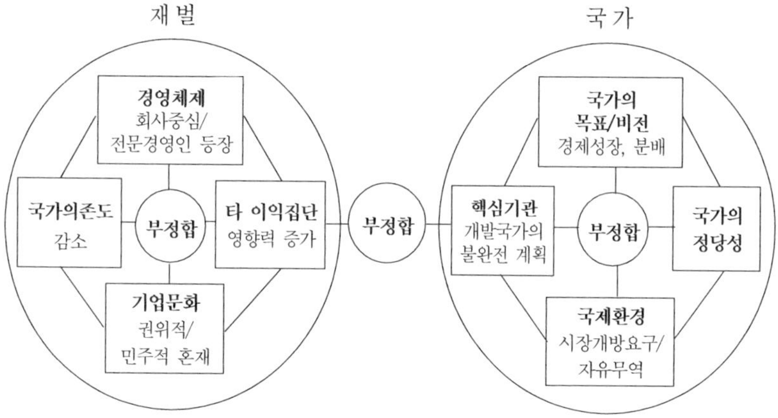

금융거래의 투명성을 보장하여 음성적인 자금흐름을 막고 부동산 투기를 제한하는 효과를 가져왔다. 또한 이는, 정치인에게 주어졌던 각종 형태의 정치지원금이 서서히 표면으로 떠오르게 되는 등 한국경제의 여러 관행들을 한꺼번에 바꾸어 놓는 중요한 계기가 되었다.

또한, 1995년 1월부터 출범된 WTO 체제는 국내시장개방의 가속화를 예고했고, 김영삼 대통령은 '세계화'에 기반하여 정부의 주요 정책을 실시한다고 선언하였다. 김영삼 정부의 경제국제화를 주도하기 위한 비전과 기본원칙은 세계수준의 경쟁력을 갖춘 건실한 경제를 달성하는 데 초점을 둔 것이었다. 이 목표를 이루기 위해서는 자율권, 자유경쟁 및 자유화를 통한 경제적 효율성 달성이 무엇보다 필요했는데, 김영삼 정부는 이를 위해 정부의 경제개입 축소, 경제자유화 촉진, 그리고 선진 자본주의의 기반인 시장경제를 달성하기 위한 자유경쟁체제를 뒷받침하는 법·제도 정비 및 개편을 실시하였다. 이와 같은 경제국제화의 비전과 목표는 민간부문의 공정경쟁에 의한 시장경제제도의 정립이라고 요약할 수 있다.

② 국가 - 재벌관계

김영삼 정부는 국내시장에 대한 개방압력과 세계무역체제의 경쟁시대를 맞이하여 한국 재벌이 국제경쟁력을 강화해야 할 필요성을 직시하고, 이를 달성하기 위한 광범위한 재벌개혁을 실시한다. 재벌개혁은 각 기업이 자유롭게 경영할 수 있도록 자율화를 추진하고, 자본의 소유 및 경영권의 집중해소에 그 목적을 두고 있었다. 이외에도 기업활동과 운용을 통제할 정책과 제도가 기업운영의 투명성, 합리성, 효율성 및 책임성을 증가시킬 수 있을 것으로 기대되었다. 그러나 김영삼 정부의 재벌개혁 노력은 대부분 실패로 돌아갔고 그것은 1997년 경제위기를 초래한 중요한 원인으로 지적된다(Kim, 2000). 다음은 김영삼 정부에 의해 실시된 재벌개혁의 내용이다.

첫 번째 재벌개혁 목표는 경영의 투명성을 통해 재벌총수 가족의 경영권 특혜를 제한하고 궁극적으로 재벌의 소유와 경영을 분리시키는 것이었다. 그러나 이를 위해 신경제 5개년 계획(1993년 7월)과 공정거래법 개정(1992년과 1994년)을 통해 실시되었던 대부분의 재벌개혁 정책은 성공하지 못했고, 그 결과 재벌의 소유와 경영을 분리시키려던 노력은 실패로 돌아갔다. 두 번째 개혁은 재벌 외부의 민주적 가치, 즉 중소기업과 외국기업에 비해 재벌이 시장에서 누리고 있는 특혜 및 정치적 이익을 제거하는 것이었다. 이를 위해 2차에 걸친 금융거래(1993년 8월)와 부동산 등기(1995년 7월)에 실명을 사용하게 한 '금융실명거래제'의 도입과 더불어 신경제 5개년 계획과 공정거래법 개정이 실시되었고, 이러한 개혁정책에는 재벌에 대한 정부의 보호와 보조의 철폐, 재벌에 대한 여러 특혜성 정책의 철폐와 개정이 포함되었다. 하지만 이 정책 또한 금융실명거래제 이외에는 대부분 실패하여 재벌의 공정한 행위를 제고하기 위해 도입된 조치들이 오히려 경쟁의 원칙에 배치되었다.

세 번째 재벌정책은 재벌의 국제경쟁력을 증가시키는 데 그 목적을 두고 있었다. 이 당시 행해진 조치는 위에서 언급한 재벌개혁정책의 모순으로 인해 적절히 시행되지 못했다. 예를 들어, 재벌의 국제경쟁력 제고를 위해 주요 산업부문에 대한 규모의 경제가 강조되었는데, 그 결과 일부기업이 정부의 보호와 보조를 받아 초대형 기업이 되는 경우가 발생했다. 이 정책은 기업규모와 계열사들을 이용해 국내시장에서 누리고 있던 재벌의 불공정한 이익을 제거하려던 이전의 재벌개혁정책과 상반되는 것이었다.

이 밖에도 재벌의 국제경쟁력 제고를 위한 중요 정책으로 세계화 정책(1994년 시작), 규제완화 정책(1995년), 10퍼센트 경쟁력 캠페인(1996년) 등이 있었지만, 이러한 정책 역시 불공정한 기업활동을 제한할 수 있는 정책이 수반되지 않은 상태에서 실행되었다는 점에서 이 또한 비판을 면치 못했다.

결론적으로 말해 5년간의 김영삼 대통령 임기동안 재벌에 대한 여러 규제정책들과 재벌의 내외적 민주화 노력은 실패했다고 말할 수 있다. 위에서 언급한 대로 재벌의 불공정 이익을 줄이려던 정부의 노력은 성공적으로 추진되지 못했다. 국제경쟁력을 높이기 위해 취했던 규제정책은 오히려 재벌이 주력산업과 관계없는 여러 사업분야로 확장하는 데 도움을 주는 역설적 상황을 초래했다. 해외직접투자에 관한 규제철폐는 하위 재벌그룹과 중견기업에 비해 자본과 기술 면에서 우위에 있던 대재벌에게 유리하게 작용했다. 실제로 5대 재벌은 막대한 해외직접투자를 통해 기업을 확장시켰고, 이로 인해 이들 재벌의 부채는 더욱 더 늘어나게 되었다. 이러한 재벌개혁 정책의 실패는 1997년 경제위기를 초래하였고, 이후 김대중 정부는 IMF 압력 하에 강도 높은 재벌 구조조정을 실시하게 된다.

③ 재벌

재벌개혁을 위한 김영삼 정부의 정책들 중 상당수는 결과적으로 일부 재벌의 입지를 더욱 강화시켜 주는 결과를 낳았다. 특히 각종 규제완화

정책은 재벌의 지속적 자본축적과 비관련 다각화를 가능하게 했고, 해외직접투자 등을 포함한 세계화 정책은 상위재벌들과 다른 기업과의 격차를 더욱 크게 하였다. 〈표 4-2〉는 김영삼 정부 말기의 10대 재벌의 순위와 자산규모 변동을 보여주고 있다. 이 표에서 알 수 있듯이, 몇몇 기업의 순위변동이 있었으나 대부분의 재벌기업의 자산이 크게 늘어난 것을 볼 수 있다. 특히, 1997~1998년 경제위기 이후 30대 재벌기업 리스트에서 탈퇴하게 되는 현대와 대우의 자산팽창은 다른 기업의 2배 이상으로 나타나고 있다.

결국 김영삼 정부에 의한 재벌개혁 노력은 재벌의 외형만 확대시키는 결과를 초래하였고 이는 정부 말기에 찾아온 경제위기의 뇌관 역할을 하였다.

〈표 4-2〉 김영삼 정권 말기 10대 재벌 자산규모 변화

순위	1996년 12월		1997년 12월	
	재벌	자산규모 (10억 원)	재벌	자산규모 (10억 원)
1	현대	53,597	현대	73,520
2	삼성	51,561	삼성	64,536
3	LG	38,376	대우	52,994
4	대우	35,466	LG	52,773
5	선경(SK)	22,927	선경(SK)	29,267
6	쌍용	16,457	한진	19,497
7	한진	14,309	쌍용	15,645
8	기아	14,287	한화	12,469
9	한화	10,967	금호	10,361
10	롯데	7,774	동아	9,054

자료: 공정거래위원회, www.ftc.go.kr

(2) 김대중 정부(1998~2003)

① 국가

1998년 2월 김대중 정부는 경제위기가 극에 달했던 취임 당시, 경제에 대한 지나친 정부개입이 위기를 불러왔다고 보고, 경제에 대한 정부의 규제와 권위주의적 정부관행을 철폐하겠다고 약속했다. 다시 말해, 개발국가의 기능을 감소시키고 궁극적으로 시장 스스로가 시장을 규제하도록 해야 한다는 점을 강조하였던 것이다. 김대중 정부의 주요 정책변화와 이로 인한 문제점을 다음과 같이 정리할 수 있다.

김대중 정부는 1997년 경제위기를 극복하기 위해서는 비록 시장이 일시적으로 심각한 어려움에 빠질지라도 경제발전을 지속시키기 위해 시장개혁을 완전히, 그리고 빨리 시행해야 한다고 결론지었다. 이러한 원칙에 따라 공공분야, 기업분야, 금융분야, 노동분야에 관한 구조조정이 각각 실시되었다. 공공부문 개혁은 정부조직 및 인력축소, 정부산하단체 조직개편, 정부운영의 혁신, 공기업의 민영화 등을 포함하는 것이었고, 외국투자의 적극적 유치와 부패척결 역시 한국경제를 회복시키기 위한 마지막 승부수로 인식되었다.

정부는 일부 분야, 특히 경제와 관련 없는 부처의 조직은 축소하는데 성공했지만 경제와 관련된 부처, 즉 개발국가 자체의 규모를 크게 줄이지는 못했다. 물론 비경제관련 분야 정부조직 개편이 전체 정부조직 개혁에 공헌한다는 점을 간과할 수는 없지만, 이 시기 정부의 조직개혁은 결코 선진국의 경우와 같은 민간기업의 선투자 후규제라는 방법으로 경제정책을 운용하고, 산업을 주도하는 산업정책을 폐지하는 정도의 정부조직 개혁은 아니었다. 정부 내에서의 재정경제부의 위상이 축소되고 기획기능이 분산되었을 뿐, 정부 전체로 보았을 때 경제정책 담당부서는 대부분 잔존하였다. 결과적으로 김대중 정부의 개혁은 시장경제로 가는 과도기라고 보기에는 '개입'의 성격이 아직도 강하게 남아 있는 어정쩡한 개혁이 되고 말았다. 이와 같이 국가가 경제정책 및 경제기구의 확실한 개혁을 이루지 못한 것은 경제위기를 초래한 하나의 요인으로 작용했고, 또한 경제위기 이후 이에 대한 대응 역시 미흡할 수밖에 없었던 원인이 되었다.

② 국가 - 재벌관계

김대중 정부는 경제위기에 대응하기 위해 다음의 다섯 가지 사항을 목표로 두고 대기업부문 구조조정을 실시하였다.

- 전체그룹의 재무상태를 나타내는 결합재무제표 도입으로 기업경영의 투명성 달성
- 재벌 계열사간 상호채무보증 해소
- 부채비율 축소를 통한 재무구조 개선
- 소액주주들의 권익과 권리를 존중하는 국제적 기준에 적합한 기업지배구조 도입
- 핵심주력사업을 제외한 나머지 기업들 매각 및 빅딜[2]을 통한 사업축소

위와 같은 다섯 가지 대기업부문 개혁의 성과를 살펴보면 다음과 같다. 사외이사제도 의무화, 소액주주권 강화 등과 같은 정책 및 법률이 채택됨에 따라 재벌의 기존 불투명 경영관행들이 점차 사라지게 되었다. 상호채무보증이 완전히 소멸되었고, 부채비율도 200% 이하로 감소되었으며, 소액주주의 권리가 점차 강화됨에 따라 몇몇 대재벌을 상대로 한 집단소송이 지방법원에 제출되는 등 과거에는 볼 수 없었던 사례

2) 빅딜은 정부의 중재(혹은 정부의 압력)하에 이루어진 재벌간의 사업 맞교환을 지칭한다.

들이 발생하였다. 핵심기업분야 사업축소를 위한 5대 재벌에 관한 빅딜은 시행 전 대기업간 사업교환이 실시됨으로써 기업의 중복투자와 과당경쟁이 줄고 규모확대로 핵심산업에 집중할 수 있을 것으로 주목되었으나(유용주, 1999), 실제로 많은 기업들이 사업교환 후 사업운영에 상당한 어려움을 겪고 있는 것으로 평가되었다(유용주 외, 2000).

한편, 재벌의 빅딜은 시장의 자율경쟁에 맡기겠다는 당초 정부의 약속과는 반대로 구조조정이 지체되는 경우 정부는 신규여신의 중단 및 회수, 회사채 발행제한 등 빅딜의 모든 과정에 적극적으로 개입했다. 또한, 위에서 언급한 것처럼 정부가 주도한 재벌구조조정은 대부분 실패로 돌아갔다. 중복투자와 과잉경쟁의 문제점을 해소하려던 정부의 노력이 실패로 돌아간 원인은 민간부문에 대한 정부의 과도한 개입 때문이었다.

이처럼 한국에서 정부구조개혁은 여전히 요원한 상태이며, 국가의 경제에 대한 개입은 수그러들지 않고 있다. 비록 개발국가의 역량이 줄어들고 제한되었음에도 불구하고 개발국가는 파행적인 모습으로 잔존하여 재벌의 성공적인 구조개혁을 힘들게 하고 있다. 다만 정부의 개입이 기업부문을 감시하고 규제한다는 측면에서는 성공했다고 평가할 수 있는데, 이는 정부가 그러한 분야를 담당할 행정부처를 증가시켰기 때문에 가능한 결과였다. 그러나 한국정부의 모습은 서구 산업사회에서 볼 수 있는 형태의 정부와는 상당히 거리가 멀다. 이는 비록 개발국가가 약화되고 변화된 모습을 보이고 있다 할지라도 여전히 영향력을 행사하며 발목을 잡고 있기 때문이다.

③ 재벌

정권 이양기에 발생한 경제위기에 대응해야만 했던 김대중 정권의 대기업 구조조정 정책으로 인해 재벌의 판도에는 많은 변화가 일어난 것이 사실이다. 과거 30대 재벌명단에 단골로 이름을 올리던 그룹들 중 일부가 사라지게 되었고, 그 빈 자리를 상위재벌에서 분사한 그룹이나 공기업이 채우고 있다. 재벌의 계열사 수는 한동안 줄어드는 모습을 보이다가 다시 증가하는 양상이며, 특히 상위재벌의 계열사 수는 더 큰 폭으로 증가하고 있다.

경제위기 이전과 이후의 30대 재벌의 순위와 자산규모 변동을 비교하고 있는 〈표 4-3〉을 살펴보면 다음과 같은 변화를 읽을 수 있다.

1997년 경제위기 이후 5년간 30대 재벌 중 절반이 파산, 워크아웃, 그리고 기업인수합병(M & A)을 통해 규모를 축소했거나 청산되었다. 이는 1980년대와 1990년대에 걸쳐 비교적 안정적이었던 이들 30대 재벌기업의 놀라운 변화를 말해주는 것이다. 이들 중 급격하게 재벌의 자산규모가 축소되거나 파산한 그룹이 한때 한국 최대 재벌의 위치를 차지했던 현대와 대우이다. 대우는 구조조정 실패와 정부의 부적절한 개입으로 인해 결국 그룹이 해체되어 30대 재벌에서 탈락하고 말았다. 현대는 거대한 왕국을 해체하고 4개의 중규모 그룹으로 해체되어 2002년도에는 재벌순위가 하위권으로 떨어졌다. 현대와 대우를 회생시키기 위한 공적 자금의 투입에도 불구하고 시장경제의 엄격한 판단을 되돌리기에는 정부의 힘이 역부족이었다. 결국 한때 한국경제를 좌지우지하던 현대의 위상이 급격히 저하하고 대우 역시 몰락하게 되었다.

이와 반대로 2002년 한국전력공사가 삼성, LG, SK를 누르고 30대 대규모 기업집단 순위에서 1위를 차지했다. 그 밖의 다른 많은 공기업들도 30대 기업 순위에 포함되었다. 따라서 모든 대규모 기업집단이 민간기업이라고 생각하는 것은 오산이다. 국영기업과 공기업들 또한 한국경제발전의 드라마에서 중요한 역할을 담당하였음을 입증해주고 있다.

2002년 현재 30대 대규모 기업집단으로 지정된 그룹 중에서 4개 그룹(현대자동차, 현대중공업, 현대정유, 제일제당)은 기존 재벌에서 분리된 기업집단이다. 앞서 지적한 대로 한때 최대 재벌이었던 현대는 더 이상 존재하지 않는다. 그 대신 현대의 계열사였던 현대자동차, 현대중공업, 현대정유가 개별그룹으로 30대 재벌 순위에 올랐다. 따라서 이들 3개

〈표 4-3〉 재벌의 변화 (1996~2001년)

〈표 4-3-1〉 기존재벌

2002년 순위	1996년 순위	재 벌	계열사 수				자산 총액 (10억 원)	자산 총액 (10억 원)
			1996	1998	2001	2002	1996 4월	2002 4월
2	2	삼 성	55	61	64	63	40,761	72,351
3	3	LG	48	52	43	51	31,395	54,484
4	5	SK	32	45	54	62	14,501	46,754
8	7	한 진	24	25	19	21	12,246	21,596
10	10	롯 데	28	28	31	32	7,090	17,964
13	2	현 대	46	62	26	12	43,743	11,784
14	11	금 호	27	32	17	15	6,423	10,608
16	9	한 화	31	31	25	26	9,158	9,892
19	12	두 산	26	23	18	18	5,756	8,988
20	23	동 부	24	34	19	21	2,935	6,083
22	17	효 성	16	21	15	15	3,754	4,987
23	13	대 림	18	21	17	15	5,364	4,985
24	20	코오롱	19	25	25	29	3,129	4,589
26	18	동국제강	16	17	8	6	4,342	4,267
28	22	한 솔	19	19	19	12	2,990	4,162

자료: 공정거래위원회, www.ftc.go.kr.

계열집단이 빠진 현대 재벌의 순위는 1996년과 2002년 사이 2위에서 13위로 낮아졌다. 삼성도 역시 제일제당 그룹을 분리시켰으나 현대처럼 모기업의 완전한 분해는 아니었기 때문에 국내 재계에서의 삼성의 순위 1위는 변함이 없다.

앞에서 지적한 것처럼 2000년에 30대 기업집단의 계열사 수는 평균

〈표 4-3-2〉 신규 기업집단

2001년 순위	대규모 기업집단	계열사 수	자산총액(10억 원) 2002년 4월
1	한국전력공사	14	90,889
5	현대자동차	25	41,266
6	한국통신	9	32,617
7	한국도로공사	4	26,353
9	포항제철	15	21,596
11	한국토지공사	2	14,915
12	한국주택공사	2	14,493
15	현대중공업	5	10,323
17	한국수자원공사	2	9,521
18	한국가스공사	2	9,134
21	현대정유	2	5,884
25	제일제당	28	4,316
27	하나로통신	8	4,201
29	농업기반공사	2	4,081
30	한국담배인삼공사	2	3,954

자료: 공정거래위원회, www.ftc.go.kr(2002년 4월).

18.1개로 감소했으나 2001년에는 계열사 수가 평균 20.8개로 증가했다. 특히 주목할 점은 4대 재벌의 계열사 수가 상대적으로 더 많이 증가했다는 사실이다. 4대 재벌의 계열사 수는 2000년 평균 40.5개에서 2001년 46.8개로 늘어난 반면, 5~30대 재벌의 계열사 수는 평균 14.7개에서 16.8개로 증가하였다. 1998년에 5대 재벌이 단언했던 것과 같은

〈표 4-3-3〉 탈락재벌

1996년 순위	재벌	계열사 수	자산총액(10억 원) 1996년 4월
4	대우	25	3,1313
6	쌍용	23	13,929
8	기아	16	11,427
14	한보	21	5,147
15	동아건설	16	5,117
16	한라	17	4,766
19	진로	14	3,303
21	동양	22	2,995
24	고합	11	2,924
25	해태	14	2,873
26	삼미	8	2,475
27	한일	8	2,180
28	극동건설	11	2,158
29	뉴코아	18	1,966
30	벽산	16	1,853

자료: 공정거래위원회, www.ftc.go.kr(2002년 4월).

수준의 계열사 수의 감소가 이루어지지 않았으며, 오히려 대재벌은 규모를 확장하였다. 이는 부와 권력이 대기업 집단에 더욱 집중되고 있다는 또 다른 증거인 셈이다. 이런 측면에서 볼 때, 김대중 정부의 재벌 구조조정 정책은 결코 대재벌의 영향력을 축소시키는 데는 성공하지 못했다고 볼 수 있다.

민주주의 이행시대의 김영삼, 김대중 정부 모두 시장경제의 중요성을 인식하고 개발국가의 기능을 최소한 감소시켜야 한다는 점에 의견일치를 보였으나, 경제개혁 및 재벌개혁을 위한 국가의 개입이 뿌리 깊게 남아 있던 시기였다.

이연호(2001)는 1997~1998년의 경제위기 극복과정과 그 후 개발국가가 어떻게 변화했는지에 대해 분석했다. 금융개혁이 진행된 일련의 과정을 분석한 결과 개발국가(*developmental state*)에서 규제국가(*regulatory state*)로 바뀌는 전환기라고 설명했다. 규제완화(*deregulation*)와 함께 재규제(*re-regulation*)를 성립요건으로 하는 규제국가 모형은 정부가 감독적 규제만을 행사하고 시장에 대한 간섭을 자제하는 것으로써 자유주의 내지 시장주의 확산을 그 배경으로 하고 있다. 한국의 경우 경제위기 이후 과거와 같은 국가주도형 발전전략에서는 탈피했으나 이상적인 규제국가와는 아직 거리가 멀다는 것이 이 글의 주장이다.

한국경제와 아시아의 경제에 총체적인 위기를 가져왔던 지난 1997~1998년의 경제위기에 대해 여러 가지 해석이 있으나, 개발국가에 초점을 맞춘다면 다음과 같은 결론에 도달할 수 있다. "개발국가의 부분적인 퇴장에도 불구하고 국가의 경제개입은 여전히 남아 있고, 그러한 개입의 효과성은 날이 갈수록 떨어지고 있음을 보여주는 현상이다. 중요한 것은 여전히 경제에 강력하게 개입하는 국가가 스스로는 개입하지 않는다고 주장하고 있다는 점이다. 적어도 '공식적으로는' 경제에 개입하지 않기 때문에 합리적 개입의 방법론을 논의할 공간이 없고, 그럼에도 불구하고 '실질적으로는' 개입하고 있기 때문에 시장기능이 작동할 공간을 폐쇄하는 이러한 현상은 파행적 형태로 잔존하고 있는 한국 개발국가의 모습이라고 할 수 있을 것이다"(김은미 · 장덕진 · Granovetter, 2005). 이와 같은 미완의 개발국가 개혁의 문제점들은 참여민주주의 시대에 접어든 현재에도 일부 적용되고 있다고 할 수 있다.

(3) 참여민주주의 시대의 국가 - 재벌 관계

이 절에서는 경쟁력 강화를 위해 현재 실행되고 있는 대기업정책이 과연 경쟁국가로 변환되기 위한 움직임으로 해석될 수 있는지 살펴보겠다. 다음은 참여정부가 추진하고 있는 '시장개혁 3개년 로드맵'과 2004년 말 공정거래법 개정을 통한 대기업정책이 한국의 경쟁력 강화에 어떠한 긍정적 또는 부정적 영향을 주고 있는지에 관한 분석 및 제안이다.

2003년 출범한 노무현 정부는 2003년 2월 "자유롭고 공정한 시장질서 확립(시장개혁)"을 참여정부의 핵심 국정과제의 하나로 선정하고, 2003년 말 '시장개혁 3개년 로드맵'과 2004년 말 공정거래법 개정을 통해 대기업 정책에 보다 많은 규제와 개입을 가했다.

'시장개혁 3개년 로드맵'은 기업의 내부견제시스템이나 소유지배구조, 그리고 외부견제시스템 개선에 목표를 두고 추진과제를 제시했다. 단계별로 제안하는 정책으로는 첫째, 출자총액제한제도, 기업집단 소유지배구조 공개, 지주회사제도를 통한 기업집단의 소유지배구조를 개선하는 것이다. 둘째, 내부 · 외부 견제시스템 향상을 통해 투명, 책임경영을 강화하는 것이다. 마지막 단계로, 시장경쟁을 제고하기 위하여 카르텔을 차단하고 부당내부거래 조사방식을 전환하는 등의 방법을 통해 경쟁적 시장구조로 이행하고 법 집행의 실효성을 제고한다. 궁극적으로는 시장감시장치가 효과적으로 작동하게 하기 위해 시장집중도를 2003년 43%에서 2006년 40% 이하로 하락시키는 것을 목표로 한다.

이와 같은 공정거래법 개정은 시장경쟁 촉진, 대기업집단시책 개편, 그리고 시장자율규제 강화 등 크게 세 가지를 목적으로 하는데, 대기업집단시책 개편을 중심으로 변화된 사항을 살펴보겠다.

① 국가 - 재벌 관계

출자총액제한제도

이 제도는 자산총액 5조 원 이상 대규모 기업집단에 속하는 회사가 순자산의 25%를 초과하여 타 국내회사의 주식을 취득 또는 보유할 수 없도록 규제하는 제도이다. 그러나 사회적으로 최적인 출자의 수준을 정부가 파악하기는 어렵다는 지적과 함께 다음과 같은 문제점들이 제시되고 있다.

규제당국인 공정거래위원회도 일률적인 규제의 문제점을 인식하여 많은 적용제외와 예외조항을 통해 '지배력의 확장과는 무관하거나 사회적으로 바람직한' 출자를 허용하려는 노력을 기울였으나, 문제는 이러한 노력이 부작용을 낳고 있다는 점이다. 또한, 적용제외 및 예외조항으로 '사회적으로 바람직한 출자'를 모두 망라할 수 없기 때문에 일부 기업은 혜택을 보고 다른 기업들은 혜택을 보지 못하게 되는 기업간의 형평성이 심각한 문제점을 야기한다. 수많은 적용제외와 예외조항들은 출자총액제한제도의 실효성을 떨어뜨리게 되어 공정거래위원회는 문제가 되는 적용제외 및 예외조항들을 축소하려 하고, 기업들은 이에 반발하는 양상이 반복되고 있다.

그 결과 '기업에 대한 규제가 현행대로 유지되는 것은 곤란하다'는 근본적인 의문이 제기되고 있는 것이 출자총액제한제도의 현실이다. 물론, 회사법의 강화를 통해 시장감시기능이 지배주주로 하여금 사익추구를 할 수 없도록 규제한다면, 출자총액제한제도와 같은 직접적인 규제는 하지 않는 것이 더 나을 것이다. 그러나 재벌의 계열사간 복잡한 출자로 인해 시장기능이 제대로 작동하지 못하는 현재 상황에서 출자총액제한제도는 한시적으로 역할을 수행할 수 있다. 따라서 의결권과 실질소유권 사이의 괴리도가 적은 기업에 출자총액 제한을 완화시켜 주는 방법을 통해 지주회사제도와 연계 운영하는 것이 바람직할 것이다.

기업집단 소유지배구조 공개

노무현 정부가 2004년 말 채택한 대기업집단의 소유지분구조 공개는 해마다 발표해 온 대기업집단 '내부지분율 현황' 공개와 기본적으로 같다. 다만, 친인척 지분과 계열사 지분현황만을 세분화한 것이다.

그러나 소유지배구조의 상세한 공개는 국가가 기업을 권위적으로 관리 감독하려는 개발국가식 방식이며 소유지배구조를 과잉규제하고 있는 것으로 생각된다. 즉, 출자총액제한제도, 상호출자제한제도가 제대로 시행되고 불법적인 내부거래가 관리된다면 기업집단의 소유지배구조는 자연히 개선될 것이다.

지주회사제도 보완

지주회사제도는 기업구조조정 활성화의 일환으로 1999년 4월 허용 이후 지난 2000년 국내에서 처음으로 LG가 지주회사체제를 선언하였고, 이후 농심, 동원 등이 뒤를 이었다. 2004년 5월말 현재 공정위에 신고된 일반지주회사는 19개 사이며, 금융지주회사는 4개 사이다.

지주회사제도는 경쟁력의 과도한 집중, 내부거래 증가 등의 문제점을 가지고 있음에도 불구하고, 다양한 기존 사업의 경쟁력 확보를 위한 신속한 사업구조조정, 사업간 시너지 추구를 용이하게 해주는 장점 때문에 기업집단이 선택할 수 있는 미래의 대안으로 여겨진다. 참여정부도 대기업집단의 투명·독립경영을 장려하는 차원에서 지주회사 전환을 유도하고 있으며, 기업들도 적대적 M & A의 방어수단 등의 장점으로 인해 지주회사 체제를 적극 고려하고 있다. 그러나 정부가 지주제도를 통해 얻고자 했던 기업집단의 소유지배구조 개선 그리고 기업이 이 제도를 통해 얻고자 했던 여러 이득들은 현재 제대로 이루어지지 않고 있다.

이 제도의 문제점을 살펴보면, 첫째, 지주회사의 설립과 전환이 금지되었던 기간동안 재벌은 지주회사체제로 전환하지 않도록 조직을 발전시켜 왔으므로 지주회사체제로 전환하는 데에는 시간과 재원이 소요됨에도 불구하고, 정부는 지주회사의 요건을 엄격하게 제한하고 있으며, 요건충족의 유예기간도 2년으로 한정하고 있어 개선이 필요하다. 둘째, 자회사간 출자금지로 계열사지원을 통한 연쇄도산을 회피할 수 있는 방화벽은 LG카드 사태 해결과정에서 보이듯이 제대로 작동하지 못하고 있다. 따라서 소액주주의 권익을 보호하는 역할을 수행하는 데 현행 제도는 한계가 있다. 셋째, 실효성이 지나치게 강조되어 금융시장의 감시기능이 활성화될 기회를 상쇄하고 기업의 자율성을 제한하여 지주회사로의 전환유인력이 떨어진다.

지주회사제도가 현행 기업집단체제보다 한 단계 진화된 체제라면 정부의 정책방향은 집행실효성의 강조보다는 지주회사체제로의 전환을 유도하는 데 초점을 맞추어야 할 것이라고 보인다. 따라서 지주회사의 요건강화를 통한 투명성 제고보다 요건완화를 통한 체제전환 유인의 부여가 더 중요하다. 본원적으로는 금융시장의 감시기능을 활성화시킬 대책을 강구하는 것이 더욱 중요하다.

부당내부거래 조사

자산 자금지원은 금융기관을 매개로 하는 경우가 많아 이를 효과적으로 규제하려면 금융거래정보가 필수적이라는 판단에 따라 제 7차 법개정시(1999년 2월) 공정거래위원회에 2년간 한시적으로 금융거래정보 요구권이 부여되었으며, 이를 활용하여 5대 재벌에 대한 3차 조사가 실시되었다. 금융거래정보 요구권은 2004년 2월 4일로 시한이 만료되었으나, 노무현 정부의 공정거래위원회는 3년 시한으로 금융거래정보 요구권을 재도입했고, 대신 남용 우려를 감안하여 발동요건과 통제장치를 크게 강화했다.

공정거래위원회는 부당내부거래조사와 판단에 많은 부분을 담당하여 연평균 1천 5백억 원 이상의 과징금을 부과하고 있지만 이에 대한 기업의 불복률은 매우 높다(전경련, 2003). 2000년부터 2003년까지 공정위의 결정에 불복하여 행정법원에 소송을 제기한 비율은 금액기준으로 64.8%로, 금융감독위원회의 4.4%에 비해 현저히 높은 비율이다. 특히 행정소송이 제기되어 법원이 과징금 납부를 정지시킨 경우가 32건으로, 이 중 26건이 부당내부거래와 관련된 소송이었다.

그러나 내부거래는 세법, 상법, 증권거래법에서 규제하는 것으로 공정거래위원회가 규제하는 것 자체가 이미 중복규제이므로 점차적으로 부당내부거래와 관련하여 공정거래법과 제도를 정비하는 것뿐 아니라 시장의 감시기능이 활성화되도록 적극적으로 지원하여 궁극적으로 공정거래위원회의 직접적인 규제보다는 시장기능을 활용해야 한다.

② 재벌

소유구조의 문제점

한국 재벌의 기업지배구조가 지닌 문제의 핵심은 적은 지분으로 기업전체를 통제할 수 있는 집중화된 소유구조이다. 2004년 말 공정거래위원회는 친인척 지분을 네 개의 카테고리로 세분화하여 비실명으로 공개하고, 계열사간 출자관계를 매트릭스 형태로 공개했다. 그 결과, 〈표 4-4〉에서 나타나듯, 대기업집단은 총수일가(총수와 그 친족)가 평균 4.61%의 지분만을 가지고, 40% 내외의 계열사 지분을 이용해 전체 계열회사를 지배하고 있는 것으로 나타났다.

〈표 4-4〉 대기업집단 소유지분구조

	총수일가			총수일가 이외			내부지분율
	총 수	친인척	소 계	계열사	기 타	소 계	
상호출자전체(36개)	1.95	2.66	4.61	41.71	2.76	44.47	49.08
출총집단(13개)	1.48	1.93	3.41	40.05	2.79	42.84	46.25
출총 제외(23개)	3.55	5.11	8.66	47.37	2.67	50.04	58.70

주) 기타: 임원, 비영리법인, 자사주, 자료: 공정거래위원회(2004).

〈표 4-5〉는 계열사간 출자 매트릭스에서 나타난 또 하나의 특징으로, 총수가 있는 자산 5조 원 이상 기업집단(14개)은 대부분의 경우 계열사간 순환출자관계가 형성되어 있는 것을 보여주고 있다. 금융보험사를 가지고 있는 기업집단(29개) 중 소속 금융보험사가 계열회사에 출자하고 있는 기업집단은 18개인 것으로 나타났다. 2004년 대기업집단 소유지분 공개에 따르면, 삼성은 8개 금융보험사가 27개 계열사에 4,068억원을 출자하고 있으며, SK 또한 5개 금융보험사가 8개 계열사에 482억원을 출자하고 있는 것으로 조사되었다(공정거래위원회, 2004). 즉, 2004년 대기업집단의 소유지분 공개는 규모가 큰 기업집단일수록 계열사간 순환출자로 인하여 출자관계가 복잡하게 얽혀 있고, 금융보험사의 계열사 출자도 많은 것을 보여주었다.

이처럼, 한국 기업집단의 왜곡된 소유구조는 흔히 한국 할인(*Korea Discount*)라는 현상, 즉 한국 기업의 수익에 비해 주가가 저평가되어 기업가치가 제값을 받지 못하는 현상의 주된 원인으로 지적된다. 물론 북한 핵무기 위협 등의 정치적 요소가 작용하겠으나, 한국이 선진국은 물론 다른 '신흥시장국가'보다 주가수익비율이 낮은 것은 지배주주의 대리인 문제가 심각하다는 투자자들의 인식이 주요 원인일 것이다. 즉, 지배주주가 회사의 수익을 소액주주에게 배당으로 돌려주거나 미래 수익사업을 위해 재투자하기보다는 부실 계열사를 지원하거나 자신의 사익을 위해 이용할 것이라는 인식이 널리 펴져 있기 때문인 것으로 보인다(김선구 외, 2003). 이러한 투자자들의 인식은 한국 기업의 경쟁력 저하를 심화시킬 수 있다.

〈표 4-5〉 총수가 있는 자산 5조 원 이상 기업집단의 주요 순환출자 현황

기업집단	주요 순환출자 현황(예시)
삼 성	삼성에버랜드 → 삼성생명 → 삼성물산 → 삼성에버랜드 삼성물산 → 삼성전자 → 삼성SDI → 삼성물산
현대자동차	현대자동차 → 기아자동차 → 현대모비스 → 현대자동차
SK	에스케이 → 에스케이씨 → 에스케이케미칼 → 에스케이 에스케이생명 → 에스케이 → 에스케이씨 → 에스케이생명
한 진	한진 → 대한항공 → 한진중공업 → 한진
한 화	한화 → 한화석유화학 → 한화종합화학 → 한화증권 → 한화
현대중공업	현대중공업 → 삼호중공업 → 현대미포조선 → 현대중공업
금호아시아나	아시아나항공 → 아시아나씨씨 → 금호개발 → 아시아나항공
두 산	두산건설 → 두산 → 두산중공업 → 두산건설
동 부	동부건설 → 동부제강 → 동부생명 → 동부건설
현 대	현대상선 → 현대증권 → 현대엘리베이터 → 현대상선
롯 데	롯데건설 → 롯데산업 → 롯데리아 → 롯데건설

자료: 공정거래위원회(2004).

불투명 경영

재벌은 최근 지배주주들의 불법적인 상속과 증여, 부정회계, 부당내부거래가 공정거래위원회와 시민단체에 의해 계속적으로 고발되고 있다. 참여연대, 경실련과 같은 시민단체들의 지배주주들에 대한 감시가 강화되었을 뿐 아니라 소버린(Soverin)과 같은 외국펀드도 한국기업의 경영투명성 제고를 요구하고 있다. 〈표 4-6〉은 공정거래위원회의 6개 대규모 기업집단 대상 부당내부거래를 조사한 결과인데, 이에 따르면 그 총규모는 9백억 원이 넘는다.

〈표 4-6〉 기업집단별 부당내부거래 규모

(단위: 개 사, 백만 원)

기업집단	지원주체	지원객체	지원성거래규모	지원금액
삼 성	5	5	71,746	790
L G	2	2	30,564	95
S K	7	7	380,663	73,720
현대자동차	7	5	185,521	14,957
현대중공업	1	1	15,912	488
총 계	22	20	684,406	90,050

자료: 공정거래위원회(2004), 《공정거래백서》.

〈표 4-7〉 간접적 방법을 통한 실질적인 자금지원 사례

(단위: 개 사, 백만 원)

지원주체	지원객체	지원유형	지원금액
삼성카드	삼성에버랜드	이용권 구매비 등 선지급	121
삼성중공업	삼성정밀화학	납품대금 결제조건 차별	266
SK 텔레콤	(주)SK 등 4개 사	그룹공동광고비 단독부담	5,891
현대자동차 등 7개 사	해비치리조트	콘도미니엄 회원권 고가구입	1,392
현대중공업	현대건설	지연이자 미회수	488

자료: 공정거래위원회(2004), 《공정거래백서》.

〈표 4-8〉 계열사 및 관계회사에 대한 직접지원 사례

(단위: 개 사, 백만 원)

지원주체	지원객체	지원유형	지원금액
SK 해운	아상	대여금 및 이자 대손처리	52,659
SK 건설	SK 해운	기업어음 저리매입	474
현대자동차	기아자동차	주식 저가매도	2,490

자료: 공정거래위원회(2004), 《공정거래백서》.

〈표 4-7〉과 〈표 4-8〉은 재벌들이 각 해당 계열사들에 직·간접적인 방법을 통해 자금을 지원한 사례를 보여주고 있다. 이러한 부당내부거래로 인해 사실상 지원주체기업의 주주들은 손해를 보게 된다. 이러한 한국 대기업의 불법적인 내부거래는 불투명하게 이루어지며, 이미 앞서 언급한 바와 같이 '코리안 디스카운트' 현상의 직접적인 원인을 제공하고 있다.

과거 한국기업들은 불투명한 내부거래를 개발국가 시기에 사업다각화와 선단식 경영의 수단으로 적극적으로 활용했으나 이제 기업은 경영체제의 합리화·전문화를 요구받고 있다. 따라서 총수 한 사람의 중앙집중된 의사결정 권위에 의해 지시된 가격으로 내부자금을 이동시켜 효율성을 추구하던 경영방식을 변화시킬 필요가 있다.

(4) 민주주의 성숙시대의 상생적인 국가 - 재벌 관계

현재 한국은 민주주의 이행의 시대에서 참여민주주의를 거치면서 민주주의 성숙의 시대로 접어드는 과도기에 있다고 할 수 있다. 이 절에서는 한국이 경제활성화와 더불어 성공적 민주주의 성숙시대의 국가와 재벌 각자의 역할 및 관계 재정립에 대해 강조하겠다.

첫째, 국가는 개발국가에서 경쟁국가로 변화해야 한다. 국가가 전략산업을 선별·육성하고 외국의 경쟁으로부터 국내산업을 보호하는 실질적인 경제적 역할을 하던 개발국가는 더 이상 내외적 정합성을 이끌어낼 수 없다. 대신, 국가는 시장합리성에 근거한 경제적 효율성을 중시하는 경쟁국가의 역할을 해야 한다. 다시 말해 반독점 규제와 같은 시장경쟁의 제고나 소비자 보호와 같은 규제적 기능의 수행에 그쳐야 한다.

둘째, 경제의 운용은 시장에 맡기는 것을 원칙으로 하면서 경제 지도자의 역할에서 벗어나 간접적 개입을 통해 기업의 활동을 감시해야 한다. 예를 들어 대기업정책에 대한 제도개선 방향은 시장친화적 규율기능은 강화하되 기업활력을 위축시킬 수 있는 과잉규제, 외국기업과의 역차별 규제, 기업특성을 무시한 획일적 규제를 정비해야 한다. 기업활동이 원활히 이루어질 수 있도록 기업의 입장을 최대한 반영하되, 공정한 경쟁을 촉진하여 경쟁력을 강화한다는 원칙에서 벗어나지 않아야 한다.

셋째, 재벌 스스로의 과감한 체질개선을 강조하지 않을 수 없다. 1997~1998년 경제위기를 겪은 이후 위기의 원인을 국내적 요인에서 찾은 많은 연구들은 대규모 기업집단의 과다한 부채와 과잉투자를 문제로 지적하였다. 그리고 이러한 문제들을 낙후된 기업지배구조로부터 비롯된 것으로 파악했다. 뿐만 아니라 자본시장의 완전개방으로 인해 외국자본의 유입이 증가하면서 주주중심 자본주의로의 개혁이 강하게 요구되었다. 따라서 세계 자본시장에 대한 접근권을 가지기 위해서는 대규모 기업집단들의 지배구조개선이 필수불가결하게 되었다.

이와 같이 대규모 기업집단의 지배구조개혁의 필요성이 대두되고 세

〈그림 4-4〉 민주주의 성숙시대의 국가 - 재벌 관계

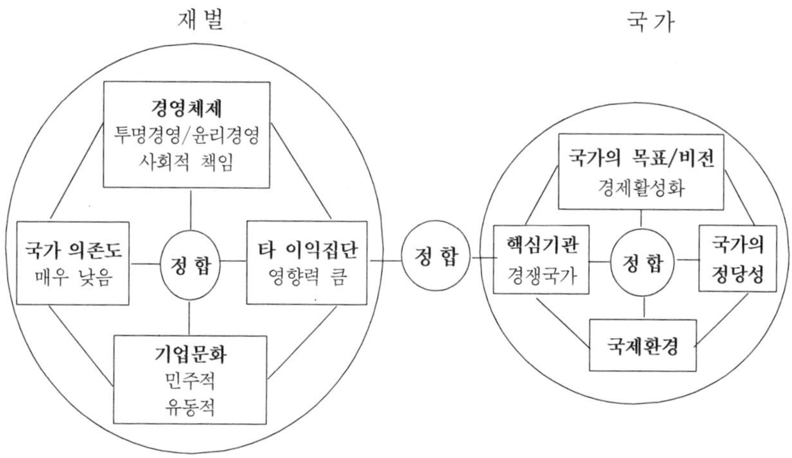

계화와 더불어 외국기업과의 무한경쟁이 불가피한 상황에서 재벌은 어떻게 스스로 고질적 체질을 개선하고 가치를 창조해 나아가야 하나? 다음과 같은 세 가지 방법을 제시할 수 있다.

- 경영의 투명성 제고
- 경영자의 윤리경영
- 적극적인 사회공헌활동

첫째, 경영의 투명성과 관련해 최근 시민단체에 의해 계속 고발되고 있는 지배주주들의 불법적인 상속과 증여, 부정회계, 부당내부거래 등의 사례들은 국민은 물론 외국인 투자자들에게 한국기업에 대한 큰 불신을 안겨주고 있다. 개발국가 시기의 한국기업들은 불투명한 내부거래를 사업다각화와 선단식 경영의 수단으로 적극 활용해 왔으나 이제 기업은 경영체제의 합리화, 전문화를 요구받고 있다.

둘째, 경제의 효율성을 높이고 상호 신뢰할 수 있는 사회를 만들 수

있도록 경영자의 바른 윤리경영이 필요하다. 윤리경영은 기업의 경제적, 법적 책임수행은 물론 사회적 통념으로 기대되는 윤리적 책임의 수행까지도 기업의 기본적 의무로 인정하고 주체적인 자세로 기업윤리 준수를 행동원칙으로 삼는 경영을 말한다. 기업에 있어 사회로부터의 신뢰는 물질적인 값어치를 따지기 힘든 중요한 사회적 자본이다. 오늘날 한국경제의 지배구조상 대주주의 윤리경영은 더욱 필요하다. 경제환경이 어려울수록 터지는 각종 금융사고들도 기업 및 개인의 윤리의식 결여에서 비롯된다. 한국의 재벌들은 막연히 도덕적으로 되자는 개념이 아니라 잘못된 관행이나 비용구조를 윤리적 기준에 맞도록 바로잡아 기업의 경쟁력을 향상하고 경제적 부가가치를 극대화해야 한다.

셋째, 재벌의 기업활동 영향은 단순히 생산과 판매만을 담당하는 경제영역에만 한정하지 말고 적극적인 사회공헌활동으로 이어져야 한다. 과거에는 기업의 복지재단 운영이나 기부와 같은 사회공헌활동은 돈을 많이 버는 기업의 일종의 사치로 인식되었으나, 이제는 사회공헌활동이 기업활동의 중요한 부분으로 자리잡았으며, 기업이미지 제고를 통해 장기적 성장에 기여한다는 견해도 확산되고 있다. 이미 선진국의 기업들은 경영과 사회적 책임을 선후관계가 아닌 동시에 추구해야 하는 것으로 인식하여 불황기에도 사회와의 우호적인 관계유지에 주력하고 있다. 한국의 재벌들은 그 동안 고용창출, 소득증대, 기술개발 등을 통해 국가경제 발전에 크게 기여해 왔음에도 불구하고 정경유착, 불투명거래, 불공정거래 등에 따른 부정적인 이미지가 많이 남아 있다. 또한, 고속성장의 경제 하에서 외형확대를 중시한 나머지 사회적 책임의식은 상대적으로 미흡했던 것도 사실이다. 우리나라 국민들은 기업의 사회적 책임수행에 불만을 가지고 있는 한편, 사회봉사와 이윤환원의 중요성에 대한 인식은 점차 커지고 있다. 사회공헌으로 인한 긍정적인 이미지를 기업의 소프트 무형자산으로 고려한다면, 지속적이고 체계적인 사회공헌활동은 재벌기업의 장기적 성장에도 기여할 것이다.

· 참고문헌 ·

공정거래위원회(2001), "대규모 기업집단 주식소유현황 참고자료".

______(2003), 주식소유현황 보도첨부자료.

______(2003), "한국전력공사 및 한국도로공사 출자총액제한기업집단 지정 제외".

______(2003. 10. 31), "시장개혁 3개년 로드맵(안)".

______(2003. 11. 7), "시장개혁로드맵(안)에 대한 의문을 풀어드립니다".

______(2004. 12. 28), "대기업집단의 소유지분구조 공개"(보도자료).

______(2004), "개정 공정거래법 무엇을 담았나".

김선구 외(2003), "출자총액제한제도의 바람직한 개선방향", 서울: 기업경쟁력연구센터.

김정호(2002), "출자총액제한제도의 근본 쟁점", 자유기업원.

김진방(2004), "한국 재벌의 소유구조(1997~2003)", 한국학술진흥재단 공개발표회 보고서.

김은미 · 장덕진 · Mark Granovetter(2005), 《경제위기의 사회학: 개발국가의 전환과 기업집단 연결망》, 서울: 서울대학교 출판부.

김현종(2004), "지주회사제도", 이인권 외, 《시장개혁 로드맵의 평가와 과제》, 서울: 한국경제연구원.

노효동(2005), "전경련, 출자총액규제 졸업기준 완화 요구", 2005. 1. 12, 《매일경제》(www. mk. co. kr.).

박상수(2004), "지주회사, 백년 성공비결을 찾아서", 《주간경제》 793.

신광식(2000), 〈재벌개혁의 재벌과제와 방향〉, 한국개발연구원 보고서, 서울: 한국개발연구원.

신장섭 · 장하준(2004), 《주식회사 한국의 구조조정 무엇이 문제인가?》, ㈜창비.

유승민(2000), "재벌, 과연 위기의 주범인가: 위기 이후 재벌정책의 평가와 과제", 〈한국개발연구원 보고서〉, 서울: 한국개발연구원

유용주(1999), 《IMF체제 2년간의 경제사회변화》, 서울: 삼성경제연구소.

유용주 외(2000), 《IMF체제 3년간의 한국경제 변화》, 서울: 삼성경제연구소.

유환익(2003), 《공정위 과징금 부과실태 시사점》, 전경련.

이진순(2003), 《한국경제 위기와 개혁》, 서울: 21세기북스.

조성욱(2001), "경제위기 이후 재벌정책의 성과에 대한 실증분석", 〈한국개발연구원 보고서〉, 서울: 한국개발연구원.

정구현(2003), "노무현 정권 행정부의 경제정책과 한국경제의 미래", 서울국제포럼 대토론회 발제자료.

차철호(1996), 《21세기를 향한 산업구조조정과 기술인력정책》, 서울: 중대출판부.

최수미(2000), "가치창조자로서의 지주회사의 기능", 《주간경제》 594.

한국개발연구원(2003), "시장개혁 3개년 로드맵 확정," (보도자료, www.kdi.re.kr).

_____(2004), "시장개혁 로드맵은 대기업 규제를 장기화해" (보도자료, www.keri.org).

한국은행(2005), "2004년 국민계정(잠정)," (보도자료, www.bok.go.kr).

DiMaggio, Paul J., and Walter W. Powell(1983), "The Iron Cage Revisited: Institutional Isomorphism and Collective Rationality in Organizational Fields", *American Sociological Review* 48: 147~60.

Evans, Peter B. (1995), *Embedded Autonomy: States and Industrial Transformation*. Princeton, N.J.: Princeton University Press.

Haggard, Stephan(1990), *Pathways from the Periphery*, Ithaca: Cornell Univ. Press.

Janelli, Roger L. with Dawnhee Yim(1983), *Making Capitalism: The Social and Cultural Construction of a South Korean Conglomerate*, Stanford, CA: Stanford University Press.

Kim, Eun Mee(1997), *Big Business, Strong State: Collusion and Conflict in South Korean Development*, 1960~1990. Albany, NY: State University of New York Press.

_____(2000), "Restructuring the Chaebols", Larry Diamond and Doh Chull Shin(eds.), *Institutional Reform and Democratic Consolidation in Korea*, Stanford: Hoover Institution Press.

OECD(2005), "Economic Outlook: Preliminary Edition", May 2005 No. 77 - Economic Developments in Korea, *OECD Economic Outlook*, Vol. 2005, No. 1, pp. 220~226.

제 5 장

경제선진화와 노사관계

이 종 훈

1. 문제의 제기: '노사관계 선진화'에 대한 개념적 이해

1) 노사관계에 대한 개념적 이해

노사관계는 노동과 자본이라는 핵심 생산요소(*production factor*) 간의 관계이다. 생산요소들은 생산의 과정에서는 상호협력할 수밖에 없으나, 일단 생산한 것을 나누어 갖는 분배과정에서는 제로-섬게임이므로 갈등·대립의 노사관계가 불가피해진다. 분배게임은 구체적으로 노동자의 근로조건 계약체결을 통해 이루어지는데, 이때, 노동자의 교섭력이 상대적으로 약하다는 인식이 근대적 노사관계의 출발이다. 교섭력이 불균형인 상황에서 (노사) 당사자간의 자유계약만으로는 공정한 분배가 이루어지기 힘들다는 것이고, 따라서 국가(정부)가 무언가 노동자를 보호하기 위한 조치를 취해야 한다는 것이다.

첫째, 노사간의 힘의 불균형이 문제라면, 노동자의 힘을 더 키워줄 수 있는 환경을 만들어주는 것이 하나의 방법이다. 그리고 대등해진 힘으로 자율적 교섭에 의해 체결된 계약내용은 그대로 인정해 주자는 것이다. 이때, 노동자의 힘을 키워주기 위한 방법으로 고안된 것이 노동자의 조직화였으며, 이를 제도화한 것이 노동 3권의 보장이다. 단결을 통해 교섭력 제고를 추구했기 때문에 이른바 '집단적 노사관계'로 정의한다.

집단적 노사관계의 중심은 단체교섭이고, 여기서의 핵심은 '합의'의 원칙이다. 어느 한쪽도 동의를 하지 않으면 무효라는 것이다. 서로 대립할 수밖에 없는 분배게임에서 합의란 거의 불가능하다고 보는 것이 맞을 터인데, 현실에서 우리는 노사가 결국은 합의에 이르게 되는 것을 보게 된다. 어떻게 가능한 것일까? '합의 실패시의 대상(代償) 수단'(*alternative*)을 갖고 있기 때문이다. 그것은 바로 집단적 노사관계에서의 단체행동권(파업권)이다. 합의에 실패하여 파업에 이르면 결국 못 견디는 쪽이 항복해서 결판이 날 것이라는 것이다. 또는 그러한 결말이 예상되면 그 지경에 이르기 전에 도장을 찍어주고 끝낼 것이라는 것이다. 어떻게 보면 매우 비효율적이고 비합리적인 갈등해결 방식으로 생각될 수 있다. 파업은 노사 모두에게 비용을 발생시키고, 물리적 싸움을 통해서라도 해결하는 것이니 결국 힘센 쪽 의견대로 따라가게 될 것이기 때문이다.

그렇다면 다른 많은 사회갈등은 법원에서의 재판을 통해 해결하면서 유독 노사간의 갈등은 왜 이러한 해결방식을 선택한 것일까? 첫째, 합리성 관점에서, 파업을 통한 해결이 재판을 통한 해결보다 비합리적이지 않다는 것이다. 근로조건의 적절한(합리적인) 내용에 대한 정보를 가장 많이 갖고 있는 주체가 바로 노사 당사자이므로, 제 3자에 의한 판결보다 자율적인 교섭에 의한 결정이 더 합리적인 결과를 가져다줄 것이라는 믿음 때문이다. 물론 노사간의 힘이 균형을 이루고 있다는 전제하에서 가능한 논리이다. 둘째, 비용효율성의 관점에서, 파업비용이 많이 발생한다 하더라도 노사 당사자가 다 부담하기 때문에 지나치지 않는 선에서 자율적으로 조절하게 될 것이라는 것이다. 셋째, 노사관계가 한 번 계약을 맺고 끝나는 일회적 관계가 아닌 계속적 관계라는 점이다. 노사관계의 당사자인 근로자와 사용자 간의 갈등을 제 3자인 법원의 판결에 의존할 경우 법적 강제력에 의하여 일시적으로는 갈등이 해결될 수 있겠지만, 하나의 기업체 내에서 계속 서로 공존할 수밖에 없는 노사간의 잠재적 갈등은 해결되지 않고 오히려 증폭될 수도 있다.

그러나 이러한 조건이 충족되지 않을 때, 집단적 노사관계에 의존하는 노동보호방식은 장점보다 단점이 오히려 크게 나타날 수 있다. 노사 당사자가 적정수준의(합리적인) 근로조건에 대한 정보에서 우위에 있지 않든지, 노사간의 힘(교섭력)의 심한 불균형이 존재하거나, 파업의 사회적 비용이 크게 나타나서 노사갈등이 더 이상 당사자만의 문제에 국한되지 않는 상황이 발생하는 경우를 의미하며, 이때 국가는 부작용을 최소화하기 위해 단체교섭 및 단체행동에서의 새로운 제도를 강구하기도 한다. 자율교섭 및 파업권 보장은 그 자체가 목적이 아니라 노동자 보호를 위한 하나의 방법이기 때문이다.

둘째, 노동자 보호를 위해 근로계약의 내용을 직접 국가가 규제하는 것이다. 노동 3권을 제도적으로 보장해도 노동조합 결성에 어려움이 있거나, 노조를 결성해도 실질적으로 힘을 발휘하기 어려운 상황에 있을 수 있다. 이때 국가가 방임할 경우, 근로조건이 생존권 이하 수준에서 결정될 수 있으므로, 인권 차원에서 최소한의 근로조건 수준을 최저임금법, 근로기준법 등의 법률로 정해 놓고, 모든 근로계약이 그 조건을 상회하는 수준에서 체결될 수 있도록 강제한다는 것이다(법정최저근로조건). 개별적 근로계약 어느 것에나 적용되는 규제이므로 개별적 노사관계라는 영역으로 정의된다.

개별적 노사관계에서의 규제는 획일적이고 직접적인 특성을 갖는다. 법에 규정된 내용 이상의 조건이 모든 근로계약에 반드시 포함되어 있어야 한다. 노동법의 목적이 노동자 보호이기 때문에 법조항 이상의 내용(조건)이 근로계약에 포함되는 것은 상관없으나(유리한 조건 우선의 원칙), 그 수준 이하의 내용이 포함되어 있는 경우 해당부분은 무효가 되고, 무효가 된 부분은 법에 정한 기준에 의하게 된다. 이러한 원리는 설사 노조가 체결한 단체협약이라고 하더라도 동일하게 적용된다. 개별적 노사관계에 의한 노동자 보호는 매우 획일적이며 경직적인 성격을 가질 수밖에 없고, 때문에 그 보호수준은 최소수준에 머물 수밖에 없다. 즉, 법으로 최소수준은 보장된 상황에서 노동자들은 조직화를 통해 각자의 능력껏 힘을 키워 자신들에게 유리한 방향으로 분배게임을 할 수 있게 된다.

집단적 노사관계와 개별적 노사관계는 상호 보완적 관계에 있지만, 국가에 따라 상대적인 의존도에서 차이가 난다. 유연성에서는 집단적 노사관계가 더 장점이 있고, 양극화 축소에는 개별적 노사관계가 더 중요한 역할을 할 수 있다. 예컨대, 자유주의 전통이 강한 미국의 경우에는 법에 의한 직접적 규제방식인 개별적 노사관계에의 의존도를 최소화하고 집단적 노사관계에서의 노사자율 방식에 의존하는 경향이 강하다.

2) '선진화된 노사관계'의 정의

선진화된 노사관계는 선진국의 노사관계를 말하는가? 그런 논리도 가능하다. 정치적·경제적으로 우월한 성과를 보인 국가가 선진국이고, 노사관계는 이러한 성과를 가능하게 하는 중요한 사회 인프라이므로 선진국의 노사관계를 선진화된 노사관계로 볼 수 있을 것이다.

여기서는 '선진화된 노사관계'를 '대한민국을 선진국으로 갈 수 있게 만드는 노사관계'로 정의하고자 한다. 그리고 선진국을 '경제발전과 민주주의에서 앞선 국가'로 정의하면, '경제선진화와 민주주의에 기여할 수 있는 노사관계'가 우리의 목표이다.

그러면 경제선진화는 무엇을 의미하는가? 경제선진화의 3대 핵심요소는 아래와 같다.

- 고임금의 고용을 충분히 창출하는 것
- 빈곤을 극소화하고 절대약자에 대한 사회적 보호가 충분한 것
- 모든 경제주체의 인센티브가 공공의 이익에 배치되지 않도록 효율적으로 조정하는 것

한편, 민주주의의 발전은 다음 세 가지를 의미한다.

- 법치주의의 확립
- 자유경쟁과 기회균등의 보장
- 절대약자의 보호

3) 노사관계 개혁의 필요성

지금 우리나라의 노사관계는 생산과정에서 협력도 잘 안 되고, 분배과정에서는 적대적 의식이 지나치다. 어떤 기업에서는 노동조합 때문에 사업을 못하겠다고 하고, 또 어떤 곳에서는 사업주의 고의적 임금체불에 근로자가 말도 제대로 못하고 있다. 우리 노사관계는 산업공동화와 노동시장 양극화를 모두 해결해야 하는 숙제를 안고 있다.

경제환경과 노동시장은 급격하게 변화하고 있는데, 우리 노사관계는 선진국 도약을 위한 국가 인프라로써 역할을 기대하기 힘든 상황이다. 현안 이슈에 매몰되어 장기적 비전을 가지지 못한다. '힘 대결'에 지나치게 의존함으로써 합리적 노사관계 원칙 및 관행을 축적하는 데 실패하고 있다. 다른 한편으로는 절대약자들의 목소리는 전달창구가 없거나 무시되기 십상이다.

유연성과 전문성이 강조되는 지식정보화 사회에 부응하고, 양극화 사회의 치유·통합에 기여하며, 조직 사업장 및 노조단체만을 대상으로 하는 노사관계가 아니라, 비조직 사업장, 비정규직, 실업자 등 전체 근로

자 대상의 노동 복지를 모두 고려하는 노사관계 비전을 제시하여 사회적 약자를 진정으로 보호할 수 있는 노사관계를 지향해야 한다.

2. 한국 노사관계의 변화과정

1) 권위주의 시대의 노동종속적 노사관계

(1) 노동종속의 노사관계 형성배경

① 과잉공급의 노동시장 조건

경제개발 초기, 노동시장에 산업노동력의 초과공급이 있을 경우 노동수요를 결정하는 자본의 상대적 힘이 노동에 비해 클 수밖에 없다. 그리고 이때, 자본가는 '기계구입=고용창출=소득창출'을 가능하게 하는 주도적 위치를 점하게 되는 반면에, 노동자는 수많은 경쟁노동자들 사이에서 자본가로부터의 선택(선발)을 기대하는 종속적 위치에 머물게 된다.

그리고 노동자가 조직적으로 노동공급을 조절하여 경쟁임금(*competitive wage*) 이상의 임금프리미엄을 획득하는 것 자체가 이러한 과잉공급의 노동시장 조건 하에서는 용이하지 않다. 노동자간 카르텔(*cartel*)이 지켜지리라는 보장이 없기 때문이다.

② 개발초기 정권의 불균형 성장전략과 억압적인 노동행정

개발초기 정권은 급속한 경제성장을 위해서는 계속적인 자본축적이 요구되었으므로 자본을 가진 사용자들이 재투자할 수 있는 충분한 이윤을 지속적으로 보장해야만 한다고 생각했다. 이에 따라 정부는 노동시장에서의 경쟁을 약화시킬 가능성이 있는 노조조직 운동을 위축시키고 단체교섭에 의한 가격(임금)결정 대신 경쟁적 노동시장에서 가격결정이 이루어지도록 하기 위해 노동억압적인 노동정책을 택하였다.

또한 거시적으로 보면 '저임금→소득불평등 심화→국내저축 증가→자본축적 증대→재투자 확대'를 위한 전략이기도 하다. 평균 소비(저축)성향은 소득증가에 따라 감소(증가)하기 때문에 소득이 불평등 구조화될수록 국내 총저축은 더 증가할 것이기 때문이다.

(2) 노동종속적 노사관계의 특징

노동종속적 노사관계는 주종관계의 의식을 요구했다. 사용자는 일자리 부족의 시장조건 하에서 노동자에게 '일자리=소득원천'을 제공하는 고마운 존재로 인식되었다. 또 '기회임금=노동시장의 경쟁임금' 이상의 임금프리미엄(*wage premium*)의 원천은 노동자의 교섭력이 아니라 사용자의 온정이었다. 노사간의 신뢰관계는 사용자의 온정과 이에 대한 노동자의 감사라는 일방적인 종속관계 하의 의식에 기초했다. 때문에 노동조합 결성, 사용자의 배려가 아닌 노동자의 요구는 '온정 대 감사관계의 훼손=노사간 신뢰관계의 붕괴'로 이어질 수밖에 없었다. 최근까지 '노조굴복→무노사분규→노사협조'가 협력적 노사관계에 대한 일반적 인식으로 왜곡되게 받아들여지고 있는 것도 이러한 의식구도 하에서 이해될 수 있다.

집단적 노사관계 차원에서는 단체교섭의 기능마비로 나타났다. 노동자의 교섭력은 사용자에게 경제적 비용을 부담시킬 수 있는 능력, 즉 사용자가 부담해야 할 파업비용에 의해 결정되게 마련이다. 파업비용의 발생을 우려한 정부의 파업권 제한은 노조의 요구를 사용자가 큰 비용(부담) 없이 일방적으로 무시할 수 있게 함에 따라 노동조합의 교섭력을 극히 미미하게 만들었다. 파업권이 제한된 단체교섭은 사실상 마비상태였고, 많은 사업장에서는 사용자의 요구가 관철되는 형식적인 절차에 머물렀다. 노동자의 사용자에 대한 위협은 사실상 그 직장을 떠나는 이직밖에 없었는데, 당장 쓸 수 있는 사람이 넘쳐나는 상황에서 그것은 아무런 위협이 될 수 없었다.

개별적 노사관계에 대한 법적 보호도 노동억압적인 노동행정으로 유명무실화되었다. 집단적 노사관계 관련법률에 비해 상대적으로 노동자에게 유리한 방향으로 제정되었던 근로기준법도 사용자에게 편파적인 근로감독 행정으로 인해 사문화(死文化)되는 경우가 많았다.

작업장 노사관계를 살펴보면, 고충처리 미흡과 사용자 장악의 우위가 나타났다. 현장에서의 고충이 제때에 해결되고 근로자의 능력이 최대한 발휘되는 작업장 질서가 구축되지 못하고 노동자에 대한 현장장악력을 확보하기 위한 사용자의 전략이 일방적으로 수용되는 경향이 있었다. 조·반장 등 현장의 중간관리층은 사용자가 현장을 장악하는 중간도구로 이용되었다. 과거 현장노동자의 많은 고충발생과 노사갈등의 원인이 중간관리층의 비인간적인 행동에서 비롯된 많은 사례가 이를 입증한다. 1990년대 후진국에 진출한 해외직접투자의 현지기업에서 한국의 중간관리층(일반적으로 현지인력을 훈련시키기 위한 숙련노동자)이 현지 외국인 인력에 대한 비인간적 행동으로 노사분규를 촉발시키고 노사관계를 악화시켜, 결국 현지화에 실패하고 투자를 철회했던 실패사례는 과거 우리나라의 후진적인 작업장 노사관계 관행을 버리지 못한 결과이다.

2) 1987년 이후 민주화시대의 대립적 노사관계

(1) 노동종속적 노사관계의 붕괴

1987년 민주화 운동의 물결과 함께 3,700여 건의 노사분규는 노동종속의 세력구도의 변화를 예고하는 획기적인 사건이었다. 대부분 불법분규였던 1987년의 노사분규는 과거 사실상 금지된 것이나 다름없었던 파업권을 확보하는 계기가 된 것이다. 뿐만 아니라 일시에 집중되었던 동시다발적 노사분규를 겪으면서 많은 기업의 노동자는 노조를 신설하거나 어용노조 집행부를 몰아내는 성과를 이뤄냈다. 그리고 동년 12월에 있었던 노동법 개정에서 파업권 보장을 획득하게 된다.

노동종속적 노사관계가 민주화 운동이라는 정치적 환경변화를 계기로 붕괴된 측면이 있는 것은 사실이지만, 1970년대 이후 지속된 고성장과 특히 80년대 중반 이후 폭발적으로 인력수요가 급증하면서 과거 과잉공급의 상황에서 과잉수요의 상황으로 노동시장 조건이 변화된 측면도 무시되어서는 안 된다. 특히 출산율 저하로 인한 10대 인구 감소, 대학진학률 상승 등으로 신규 노동시장 진출인구가 감소(노동공급 감소)하여 젊은 인력의 구인난은 더욱 심화되었다. 어쩌면 3저 호황과 인력난이라는 경제적 요인이 민주화라는 정치적 요인 이상으로 노사간의 세력구도를 역전시키는 데 더 중요한 역할을 했는지 모른다.

노동종속적 노사관계의 분리로 첫째, 노동자와 사용자 사이의 주종의식이 붕괴되었다. 일자리가 부족한 것이 아니라 사람이 부족한 상황에서 사용자는 더 이상 '일자리=소득'을 제공하는 고마운 존재로 대접받기 어려웠다. 그리고 노동자는 더 이상 사용자가 헤아려 배려해 주지 않아도 스스로의 교섭력으로 임금 프리미엄을 획득할 수 있기 때문에 사용자의 온정에 감사할 필요를 못 느끼게 되었다.

둘째, 단체교섭의 기능이 회복되었다. 노조설립 요건의 완화와 노동자 의식변화로 노조조직이 확대되고 파업권이 실질적으로 보장됨에 따라 단체교섭이 노동자의 임금 및 근로조건 결정의 실질기구로 자리잡게 된다. 집단적 노사관계의 기능이 크게 제고된 것이다.

셋째, 현장장악을 둘러싼 노사간 대립이 일어났다. 현장의 작업장 노사관계도 크게 변화한다. 중간관리층의 비인간적 행동에 노조는 단체행동으로 저항하기 때문에 이제는 사용자의 현장장악도 쉽지 않다. 그리고 노조집행부도 대의원 조직을 활용하여 조합원 장악을 위해 노력하므로 현장종업원 장악을 둘러싼 노사간 대립도 일어나게 된다.

(2) '힘 대결'에 의존하는 분배중심의 적대적 노사관계

세력관계가 대등한 경우 서로 상대방의 필요성을 인정하고 믿는 신뢰관계가 형성되지 않으면 불균형적인 세력관계를 가질 때보다 더 불편한 관계, 더 자주 다투는 관계가 되고 말 것이다. 이렇듯 1987년 이후 우리나라 노사관계는 적대적 의식 하에 '힘 대결'로 문제를 해결하려는 고비용의 노사관계에서 벗어나지 못한 실정이다. 이에 대한 근본적인 이해를 위해서 먼저 우리나라의 노조조직 구조와 노동운동에 대해 알아볼 필요가 있다.

첫째, 한국의 기업노조는 조합원의 근로조건 향상을 최고목표로 지향하는 '실리적 조합주의'(*business unionism*)를 추구하는 경향을 보인다. 잠정 노사합의안의 인준투표, 쟁의기간중의 분임토론 등의 과정을 볼 때, 노동조합 집행부의 전략과 행동은 조합원의 의사에 크게 의존한다. 따라서 조합원은 노조집행부의 의사에 따라 행동한다는 지도자-추종자(*leader-follower*) 모형보다는 노조집행부는 노조의 주인인 조합원의 의사를 반영하는 대리인으로서 자신의 행동지침을 결정한다는 주인-대리인(*principal-agent*) 모형이 우리나라의 노사관계를 설명하는 데 적절한 이론이다.

따라서 일부 집행부의 정치적 동기보다는 조합원의 경제적·실리적 이익의 추구가 가장 중시되는 전형적인 실리적 조합주의의 성격을 띠게 된 것 같다. 설혹 조합원들이 정치적으로 급진적 성향의 노조집행부나 상급단체를 선호한다고 해도, 그것은 그들의 노동운동노선이나 정치적 성향에 조합원이 동조해서라기보다는 그러한 집행부가 공격적인 임금인상투쟁으로 조합원의 경제적 이익을 충족시키는 데 더 유리할 것으로 판단하기 때문이다.

둘째, 경제적 실리주의를 추구하는 기업별 노조의 관심은 당연히 창출된 기업의 경제적 가치 중에서 노동자들의 몫을 더 많이 확보하는 데 집중되었다. 특히 1987년 이후 10년간(즉 IMF 경제위기 이전까지) 한국

은 고도성장을 계속 유지했으므로, 노동자들은 고용에 대한 불안 없이 파업위협을 통한 임금인상 전략을 추구할 수 있었다. 결국 대립적 관계가 불가피한 분배게임에서 노사는 상호 적대적 의식을 적나라하게 노출했고, 이로 인해 노사간 불신의 벽이 더욱 높아지는 결과를 초래했다.

적대적 의식 하에 파이 나누기에만 집중하는 한국 노사관계는 처음부터 끝까지 임금교섭에 노사의 관심이 집중된다. 그리고 파이 크기에 대한 정보·인식의 공유가 없고, 지금의 파이 나누기가 미래의 파이창출에 미치는 영향에 대한 암묵적 합의도 없는 상황이다. 이러한 상황은 결국 단체교섭을 노사간의 '힘 대결의 장(場)'으로 만들게 된다. 노동자의 힘은 사용자에게 파업비용을 부담시킴으로써 확보되기 때문에 노동조합은 파업을 임금인상의 주요 수단으로 활용하게 된다.

셋째, 막대한 거래비용을 발생시키는 단체교섭에 노사정의 관심이 집중되다 보니 노사관계의 다른 측면, 즉 파이 창출을 위한 생산중심의 노사관계, 작업장에서의 고충처리 및 노사협조 문제 등 집단적 노사관계 외의 다른 중요한(어쩌면 집단적 노사관계보다 훨씬 더 중요한) 분야에 대해서는 문제점조차 인식하지 못하고 있는 실정이다. 노조의 거의 모든 활동이 임금인상 투쟁에 집중되어 있고, 기업경쟁력에 대한 책임의식이 결여되어 있다. 생산에 대한 참여도 노동강도의 강화를 우려하거나 사후의 책임을 부담스러워 하며 기피하는 경우가 대부분이었다.

사용자는 노사분규 없는 임금교섭의 타결 등 안정지향적 노사관계 전략을 넘어서 종업원(조합원)의 '마음을 사는' 노사관계 전략이 추구되어야 함에도 불구하고 노조집행부에 대한 유화책 등의 저차원적인 대응에서 벗어나지 못하는 것이 일반적이다. 그리고 임금교섭에 관심이 집중되다 보니 '노사관계=노무관리 부서의 책임'이라는 인식 하에 작업조건, 고충처리 등 현장 노사관계에 대한 전부서 관리층의 관심이 부족한 문제가 발생된다. 노동자에게 쌓인 불만의 특별창구가 임금교섭이라는 이유로 집단적 노사관계에만 관심을 집중시킨다는 것은 문제의 본질과 발생근원이 어디 있는지를 모르고 문제를 해결하려는 어리석은 접근방법이다.

3) 경제위기 이후: 저성장, 노동시장 양극화 시대의 노사관계

(1) 경제위기 직전의 노동시장 및 노사관계 환경변화

① 노동시장 양극화의 시작

경제위기 이전에도 1995년을 기점으로 한국 노동시장은 구조적 변화를 보였다. 한국기업들이 1987년 이후 지속된 고임금 추세에 적응하기 시작하면서 과거와는 다른 현상들이 나타나기 시작한다.

- 비정규직의 비중 증가
- 학력간 임금격차 확대
- 종신고용의 붕괴 조짐

첫째, 그간 감소 내지 정체의 추세를 보이던 비정규직의 비중이 증가하기 시작했다. 기업들이 고임금 고용은 핵심근로자에 한해 소주정예화하되, 저숙련 직무는 다양한 근로계약의 비정규직 근로자로 채우는 전략을 쓰기 시작한 것이다. 둘째, 학력간(대졸-고졸 간) 임금격차가 확대된다. 능력주의 요소가 강화된 신인사관리 제도가 도입되기 시작하면서 노동시장의 가격기능이 서서히 회복되고 지식수준에 따른 임금차이가 나타나기 시작한 것으로 보인다. 셋째, 종신고용의 붕괴조짐이 나타나기 시작했다. 대기업으로부터 명예퇴직 형식으로 기업의 고용조정이 과거보다 적극적으로 이루어지게 되었고 성장세가 둔화되면서 조직확대의 한계에 부딪히고 승진적체 문제가 따라왔기 때문이다.

② 노동법 개정과 노동계 대투쟁

1996년 대통령 자문기구로서 노사관계 개혁위원회가 출범하면서 노동법 개정논의가 본격적으로 이루어지기 시작했다. 노동법 개정의 핵심이슈는 이른바 '3禁 3制'라고 표현되었는데, 개별적 노사관계에서는 변형근로시간제, 근로자 파견제, 정리해고제의 세 가지 제도가 새로 도입되고, 집단적 노사관계에서는 복수노조 금지, 제 3자 개입금지, 노동조합의 정치활동 금지의 세 가지 금지조항을 폐지한다는 것이었다. 고용유연성의 제고와 노동조합 활동의 보장을 동시에 추구하기 위함이었다.

노사관계 개혁위원회에서 전체 노동법 개정안에 대한 완전한 노사합의를 도출하지는 못했지만, 중재역할을 하던 공익위원의 안을 중심으로 대통령에게 보고되었고, 그 이후 국회에서 공전을 거듭하던 노동법 개정논의는 1996년 말 당시 여당의원만으로 날치기 통과되었는데, 그 내용은 노사관계 개혁위원회의 공익위원안보다 훨씬 노동계에 불리한 것이었다. 특히 민주노총을 합법노조로 인정하는 '복수노조 금지조항의 폐지'라는 공익위원안이 받아들여지지 않은 것은 당시 노동계를 심하게 자극했고, 급기야 대규모 노동계 시위로 연결되었다. 노동운동에 적극 참여하지 않는 일반 대중 노동자들도 시위에 적극 참여하면서, 1987년 6월 민주항쟁을 방불케 하는 항거로 커져 나갔다. 물론 일반시민에게 '복수노조 인정 여부'는 피부에 와 닿는 이슈가 아니었지만, 정리해고제 도입이 일반 노동자들에게 고용불안을 가져다주었고, 이것은 당시 명예퇴직이 늘어나던 노동시장여건(사회분위기)과 맞물리면서 노동법 날치기 통과에 대한 정치적 반발로 나타나게 된 것이다.

결국 김영삼 대통령은 국회에서 노동법 개정을 다시 논의해 주기를 의뢰하였고, 1997년 초 여야 합의로 재차 노동법 개정이 이루어지게 된다. 상급단체에서 복수노조가 인정되었고, 정리해고제도는 도입하되 일시적으로 유예하는 선에서 개정되었다.

1996년 말에서 1997년 초에 이르는 노동법 개정파동은 한국 노사관계에서 다음 몇 가지 중요한 의미를 갖는다.

- 민주노총의 부상
- 고용조정의 중요성 확인
- 김영삼 정부의 레임덕 현상

첫째, 민주노총의 부상이다. 민주노총은 노사관계 개혁위원회에 노동계 대표로 이미 참여하고 있었기 때문에 실질적으로는 정부에 의해 인정되었지만, 복수노조를 허용하는 노동법 개정으로 법적(정식) 노동조합으로 인정받게 되었다. 그것도 김영삼 정부의 선물이 아니라 자신들이 직접 주도한 대규모 노동자 시위를 통해 얻어내었다. 민주노총의 막강한 정치적 힘도 널리 과시하게 된 것이다.

둘째, 정리해고라는 노동법 용어로 표현되는 고용조정이 사회·정치적 파급효과가 아주 큰 이슈라는 사실을 확인하게 되었다. 많은 근로자들이 고용조정에 대해 매우 민감하게 반응한 것은, 어쩌면 그 위험이 현실로 자신들에게 다가오고 있다고 느꼈기 때문일 것이며, 이후 경제위기에서도 가장 민감한 사회문제가 된다.

셋째, 노동법 개정 파동으로 김영삼 정부의 급격한 레임덕이 초래되었고, 이로 인해 외환관리 실패로 인한 경제위기, 또 그로 인한 대규모 고용조정 등 노사관계 여건의 악화가 초래되었다. 실제로 김영삼 정부는 1996년 말까지 별다른 레임덕을 겪지 않았던 것으로 평가되었으나, 노동법 날치기 통과에 항의하는 대규모 시위에 결국 굴복하고 노동법 재개정을 받아들이게 되면서 급작스런 권위상실을 경험하게 된다. 이후 한보사태 및 대통령 아들 구속으로 이어지면서 레임덕이 가속화되고, 금융개혁 실패 등 국정운영의 중심이 흔들리게 되면서 위기관리 실패로 IMF 구제금융을 피할 수 없는 상황까지 이르게 된다.

(2) 노사정위원회의 출범과 유명무실화

IMF 경제위기가 닥치면서 가장 먼저 노사관계 이슈로 등장한 것은 '경제위기 극복을 위한 사회적 합의도출'이었다. 김대중 대통령 당선자는 취임도 하기 전에 노사정위원회를 구성하였고, 노사정대타협을 이끌어낸다. 가장 핵심적인 사항은 피할 수 없는 경제구조조정을 위해 노동계가 정리해고 명문화를 받아들이는 대신, 공무원 및 교사 단결권 인정에 대한 정부의 약속을 얻어낸 것이었다. 전국민과 세계가 찬사를 보낸 쾌거였다. 노사정 합의 도출에 고무된 김대중 정부는 출범 후 노사정위원회를 상설기구화하고, 동위원회에서 노동개혁뿐만 아니라 공기업 민영화, 금융개혁 등 다른 분야에서의 개혁도 논의하기에 이른다.

그러나 불행하게도 노사정위원회에서 더 이상의 쾌거는 없었다. 우선 노사정위원회 구성단계부터 어려움을 겪었다. 실제로 노사정대타협에 응했던 민주노총 집행부는 물러나고 신집행부는 노사정위원회를 탈퇴한 후 줄곧 노사정위원회 복귀를 거부하고 있는 실정이다. 김대중 정부를 거쳐 현 노무현 정부까지 8년을 이끌어왔지만, 우리나라 노사관계 개혁에 대한 바람직한 청사진을 제시하거나 핵심이슈에 대한 노사정 합의 내지 견해차 축소의 획기적 성과를 보여주지 못하고 있어 위원회 활동 및 성과에 대한 외부의 실망과 비판을 피하기 어려운 실정이다.

노사정위원회가 왜 지금의 '개점 후 휴업' 상태에 이르게 되었는지에 대한 면밀한 검토와 진지한 반성이 있어야 할 것이다.

첫째, 노사정위원회는 '합의'를 운영의 기본원칙으로 하였다. 합의의 대상수단이 존재하지 않는 경우에, 이해관계가 첨예하게 대립하는 노사가 합의하려고 노력할 동기를 갖기 힘든 것은 당연하다. 통상적인 단체교섭에서 합의가 가능한 것은, 합의에 도달하지 못할 경우 파업의 과정을 거쳐서라도 합의에 도달하지 않고는 못 배기는 과정이 있기 때문이다. 그리고 합의 자체가 거의 불가능한 상황에서 정부가 합의에 매달리다 보니, 노사의 거부권(*veto*) 행사로 정부는 협상력을 잃게 된다. 또

설사 합의도출에 성공했다 하더라도, 국가예산이나 법개정과 관련되어 있을 경우, 국회의 동의를 거쳐야 할 터인데 만약 국회의 동의를 얻지 못할 경우 어떻게 될 것인가? 노사정이 합의한 것이니까 국회가 국민적 합의로 보고 무조건 동의해주는 것이 옳다고 본다면, 의회(대의) 민주주의의 대원칙과 상충하지는 않는지도 생각해 볼 문제이다. 특히 노사정 합의가 노사간 이해관계 대립은 별로 크지 않고 국가예산이 많이 투입되어야 하는 것이라면, 국민의 부담으로 귀결될 국가재정 부담에 대해 국회가 노사합의가 이루어졌다는 이유만으로 손을 들어주어야 하는지 쉽게 답할 수 있는 문제가 아니다.

둘째, 노사정위원회에 참여하는 노사대표가 과연 노동계와 경영계를 대변하는 실질적인 대표가 될 수 있는가의 문제이다. 조직률이 지극히 낮은 상황에서 상급 노동조합이 전체 노동자를 대변할 수 있는지, 그리고 사용자 단체도 힘없는 중소기업보다 대기업의 목소리를 대변하지는 않은지에 대한 의문이 많이 제기된다. 비정규직, 상시적 저임금 근로자, 특히 소·영세기업의 노사를 대변하는 목소리를 찾기 어려운 위원회 구성이라는 점이 많이 지적된다.

셋째, 정부가 직접적인 협상 당사자로 나서기보다 조정자에 머물러야 했다. 노사합의를 도출하기 위해 최대한 노력하되, 합의에 이르지 못할 경우에는 정부가 최종적인 의사결정을 내릴 수 있어야 한다. 이럴 경우 오히려 노사간 대화 및 합의의 유인이 더 생길 수 있다. 그러나 정부가 협상의 한 당사자가 되면 합의 실패에 대한 책임을 회피하기 어렵고, 최종 의사결정자의 역할을 수행하기 어렵게 된다. 또 이러한 위험에 빠질 것을 잘 알 경우 정부는 합의도출에 지나치게 연연할 가능성이 있다. 또 합의를 도출한다 하더라도 그 내용이 공익에 바람직하지 않을 수 있다.

넷째, 위원회에 참여하는 노사단체들이 적극적으로 대화에 임하게 만들 수 있는 유인을 제공하는 데 실패했다. '협상상대의 BATNA(*Best Alternative To Negotiated Agreement*) 보다 더 나은 결과를 협상 테이블에서 기대할 수 있어야 협상이 가능해진다'는 것은 협상의 기본이다. 그럼에도 불구하고 김대중 정부는 이러한 원칙을 지키는 데 미숙했다. 위원회를 탈퇴하면 더 높은 정부인사와 더 깊은 내용의 대화채널이 구축되는 등 오히려 역(逆)유인을 만들어 주는 실수를 범했다. 이것의 근본적인 이유도 정부가 협상의 당사자로 직접 참여하면서 협상실패를 지나치게 두려워하여 발생한 문제이다. 노사단체는 위원회 탈퇴 등으로 정부를 압박하여 자신들의 교섭력을 극대화시키려 하고 정부는 협상성공에 매달려 이들에게 이끌려 다니기만 하니 위원회 운영이 제대로 될 리 만무하다.

(3) 고용불안 가중과 조합 이기주의 심화

경제위기로 인한 고용불안은 기존 노동조합의 조합원 보호를 강화시켰고, 이로 인해 외부 노동자의 고용은 더욱 위축되고 불안정해지는 내부자-외부자 문제(*insider-outsider problem*)가 나타나기 시작한다. 고용불안이 가중된 상황에서 노동조합은 기존 조합원의 고용보호를 위해 노력을 집중하게 된다. 당장의 정리해고 결정에 대해 파업으로 저항하고, 향후 고용조정의 가능성을 최소화하기 위해 노사합의가 전제된 정리해고를 요구한다든지, 더 나아가 장기적인 고용잠식을 우려해 해외투자에 대한 노조동의를 주장하는 등이 그러한 예이다.

이에 대해, 기업은 적극적인 투자를 보류하고, 설사 투자를 한다 하더라도 국내투자 대신 해외투자를 선호하게 됨에 따라 국내 일자리 창출이 위축된다. 신규 일자리를 채워주던 청년들이 실업에 처해지는 것은 당연한 수순이다. 또한 일자리가 생기더라도 기업은 고용부담이 큰 정규직보다 비정규직으로 채용하려 한다.

결국 지금의 한국 노사관계는 IMF 경제위기 이후 기존 조합원의 이익보호에는 성공했을지 모르나, 청년실업 가중, 비정규직 확대 등 외부 노동자의 생활을 보호하는 데에는 실패한 것으로 평가된다. 그 결과 전체 노동조합 조직률이 계속 감소하고 있다. 외부(전체) 노동자를 끌어안을 수 있는 노동운동의 비전과 전략이 없고, 고용위축과 함께 장기적으로 노동운동의 기반과 세력이 약화되어 노동조합이 지금과 같은 보호도 하지 못하게 될 가능성이 크다.

경제위기 상황에서 노동조합이 단체협약을 통해 단기적으로 조합원의 고용과 임금을 보호하려 했던 것은 한국의 노사관계가 여전히 분배 중심의 노사관계에서 벗어나고 있지 못하다는 것을 의미한다. 선진국은 오일쇼크 후유증으로 1980년대 경제위기를 겪는 과정에서 기업의 생산성을 높이고 경쟁력을 회복하는 방향으로 노사가 협력하여 고용안정성을 확보하려는 '생산중심의 노사관계'로 전환한 경험을 가지고 있다. 반면에 한국은 생산을 위해 노사가 협력하기보다는 단체교섭(협약)을 통해 일시적으로 (혹은 기존 조합원이 정년퇴직할 때까지 만이라도) 고용보호를 받아보려는 전략을 쓰고 있는 것이다.

아직도 분배중심의 적대적 노사관계에서 벗어나지 못하고 있는 것은, 기업의 경쟁력이 위협을 받고는 있지만 아직까지는 파이 창출에 큰 문제가 없다고 생각하기 때문인지도 모른다. 구미 선진국의 노사관계가 1980년대 이후 분배중심에서 생산중심으로 전환한 것도 '의식'의 문제가 아니라 기업의 경쟁력 후퇴로 고용이 위협받았기 때문인 것이다. 요체는 시장의 경쟁압력이 노사관계의 성숙을 가능하게 만든다는 사실이다. 따라서 시장을 경쟁적으로 만드는 것이 기업들로 하여금 생산중심의 노사관계를 지향하게 만드는 가장 중요한 정책이 될 수 있다. 회사는 망해도 사업주는 돈 빼돌리는 것이 가능하고, 근로자도 고용승계를 통해 고용불안이 없다면, 노사는 생산성을 위해 협력할 인센티브를 갖기 어렵게 된다.

세계화의 진전은 시장의 경쟁압력을 높이고 이에 따라 생산중심의 노사관계에 대한 노사의 관심이 커지게 된다. 세계화의 진전으로 노동조합의 힘이 약해졌다는 분석은 분배중심의 노사관계에서 보면 타당한 것이지만, 생산중심의 노사관계에서 보면 노동조합의 새로운 역할을 찾는 것으로 볼 수도 있다. 지식정보화 사회에서는 노동자가 생산에서 보다 핵심적인 역할을 수행한다는 사실을 통해서도 잘 알 수 있다.

(4) 정치논리에 의존한 노사정책과 파행적 노사질서

한국 노사관계가 가장 시급히 해결해야 할 과제는 '법과 원칙을 엄정하게 집행하지 않음'에 따른 '원칙의 실종'이다. 원칙을 엄정하게 집행하지 않을 경우, 원칙을 어기는 측(편)의 교섭력이 과도하게 높아질 것이며, 이로 인해 불합리하고 불공정한 결과를 초래한다. 과거에는 사용자의 노조탄압 및 협약불이행 등 부당노동행위를 눈감아 주어서 문제였고, 지금은 노동조합의 불법행동을 묵인해 주는 것을 우려하는 목소리가 높다.

또 이로 인해 무엇이 원칙인지 모르게 되면, 노사관계에 대한 불확실성이 커져 투자 및 일자리가 위축될 것이다. 어느 한편에 유리한 원칙인가 아닌가는 그 자체가 심각한 문제는 아니다. 어느 한편에 기운 원칙은 현실에서 곧 문제가 표출되게 마련이고 다시 조정하면 그만이기 때문이다. 더 큰 문제는 불확실성이다. 어느 한편에 유리(불리)한 제도인가 하는 것은 투자비용의 크기에 영향을 주지만 그러한 비용을 감수하고라도 투자할 유인이 있으면 투자가 이루어질 것이나, 불확실성이 있을 경우에는 투자의 수익계산 자체를 불가능하게 만들 것이기 때문이다.

이러한 원칙의 실종은 노동조합 탓이라기보다 정부잘못 때문이다. '원칙을 지키지 않는 것이 원칙을 지키는 것보다 더 손해'라는 사실이 정립되어야만 원칙이 지켜질 터인데, 현실은 그 반대인 경우가 많다. 더 세게 저항할수록 더 많이 챙겨주기 때문에 노동자들은 투쟁강도를 높일 수밖에 없게 되는 것이다. 그들을 그렇게 만든 것은 바로 다름 아닌 정부이다. 노사 모두에 '되는 것과 안 되는 것'이 무엇인지 분명하게 인식하게 하고, 이에 따라 노사 당사자가 스스로 적응해 안정화돼야만 의미가 있는 것이다.

그러면 정부는 왜 노조에 대해 원칙 없이 대응하였을까? 정부가 노사관계를 정치적으로 이용하려 했기 때문이다. 진정한 '민주주의와 시장경제'는 시장의 기본원리를 정함에 있어서는 민주주의 정신에 따라 충분한 의견수렴과 다수의 의견을 존중하여 결정하지만, 일단 원칙이 정해지면 엄정하고 공정하게 집행하는 것이다. 그러나 김대중 정부의 '민주주의와 시장경제'는 '사안마다 민주주의라는 명분으로 정부가 시장에 개입'하는 것이었다. 즉, 사안마다 정부가 개입하면서 다른 원칙을 적용하니까 다수의 예외로 원칙이 실종되고 불확실성이 높아지는 것이다.

서로 상충되는 원칙을 제시하여 오히려 노사를 혼란스럽게 만들었다. 예컨대, 빅딜의 목표는 과잉생산 정리라면서 고용조정은 못하게(고용승계의무) 압박하는 경우가 있었다. 노무현 정부에 들어와서도, 대통령을 비롯한 정부 책임자의 발언을 돌이켜 보면, 노무현 정부의 초기 노동정책이 정치적인 고려 때문에 얼마나 혼란스러웠는지 알 수 있다. '불법파업이라도 먼저 대화나 타협으로 해결해야 한다', '우선 협상을 통해 문제를 해결하고, 불법행동에 대해서는 차후에 처벌할 것이다' 등이 대표적인 예이다. 불법파업을 그냥 두고 대화와 타협에 목을 맬수록 노조의 교섭력은 더 높아질 것이다. 또 불법행동을 (일시적으로라도) 묵인한 가운데 협상할 경우 '불법행동에 대해 책임 묻지 않기'도 협상 테이블에 올라올 수 있으며, 실제로 타협하고 난 후의 처벌은 솜방망이가 될 수밖에 없을 것이다.

역설적인 것은, 정치논리에 의한 노사관계 정책을 펼치는 것이 때론 매우 비인간적이란 사실이다. 정치는 힘의 논리, 표의 논리가 지배하기 때문에 힘이 없어 침묵하는 자들에 대해서는 침묵하는 비인권적인 정책을 우선하는 경향이 나타날 수 있다. 전체 노동자 대중을 위한 노동정책이 되지 않는 것이다.

2004년의 서울지하철 파업 등 몇몇 필수공익사업장의 노사분규를 계기로 노무현 정부는 원칙을 중시하는 방향으로 노사관계의 질서를 정립하려는 노력을 기울이는 것으로 평가된다. 노동조합의 주요 요구사항에 대해 정부의 입장을 사전에 분명하게 밝히고, 대화의 기본원칙은 '파업 전에 대화와 타협으로 문제를 풀기 위해 최대한 노력하되, 파업돌입시 법과 원칙에 따라 엄정 대응'할 것임을 천명하였다. 그리고 실제 파업에 돌입하자 '파업에 돌입하면 노조요구를 더 들어주는 일은 더 이상 하지 말자' 라는 입장을 강하게 견지하였다.

(5) 노동시장의 급격한 변화에 대한 노사관계의 대응 미흡

1995년부터 시작된 노동시장의 변화, 즉 상시적 구조조정 압력에 의한 종신고용의 붕괴, 능력주의 인사관리 확산으로 인한 임금격차의 확대, 정규직의 소수정예 전략에 따른 비정규직 채용의 확산 등이 IMF 경제위기를 기점으로 더욱 심화된다. 이러한 변화는 다음과 같은 의미를 가진다.

- 노동자간 경쟁의 치열화
- 인적 자본의 성격변화
- 노동시장의 양극화 심화
- 고용구조의 서비스화 연계

첫째, 외부노동시장, 내부노동시장 모두에서 노동자간 경쟁이 치열해진다는 것을 의미한다. 고용조정 대상자 선정의 우선기준은 능력일 것이므로 기업내부의 근로자간 상시적인 경쟁관계가 존재하게 될 것이고, 또 기업간 이동가능성이 높아지므로 외부노동시장에서 다른 노동자와 재취업을 놓고 경쟁해야 한다. 그리고 이러한 경쟁에서 이긴 사람에게는 과거와는 달리 더 합당한(높은) 보상을 해준다는 것이다.

둘째, 인적 자본의 성격이 바뀐다. 내부노동시장에서는 기업특수적(*firm-specific*)이면서 기업 내에서 필요한 여러 기능에 익숙한(*job-general skill*) 인적 자원이 중심이었다. 그러나 내부노동시장이 붕괴되고 외부노동시장이 발달하면서, 기업일반적 · 직무특수적(*firm-general & job-specific*) 직능(*skill*)을 가진 인적 자원이 중심이 된다. 하이테크 인력의 경우에는 이른바 전문가 시장이 형성되며, 단순직능의 경우에도 특정직무별로 인력공급 회사들이 생기게 된다. 기업에서는 필요 근로자를 과거처럼 '내부에서 직접 양성'하기보다 '외부로부터 영입'하는 전략을 선택하는 경향이 강해지고, 근로자 입장에서는 특정직업에서의 직능의 수준을 지속적으로 업데이트하고 업그레이드하는 노력이 필요하게 되며, 정부는 직종별로 평생학습의 사회인프라를 구축해야 한다.

셋째, 노동시장의 양극화가 심화된다. 근로자간 능력의 격차가 임금에 반영되기 시작하기 때문이다. 특히 지식근로자에 대한 초과수요로 인하여 그들의 능력에 맞는 임금을 지급해야 사람을 구할 수 있을 것이므로 저숙련 근로자에 대해 실력 이상으로 우대해 주는 과거방식은 더 이상 지속하기 어렵고, 이로 인해 근로자간 소득(임금)격차는 점점 더 벌어질 것이다.

넷째, 고용구조의 서비스화와도 연계된다. 서비스산업의 비중이 커짐에 따라, 그리고 제조업 내에서도 생산직보다는 비생산직 비중이 커짐에 따라 노동시장에서 블루칼라 노동자의 역할이 축소되고, 노동자간 이질성도 심화된다.

이러한 노동시장의 변화에도 불구하고, 한국의 노사관계는 이러한 변화에 대한 대응이 극히 미흡하다. 제조업 생산직을 핵심세력으로 하고, 종신고용의 내부노동시장을 전제로 한 (적어도 익숙한) 노동운동의 양상에서 벗어나지 못하고 있다. 따라서 조합원의 외부노동시장에서의 경쟁력 제고를 위한 노력(예컨대 직업훈련 강화)이 지극히 미흡하다. 또한 내부노동시장에서의 경쟁은 조합원간의 연대를 해친다는 이유로 적극 반대함으로써 기업의 경영혁신을 방해한다는 비판을 받고 있다. 노동시장이 양극화됨에도 불구하고, 또 그러한 양극화의 한 원인이 조합이기주의임에도 불구하고 기존 노동조합이 비정규직을 조합원으로 적극 끌어안거나 그들의 이익을 위해 자기 조합원의 이익을 포기하는 등의 사회연대 노력을 보이지 못하고 있다.

3. 경제환경의 변화와 노사관계에 대한 도전

1) 세계화의 진전에 따른 노사관계 환경변화

상품시장이 국경 구분 없이 통합되면서 경쟁은 더욱 치열해지고, 이에 따라 노동시장에서도 경쟁압력이 제고될 것이다. 상품교역이 자유화되면 상대적으로 비싸고 질 떨어지는 상품은 세계 어느 곳에서도 팔릴 수 없을 것이므로, 동일노동에 대한 임금균등화 압력이 나타나게 될 것이다(이른바 *factor price equalization theorem*). 세계화 시대에는 경쟁환경이 조성됨으로써 궁극적으로 독점에 의한 초과이윤이 발생할 여지가 거의 없어진다. 따라서 독점이윤의 일부를 임금투쟁으로 얻어내고, 이를 통해 노동자의 지위향상을 추구하는 노동운동 방식은 계속 유지되기 어렵다.

생산요소 중에서 자본의 국경간 이동은 매우 활발한 반면 상대적으로 노동의 이동은 크게 제한될 것이므로 산업경쟁력은 인적 자본의 경쟁력에 의해 결정될 것이다. 생산요소가 지구 차원에서 최적으로 배분활용됨에 따라 경쟁력 있는 노동력을 찾아 자본과 생산기지의 국경간 이동이 활발해질 것이므로 인적 자원의 경쟁력은 고용창출능력과 직결될 수밖에 없다.

한편 금융자본의 활발한 이동은 세계적으로 주주자본주의를 확산하는 결과를 가져왔고, 이는 선진국 기관투자자들의 영향력이 커진다는 사실을 의미한다. 자본시장에서 자본가들에게 잘 보이기 위해 경영진은 상시적인 구조조정, 우수인력 확보를 위한 적극 우대정책 실시 등의 노력을 하며, 이는 전통적 노사관계에 큰 위협요인이 된다.

상품시장에서의 치열한 경쟁 하에서 시장점유율을 확보하려면 계속적으로 '차별화'된 상품을 '적기'에 시장에 내놓아야 하며, '차별화'를 위해 기업특수적 자산으로서의 노동의 중요성을, 그리고 '적기'를 위해 노동력의 배치 및 작업조직의 유연성을 요구하게 된다. 유연성뿐 아니라 전문성을 위해서라도 생산이 한 기업 내에서 내부화되는 경우는 점점 줄어들고 아웃소싱 등을 통해 네트워크화되는 추세가 더 진전될 것이다.

2) 지식정보화 사회의 노사관계 환경변화

지식경제시대에는 '분권화와 참여'가 필수적이다. 지식을 우리가 '특정상황에 대한 특정사람의 해석'이라고 정의해 볼 때, 지식은 사람에 체화되어 있고, 현장을 경험해야만 알 수 있다. 또 서로 융합하면 전혀 새로운 지식을 창출한다. 이에 따라 기업의 인사 및 노사관리 방식의 변화가 불가피해진다.

첫째, 가장 정확한 지식을 가지고 있는 현장사람들로 하여금 직접 의사결정을 하게 만드는 분권화가 이루어진다. 둘째, 이에 따라 통제방식이 '사전행동계획통제'에서 '사후성과측정통제'로 전환된다. 그리고 사후성과측정(평가)통제를 위해 필수적으로 요구되는 평가목표설정 및 사후평가측정의 중요성이 대두된다. 셋째, 시너지 효과를 기대하기 위한 공동(협력)작업방식이 도입된다. 또한 이를 장려하기 위한 집단성과급 도입이 추진된다.

지식이 핵심 생산요소가 됨에 따라 지식격차가 생산성격차, 그리고 다시 임금격차로 연결되고, 임금격차는 다시 지식축적의 유인이 된다. 특히 지식서비스 산업이나 R&D가 중요한 하이테크 제조업에서는 기업들이 인재를 확보하려고 (일반 제조업에서는 보통의 근로자에 대한 관심도

많겠지만) 노력한다. 이것은 다시 저숙련 근로자의 임금에 부정적 영향을 미치게 되는데, 과거의 '지식근로자 - 과소보상', '저숙련근로자 - 과다보상'의 조합이 더 이상 가능하지 않기 때문이다. 과거에 기업들이 이와 같은 임금관리를 선택한 것은 근로자들의 근로의욕(동기)이 자신의 절대적인 임금수준보다는 '조직 내 평균임금'과의 상대적 격차에 따라 결정되기 때문이다(이른바, 공정임금효과 가설).

그러나 이제 고숙련 노동력의 초과수요로 제값을 지불하지 않고는 그들을 채용할 수 없는 환경이 오면서 고숙련의 노동력이 제임금을 받아간다. 이에 따라 기업들은 저숙련 노동력에게 생산성 이상의 임금을 지급하기 어려워지는데, 과거와 같이 조직 내 근로자로 채용하게 될 경우 다시 '공정임금효과' 때문에 임금부담이 생기므로 비정규직 채용을 검토하고, 이를 지원하기 위해 노동시장에 저숙련 - 저임금 근로자만 채용한 전문업체(예컨대 인력파견회사 등 노동시장 중개업체)들이 출현한다.

지식근로자의 경우 근로자와 자본가의 구분이 모호한 경우가 많이 생긴다. 기업들이 지식근로자에게는 기업성과에 연동된 성과급, 기타 개별적인 업적급, 또한 스톡옵션 등을 통해서 사실상 자본가와 유사한 이해관계와 목표를 갖도록 한다. 이것은 투자한 내용만 다를 뿐 (근로자는 지식, 주주는 자본) 기업성과 극대화를 같이 추구하게 된다는 것을 의미한다.

3) 급속한 기술변화

빠른 기술변화는 아웃소싱의 증대, 인수합병의 증가 등으로 기업경계를 모호하게 만들고, 기존의 종신고용을 위협하는 등 노사관계에 심대한 영향을 미치고 있다. 급속한 기술변화로 인한 불확실성의 증대는 기업으로 하여금 유연성을 요구한다. 또한 기술발전으로 업무의 전문화가 심화되면서 한 기업이 조직 내에서 직접 수행하던 업무의 범위가 점점 더 좁혀지게 된다. 대신 외부조직을 활용한 아웃소싱의 확산을 통해 유연성과 전문성을 동시에 추구하는 방향으로 기업전략이 변화되고 있다.

새로운 기술을 획득하기 위해 기업은 종업원 재교육, 지식근로자 채용 등 인적 자원관리(혹은 인적 자원개발)를 통한 대응도 하지만(기술을 조직 내에서 '창출'하는 것), 새로운 기술을 가진 기업을 인수하거나 그러한 기업과 전략적 제휴 혹은 합작투자를 하는 등의 전략을 추진하는 경우가 많아진다(시장에서 기술을 '매입' 하는 것).

기술변화는 그 자체로 노동수요를 줄여서 성장을 하더라도 고용은 늘지 않는 '고용 없는 성장'을 가져올 수 있다. 더 중요한 것은, 세계 제조업시장을 이끌어왔던 내구재의 수명이 길어짐에 따라 내구재 시장의 포화가 빨리오고 이로 인해 제조업 성장의 둔화가 불가피해지면서 종신고용의 유지가 위협을 받게 되었다는 점이다.

4) 소결: 노동시장의 자유화 · 양극화와 노사관계의 변화

결국 경제환경의 변화에 대응하기 위한 기업의 경영전략의 핵심은 과거 조직이 모두 담당하던 경영활동 중에서 핵심역량에만 집중하고 나머지 경영활동은 아웃소싱한다는 것이다. 핵심역량을 담당하는 조직 내 지식근로자로서 충분히 높은 임금수준으로 대우하고, 장기고용을 통해 조직몰입과 충성심을 끌어내며, 분권화를 통해 의사결정과정에 적극 참여시킨다.

과거와 같이 한 사람이 여러 업무를 두루 수행할 줄 아는 방식의 '기능적 유연성'(*functional flexibility*)을 요구하는 그룹(주로 생산직, 예컨대 셀 방식 생산 등)과, 전문가로 구성된 팀의 공동작업을 통해 업무를 추진하되 프로젝트 방식으로 팀을 구성하여 유연성을 확보하는 그룹이 동시에 존재하며 조직 내 유연성을 확보한다. 즉, 후자의 경우는 유연성과 전문성이 동시에 추구되는 경우이다.

급속한 기술변화를 따라잡기 위해 필요한 전문가를 외부로부터 적극 영입하며, 이로써 전문성을 잣대로 한 근로자간 경쟁이 보다 치열해진다. 세계화의 진전으로 글로벌 차원에서 최적 생산요소의 분배가 이루어지면서 근로자간 경쟁은 국경을 넘어 이루어지기도 한다.

아웃소싱의 확대는 조직 내 거래보다 시장거래에 가까운 고용계약의 선택이 늘어나는 것을 의미하며, 그 목적은 비용절감, 유연성, 전문성으로 요약할 수 있다. 이는 조직 내 핵심역량을 담당하고 있는 핵심 근로자와 차별화된 인적 자원관리 방식을 적용할 필요가 있는 주변부 근로자들을 관리하기 위한 방식의 일환이다. 핵심근로자는 고임금, 장기고용, 의사결정참여, 자본가와의 이해관계 일치 등의 전략으로 관리한다.

〈표 5-1〉 노사관계 패러다임 비교

	전통적 노사관계(*New-Deal*)	현대 노사관계
상품시장의 범위	자급경제	세계시장 통합, 자본이동 자유화
직업안정성	장기고용	기업간 노동이동 활발
기업의 의미	고도성장하는 안정된 직장, 대부분의 업무 내부화	아웃소싱, 제휴, 인수합병 등으로 기업간 경계 모호
노동자 / 경영자의 구분	명확 / 지시를 통한 통제	모호 / 분권화와 사후성과를 통한 통제
노동자의 관심	좋은 기업에서의 장기고용	경력개발, 기업간 이동을 통해 경력관리
노동자간 이질성	매우 동질적인 단일화된 노동계층	매우 이질적 지식의 수준에 따라 양극화된 계층 존재
근로자 복지	사회복지, 기업복지 역할 구분 명확	새로운 근로자 복지체계 정립 필요

반면에, 저기능 근로자 그룹은 형평성, 근로자 연대 등의 문제유발을 피하기 위해 전문인력관리업체를 이용하면서 저임금과 고용유연성을 확보한다.

아웃소싱의 또 다른 의미는 전문성이며 주로 하이테크 업무를 수주하는 경우이다. 세계화와 정보화의 진전은 세부적인 차별화 전략을 (규모의 경제를 통해) 가능하게 하고, 차별화된 특정시장에서 높은 경쟁력을 가지려면 매우 높은 전문성을 확보해야 한다. 더구나 기술변화가 워낙 빠르기 때문에 어느 한 조직이 여러 기술에 전문성을 갖기 어렵다. 이렇듯 노동시장의 자유화, 양극화가 진전되면서 과거의 전통적인 노사관계 환경은 변화의 압력을 받게 될 수밖에 없다.

4. 노사관계 선진화의 4대 핵심요소와 관련 정책과제

1) 생산중심의 노사관계 지향: 노동과 자본의 공생의 원칙

기업 경쟁력은 자본의 관심일 뿐만 아니라, 근로자 보호의 경제적 토대이다. 경제학에서 노동은 경제적 가치를 갖는 재화나 서비스를 생산하는 데 필요한 하나의 생산요소이다. 첫째, 노동수요는 산출물에 대한 수요가 전제되어야 비로소 존재하는 것이다(*derived demand*). 따라서, 경쟁력 향상에 기초한 장기적 경제성장만이 고용안정을 통해 근로자 보호의 핵심요소가 된다. 그리고 자본과 대립각을 세워 해고를 제한하는 법령을 제정하거나 단체협약을 체결한다고 해도 실직 위험을 크게 줄일 수 있는 장치가 될 수 없다. 해고제한 규제로 일시해고(*lay-off*)를 막을 수 있을지는 모르나, 공장문을 닫는 경우(*plant-closing*)까지 법으로 제한할 수는 없기 때문이다. 자본이동의 자유화 추세는 자본이 국경을 초월하여 경쟁력 있는 노동력을 찾아갈 것이므로 법과 제도로 고용권을 보장받는 것은 더 이상 가능하지 않다.

둘째, 지식의 창출·보유 주체인 인적 자원의 협력이 기업 경쟁력의 핵심요소가 된다. 노사관계는 학습의욕, 근로의욕, 참여욕구를 자극하고 유도함으로써 능력개발, 생산성 향상, 새로운 아이디어 발굴이 가능하도록 하여 경쟁력 있는 상품의 생산을 가능하게 한다.

노동과 자본의 공생원칙은 노동자의 생산에 대한 참여확대와 기업성과에 대한 공동책임으로 표현된다. 예컨대, 생산성 증가를 위해 노사가 공동으로 연구하고, 노동자의 임금·보상이 기업성과에 연동되어 결정되는 방식이다. 이것은 노동자를 하나의 이해관계자로서 관리(*relation management*)하는 것이 아니라 윈-윈 게임을 하는 협력(*collaboration*)의 대상으로 고려하는 것이다. 노동자(혹은 노동조합)를 경영에서 배제할수록 생산성 증가에 이로울 것이라는 편협한 사고는 곤란하다. 경영혁신

추진에서 노동조합을 배제하고, 그럴수록 노동조합은 경영혁신에 대해 불신, 회의, 반발하여 새로운 시스템이 도입되어도 성과가 기대에 미치지 못하는 경우가 많다.

정책방안을 강구함에 있어 첫째, 노사가 생산을 위해 협력하지 않으면 안 되는 환경을 만들어주는 것이 핵심이다. 시장의 퇴출장벽을 낮추어서 경쟁력이 저하되면 시장에서 퇴출시키고 그 비용을 노사가 충분히 부담하게 만들어야 한다. 그리고 이것이 가능하려면 노사관계를 정치적으로 이용하려는 정부의 태도도 불식되어야 한다. 시장원리 대신 정치논리가 개입하면 생산에 협력하는 것보다 투쟁강도를 높이는 것이 노동조합에게 더 유리한 카드가 될 것이기 때문이다. 신 노사관계 로드맵(노사관계선진화방안)에서는 '기업인수시 고용승계 의무화'를 명문화하자는 제안을 하고 있으나, 이는 '시장경쟁에서 진 경우인데도 불구하고 노동자들에게는 책임을 묻지 않는다'는 점에서 노사관계 합리화에 역행할 수 있다. 그리고 실제로 양수인은 이 부담을 양도가격에 전가할 것이 분명하고, 이러한 이유로 인수가격이 과도하게 낮아지게 되면 인수계약 자체가 불발될 가능성, 즉 파산으로 이어질 경우 근로자에게도 큰 피해(실직)로 돌아갈 것이다.

둘째, 노사협의회를 생산협력의 장이 될 수 있도록 제도를 정비하고 사용자에게 노사협의회를 활성화해야 하는 의무를 부과한다. 종업원 과반수 이상의 노동조합 결성여부와 상관없이 근로자 대표는 근로자 전원의 투표로 선출될 필요가 있다. 단체교섭을 주된 기능으로 하는 노동조합과, 고충처리와 생산협력을 주된 기능으로 하는 노사협의회의 근로자 대표들이 동일한 인물로 구성된다면, 노사협의회가 제 역할을 하기 힘들다. 분배게임(단체교섭)에 능한 근로자 대표와 생산게임(노사협의회)에 능한 근로자 대표가 동일한 사람일 가능성이 희박하다고 보는 것이 합리적이다. 또 일정규모 이상의 사업장에서는 근로자대표의 전임근무를 인정하고, 전임자에 대해서는 사용자의 임금지급의무를 부여할 필요가 있다.

노동자의 자율조직인 노동조합과는 달리 노사협의회는 법적 설치 의무기구이므로, 이 기구를 활성화하기 위해 선임된 전임자에 대해서는 기업의 지원의무가 있다고 보는 것이 합당하다.

셋째, 노동자의 지나친 고용보장권에 대한 견제장치가 필요하다. 물론 공장 문을 닫게 되는 경우에는 고용보장이 되지 않겠지만, 경영권에 대한 과도한 침해로 인해 실질적으로 정리해고가 불가능할 경우, 생산에 대해 협력할 동기(유인)는 크게 떨어질 것이다. 경영권을 과도하게 침해하는 단체협약 체결은 노동조합의 부당노동행위로 규정하는 등 일정부분 규제할 필요가 있다. 통상적으로 '그것을 이유로 쟁의행위를 하지 못한다'는 식의 규제는 '표면적으로는 다른 이슈를 들어서 얼마든지 쟁의행위에 돌입'할 수 있기 때문이다.

넷째, 노사 신뢰구축에 도움이 될 수 있도록 합리적 단체협약의 모델을 공공부문에서 개발하고, 사기업에서 이러한 모델을 도입할 경우 정부가 세제지원 등 제도도입을 촉진시키기 위한 방안이 있는지 적극 검토한다.

예컨대, 노사합의로 실업사보험 제도를 도입할 필요가 있다. 고용조정의 사회적 이득은 클지 모르겠으나, 당하는 사람의 입장에서 보면 해고의 사적 이득(*private benefit*)은 거의 없고 사적 비용(*private cost*)만 엄청나게 클 것이므로 노동자가 강하게 반발하는 것은 지극히 당연하다. 따라서 고용조정 대상자에게도 구조조정의 이득이 돌아갈 수 있는 방안을 강구할 수 있는 것에 대한 합의도출이 필요하다. 실직 근로자의 아픔을 덜어주는 방법은 (고용보장이 불가능한 현실에서) 결국 돈으로 도와주는 길밖에 없다. 그리고 사회보험 이외의 추가적 비용은 실직 근로자들의 희생으로 덕을 볼 수 있는 사람, 즉 해당 공기업의 '주주'와 '살아 남는 자'들이 부담하는 방식을 찾아보는 것이 공평하고 합리적이다. 이미 우리는 일부 금융기관의 구조조정 과정에서 이러한 사례를 관찰한 바 있다. 구체적 방법을 생각해 보면, 주주의 부담은 '떠나는 자에게 스톡옵션을 부여'하는 것으로, 남는 자의 부담은 '능력별로 갹출하여 실직자 위로금 기금을 조성'하는 방식으로 가능할 것으로 사료된다. 장기적으로는 지금 당장 어려움이 없는 기업이라도 이러한 목적의 기금을 기업차원에서 적립할 필요가 있으며, 이는 사회보험인 고용보험을 보완하는 사(私)보험의 역할을 충분히 수행할 것이다. 이 기금은 '떠나는 자에 대한 남는 자의 배려'라는 의미뿐만 아니라 '불경기에 대비한 호경기의 저축'이라는 의미를 가질 것이기 때문이다. 정부도 세제상의 지원을 통해 이러한 자구적인 노력에 도움을 줄 수 있을 것이다.

다섯째, 사업장의 복수노조가 가능한 2007년 이후에는 노노갈등이 협력적 관계를 더욱 어렵게 만드는 요소로 작용할 것이 우려되므로, 근로자간 이해관계 조정과 노동조합의 통합을 유도할 수 있는 방향으로 제도적 장치를 마련할 필요가 있다. 교섭창구 단일화 방안에서 이러한 점들이 고려되어야 할 것이다. '조직대상 중복 노조간 교섭창구 단일화'가 아니라, '교섭단위(*bargaining unit*) 내 교섭창구 단일화'로 논의가 전환될 필요가 있다. 조직대상이 중복되는 복수노조의 경우에만 교섭창구 단일화를 이루고, 조직대상이 중복되지 않을 경우에는 모두 교섭권을 갖는다고 할 경우, 조직대상이 다른 여러 노조가 난립할 경우 사용자의 교섭비용이 지나치게 커질 것이 우려된다. 또 '조직대상의 중복'이라는 개념 자체가 노동조합의 (자율적인) 규약에 의해 결정되는 것이므로, 복수노조인가 아닌가를 구분하는 것 자체가 논리적으로 어색하다. 따라서, 한 사용자를 상대로 하는 다양한 노조의 조합원 구성을 감안하여, 노동위원회에서 적절한 교섭단위를 결정한 후, 해당 교섭단위 내에서는 교섭창구를 단일화하는 것이 논리적으로 더 명확하고 사용자의 교섭비용도 줄이는 길이 될 것이다.

2) 저임금계층 보호 강화: 절대약자 보호의 원칙

노사관계의 기본철학은 약자 보호에 있다. 상대적으로 약한 노동자를 우선적으로 보호하는 노사관계를 정립하는 것이 국가의 역할이다. 과거 산업화시대에는 노동자를 하나의 단일계층으로 상정할 수 있었고, 노사관계의 틀도 거기에 맞춰졌다. 그러나 지식의 격차가 커지고 또 지식의 가치가 가격에 반영되는 지식정보화 사회에서는 노동시장 내 불평등이 심화되고 있다.

비정규직 보호와 관련하여 첫째, 비정규직을 정규직으로 전환하는 방향에서 문제를 해소하려는 전략은 처음부터 불가능하다는 점에 유념할 필요가 있다. 이른바 정규직은 전통적인 근로형태인 '풀 - 타임의 상용근로자'(*permanent & full-time workers*)라는 개념의 근로자이고, 이를 제외한 다양한 근로계약을 가지고 있는 근로자가 비정규직으로 간주될 수 있다. 즉, 특정 근로계약을 (그것이 다수를 점했기 때문에) 정규직이라 불렀으며, 비정규직은 '정규직이 아니다'라는 사실만 같을 뿐 서로 다른 다양한 근로계약을 내포하고 있는 것이다. 파견근로자, 외주근로자(*contract worker*), 호출근로자(*on-call worker*), 자체고용의 임시직(*temporary hires*), 독립도급근로자, 리스(*lease*)근로자 등 매우 다양하다. 따라서 기업이 정규직으로 채울 의사가 희박한 직무에서 정규직 채용을 강하게 유도하는 정책은 현실적으로 크게 기대하기 어려울 것이다.

왜냐하면 기업이 조직에서 필요한 직무(*job*)의 성격에 따라 근로계약 형태를 선택할 수 있다면, 특정 비정규 근로계약을 규제한다 하더라도, 그 대신 정형근로의 근로계약이 선택되리라는 보장이 전혀 없으며, 다른 형태의 비정규근로가 얼마든지 선택될 수 있기 때문이다. 파견불법 직종으로 선정하고, 이를 피해 외주근로자 형태로 갈 경우에는 불법도급으로 간주하여 규제하고, 또한 이를 피해 자체임시직으로 채용할 경우에는 일정기간 이후 정규직 전환 의무화 등의 규제를 가할 수는 있다.

그러나 이 경우 기업은 '해당직무를 정규직으로 채우는 것'과 '계약해지 후 다른 근로자 채용'의 상대적 비용을 비교해서 결정할 것이므로 기대효과가 제한적일 것이다. 다만, 저기능 직무의 경우 기존 근로자와의 계약을 해지하고 다른 근로자와 새로운 계약을 체결하는 것에 대한 부담이 대부분일 것이므로, 기존 근로자의 계약을 해지하고 다른 근로자를 새로 고용하는 것에 대한 부담이 그리 크지 않을 것이라는 점에 유념할 필요가 있다.

둘째, 저임금의 가장 큰 원인이 저기능에 있기 때문에 가장 근본적인 약자보호 방법은 그들의 기능수준을 향상시키는 것이며, 직업훈련과 자격 및 직업소개 등 인력개발정책과 결합된 노동정책이 요구된다. 비정규직의 경우, 법을 통해 직장안정을 보장하기가 쉽지 않다면, 비정규직 근로자들이 계속 일자리를 구할 수 있도록, 그리고 지금보다는 높은 임금을 받을 수 있도록 도와줄 필요가 있다. 그러려면 비정규직 근로자들도 지금보다 더 전문화되고 기술수준이 높아야 할 것이고, 이를 위해 정부가 비정규직 근로자들에 대한 직업교육을 강화하는 것이 필요하다. 비정규직이 큰 비중을 차지하는 직종에 대해 공공직업훈련 프로그램을 강화하고, 또 훈련과 함께 직업소개서비스도 제공하는 것이 중요하다.

단순 서비스직종에서의 고용촉진을 위해 새로운 자격증의 개발이 시급하다. 단순직의 대부분이 비정규직이라는 사실은 스킬의 성격이 일반적(*general*)이지 기업특수적(*firm-specific*)인 것이 아니라는 사실을 의미하므로 자격증의 존재 필요성은 논리적으로 타당하다. 문제는 단기간 훈련으로 습득 가능한 직종에 대해서도 과연 자격이 필요할 것인가에 대한 의문이 제기될 수 있으나, 아무리 단순직이라 하더라도 자격을 통한 직업능력인증은 취약계층의 직무수행능력에 대한 신뢰를 높여줄 것이므로, 이들의 안정적 취업을 위해서 매우 필요한 장치가 될 것이다.

더 나아가 보다 적극적인 직업소개 사업 추진을 위해 지자체가 직접 '공공파견사업'을 수행할 필요가 있다. 여기서 직업훈련도 동시에 수행할 경우 더 효과적일 것이다. 훈련은 규모의 경제가 매우 중요한 사업인데, 영세한 규모의 파견회사들이 개별적으로 훈련을 실시할 수는 없기 때문이다. 훈련수료 후 공공기관이 직접 직업소개 및 파견 서비스까지 담당할 경우 규모의 경제, 공익성 추구 등의 이유로 매우 저렴한 수수료만 파견근로자에 부과될 가능성이 있다. 즉, 이 부분은 공공부문의 경쟁력이 매우 큰 분야이다.

장기적으로는 공공부문보다 자율적인 노동자 조직이 저임금계층의 직업훈련 및 직업소개 기능을 갖는 것이 더 효율적이다. 필요한 지원내용에 대한 정보도 더 많이 가지고 있고, 노동자(조합원)를 위해 노력할 유인도 더 클 것이기 때문이다. 그리고 정부가 이러한 조직을 재정적으로 지원할 수 있을 것이다. 어차피 정부재정으로 할 일을 그러한 자율적 조직이 대신 수행하는 것으로 볼 수 있기 때문이다.

셋째, 개별적 노사관계에서는 약자인 비정규직이 오히려 법제도 적용에서 불리한 측면이 없도록 하는 것이 핵심이다. 정규직과 비정규직 간의 부당한 차별해소를 위한 정책은 '동일직무(정규직으로 채용할 마음이 있는 직무)에서 정규직과 비정규직이 동시근로'하는 경우에서 정규직으로의 전환을 유도할 수 있을 것이고, 정규직으로 채울 마음이 없는 직종이어서 정규직으로의 전환이 쉽지 않더라도 비정규직으로서의 근로조건이 상향조정되는 효과를 가질 것이다. 특히 중소 영세업체의 비정규직의 경우에 대해서는 효과가 클 것으로 사료된다. 다만, 정규직, 비정규직의 동시근로가 '구조조정이 마무리되지 못한 상황에서의 과도기적 현상'이거나(예: 과거 K공사의 요금영업소에서 정규직과 비정규직이 동시에 근무하다가 이제는 외주근로자로 모두 채워짐), '겉으로는 동일한 업무처럼 보이나 실제로는 필요 직능의 수준에서 차이가 나는 상이한 업무일 가능성'(예: 콜센터에서 비정규직은 특정분야에서, 또 정해진 내용에 대해서만 서비스하지만, 정규직은 보다 폭넓게 그리고 예외적인 질문에 대해서도 서비스하는 경우)인 경우에는 쉽지 않을 것이라는 사실에 유념할 필요가 있다.

또한 장기적으로 정규직·비정규직 간 담당하는 직무가 철저히 분리된다면, 정규직·비정규직 간 차별을 논하는 것조차 어려워질 수도 있다.

비정규직에게도 4대 사회보험(국민연금, 건강보험, 산재보험, 고용보험) 가입과 혜택에서 정규직과 동일한 혜택을 받을 수 있도록 해야 한다. 특히 법으로 보험적용 대상임에는 틀림없으나, 문제는 실제로 보험에 가입되어 있지 않은 비정규직이 많으므로 보험행정을 강화하여 비정규직이 보험혜택에서 누락되는 일이 없도록 해야 한다. 비정규직에 대한 근로감독을 철저히 하고, 특히 최근 늘어나는 임금체불에 대해서는 처벌조항 강화 등의 방안을 검토할 필요가 있다.

다만, 논란이 많은 정규직·비정규직 간 임금차별 해소를 위한 정부의 직접적인 개입은 조심스럽게 접근해야 할 사항이다. 누가 할 수 있겠는가의 문제이다. 핵심은 정규직·비정규직 동일노동시의 차별인데, 적정차이를 벗어나는 차별부분을 적시해 주려면 동일직무 여부에 대한 판단뿐만 아니라, 직능(생산성)에서의 차이에 대한 측정이 우선되어야 한다. 그런데 정부가(아니 노사당사자 이외의 외부인 누구도) 이에 대한 판단을 하기는 쉽지 않을 것이다. 노사 자율교섭의 논리적 근거가 '적정 임금인상에 대한 정보는 노사 당사자가 가장 잘 알고 있다는 믿음'에 기초한다는 사실을 상기해 볼 필요가 있다. 임금차별 부분은 사업장에서 같이 일하는 (즉, 적정차이에 대한 정보를 가장 많이 갖고 있는) 정규직 노동조합의 노동운동(단체교섭)을 통해 풀어나가야 할 문제로 사료된다.

넷째, 집단적 노사관계에서도 비정규직의 노동 3권이 실질적으로 보장되어야 할 것이다. 그 중에서도 비정규직의 실질적인 노조활동을 보장해야 한다. 비정규직의 노조활동은 법적으로는 문제가 없지만 실제로는 결코 쉽지 않은 일이다. 특히 비정규직이 노조에 가입할 경우 기업이 계약갱신을 해주지 않는 등 비정규직의 노조가입을 방해하는 경우가 있으므로, 이를 잘 가려내고 부당노동행위로 엄단해야 한다.

단체교섭권 확보와 관련해서는 '실질적인 사용자'와 교섭할 수 있는 권리를 보장하는 것을 적극 검토해 보아야 할 것이다. 예컨대 사내하청 근로자에게 원청업체 사용자와의 단체교섭권을 부여해야 한다. 사내하청 근로자의 경우 기업특수적 업무를 수행하기 때문에 파견근로자와는 달리 시장에서 적정 임금수준에 대한 준거(*reference*)를 찾기 힘들다. 따라서 원청업체에서 하청단가를 일방적으로 결정하면, 거기에 맞게 임금수준을 맞출 수밖에 없다. 또 하청단가에 대한 정보도 갖고 있지 못한 경우도 있을 수 있다. 따라서 외주근로자의 근로조건을 실질적으로 결정할 권한을 가지고 있는 원청업체가 사용자의 범위에 포함되는 것이 논리적 타당성을 갖는다. 미래사회는 기업간 경계가 모호해지는 것이 특징이기 때문에, 단지 다른 법인에 속해 있다고 해서 단절된 관계로 규정하는 것은 합리적이지 못하다. 이때, 외주근로자 노동조합은 파업으로 힘을 행사할 수 있고, 원청업체는 하청업체와의 계약을 포기하는 것으로 힘을 행사할 수 있다.

다섯째, 근로복지 관점에서는, 약자계층이 일반적인 노동조합 조합원에 비해 상대적으로 취약한 기업복지 부분에 대해 국가가 보완해 줄 수 있는 방법을 찾을 필요가 있다. 카페테리아 방식의 복지프로그램을 제공할 수 있는 기금을 조성하되, 참여근로자의 회비규모에 연동하여 정부예산을 보충시키는 방식으로 재원을 마련할 수 있을 것이다. 기존의 근로자복지진흥기금을 이러한 체계로 전면 재편하는 것을 고려해 볼 수도 있을 것이며, 규모의 경제 실현이 가능하므로 매우 저렴한 비용으로 복지를 제공할 수 있을 것으로 기대된다.

3) 노동시장 변화에 능동적 대응: 유연성의 원칙

(1) 근로자의 고용가능성 제고

'현재직장(내부노동시장)에서의 고용안정성(*job security*)'에 집착하기 어려워지는 환경이므로, '외부 노동시장에서 고용가능성(*employability*)'을 높이는 방향으로의 노사관계 정책이 요구된다.

향후 좋은 직장은 종신고용을 보장하는 것이 아니라 학습을 할 수 있는 조직이다. 즉, 일을 통해 실력을 키워줌으로써 다른 곳에 더 높은 임금을 받고 취업할 수 있도록 만드는 직장이 근로자에게 고마운 직장이다. 또 한 번의 교섭으로 임금인상을 더 안겨주는 노동조합보다 조합원들의 기능을 지속적으로 향상시켜 줄 수 있는 노동조합이 생명력이 더 길 것이다. 최근 미국의 어느 노동조합은 조직확대를 위해 TV광고를 통해 조합원에 대한 직업훈련 기회제공을 선전하고 있다.

장기고용의 정규직(*core worker*)의 경우, 경력개발을 위해 노사가 공동으로 노력한다. 종업원 직업훈련 프로그램을 노사가 함께 설계하고, 비용분담에 대한 합의를 도출한다(예: 사측은 훈련비용을, 노측은 훈련시간 할애를 통해서).

한편, 전문직 혹은 비정규직의 경우, 직종별(노동자)조직이 구성되고, 이 조직과 사업주단체(업종별 협회 등)가 공동으로 구성하는 직업훈련 시스템을 구축한다. 더 나아가 직종별 노동자 조직(노조 혹은 다른 형태의 조직이라도 무방함)이 소속근로자(혹은 조합원)들의 직업훈련, 직업소개, 경력관리 등의 기능을 종합적으로 수행할 수 있는 일종의 인력개발기구로 발전할 수 있도록 지원할 필요가 있다.

(2) 집단적 노사관계 대 개별적 노사 관계 간의 균형

개별적 노사관계는 원천적으로 획일성·경직성의 문제를 안고 있다. 따라서 다양성이 확대되고 유연성이 필수요소가 되는 미래환경에 취약한 면이 있다. 특히 선진국의 경우 집단적 노사관계가 퇴조하면서 개별적 노사관계에의 의존도를 높이게 되는데, 이에 따라 노동조건 법적 보호의 수준이 '최소조건'(*minimum condition*)이 아니라 '평균조건'이 되는 경향이 있다. 한편, 집단적 노사관계는 자유, 다양성, 경쟁 등을 기본 전제로 하고 있기 때문에 다양성, 유연성 추구에는 유리하나, 차별화로 인한 양극화 초래 등의 문제에 대한 대안을 마련하기 쉽지 않다는 단점이 있다.

따라서 집단적 노사관계의 사회통합 기능을 제고하고, 개별적 노사관계의 경직성을 다소 완화하는 방향으로 노사관계 시스템을 개선해 나갈 필요가 있다. 전자를 위해서는 노동자 조직의 다양성 인정과 상호연대 가능성 확대가, 그리고 후자를 위해서는 근로계약에서의 자유의지와 다양성의 가능성 확대가 요구된다.

많은 근로자들이 (특히 지식근로자) 근로계약에서 자율적 결정의 힘을 확보하고 있는 상황에서, 근로계약 체결의 자율성과 그 내용의 다양성을 인정해 줄 수 있는 제도적 기반이 구축될 필요가 있다. 비정규직 등 저임금 근로계층도 늘어나는 상황인 만큼 기존의 근로기준법의 법정최저근로조건 설정의 의의 자체를 부정해서는 안 될 것이다. 다만, 노동조합(혹은 근로자)이 사용자와 자율적으로 체결한 단체협약(혹은 개별적 근로계약)의 내용 중 일부가 법정최저근로조건에 미치지 못한다고 할지라도, 노동조합(근로자)이 전체 근로계약 내용이 근로기준법의 최저근로조건보다 더 우월하다는 확신을 가지고 있다면, 자율적 계약내용을 그대로 인정해 주는 것이 노동자에게 더 유리할 수 있다는 의미이다.

예컨대, 산재예방에서도 세세한 조항 몇 개는 위반하더라도, 노사가 해당사업장에 맞는 산재예방 시스템 구축에 합의한다면 그것의 적법성을 인정해 줄 경우, 오히려 더 나은 산재예방 시스템의 구축이 가능해진다는 주장과 일맥상통한다(예를 들면 *voluntary protection program*). 구체적으로 젊은 노동자가 퇴직금 대신 해외유학 제공을 요구하는 것이 가능해질 수 있을 것이다. 또 초과근로시간에 대해 일일이 초과근로수당을 받지 않고, 적립해 두었다가 차후에 한 번에 휴가로 사용할 수 있는 '근로시간 저축제(예: BMW)'의 도입도 가능해질 것이다.

(3) 통합적 노동운동의 지향

노동운동의 대상(범위)이 숙련근로자에 집중되어 있는 지금보다 훨씬 더 넓어져야 한다. 노동자와 자본가와의 구분이 모호해지는 전문관리직의 경우에도 노동자로서의 목소리(*voice*)를 내고 싶어하고, 근로특성상 전통적 노동조합과는 다른 노동자 조직을 필요로 할 가능성이 크다. 다양한 노동자 조직의 결성 가능성을 열어주는 정책이 요구된다. 또 비정규직을 기존 노동조합의 조직대상으로 끌어안거나, 비정규직 노동자 조직과 연대할 수 있는 여건이 조성되어야 할 것이다.

4) 원칙 중시의 노사질서 확립: 중립과 공익의 원칙

파업의 사회적 비용을 최소화하기 위한 제도개선을 검토할 필요가 있다. 필수공익사업의 노동쟁의에 대한 직권중재 제도를 폐지하기보다 운영의 합리화를 통해 (파업의 사회적 비용발생을 방지하면서) 중재안의 공정성을 획기적으로 높이는 것이 보다 합리적이다.

신 노사관계 로드맵에서는 필수공익사업에 대한 직권중재제도를 폐지(위헌소지 제기)하는 대신, '쟁의기간중의 대체근로'를 허용하는 안을 제시하고 있다. 그러나 헌법에는 노동 3권뿐만 아니라 국민의 생존권, 교육받을 권리도 기본인권으로 보장받도록 되어 있다. 따라서 단체행동권과 다른 기본권이 충돌할 경우에는 어느 권리를 더 존중해야 할 것인가를 사회적 합의를 통해 선택할 수 있다고 보는 것이 합리적이다. 즉, 필수공익사업의 단체행동권을 제한하는 것은 선택할 수 있는 하나의 대안이며 이것 자체가 위헌이라고 보는 것은 지나치게 경직된 논리이다.

중재 그 자체보다도 중재의 공정성이 문제이고, 노동계 불만의 본질은 여기에 있다. 과거 호주나 뉴질랜드에서 전국교섭의 노사분쟁시 임금협약을 중재로 결정하더라도 중재가 공정하게 이루어진다고 생각한 노동조합은 불만이 거의 없었다는 것이 사실이고, 공공부문의 이익분쟁에서 강제 중재제도를 선택한 미국의 경우에도 노동조합의 중재 자체에 대한 불만은 거의 없는 것으로 알려져 있다. 미국의 교차삭제법(*strike-alternate method*, 많은 중재자 후보들 명단 중에서 노사가 각자 순서대로 한 명씩 지워나가며 최후에 남는 사람을 중재자로 선정하는 방법)을 도입하면 '절차적 정당성'(*procedural justice*)이 확보될 뿐만 아니라, 선정된 중재자로 하여금 공정한 결정을 하도록 만들 수 있다는 '결과적 정당성'(*distributional justice*)의 장점을 가지고 있다. 노사 어느 한편에게라도 공정하지 못할 경우 그 중재자는 다음에 다시는 뽑히지 않을 것이기 때문이다. 결국 소비자인 노사 당사자에게 선택권을 부여함으로써 중재자간의 경쟁이 일어나고, 이로 인해 합리적이고 공정한 중재서비스를 제공할 수 있는 '중재자 시장'이 자연스럽게 형성된다.

법 집행의 엄정성을 강화하여 원칙준수에 대한 '도덕적 해이'가 나타나지 않도록 한다. 원칙을 지키는 것이 지키지 않는 것보다 유리한 환경을 만들어야 원칙이 지켜진다. 한편, 원칙위반에 대한 처벌수준을 지금보다 합리화할 필요가 있다. 불법파업에 대한 손배소 관련제도 중 다소 지나친 부분은 합리적으로 조정되어야 하며, 고의적 임금체불 사용자에 대한 처벌은 대폭 강화될 필요가 있다.

· 참고문헌 ·

문무기(2003), "노사관계법 · 제도 선진화 방안", 《매월노동동향》 27, 한국노동연구원.

유경준(편)(2004), 《취약계층 보호정책의 방향과 과제》, 한국개발연구원.

유종일 · 이종훈 · 김재구(1996), 〈21세기의 바람직한 노사관계 모형: 공생체적 노사관계의 모색〉, 미발간보고서.

이종훈(1994), "합리적 노사관계 정립을 위한 제도개선 과제", 한국개발연구 16(4), 한국개발연구원.

______(1998), "구조조정기의 노동정책", 한국경제연구학회 제 1차 학술대회 발표논문.

______(2003a), "임금의 수준과 구조", 〈임금, 무엇이 문제인가〉, 한국노동경제학회 2003년 정책토론회 논문집.

______(2003b), "한국 노사관계의 발전적 방향 모색", 바른사회 시민회의 심포지엄 발표논문.

______(2005a), "비정형근로의 선택 및 유형에 대한 이론적 이해", 미발간논문.

______(2005b), 《노동시장에 대한 노동조합의 영향》, 명지대학교 출판부.

______(2005c), 《지식정보사회의 인력개발정책》, 정보통신정책연구원.

이철수(2002), "근로계약의 입법론적 · 해석론적 과제: 이른바 근로계약법제와 관련하여", mimeo.

______ 외(2004), "교섭창구 단일화 방안", 노동부.

______(2005), "교섭창구 단일화 방안의 쟁점", 노동부 홈페이지(www.molab.go.kr).

정종수 · 엄현택(2005), "노사관계법 제도 선진화 방안의 쟁점", 《노동법률》, 2005년 7 · 8 · 9월호

Ackerman F. et al. (eds.) (1998), *The Changing Nature of Work*, Island Press Inc.

Kang, S. H. et al. (2001), "Globalization and Income Inequality in Korea", mimeo, OECD.

Osterman P. et al. (2002), *Working in America: A Blueprint for The New Labor Market*, The MIT Press Inc.

Rhee, C. (1993), "Industrial Relations & Human Resource Management Policies in Korean FDI Firms", presented at the International Conference of 3rd HRD Task Force Meeting held by PECC (Pan-Pacific Economic Cooperation Committee).

______(1998), "The Future Employment Relationship, Labor Conflict and the Agenda of Reforms for its Effective Prevention & Resolution in Korea", presented at the International Conference on Labor Dispute Resolution held by National Labor Relations Commission.

______(2003), "Wage Levels, Differentials and Determinations", in *Employment and Industrial Relations in Korea* (ed. by J. Kim), Korea International Labour Foundation.

제 6 장

경쟁적 복지국가

일자리 · 안정 · 경쟁력

송 호 근

복지후진국으로 분류되던 한국은 1987년 민주화 이후 사회복지의 급속한 발전을 이룩했다. 그러나 포괄적, 장기적 기획이 결여된 채로 각 정부가 직면했던 정치적 필요성과 새로운 수요를 그때그때 충족시키는 '부가적 방식'으로 진행되었다는 것이 일반적 견해이다. 복지국가는 사회적 재난과 위기로부터 시민들을 보호하고 품위 있는 생활을 유지할 수 있도록 공적 혜택을 제공한다. 그리고 그것은 재정, 경제성장, 소득평등이라는 세 개의 핵심목표 간에 선순환적 관계를 유지해야 한다. 한국의 현행 복지제도는 이런 관점에서 중대한 결함을 드러내고 있는데, 세계화 시대에 적응력을 갖춘 복지국가 모델을 검토함으로써 한국 복지제도의 장기적 기획을 마련해야 할 필요가 있다. 여기서는 그 대안을 '경쟁적 복지국가'[1]로 칭한다. 이 글은 우선 권위주의시대의 복지제도와

1) '경쟁적 복지국가'(*Competitive Welfare State*)란 세계화의 구조적 요건을 충족하면서 복지제도의 선진화를 향한 국민들의 염원을 수렴한 복지제도이다. 그것은 사회보험의 질적 발전을 통해 국가복지의 보편성을 완성하는 것을 최선의 목표로 설정하되, 인구집단 특성별 복지수요를 개발하고 대상 집단으로 하여금 시장경쟁력을 갖출 수 있도록 지원하는 데 역점을 둔다. 이는 노동시

이념적 특성을 간략히 요약하고, 민주화 시기에 이룩한 복지제도의 발전상을 검토한 뒤, 현행 복지제도의 장단점을 비판적으로 조명할 것이다. 이를 바탕으로 '경쟁적 복지국가'를 21세기 한국이 지향해야 할 복지국가 모델로 제시하고자 한다.

1. 권위주의 시대 : 공공복지의 저발전

1) 제도와 이념적 특성 : 성장우선정책과 복지후진국

권위주의 정권(1961~1987)은 국가의 모든 자원을 경제성장에 투입하기 위해 '선 성장 후 분배'의 원칙을 고수했으며, 그 결과 이 기간동안 공공복지(*public welfare*) 개념은 정책적 관심에서 배제되었다. 한국은 개발도상국 중에서도 국가복지가 매우 낙후된 '복지후진국'(*welfare laggard*)으로 분류되었다. 복지 개념은 부자가 빈자에게, 국가가 능력 없는 국민에게 베풀어주는 '시혜'로 여겨졌다. 복지는 시민의 근본적 권리인 '사회권'(*social right*)이지만, 권리 개념과는 동떨어진 것으로 간주되었다. 복지수혜자는 낙오자, 병자, 능력 없는 자, 게으른 자, 재활능력이 없는 자 등의 사회적 낙인이 찍혔다. 그런데 1987년 이후 민주화 과정에서 복지는 비로소 사회적 권리로 인식되기 시작하였다. 권위주의 정권은 사회보험과 빈곤정책(공공부조)을 위주로 한 매우 제한적 복지체제를 유지했는데, 사회보험은 일본을 거쳐 들어온 독일적 유형을, 빈곤정책은 미국과 영국의 빈민정책을 원형으로 한 것이었다.

사회보험으로는 산재보험(1961)과 연금보험(1963)을 필두로 의료보험(1976), 고용보험(1996)이 각각 도입되었는데, 산재보험은 500인 이상

장과의 연계를 체계화하여 복지제도의 성장기여도를 높이고 복지수혜자의 도덕적 해이를 방지하는 것을 목표로 하는 한국형 근로연계복지이다.

대기업노동자를, 연금보험은 군장교, 교사, 공무원을, 의료보험 역시 대기업과 공공부문을, 고용보험은 70인 이상 기업을 일차적 대상으로 설정했다. 그것은 국가부문과 공공부문의 정치적 지지를 촉진한다는 '정치적 목적'과 보험기금의 재정적 안정성을 기한다는 '경제적 목적'을 꾀하는 것이었다. 사회보험은 애초부터 국가와 기업주, 피고용자가 각각 보험금을 부담하는 기여방식(*contributory*)으로 설계되었다. 권위주의 시대에 사회보험은 최소한의 수준으로 유지되었는데, 국가가 주력했던 것은 절대빈곤계층에게 생계를 보조하는 빈곤정책이었다. '생활보호법'이 권위주의시대에 가장 중요한 복지수단이었으며, 일반 국민들에게는 '일자리' 창출이 최선의 복지로 간주되었다.

2) 기업복지와 사복지

국가는 공공복지의 발전을 억제하는 대신 기업이 노동자의 복지를 책임지는 기업복지를 장려했다. 기업복지는 가부장적 노사관계라는 국가이념에 부응하는 개념으로서 기업이 종업원의 복지후생을 담당하는 '제2의 가정으로서 기업'이라는 한국적 가치관이 강조되었다. 기업복지는 기업의 지불능력에 따라 다양하게 발전했는데, 처음에는 대기업의 관리직과 사무직 중심으로 제공되다가 1980년대 중반에 들어 생산직 노동자에게 확대되었다. 기업복지는 노사관계의 안정과 노동력을 확보하는 수단으로 1990년대 초반까지 확대 발전되다가 1990년대 중반부터 점차 하락하는 경향을 보였고, IMF 사태 이후에는 현금혜택이 급속하게 축소되고 시설관련 혜택 중심으로 바뀌었거나, 현금혜택일 경우 인센티브제도와 결합되는 양상을 보이고 있다. 1990년대 중후반 경제위기를 겪으면서 기업복지는 노동비용을 증가시켜 기업경쟁력을 위협하는 요인으로 간주되기 시작하였다. 또한 기업복지는 대기업과 중소기업, 관리·사무직과 생산직 간의 소득불평등을 높이는 기제로도 작용하였다.

공공복지의 발전을 제한한 상황에서 국가는 상부상조의 정신을 장려한다는 명분 하에 사복지 개념의 의의와 유용성을 강조했다. 사복지란 공공복지의 대립적 개념으로 공동체, 친고집단, 자선조직, 교회와 사찰 등의 민간단체가 제공하는 복지를 뜻한다. 주로 친족회와 종친회 등의 일차적 혈연조직, 각종 모임 및 기관 등의 2차 조직, 그리고 교회, 성당, 사찰 등의 종교조직이 사복지의 주요 제공 주체이다. 공공복지가 결여된 상태에서 사복지의 유용성이 사회적으로 인정되자 이런 기능을 갖는 시혜기관들이 다수 등장했다. 친족집단으로부터 제공되는 사복지를 연복지(緣福祉)라고도 하는데 각종 연고를 기반으로 제공되는 복지를 뜻한다. 공공복지가 어느 정도 발전된 오늘날에도 노인층의 소득 중 친족이 제공하는 비율이 24% 정도에 달하고, 복지사각지대에 놓인 집단들에게는 자선단체가 제공하는 혜택이 중요한 생계수단이 되고 있는 실정이다.

3) 억압적 복지정치: 주요 행위자

권위주의 정권은 관료제도를 강화하여 국민생활을 관리하고 감독했는데, 복지업무를 담당했던 보건사회부는 관료서열에서 매우 낮은 위치에 있었으며, 경제부처에 의해 복지업무의 범위와 기능이 규정되었다. 경제부처 위주의 관료제 운영방식은 보건사회부의 기능을 극히 제한했으며, 노동업무와 복지업무가 완전히 분리된 제도가 오랫동안 정착되었다. 보건사회부는 주로 빈곤층의 관리, 공중보건과 위생, 출산장려와 경로업무를 수행하는 데 그쳤다.

권위주의 정권 하에서는 각 부처가 국민의 수요를 파악하고 이를 국가정치에 반영하는 통로가 단절되었다. 관료제도는 청와대의 정책지시와 명령에 따라 움직이는 행정기구였기에 집권세력이 복지정책에 대한 관심이 없는 한 복지제도는 발전할 수 없었다.

복지제도 발전의 중요한 행위자인 노동자 내지 임금생활자들은 억압적 노동정치에 의해 조직화가 억제되었다. 다중적인 억압기구를 설치하여 노동자의 조직화와 세력화가 지연되었으며, 그 결과 노동계층의 복지요구가 정책에 반영되지 않았다. 억압적 노동정치는 노동계층의 조직화 저지, 노동조합의 탄압, 임금규제 등에 주력했으며, 중앙정보부, 보안사, 치안본부와 경찰조직 등의 국가기구들이 억압적 노사관계를 구축하는 데에 동원되었다. 국가는 한국노총을 정점으로 하는 노동조합 체계를 구축하여 국가의 정책실행기구로 만들고 조직노동자를 통제권 내에 묶어두는 방식을 취했다. 그 결과 노조에게는 국가의 성장정책에 부응하는 기능만 허용되었다.

2. 민주화 시대의 복지정책과 발전

1) 제도적 측면 : 복지제도의 확대와 기반 정비

1987년 민주화 개막 이후 복지제도의 구축이 본격화되었는데, 정권별로 정치적 목적에 부합하는 조치들이 입안되고 시행되었다. 각 정권이 시행한 조치들을 요약하면 〈표 6-1〉과 같다. 1987년 이후 현재까지 각 정권별로 부분적 개혁과 확대를 단행하여 복지후진국의 면모를 벗었으며, 김대중 정부에서는 사회보험의 획기적인 발전이 이루어져 제도적 기반을 어느 정도 갖추게 되었다.

전 기간에 걸쳐 특징적인 것은 역시 사회보험의 확대발전이다. 국민연금확대조치(1988년)를 필두로 도시자영업연금(1999년)까지 전국민연금시대를 열었으며, 의료보험 역시 전국민보험시대와 함께 재정적 통합이 이루어졌다. 산재보험은 꾸준히 확대되어 2000년에는 전 사업장에 적용되기에 이르렀으며, 고용보험 역시 1996년 도입 이래 전 사업장으로 확대되었다. 표적집단별 복지제도도 부분적으로 시행되어 노인과 장애인, 취약계층, 여성복지가 제한적 범위에서 발전하였다. 1999년에는 김대중 정부가 '생산적 복지'를 국가 3대 정책목표로 설정함에 따라 복지정책과 노동시장과의 결합이 시도되기도 하였다. 생산적 복지는 김영삼 정권에서 제안된 것으로 김대중 정부가 실행에 옮긴 것이라 할 수 있다.

〈표 6-1〉 정권별 복지제도의 발전

항 목	노태우 정부 (1987~1992)	김영삼 정부 (1993~1997)	김대중 정부 (1998~2002)
핵심정책 (신규도입/개선)	국민연금확대(88) 건강보험확대(88) 산재확대(88) 최저임금제(88) 법정퇴직금도입(89) 장애인·고령자 고용촉진법(90) 영육아보육법(91) 노령수당(91)	농어촌연금(95) 급여수혜연장(97) 산재확대(96) 고용보험실시(95) 재가노인복지(95) 장애인보호시설(97) 경로우대(96) 퇴직보험(97) '생산적 복지'(95)	도시자영업연금(99) 지역·직장통합(98) 산재 확대(00) 고용보험확대(98) 노동시장정책(98) 국민기초생활보장법(00) 모성보호법(01) 경로연금(98) 산전후휴가(99) 유급질병휴가(01) '생산적 복지'(99)
복지유형	복지서비스/ 공공부조 중심 Residual Welfare State	사회보험 점진 확대, Out of Residual WS	사회보험으로 중심 이동
복지정치	Politics of Containment	Politics of Basic Needs	Politics of 'Catching-up'
핵심목표	'견제와 포섭'	국민기본선	사회안전망
주요행위자	국가, 관료	국가, 관료, 노동, 자본단체	국가, 관료, 시민, 노동, 자본단체
이념적 특성	'사회적 권리' 부재/배제	'권리의식' 확산/효율성	'권리'제도화 초기/이념복합

출처: 송호근·홍경준(2006), 《복지국가의 태동: 민주화, 세계화, 그리고 한국의 복지정치》, 나남.

빈곤정책도 근본적 수정을 거쳐 국민기초생활보장법으로 발전했다. 시행초기에 약 120만 명에 달하는 절대빈곤계층이 현금혜택을 받았다. 요약하면, 민주화 초기에는 공공부조와 복지서비스 중심의 부분적 개혁이 이루어졌고, 후기에는 사회보험 중심의 개혁과 사회안전망 구축에 비중이 주어졌다.

2) 이념과 행위자

복지정치의 문이 열리고 복지국가 건설이 민주정권의 중요한 목표로 설정되기도 했다. 그러나 본격적인 의미의 복지정치는 아직 성숙되지 않았다고 할 수 있다. 복지정책의 이념 및 행위자의 변화는 다음과 같다. 우선 복지정치의 목표가 정부에 따라 이동했다. 초기에는 '비용절감'에 초점을 두고 노동조합 및 시민단체를 견제하고 포섭하는 복지정치가 행해졌던 반면, 후기로 갈수록 시민단체와 노동조합의 참여가 활성화되고 복지를 사회적 권리로 간주하는 인식이 확대되었다. 특히 IMF사태를 계기로 사회안전망 개념이 도입되어 사회적 재난으로부터 시민들을 보호해야 한다는 정치적 의무감이 확산되었다. 이 기간동안 복지행위자로서 가장 중요한 역할을 담당했던 것은 노동조합과 시민단체이다. 1995년 설립된 민주노총을 정점으로 복지정책이 조직노동자의 정책목표로 편입되었으며, 시민단체들도 빈곤계층과 취약계층, 그리고 여성과 노인 등의 집단별 복지수요를 개발하고 보편적 복지제도를 발전시키는 데에 지대한 공헌을 했다. 따라서 복지이념의 경계가 넓어지고 이론적·이념적 기반이 보다 풍부해졌다. 자본가 중심의 복지견제론과 시민단체와 노동조합, 일부 지식인들을 중심으로 한 복지옹호론 간의 대결양상이 빚어졌다.

그럼에도 본격적인 복지국가의 조건을 갖추지는 못한 상태이다. 민주화 기간동안 구축한 복지국가의 특징은 다음과 같다. 첫째, 엘리트 주도의 복지개혁이 시민단체와 노동조합의 참여로 개방적 형태로 변했다. 복지정치에 시민단체의 영향력이 급증하고 집권세력이 이들을 활용하는 양상이 자주 반복됨에 따라 일종의 '동원의 정치' 폐단도 나타났다. 그러나 개방적 복지정치로의 이전은 바람직한 현상이다. 둘째, 생산적 복지정책이 도입됨에 따라 '근로연계복지' 개념이 정착되었다. 그러나 제도적 기반의 취약성 때문에 그다지 활성화되지 못하고 있다. 셋째, 사회보험을 비롯한 여러 유형의 복지제도가 도입되어 사회지출비가 급증했다. 동시에 시혜적 성격의 정책도 남발되면서 단기적 유형의 정책들이 과연 비용효과적인가 하는 의문들도 제기되었다. 마지막으로, 외환사태로 인해 충분한 논의와 평가과정을 거치지 않은 채 도입된 제도가 많아 정책효율성의 관점에서 많은 문제를 남겼다.

3) 사회지출비의 증가와 문제

복지예산은 1990년 중반 이후 꾸준히 늘다가 1998년 외환사태를 계기로 GDP의 10% 수준까지 급증하는 양상을 보였다. 2000년 이후에는 8%선을 유지하고 있다.

사회지출비의 증가는 주로 사회보험과 법정민간급여(퇴직금과 근로기준법에 의한 기업지급액) 중심으로 구성된다. 이는 IMF 사태 이후 실업관련(명퇴, 정리해고) 지급액이 증가한 것과 사회보험의 확대조치로 인한 급여증가이다. 사회복지서비스는 전체 지출비 중 지극히 낮은 비중을 차지한다. 집단별 수혜계층의 확대 및 복지사각지대를 발굴하는 것이 시급하다.

공공부조는 국민기초생활보장법을 주축으로 한다. 최근 이를 미국에서 시행중인 EITC(근로소득공제)로 전환하는 입법이 예고되었다. 현재의 사회지출비는 GDP 8%선을 유지하고 있으나, 사회보험이 성숙되는 단계(연금은 2008년)에 이르면 GDP 15%선까지 급증할 전망이어서 지출비 증액과 관련한 과학적인 근거와 추계방식이 필요한 실정이다.

4) 노무현 정부의 복지정책과 쟁점

(1) 이념적 특성

노무현 정부는 '분배중심'으로 정책적 초점을 옮겼으나 골격을 바꾸는 '체제개혁'은 없고 '프로그램적 개혁'에 치중하고 있다는 것이 일반적 평가이다. 또한, 분배정책의 방향과 윤곽이 뚜렷하게 잡히지 않은 채 논란이 가속화되고 있다. 분배정책에 대한 사회적 지지가 넓다는 사실에 기반하여 분배개선에 정책역점을 두었으나 정책메뉴가 풍부하지 않고 주로 세금정책(부동산정책과 목적세 인상)에 의존한다는 지적도 받았다. IMF 사태 이후 양극화 현상이 심화되었다는 위기감이 팽배해 있지만, 본격적인 소득이전정책은 아직 나타나지 않았다. 다만, 저소득계층을 대상으로 한 소득공제정책과 여러 가지 사회서비스를 개발하고 있는 것은 매우 고무적이다. 반면, 사회보험의 질적 발전에 관해서는 뚜렷한 정책이 없는 실정인 반면, '분배냐 성장이냐'를 둘러싼 내실 없는 이념논쟁이 가속화되었다.

고령화에 따른 연금보험의 개혁이 시급함에도 정치적 부담 때문에 유보되고 있다. 장기적 관점에서 노동시장정책과 사회보험을 연계하는 개혁조치가 절실하다고 판단된다.

(2) 제도적 측면

노무현 정부는 주로 사회복지서비스 개발에 치중했는데, 기존 복지제도의 골격을 선진화하려는 노력보다는 프로그램적 개혁에 몰두하는 인상을 준다. 예를 들어, 의료제도의 근본적 개혁은 놓아둔 채 의료서비스의 공제상한도를 높이는 방식을 선호한다거나, 건강보험의 보험료와 재정상태를 개선하는 과제 등을 유보한 것이 단적인 예이다. 사회보험 혜택에서 제외된 비정규직이 급증함에도 불구하고(비정규직의 규모는 2004년 현재 37%, 약 540만 명), 사회보험적 안전장치를 마련하지 못한 상태이다. 국회 법사위를 통과한 비정규직 보호법안에는 사회보험 제공에 관한 규제조치가 없다. 한편, 고령자와 취약계층에 대한 사회복지서비스가 미진한 반면, 여성복지관련 제도는 다소 발전한 면이 있다.

(3) 사령탑의 부재와 문제점

복지국가를 어떻게 구축할 것인가에 대한 장기적 계획과 전망이 부재하고, 분배정책을 성장기여적으로 전환하는 정책역량과 노력이 매우 취약하다고 볼 수 있다. 반면, 분배정책에 대한 과도한 강조는 소모적인 이념갈등을 촉발했는데, 이렇다할 정책적 성과를 아직 내지 못하고 있다. 이는 복지정책을 총괄하는 사령탑의 부재와 관련 부서간의 시너지 효과가 작은 것이 주요 원인이며, 시민단체의 요구가 일종의 정치적 압박으로 작용하는 것도 문제다.

분배정책이 성장기여적인가의 문제는 정치적·사회적 갈등을 촉발했지만 이 역시 뚜렷한 결론을 얻지 못한 상태이다. 장기적 관점에서 어떤 분배정책을 도입할지, 어떤 이론에 근거할 것인지 등에 대한 포괄적 기획이 부재하며, 단지 시의적·임의적 방식에 의존하는 인상이다. 복지를 둘러싸고 사회적 논란이 많았던 것에 비해 실제 성과는 기대보다 작다. 이런 관점에서 정부의 정책역량 문제를 점검할 필요가 있으며, 정책결정과정에서 시민단체의 개입양식과 관련해 정책결정의 거버넌스 구조(*governance structure*)를 정비할 필요가 있다.

5) 소결: 종합적 평가와 문제점

(1) 정책의 남발: 외환위기라는 혼란 속에서 여러 가지 정책을 개발했다. 그러나 각종 정책이 어떤 효과를 갖는지, 그리고 정책간 상호충돌과 모순이 없는지에 대한 신중한 고려와 평가가 결여되었다.

(2) 장기비전의 부재: 세계화에의 적응력을 배양하면서 동시에 한국적 상황에 가장 적합한 정책모델이 무엇인지에 대한 신중한 고려가 없었다. 중장기적 전망과 기획 없이 단기적 처방에 치중했다.

(3) 재정악화: 사회보험이 확대됨에 따라 보험재정의 고갈위기에 대비해야 한다. 복지수요의 폭증과 더불어 발생할 재정위기는 개혁성과를 무화시킬 수 있는 대단히 중대한 문제이다.

(4) 혜택의 역진성: 사회보험의 초기 설계가 중상층에게는 많은 혜택을 부여하는 반면, 정작 보호를 필요로 하는 하층민과 빈곤층에게는 적은 혜택이 제공되는 모순을 안고 있다. 사회보험의 소득비례 기여금도 하층민에게 부담이 많아 오히려 역진효과를 낳고 있다. 또한 비정규직의 배제가 지속되고 있다.

(5) 도덕적 해이 증대: 공공부조와 사회서비스의 경우 수혜자들에 대한 체크시스템이 갖춰지지 않아 복지수혜자의 도덕적 해이현상을 막기 어렵다. 국민기초생활보장법의 경우 취업연계를 명시했지만 실제로는 감시가 제대로 이루어지는지 의문이다.

(6) '사회적 정의' 개념 혼란: 사회정책은 사회적 정의 개념에 맞는 국민적 권리와 의무 실현에 목적이 있다. 그런데 사회적 정의에 대한 정확한 개념규정 내지 합의 없이 정부의 성향에 따라 사회정책을 입안하고 추진하여 혼선과 불만이 가중되는 측면이 있다.

(7) 복지전달체계의 낙후성: 복지혜택이 정작 그 대상집단에 정확히 전달되는지를 점검해야 한다. 수요자에게 제대로 전달되고 목적

에 맞게 쓰여지는지를 정확히 추적하는 전달시스템을 정비, 개발해야 한다.

(8) 복지비용의 낭비: 복지지출이 소기의 목적을 달성하지 못하고 낭비될 소지를 없애야 한다.

(9) 정부기구의 비능률성: 복지업무의 주관부서인 보건복지부와 노동부 간 복지기능이 상호분리 되어 일관성을 기하기가 어렵다.

(10) 노동시장과의 연계부족: 한국적 근로연계복지라고 일컬어지는 '생산적 복지'의 실체가 불분명하고 실제효과가 있는지를 검토해야 한다. 더욱이 생산적 복지업무가 5~6개 부처로 분장되어 있어 그것이 무엇인지 피부로 느끼지 못하는 점도 문제다. 생산적 복지와 노동시장과의 연계가 미약하다.

3. 경쟁적 복지국가 : 이념 · 제도 · 정책결정의 지배구조

1) 경쟁적 복지국가의 이념

경쟁적 복지국가의 목표는 일, 안정, 경쟁력 증진이다. 즉, '적극적 노동시장정책'과 경기부양 정책을 통해 일과 고용의 기회를 제공하고 (*jobs*), 사회보험의 정비를 통해 생활안정 수준을 높이며(*security*), 노동시장 경쟁력을 증진시켜 생산성 향상과 물질적 번영을 촉진한다(*competitiveness*).

경쟁적 복지국가의 가장 중요한 정책원리는 다음과 같다.

- 적정 복지의 개념화
- 사회적 권리의 확대와 복지의 공공성 증대
- 재정적자의 방지와 재정건전성 회복

- 국가경쟁력 강화(적자해소를 통한 건전 재정, 경제성장력 제고, 경쟁 도입)
- 제도적 효율성 제고
- 도덕적 해이(*moral hazard*) 방지

2) 제도적 구상의 전제조건: 새로운 복지수요의 증가와 대응

21세기의 복지국가 구상에는 다음과 같은 조건을 고려해야 한다.

- 인구집단의 구성변화(고령층 확대와 비용을 부담하는 젊은 세대의 점진적 축소)
- 새로운 복지수요의 충족(새로운 사회적 위험의 생성)
- 복지제도의 비효율성 증가 가능성(제도적 복합성과 내부모순 증대)
- 성장기여적 제도로의 전환(소모적 복지의 청산)
- 국가재정의 건전성

세계화의 심화에 따라 양극화 현상이 촉발되고 있기에 이에 대한 대책이 중요하다. 우선, 소득불평등 악화현상이 예견된다. 국내적으로 빈부격차가 급격히 늘어나고, 국제적으로도 빈국과 부국 간 격차와 자원의 불균등분배가 촉진된다. 소득불안정의 문제도 있다. 많은 사람들이 평생임금(*life-long income*)을 추정할 수 없을 정도로 소득불안이 야기될 것이다. 노동자들은 고용이 극히 불안해지고 잦은 실직 위험에 직면할 것이다. 미숙련 노동자, 청년노동자, 여성노동자일수록 이런 위험에 노출되는 정도가 심해진다. 더불어 기술 재적응의 긴장이 증대된다. 빠른 기술발전과 정보화로 인하여 많은 사람들이 직업재훈련을 받아야 할 정도이며 이에 대한 긴장이 심화되고 있다.

제도의 기획과정에서 서구 복지국가의 최근 재편양상을 주도면밀하게 관찰할 필요가 있다. 그것은 첫째, 수요중심에서 공급중심으로의 변화이다. 서구의 복지국가가 재정적자와 제도적 비효율성에 직면하면서 국가부담의 완화에 역점을 둔 '공급중심형'으로 전환하고 있음을 고려해야 한다. 둘째, 선진 복지국가들은 재정정상화를 기하고 제도적 비일관성을 제거하는 데에 초점을 두고 있다. 셋째, 수혜자의 부담이 증대되었다. 근로자 기여분을 늘리고 기업주의 부담을 경감하는 방향으로 사회보장세를 개편하는 것이다. 복지에 대한 근로자의 책임과 공헌도를 늘리는 한편, 기업에게는 복지비용을 줄여 기업경쟁력을 촉진하려는 취지이다. 넷째, 복지제도의 민영화 추세에 따라 국가가 담당하는 국가복지와 민간기업이 담당하는 시장복지로 이중화되는 경향이 커졌다. 국가가 복지혜택의 유일한 공급자였던 기존의 맥락에 민간기업을 접목시켜 시장경쟁적 요소가 도입되었다. 그러나 선진복지국인 유럽에서는 민간부문의 기능은 제한적인 반면, 중남미에서는 민간기업의 비중이 점차 커졌다. 다섯째, 복지재정의 적자와 비효율성이 증대함에 따라 수혜자의 자격을 엄격히 심사하고 자격요건을 강화하는 사례가 늘어났다. 독일과 스웨덴처럼 실업보험 수당의 대기기간을 늘리거나, 미국처럼 과거에는 무상으로 제공하던 AFDC를 구직노력을 전제로 수혜기간을 5년으로 단축한 것이 대표적 사례이다. 다시 말해, 근로연계복지(*workfare*)라는 개념이 도입되었다. 복지(*welfare*)가 일정한 요건을 갖춘 사람에게 무상으로 제공되는 혜택이라면, 그것을 구직노력과 연계시키거나 근로소득이 있는 사람에게 인센티브를 부여하는 방향으로 요건을 수정했다. 그렇다고 복지제도의 초기구축단계에 있는 한국에 서구의 경험을 그대로 적용할 필요는 없으며, 단지 미래에 부딪힐 위험요인을 피하기 위한 고려사항일 뿐이다.

3) 경쟁적 복지국가

(1) 제도적 구조

경쟁적 복지국가는 〈그림 6-1〉과 같이 7개의 제도로 구성된다.

〈그림 6-1〉 경쟁적 복지국가의 제도 틀

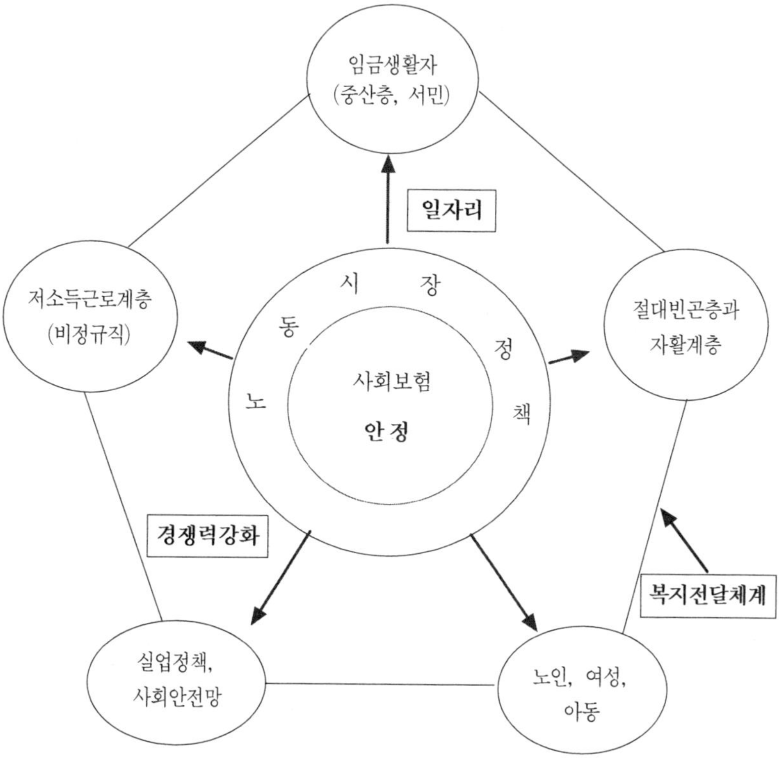

이를 구체적으로 설명하면,

① 사회보험은 전국민의 기초보장(*security*)을 담당하며 사회복지의 초석이다. 4대 보험 중 연금보험과 건강보험의 재설계가 필요하다.

② '적극적 노동시장 정책'은 모든 성원에게 취업기회를 제공하고, 원(圓)으로 표시된 5개 영역이 원활하게 작동하도록 해주는 연결고리이다. 직업훈련, 직장알선, 일자리창출이 노동시장 정책의 3대 프로그램인데, 각 표적집단의 특성에 맞추어 적절한 정책수단이 작동된다.

③ 중산층과 서민의 생계지원, 근로자 재산형성을 위한 정책으로서 자영업자를 위한 저리융자, 중산층가구의 주택마련과 자녀교육 융자, 서민의 생계비 저리융자와 소규모 창업자금 지원 등을 골자로 한다.

④ 빈곤정책으로서 절대빈곤층의 기초생계보장과 자활계층의 적응력 배양, 교육훈련 및 생활보장 프로그램이다.

⑤ 노인, 여성, 아동복지 영역으로 여성가구주를 위한 정책, 빈곤아동보육, 고령자취업정책, 여성을 위한 시간제근로 알선 등이 포함된다.

⑥ 고용보험을 근간으로 한 실업정책, 빈곤계층 실업자와 장기실업자를 위한 사회안전망 등이 포함된다. 사회안전망을 실업정책의 하위영역으로 편입시켜 원스톱 서비스체제를 갖춘다.

⑦ 일자리를 갖고는 있으나 빈곤을 면치 못하는 저소득근로계층을 위한 프로그램이다. 비정규직이 다수 포함되어 있기에 사회보험의 확대 적용, 아동육아 및 교육비 지원, 결식아동 지원, 가족유지를 위한 컨설팅, 비정규직의 고용안정 대책 등이 작동된다.

⑧ 복지전달체계의 재정비와 효율성 제고, 복지행정의 일원화와 민간부문과의 협조체제를 구축한다.

(2) 복지재정의 정확한 추계와 GDP의 15% 확보

① GDP 대비 사회지출비 비율은 현재 8% 수준으로 추계방식에 따라 다소 차이가 나지만, 대체로 남미의 중위권 수준이다.

② 2015년을 기준으로 GDP 15%를 목표로 한다. 복지제도가 성숙함에 따라 늘어나는 복지예산을 정확하게 추정하고 복지제도의 효과를 중간 점검하여 예산을 탄력적으로 조정한다.

4. 결론 : 복지제도의 구조재편을 위한 제언

1) 복지정책: 제도적 상호연계성의 증대

(1) 복지정책은 국민들의 삶을 풍요롭게 해주는 포괄적 의미의 정책영역이다. 복지정책은 기본적으로 조세, 경제, 고용, 빈곤 등의 네 개 분야로 구성된다. 이 네 개 분야의 정책이 긴밀하게 이루어져야 복지정책으로서의 효율성을 기할 수 있다.

(2) 한국의 경우, 이 네 개의 정책분야는 서로 분리되어 각 담당부처에서 독자적으로 수립, 실행되는 관행이 고착되었다. 정책영역간 연계고리가 약한 채 상황적 변화에 대처하는 방식으로 복지정책이 구상되고 입안되었다. 하나의 정책이 일단 도입되면 그것을 철회하거나 수정하기가 매우 어렵다는 정책현실을 감안하면 구상, 입안, 도입단계에서 각 정책분야간 상호연계를 높여야 한다.

(3) 복지정치(*welfare politics*)는 국가의 경제적 경쟁력, 시민들의 삶과 고용의 질, 국가재정 등을 총괄하는 생활정치라는 개념으로 재정립할 필요가 있다. 정치가 국민의 삶과 안정을 도모하는 통치라면, 복지정치는 통치행위에서 최상위 수준에 자리매김되어야 한다.

2) 복지정책의 결정: 사령탑의 설정과 부서간 이해조정

(1) 한국의 복지제도는 상황필요성에 따라 분산적, 부가적으로 발전되어 왔기에 복지정책 영역마다 책임소재가 각각 다르다. 말하자면, 복지정책의 책임소재가 분산되어 있어 정책영역간 긴밀한 연계효과를 꾀하기가 매우 어렵다. 정책영역과 책임소재의 분산은 비용효율성을 낮추고 급기야는 정책간 상호충돌의 폐단도 안고 있다.

(2) 책임소재의 분산이란 행정분업의 관점에서 보면 바람직한 현상으로 평가될 수도 있으나, 복지정책의 본질에 비추면 반드시 그렇지는 않다. 즉, 정책을 총괄하는 구심점이 반드시 필요하다. 예를 들면, 경제 관련부서와 복지부서의 이해가 충돌하는 경우 그것을 조정하는 기구가 필요하며, 부처이기주의에 의한 정책 및 예산강화 행위를 제어할 기구도 필요하다. 또한 일단 도입된 제도라고 할지라도 비효율성이 높아지면 수혜자의 반대에도 불구하고 축소조정 및 수정작업을 단행할 수 있는 기구가 작동하고 있어야 한다.

(3) 부서간 견해 차이와 권한의 차이에서 발생하는 정책비효율성을 통제하고 조정하는 기능이 요청된다. 예를 들면, 복지부서와 경제부서가 의견충돌을 보일 경우 흔히 각 부서가 가진 권력의 차이에 의해 결론이 날 위험이 많다. 권력의 차이에 의한 정책적 선택이 시민들이 요구하는 절박한 복지수요를 반드시 충족시키리라는 보장이 없다.

(4) 따라서, 각 부처간 이해충돌을 조정하고 정책도입과 실행의 최종적 책임을 지는 총괄조직 또는 기구를 두어야 한다. 이를 청와대의 사회정책실이 담당해도 좋고, 각 부처간 고위 실무자로 구성된 협의조직을 운영해도 좋을 것이다. 후자의 경우라면, 상근직

총괄위원회 형태로 신설하는 것이 바람직하다. 어떤 형태로든 복지정책을 총괄하는 조직은 다음과 같은 권한과 기능을 갖춰야 한다.

- 부처간 이해충돌의 조정
- 정책의 구상, 입안, 도입과정을 관장
- 중장기적 복지국가 기획안 마련
- 정책효율성의 평가 및 수정권한
- 정책평가 및 연구능력 제고를 위한 전문적 연구
- 복지기구의 기능점검 및 재편

3) 전담기구의 통폐합

(1) 현재 4대 사회보험의 재정통합이 추진되고 있으므로 재정을 포함하여 서비스도 통합하는 단계로 나가야 한다. 이런 관점에서 4대 사회보험의 재정 및 운영을 통합·관장하는 사회보험청(가칭)의 신설을 고려할 필요가 있다. 이것이 어려우면, 연금과 보건의료를 총괄하는 기구와 고용과 산재를 총괄하는 기구로 이원화하는 것도 좋다.

(2) 고용문제를 전담하는 노동시장국(가칭)을 신설하여 노동시장 교육과 재취업알선, 비정규직과 임시직문제, 고용활성화를 위한 각종 정책을 수립·실행하도록 하는 것이 바람직하다. 이 기구는 앞에서 지적한 이원화 복지기구와 긴밀한 상호연계를 맺어 취업과 연관된 현행 사회보험체계의 효율성을 높이는 데 기여할 것이다. 한국의 사회보험체계는 취업과 직결된 형태, 다시 말해 '취업연계적'이므로 재정과 서비스를 총괄해 정책효율성을 높여야 한다.

4) 정책평가와 연구능력 제고방안

(1) 한국의 복지제도는 상황필요성에 따라 임의적, 부가적으로 도입된 성격이 짙다. 그러나 일단 도입된 정책은 이해당사자들의 반대 때문에 수정, 축소는 물론, 폐지할 수 있는 가능성이 현격히 좁아진다. 이는 때로 예산낭비를 낳고 성장효율성에 해악을 끼칠 우려가 있다.

(2) 복지정책을 총괄하는 최상위 조직 하에 복지정책의 성과와 비용효율성을 상시적으로 점검하는 평가기구를 두어야 하고, 새로운 복지수요를 충족시킬 수 있는 정책을 구상하는 연구기구도 필요하다. 현재 정책평가는 국무총리실의 평가위원회와 감사원에 분산되어 있는데, 업무분장은 물론, 전문성에서도 제고의 여지를 안고 있다. 따라서 평가기능과 연구능력을 높이는 상시적 총괄기구가 운영되어야 한다.

(3) 평가기구와 연구기구는 해당분야의 복지전문가들을 위시하여 경제정책, 노동정책, 조세정책 분야의 전문가들로 구성되어야 한다. 그리고 이 기구로부터 제출되는 보고서는 사회정책실(또는 다른 총괄기구)의 심도있는 논의를 거쳐 대통령에게 보고되고, 대통령의 재가를 얻게 되면 국무회의를 거쳐 곧바로 시행될 수 있도록 설계해야 한다. 정책구상의 과학성, 입안의 전문성, 그리고 실행의 효율성을 높이는 방안이 필수적이다.

· 참고문헌 ·

김연명(편) (2002), 《한국 복지국가 성격논쟁(1)》, 인간과 복지.

송호근(2001), 《세계화와 복지국가: 사회정책의 대변환》, 나남.

송호근 · 홍경준(2006), 《복지국가의 태동: 민주화, 세계화, 그리고 한국의 복지정치》, 나남.

Clayton, Richard and Pontusson, Jonas(1998), "Welfare State Retrenchment Revisited: Entitlement Cut, Public Sector Restructuring, and Inegalitarian Trends in Advanced Capitalist Countries", *World Politics*, 51(1): 67~98.

Esping-Andersen, Goesta(1990), *The Three Worlds of Welfare Capitalism*, Princeton: Princeton University Press.

______(1996), "After the Golden Age? Welfare State Dilemmas in a Global Economy", in Esping-Andersen(ed.), *Welfare States in Transition: National Adaptations in Global Economies*, London and New York: Sage Publications.

______(1999), *Social Foundations of Postindustrial Economies*, Oxford: Oxford University Press.

Fligstein, Neil(1998), "Is Globalization the Cause of the Crisis of Welfare States?", Paper prepared for the Annual Meetings of the American Sociological Association in Toronto, Canada.

George Vic and Paul Wilding(2002), *Globalization and Human Welfare*, New York: Palgrave.

Haggard, Stephan and Robert Kaufman(2004), "Revising Social Contracts: Social Spending in Latin America, East Asia, and the Former Socialist Countries, 1980~2000", unpublished paper presented at the meeting in Seoul National University.

Hall, Peter and Soskice, David(eds.), *Varieties of Capitalism: The Institutional Foundations of Comparative Advantage*, Cambridge: Cambridge University Press.

Huber, Evelyne and John Stephens(2001), *Development and Crisis of the*

Welfare State: Parties and Policies in Global Markets, Chicago: University of Chicago Press.

Manow, Philip(2001), "Comparative Institutional Advantages of Welfare State Regimes and New Coalitions in Welfare State Reforms", in Paul Pierson(ed.), *The New Politics of the Welfare State*, Oxford: Oxford University Press.

Mishra, Ramesh(1999), *Globalization and The Welfare State*, Northampton: Edward Elgar.

Myles, John(1998),"How to Design a 'Liberal' Welfare State: A Comparison of Canada and United States", *Social Policy and Administration* 32(4), December: 341~364.

Pfaller, Alfred, Ian Gough, and Goeran Therbon(eds.) (1991), *Can the Welfare State Compete?: A Comparative Study of Five Advanced Capitalist Countries*, London: Macmillan.

Pierson, Christopher(1999), *Beyond The Welfare State? The New Political Economy of Welfare*, London: Polity Press.

Pierson, Paul(2001), *The New Politics of the Welfare State*, Oxford: Oxford University Press.

______, *Dismantling the Welfare State? Reagan, Thatcher and the Politics of Welfare Retrenchment*, Cambridge: Cambridge University Press.

Rodrik, Dan(1997), *Has Globalization Gone Too Far?* Washington, D.C.: Institute for International Economics.

Scharpf, Fritz W. (1991), *Crisis and Choice in European Social Democracy*, Ithaca: Cornell University Press.

Song, Ho Keun(2003), "The Rebirth of Welfare State in Korea: The Unfinished Symphony of Democratization and Globalization", *Journal of East Asian Studies*, 3: 405~432.

Swank, Duane(2002), *Global Capital, Political Institutions, and Policy Change in Developed Welfare States*, Cambridge: Cambridge University Press.

Yeats, Nicola(1999), "Social Politics and Policy in an Era of Globalization: Critical Reflections", *Social Policy and Administration*, 33(4), December: 372~393.

제 7 장

경쟁국가의 언론과 경제

윤 영 철

1. 문제의 제기

한국사회는 두 가지 도전에 직면해 있다. 하나는 민주주의로 이행하는 정치·사회적 변동과정 — 민주화 — 을 성공적으로 진행시켜 사회통합의 새로운 틀을 마련해야 한다는 안으로부터의 도전이며, 다른 하나는 세계화의 흐름 속에서 경쟁력을 갖추어 국가경제를 지속적으로 발전시켜야 한다는 밖으로부터의 도전이라고 하겠다.

전자가 주로 정치개혁의 측면에서 논의되고 있는 반면, 후자는 경제나 경영의 개혁논리에서 다루어지고 있다. 따라서 최근 우리가 겪고 있는 사회변동은 민주화와 세계화라는 두 가지 역사적 프로젝트의 수행으로 요약될 수 있다. 우리가 개혁작업의 일환으로 요구하고 있는 의식, 제도, 정책 그리고 이념의 변화는 이 두 가지 프로젝트의 성공적인 수행을 위한 전제조건이라고 해도 과언이 아니다.

민주화와 세계화의 물결은 언론영역에도 중대한 파급효과를 미치고 있다. 민주화가 진행되면서 권위주의적 언론정책이 보다 민주적이거나 자유주의적 정책으로 변모했으며, 세계화는 국내 미디어로 하여금 시장경쟁력을 갖출 것을 주문하고 있다. 그러나 민주화와 세계화로 인한 미디어 환경의 변화가 순탄하게 진행되고 있는 것만은 아니다. 왜냐하면 그 과정에서 변화를 추동하는 힘과 그에 맞서는 힘의 충돌이 불가피하기 때문이다. 이러한 가운데 이질적인 혹은 상호모순적인 정책과 현상이 뒤섞여 혼란과 혼돈을 야기하고 있다. 이런 혼란과 혼돈은 한국사회 안과 바깥에서 진행되는 변화의 흐름에 제대로 적응하지 못하고 있음을 입증하는 것이다.

민주화를 거치면서 강압적 수단을 동원하는 권위주의적 언론통제는 점차 사라졌다. 하지만 정부의 특정언론에 대한 적대적 정책과 차별적 포섭정책에 따른 언론의 양극화 현상은 정치권의 양극화 현상과 중첩되면서 사회적 합의도출을 더욱 어렵게 만들고 있다. 노무현 정부는 보수언론을 개혁의 대상으로 삼아 제재를 가하는 한편 진보언론을 포섭하는 정책을 펼쳤다. 보수언론은 노무현 정부의 언론개혁 정책을 보수세력에 대한 공격으로 간주하고 적극적으로 대항하였으며, 노무현 정부도 보수언론을 포용하지 않았으므로 양자간의 적대적 관계는 더욱 심화되었다. 즉, 정부와 언론 간의 적대관계가 건전한 긴장관계를 통한 상호견제의 수준에서 벗어나 소모적인 정치적 투쟁양상으로 변질되었다. 이런 상황에서 정부는 보수언론의 비판을 정치공세로 간주하여 이를 묵살하는 경향을 보이며, 보수언론은 정부정책의 타당성과 진정성을 의심하면서 비판의 고삐를 늦추지 않는다.

그 결과 정부는 정책을 기획·집행하는 과정에서 언론의 이해와 협력을 구하지 못하게 되었으며, 궁극적으로 정부 경제정책에 대한 국민의 신뢰도와 지지도는 떨어졌다. 국민이 신뢰하지 않거나 지지하지 않는 정부정책은 성공하기 힘들다. 국민 위에 군림하면서 국민을 계도하려는 정책보다는 국민의 호응과 지원을 받는 정책이라야 성공가능성이 높을 것이다. 언론을 통해 전달되는 국민의 목소리에 귀를 기울여야 하는 이유가 여기에 있다. 세계화의 도전을 극복할 수 있는 경쟁국가가 되려면 민주주의 원칙 아래 사회 내의 다양한 의견을 포용·용해하여 합의의 틀을 마련하고 이에 기초한 정책을 추진해야 한다.

민주주의는 다양한 사회집단간의 갈등을 관리·조정하는 비용을 요구한다. 문제는 이러한 비용의 지출이 과다하지 않도록 조절하는 제도적 장치가 필요하다는 점이다. 민주주의의 기본원칙을 훼손하지 않는 범위에서 갈등관리에 드는 비용을 최소화시킬 수 있어야 할 것이다. 이렇게 볼 때 언론의 갈등관리 기능을 강화할 필요가 있다. 합의를 창출하는 과정에서 과다한 사회적 비용을 지출하고 있는 현 상황에 대한 평가와 이 비용을 줄여나갈 수 있는 정책적 지혜가 필요한 시기라고 하겠다. 국민의 다양한 의견을 반영하되 갈등을 관리·조정할 수 있는 언론의 역할이 기대되는 시기인 것이다.

이런 맥락에서 이 글은 민주화를 지속적으로 추진하면서 동시에 경제 선진화를 이룩하기 위해 고려해야 할 언론정책의 목표와 구체적 전략방안을 모색하고자 한다. 우선 지난 정권의 언론정책을 비교 검토하고, 민주화 이행시대의 언론정책이 안고 있는 문제점을 적시한 후 경제선진화를 이룩하는 데 적합한 언론정책의 틀을 제시할 것이다.

2. 정부의 언론정책 분석 틀

정권이 언론을 통제하는 정책은 정권이 언론에 행사하는 압력의 강약의 정도와 언론에 제공하는 유인의 강약의 정도에 따라 네 가지로 나누어 살펴볼 수 있다(윤영철, 1995).

- 억압적 정책(*Repression*)
- 불간섭 정책(*Noninterference*)
- 언론흡수 정책(*State Incorporation*)
- 포섭정책

억압적 정책은 보상과 혜택을 통한 유인보다는 강압적인 제재에 의존하는 언론통제방식이다. '당근'보다는 주로 '채찍'에 의거한 억압적 언론통제는 '당근'으로 이용할 만한 자원이 고갈되어 있거나 혹은 정부의 강압적인 권력행사가 용인될 정도로 시민사회의 자율성이 위축되어 정부가 유인을 통한 통제의 필요성을 느끼지 않는 권위주의 독재정권에서 발견된다.

불간섭적 언론통제는 정부가 유인뿐 아니라 강압에 의한 통제를 삼가여 언론에 대한 간섭을 최소화하는 통제유형이다. 자유민주주의 정치이념을 수용하는 국가에서 언론인들의 활동은 타율적 복종에 의해서가 아니라 자율적 협조나 합법적 규제에 의해서 제한되는 경향이 강하다.

언론흡수 정책은 정부가 언론에 대해 강도 높은 유인책을 사용하는 동시에 강권력을 항시적으로 사용하는 경우 활용하는 정책을 의미한다. 이런 상황에서 언론은 정부가 제공하는 갖가지 '당근'과 '채찍'의 위력에 눌려서 자율성을 전혀 발휘하지 못하게 되므로 정부의 언론조작은 매우 큰 효과를 얻게 된다. 이렇게 되면 독립적인 법적 지위를 지니고 있는 언론사라 하더라도 기능적 측면에서는 국가기구에 통합·흡수되는 완벽

〈그림 7-1〉 권력행사 수단에 따른 언론통제 유형의 분류

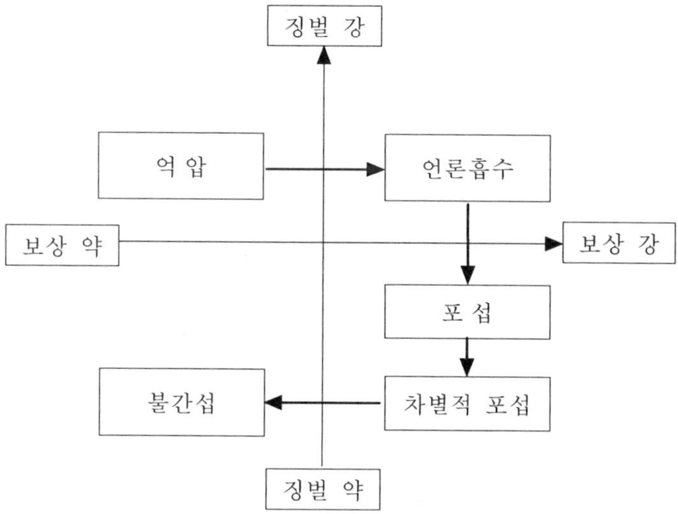

한 통제상태에 이르게 되므로, 이를 국가흡수적 언론통제라고 칭할 수 있다. 이런 상황에서 언론은 국가기구의 일부분에 불과한 '관제언론'으로 전락하였다.

포섭적 언론통제는 정부가 노골적이고 강압적인 제재보다는 은밀한 유인책을 통해 언론에 힘을 행사하고자 할 때 나타난다. 정치체제가 민주화되거나 권력구조가 다원화되어 가는 사회변혁기에 정부는 억압보다는 회유나 포섭을 통해 언론에 영향력을 행사하게 된다.

1987년 민주화가 시작된 이후 정부의 언론정책 변화는 국가흡수적 통제에서 포섭적 통제로의 선회라고 하겠다. 민주화 이행시대에 징벌과 강압은 점차 사라지고 보상과 특혜를 통해 언론의 협조와 동의를 얻으려는 포섭전략을 구사했다. 그러나 언론포섭에 활용할 수 있는 자원이 제한되어 있고 주요 언론에 대한 포섭의 실효성이 떨어지자 민주화 이후의 정권들은 우호적 언론과 언론인들만을 선별하여 포섭하는 전략을 채택

하는 경향을 보였다. 특히 김대중 정부는 보수언론에 대한 포섭의 성과가 한계에 이르렀다고 판단하고 세무조사와 언론개혁이라는 카드를 꺼냈다고 볼 수 있다. 이러한 차별적 언론정책은 언론진영을 적군과 아군으로 양분시키는 결과를 초래했으며, 김대중·노무현 정부에 이르러서는 양 진영간의 갈등이 심화되어 이른바 '언론전쟁'이 벌어지게 되었다.

노무현 정부는 국가흡수정책에서 포섭정책으로 변화하는 과정에서 정부에 우호적 언론에만 보상을 베푸는 반면, 적대적 언론에게는 사법적 통제를 강화하는 차별화 정책을 수용했다. 정권에 대한 호·불호에 관계없이 모든 언론매체에 개입하지 않는 언론자유화 정책으로 나가지 못하고(점선표시 방향) 보수언론을 제외한 언론매체를 포섭하는 정책이 언론개혁의 일환으로 실행되고 있다고 하겠다. 그 결과 보수세력과 보수언론의 반발은 더욱 거세졌다. 보수언론과 정부와의 대립과 갈등이 더욱 심화되었으며, 사회 전반이 양극화되는 과정을 겪게 되어 사회적 합의 창출비용은 한층 더 증대되었다. 사회적 합의를 얻지 못한 정책을 수행하는 정부의 정책추진력은 저하되었으며, 시장과 시민사회의 적극적인 호응을 이끌어내지 못했다.

경쟁력을 갖춘 선진화된 국가가 되기 위해서는 정부의 언론개입이 최소화되어야 한다. 정부의 역할은 공정한 시장경쟁이 이루어지도록 하는 선으로 제한되어야 할 것이며, 언론매체의 활동은 시장에서 독자와 시청자들에 의해 평가받아야 한다. 정권이 시장의 선택을 무시한 채 정치적 잣대를 통해 언론매체의 활동을 평가한다면 시장(독자와 시청자)의 반발을 불러일으키게 된다. 시장의 효능을 맹신하는 것도 문제지만, 시장의 요구를 의도적으로 외면하는 언론정책의 부작용 또한 심각하다.

요컨대 정부의 차별적 언론포섭정책은 사회의 양극화를 더욱 촉진시키고 있으며 언론전쟁의 빌미를 제공하고 있다. 그 결과 언론의 중요한 기능인 비판·견제기능이 의미를 잃게 되었고 매체의 신뢰도가 하락했으며 사회적 합의창출을 위한 비용은 증가했다. 정부의 차별적 포섭정책은 정부정책의 지지도를 떨어뜨리며, 따라서 정부의 정책 수행능력을 오히려 저하시키는 결과를 초래한다.

3. 시기별 언론정책

1) 전두환 정부의 언론정책: 국가흡수적 통제

전두환 정부는 언론사 소유주들과 언론인들에게 고도의 보상과 벌칙을 동원하여 동의를 구하는 한편 그것이 효과를 보지 못할 경우 서슴지 않고 강압적인 제재를 가했다. 물론 이전의 권위주의체제에서도 이미 이러한 유형의 언론통제가 보편화되었으나, 전두환 정부에 들어서 언론에 대한 유인책에 소요되는 경제적 자원을 대폭 확대했으며, 강압적인 통제도 보다 노골적이고 대담하게 이루어졌음을 알 수 있다. 국민들로부터 정권의 정통성을 인정받지 못했던 전두환 정부는 불안정한 권력기반을 확고하게 다지기 위해서라도 완전한 언론장악을 통한 여론조작이 정권유지에 절대적으로 필요하다고 인식했으므로 언론통제를 위해 모든 권력수단을 총동원하였다. 전두환 정부의 주요 언론정책은 다음과 같다.

- 언론기본법 제정
- 언론사 소유주에 대한 강압과 회유: 언론통폐합과 시장독점 허용
- 언론인들에 대한 강압과 회유

1980년 12월 26일 국가보위입법회의를 통과한 뒤 12월 31일자로 공포된 언론기본법은 언론의 공적 책임을 지나치게 강조한 나머지 언론의 자유를 제약하고 언론사에 대한 강압적인 통제를 합법화하는 법적 근거를 제시했다. 예컨대 이 법의 24조는 문공부장관에게 정기간행물등록을

취소할 수 있는 권한을 부여하고 있는데, 등록취소 요건이 포괄적이고 모호했으므로 이미 통폐합과정에서 정부의 강압적 통제를 경험한 언론사 소유주들에게 일종의 족쇄를 채우는 강력한 위협으로 작용했다. 실제로 등록취소조항에 의거해서 폐간된 신문은 없었으나 이 조항의 존재 자체가 언론사의 자유로운 대정부 비판활동을 제한하는 위압적 요소의 성격을 지니고 있었다.

언론통폐합과정에서 드러난 강압적 조치로 말미암아 조성된 공포분위기는 언론사 소유주들로 하여금 정권에 협조하고 순종하는 길만이 사회경제적 위해를 모면하는 방안임을 인식시키기에 충분했다. 방송의 경우 정부는 상업방송(TBC, DBS)을 KBS에 통합·흡수시켜 이른바 KBS와 MBC의 이원적 공영체제를 구축하면서 국가의 방송개입의 터전을 마련하였다. 그리고 정부는 방송광고 영업을 정부 주도 아래 움직이는 한국방송광고공사로 일원화함으로써 공영방송이란 형식 아래 사실상 '국가독점적 상업방송체제'로 방송구조를 개편했다.

언론통폐합 이후 정부는 신규 신문사의 등록을 불허함으로써 '1도 1사'의 원칙을 정착시킨 결과 신문사들은 경쟁 없는 시장에서 늘어나는 광고수요로 인해 광고수익이 크게 오를 수밖에 없는 시장환경을 맞이했다. 21개로 고정된 신문사의 발행인들이 가입했던 신문협회는 일종의 카르텔을 형성하고 불공정거래인 담합행위를 은밀히 즐기면서 안락한 과점체제를 향유하게 되었던 셈이다. 정부는 시장과점화가 가능하도록 새로운 언론사의 출현을 막아주었으며, 언론사들간의 광고가격, 지면수, 신문가격, 휴일의 결정, 그리고 공동운송 등에 관한 담합을 묵인해 주었다.[1)]

1) 이는 물론 1980년부터 시작된 것이 아니라 5·16 군사정변 이후부터 시작된 관행이었으나 전두환 정부에 이르러서는 신문 카르텔이 심화되어 신문사의 경영수지를 크게 호전시키는 구조적 여건으로 작용했다(정진석, 1992, 72쪽).

언론인들에 대한 강압과 회유는 크게 네 가지 정책으로 나타났다. 첫째, 대량해고를 통한 충격요법이다. 권위주의체제에서 횡행하는 언론인에 대한 강압적 통제의 가장 극단적 형태는 언론인을 구타, 감금, 구속하는 등 물리적 폭력을 행사하는 것이다. 그러나 외형상 자유주의를 표방하거나 언론의 자유를 보장한다는 명분을 내세우는 정권에서 이러한 폭압적인 언론통제의 실상이 널리 공표된다면 정권의 정당성이 약화되고 저항세력의 응집력이 강화되어 정권유지에 오히려 해를 끼치게 된다. 따라서 강압적 힘을 통상적으로 행사하기보다는 일시적이지만 강도 높게 사용하여 이러한 힘의 존재와 사용을 위협의 수단으로 이용하는 통제방식이 더욱 효과적일 수 있다. 실제로 전두환 정부는 집권기간동안의 언론통제를 위한 발판을 구축하기 위해서 강압적인 충격요법을 사용했다. 무려 1,900명 이상의 언론인들이 1980년 '사회정화'의 일환으로 해직되었으며, 1980년 5월 17일 이후 계엄이 확대되면서 언론인들의 연행과 구속이 잇따랐다(김해식, 1992).

둘째, 프레스카드 제도가 도입되었다. 전두환 정부는 프레스카드를 발급함으로써 정부취재원에 접근할 수 있는 언론인들을 허가하는 정책을 수립했다. 이를테면 취재기자의 선정에서부터 정부개입이 작용했던 것이다. 정부는 선별적 혹은 임의적으로 프레스카드를 발급하거나 발급을 취소할 수 있는 권한을 가지므로 취재기자로서는 정부의 비위를 거슬릴 수가 없었으며, 그 결과 보도는 자연스럽게 친정부적 성향으로 굳어졌다. 정부가 프레스카드의 발급취소조치를 통해 취재기자의 정보접근권을 박탈할 수 있도록 한 것은 언론의 자유를 제약하는 위압적 통제라고 볼 수 있다.

언론보도는 취재과정에서뿐만 아니라 편집과정에서도 정부의 통제와 감시에서 자유로울 수 없었다. 언론사 편집실에 정부의 기관원들이 수시로 출입하거나 상주하면서 정부의 보도정책을 시달했으며, 이들에게 일거수 일투족이 노출되어 있었던 언론인들은 보도시각이나 방향과 관련해서 정권에 비판적인 의견이나 주장을 피력할 수 없는 상황에 처하게 되었다.

셋째, '보도지침'을 통한 개입과 감시가 이루어졌다. 정부의 언론개입은 대통령 비서실의 언론담당관과의 협의를 거쳐 문공부의 홍보조정실에서 각 언론사의 편집책임자나 데스크에게 전화나 서면을 통해 비공식적으로 전달하는 '보도지침'에서 가장 명백하게 드러났다. 이 지침은 민감한 정치문제 및 남북관계 혹은 공산권 뉴스뿐만 아니라 평상적인 사건기사에 관해서도 기사의 게재여부, 게재위치 및 크기, 내용, 시각 그리고 사용언어 등 미세한 부분에 이르기까지 일일이 간섭하였는데, 이 결과 언론보도는 정부가 원하는 방향으로 획일성을 띠게 되었다. '보도지침'을 준수하지 않은 언론인들은 정부에 의해 감시와 탄압의 대상이 되는 억압적인 분위기가 조성되었으므로 대부분의 언론사는 정부의 지침을 충실히 따랐다.

마지막으로, 정부는 언론에 다음과 같은 혜택을 부여했다. 정부는 언론인들의 취재수당에 대해 면세조치를 시행했으며, 한국방송광고공사가 조성한 공익자금을 활용하여 주택매입자금 및 생활안정자금의 저리융자, 언론인자녀 장학금지원, 언론인 해외연수, 휴양소 등의 공익시설 건립, 그리고 관련언론단체에 대한 재정지원 등의 명목으로 1981년에서 1988년까지 약 1,036억 원을 사용했다.[2] 정부는 일선기자들에게 각종 취재편의와 자금(촌지) 제공의 혜택을 부여하는 방법으로 통제를 강화했던 반면, 중견기자들에게는 통치권력으로 편입할 수 있는 기회를 제공해 주는 포섭전략을 활용했다. 정부의 언론통제에 순응하고 정부정책에 협조적이었던 언론인들을 정부의 요직에 등용함으로써 이들이 권력의

---

2) 김해식(1992, 164~169쪽)은 한국방송공사가 조성한 공익자금이 정부의 자의적이고 독단적인 판단기준에 의해 불법적으로 지출되었음을 지적하고 그 내용을 자세히 밝히고 있다.

핵심에 접근할 수 있는 길을 터 주었다.

2) 민주화 이행 시대의 언론정책

(1) 노태우 정부의 언론정책

- 언론자유확대와 시장개방
- 차별적 언론포섭정책

정책의 주요 기조는 언론자유확대와 시장개방이었다. 민주화라는 사회개혁 프로그램 안에 언론의 자유화 및 개방화를 포함시켰던 노태우 정부는 이전처럼 정부가 전면에 나서서 언론에 채찍을 휘두르는 강압적 통제방식을 쓸 수 있는 처지가 못되었다. 노태우 정부가 들어서면서 실시한 '언론개혁'은 일단 제도 차원에서 볼 때 많은 가시적, 외형적 성과를 보였다. '언론기본법'이 폐지되고 '정기간행물의 등록에 관한 법률'과 '방송법'으로 대체되었으며, 프레스카드 제도의 폐지, 지방주재기자의 부활, 언론사 창간 및 복간에 따른 카르텔의 해체, 그리고 기관원의 언론사 출입과 '보도지침'이 점차 사라지는 경향을 보이는 등 언론의 자율성을 구속했던 강권적 통제는 상당부분 완화되었다고 하겠다. 그렇다고 해서 노태우 정부가 강압적 언론통제방식을 완전히 포기한 것은 아니었다. 기관원들의 언론사 사찰, 언론인에 대한 테러행위와 위협 등 강제적이고 폭력적인 언론탄압의 강도나 빈도가 이전에 비해 감소된 것은 사실이지만, 그러한 통제방식이 완전히 사라진 것은 아니었다.

또한 이 시기에는 차별적 언론포섭정책이 사용되었다. 전두환 정부의 상황과 비교해 볼 때 강압적 언론통제를 약화시켰던 것은 사실이지만 그 동안 언론인들에게 주어졌던 각종 공식적, 비공식적 경제적 특혜는 1987년 이후에도 지속적으로 제공되었다. 언론기본법에 따라 세워진 한국방송광고공사가 방송광고 영업을 독점하여 조성한 공익자금이 '언론인 자질향상'이나 '언론인 복지후생 증진'의 명분으로 쓰이면서 언론인을 회유하기 위한 통제수단으로 활용되었다. 강압적이고 물리적 처벌 중심의 통제를 완화한 한편 회유적 통제를 계속 유지했던 노태우 정부는 은밀하고도 차별적인 언론통제를 선호하였다. 전두환 정부 시절에서의 '보도지침'과 같은 직접적이고 노골적인 언론검열은 사라졌지만 정부(문공부 홍보정책실)는 언론사별로 접촉대상 언론인들을 선정하여 요식업소에서 은밀히 만나 보도협조를 요청하고 언론사 내의 주요 정보를 전달받는 행사를 자주 가졌음이 밝혀졌다.[3]

노태우 정부의 언론포섭은 전면적인 수준이 아닌 차별적인 차원에서 진행되었다. 1987년 이후의 불안정하고 역동적인 국내정세와 언론의 개방화로 언론매체의 수가 늘어남에 따라(통제대상이 증가함에 따라) 통제구도가 더욱 복잡해졌기 때문이다. 노태우 정부의 상황은 언론통폐합과 언론인 대량해직이라는 대수술을 통해 통제구도를 단순화시키고 통제대상을 체제순응적 기질로 동질화시킬 수 있었던 이전 정부의 상황과는 전혀 다른 것이었다. 노골적이고 강압적인 언론통제가 더 이상 묵과되지 않았으며, 이질적인 정치세력들간에 벌어지는 정치게임의 승부에 대한 예측이 어려운 사회분위기에서 노태우 정부가 선택한 언론통제방식

---

3) 이러한 정부의 언론인 접촉상황은 1988년 국회 문공위원회 소속 국회의원들이 문공부 지하창고에서 발견한 '언론인 개별접촉 보고서'에 의해 폭로되었다. 이 보고서는 1987년에서 1988년의 선거정국에서 언론인과의 접촉일시 및 장소 그리고 접촉내용 등을 포함하고 있으며, 보고서 전문은《기자협회보》1988년 12월 16일과 23일자에 게재되어 있다. 협조와 동조를 요구하는 언론통제의 또 다른 예는 1988년 9월 8일 정부가 발표한 '북한 및 공산권 국가에 관한 보도요강'이다. 정부는 1987년 이후 통일논의 활성화와 더불어 언론보도에 반영되었던 이념적 논의의 개방폭을 조절하고 정부의 대북정책의 기본 틀을 언론에 전달하려는 목적으로 북한 및 공산권 국가에 관한 보도기준을 마련하였다.

은 확실하게 '자기 편'으로 만들 수 있는 통제대상을 선별하여 은밀하게 포섭전략을 구사하는 것이었다.

(2) 김영삼 정부의 언론정책

시민사회의 자율성 증가로 인해 국가의 시민사회에 대한 침투와 억압이 불가능해졌으므로, 국가권력은 오히려 시민사회로부터 동의를 얻어 통치의 정당성을 확보해야 하는 상황에 이르렀다. 그래서 김영삼 정부는 이전 정부보다도 더욱 자유주의 언론모델에 근접해 가는 성향을 띠었다. 실제로 1993년에 접어들면서 언론의 자유는 한층 더 신장되었다. 이러한 변화는 다음의 네 가지 측면에서 찾아볼 수 있다.

- 차별적 포섭의 내밀화
- 법과 윤리에 의한 합법적 통제강화
- 시장경쟁의 관리 및 조절
- 적극적이고 능동적인 홍보정책의 수립

김영삼 정부는 언론인들에 대한 포섭적 언론통제를 더욱 내밀(內密)화하고, 유인수단으로는 윤리적 문제를 야기할 수 있는 금전적 혜택(촌지)보다는 고급정보를 선별적으로 제공하는 특혜에 더욱 의존하게 되었다는 것이다.[4] 정보공개가 제도화되어 있지 않은 상황에서 정부나 여당

4) 김영삼 정권이 추구한 포섭적 언론통제의 내밀화는 1992년 대선정국 당시 언론계에 '김영삼(YS) 장학생'이 있다는 소문이 사실로 판명됨에 따라 그 실체를 부분적으로 드러냈다. 1992년 10월에는 언론사의 일부 고위간부들과 평기자들이 언론계의 동향 및 주요 언론인의 성향 등을 여당 고위당직자에게 보고하고 주요 언론인들을 김영삼 지지자로 만들기 위한 공작을 벌이는 한편, 여당의 내부소식을 은밀하게 제공받아 언론사 경영진들에게 전달하는 일종의 비밀정보 유통의 가교역할을 했음이 밝혀져 파문을 일으켰다(《기자협회보》, 1992년 10월 1일자 1면). 한편, 1993년에 전국 747명의 기자들을

이 보유하고 있는 고급정보를 이용한 언론플레이는 취재경쟁에 시달리는 언론인들을 효과적으로 유인할 수 있는 통제자원인 셈이다. 정부에 협조적인 기자들에게는 고급정보를 제공하는 한편 그렇지 않은 기자들은 정보제공의 대상에서 제외하여 불이익을 감수하게 함으로써 통제효과를 얻을 수 있다.

김영삼 정부는 자유주의 정치이념을 벗어나지 않는 범위에서 법과 윤리를 통해 언론통제를 합법화하려는 노력을 기울였다. 언론에 영향력을 행사하기 위해서 은밀하고 비합법적인 포섭전략에만 의존하는 것이 아니라 사회적으로 용인된 제도나 방법을 적극적으로 활용하려 한다는 점에서 김영삼 정부는 노태우 정부의 경우보다 더욱 적극적이고 능동적인 대언론정책을 수립했다고 하겠다. 언론이 실정법을 위반하거나 윤리기준을 위반했을 경우 사법적 조치를 통해 규제를 가하려는 경향이 점차 확산되는 경향을 보였다.

언론개방화정책을 계기로 치열해지기 시작한 언론사들간의 시장경쟁은 김영삼 정부에 이르러서 더욱 심화되어 이른바 무한경쟁의 시대로 접어들게 되었다. 자본의 규모가 크고 경쟁력을 갖춘 중앙일간지의 경우에도 그 동안 성장세를 보여왔던 매출액 증가율이 1991년 이후 하강곡선을 그리고 있어 무한경쟁의 파급효과가 가시화되기 시작했다.

정부의 시장경쟁에 대한 관리 및 조절행위는 여러 가지 사례에서 발견되었다. 1993년 4월 5일 대통령이 신문의 과열경쟁이 지양되어야 한다고 언론계에 주문한 결과 중앙일간지들은 주 1회 휴간, 지면을 24면으로의 감면하여 발행할 것을 결정했다. 또한 정부는 ABC제도를 도입하여 무한경쟁의 폐해를 방지하도록 장려함으로써 신문사들간의 경쟁이

대상으로 실시한 설문조사에 의하면 응답자의 74.7%가 아직도 촌지수수 관행이 지속되고 있다고 밝혀 여전히 촌지제공을 통한 언론인 포섭전략이 진행되고 있음을 시사하고 있다.

공정한 게임규칙에 의해 조절될 필요가 있음을 강조했다. 방송의 경우에도 정부는 방송산업의 발전을 위해서는 기본적으로 탈규제를 주장하고 있으나 사회통제의 차원에서는 방송이 일정한 범위 내에서 규제될 수 있도록 여러 가지 장치를 고안했으며, 방송위원회나 언론중재위원회 규제에 의해 방송사들간의 경쟁수위가 조절되었다.

김영삼 정부에 들어와서 더욱 활성화된 수용자운동단체 또한 시장경쟁의 과열화와 상업화의 가속화를 제어할 수 있는 새로운 언론통제주체로 등장했다. 1993년 방송의 상업화와 저질화는 결국 시청자 단체의 'TV 끄기 운동'과 같은 시청거부운동을 야기하여 수용자의 방송에 대한 통제가능성을 보여주기도 했다.

김영삼 정부의 정책은 정부의 홍보기능을 대폭 강화하는 것이었다. 방어적 홍보에서 공격적 홍보전략으로 방향전환을 시도한 것이었다. 일단 이러한 움직임은 홍보부서의 확대 개편에서 드러났다. 청와대는 비서실조직을 개편하면서 홍보업무 부서를 확대했다. 정무수석 비서관실의 홍보담당 비서관을 홍보1(신문)비서관과 홍보2(방송)비서관으로 분리했으며, 정책조정비서관실의 정책조사3(영상홍보)비서관을 공보수석 비서관실에 편입하였다.

(3) 김대중 정부의 언론정책

- 사법적 통제의 강화
- 세무조사와 언론과의 전쟁

김대중 정부는 그 동안 묵인되어 오던 비합법적·비윤리적 관행을 개혁한다는 차원에서 사법적 통제수단을 적극적으로 활용하려는 의도를 보였다. 사법적 언론통제의 대표적 유형은 바로 언론에 대한 명예훼손 소송이다. 특히 국가 권력기관이 언론의 비판적 보도와 관련하여 소송을 제기하는 경우 언론의 활동을 위축시킬 우려가 있다. 이 시기 검찰과 경찰이 언론에 대해 소송을 제기하는 사건이 연이어 발생하기도 했다. 일례로 1999년 4월에는 검사들이 법조비리사건을 보도하는 과정에서 언론이 '브로커' 혹은 '이등신랑감' 등 법조인을 비하하는 용어를 사용하여 법조계 전체의 명예를 실추시키는 표현을 일삼았다고 밝히면서 손해배상을 청구했다.

2001년 김대중 정부는 언론사에 대해 대대적인 세무조사를 실시하고 신문판매시장의 왜곡된 질서를 회복하기 위해 신문고시를 제정하여 신문사의 경영을 평가하고 판매시장을 규제하려는 움직임을 보였다. 언론계는 정부의 정책을 옹호하는 언론사와 정부를 비판하는 언론사들로 양분되어 양측이 공방전을 벌이는 상황에 이르게 되었다. 정부소유의《대한매일신보》그리고《한겨레》와《경향신문》이 정부의 언론개혁정책을 지지하는 논조를 보인 반면, 주요 일간지인《조선일보》,《중앙일보》,《동아일보》는 이를 선거를 앞두고 반정부적인 언론사를 길들이기 위한 의도라는 대응을 보였다. 정치계에서도 이런 갈등양상이 그대로 반영되어 여권은 대체로 언론개혁을 옹호하는 입장을, 야권은 언론개혁을 규탄하는 입장을 보였다. 따라서 언론개혁을 둘러싼 갈등은 찬반입장을 정당화하는 다양한 명분의 존재에도 불구하고 집권세력과 야권세력 간의 힘겨루기 양상을 띠게 되었으며, 이 과정에서 개별 언론사들은 자사에 대한 우호세력을 옹호하고 적대세력을 공격하는 모습을 보였다.

(4) 노무현 정부의 언론정책

- 차별적 언론정책: 보수언론과의 전쟁
- 언론개혁법 입법추진

노무현 정부는 김대중 정부와 마찬가지로 보수신문에는 적대적 언론관을 드러낸 반면 진보신문과 공영방송과는 협조 및 공생관계를 유지했다. 노무현 대통령은 취임직후 '(보수) 언론과의 전쟁'을 진두지휘하면서 보수신문을 수시로 비판했다. 보수신문도 노무현 대통령과 정부정책에 대한 비판의 고삐를 늦추지 않고 있다. 정부와 보수신문 간의 관계는 건강한 견제를 위한 합리적 비판이라기보다는 소모적인 감정싸움의 상태로 빠져들었다. 정부의 신문정책은 시장강자에게는 징벌적 규제를, 시장약자에게는 보상적 혜택을 강화하는 데 초점을 맞추고 있다. 일부 보수신문의 시장과점이 여론독점 현상으로 이어질 우려 때문에 이러한 정책을 쓰고 있으나 방송과 인터넷 매체 등을 고려해 볼 때 일부 신문의 여론독점의 문제가 심각한 상태는 아니다. 따라서 위헌시비가 잇따르고 과잉규제라는 지적이 제기되고 있다.

2004년 12월 31일 통과된 새 신문법(신문의 자유와 기능보장에 관한 법률)에 의하면 1개 사업자의 시장점유율이 30%를 넘거나 3개 사업자의 시장점유율 합계가 60%가 넘으면 '시장지배자 사업자'로 규정하고 불공정거래가 적발될 경우 일반 사업자들보다 더욱 엄격하게 제재할 것을 밝히고 있다.

현재 30%, 60%를 초과하는 신문이 없으므로 당분간 시장지배적 사업자로 규정될 신문사가 나오지는 않을 것이다. 그러나 불공정 행위에 대한 과징금을 시장지배자와 일반사업자에게 차별적으로 부과할 경우 평등권 침해관련 위헌논란이 야기된다. 이 법의 도입취지는 한 사회에 존재하는 다양한 의견을 공표하도록 하기 위함인데, 의견공표 출구를 신문매체에만 한정하여 규제하고 있다는 비판을 면하기 힘들다. 잡지, 방송, 인터넷 등의 매체를 통해 다양한 의견을 접할 수 있는 상황에서 전체 매체를 대상으로 의견다양성을 논의해야 하기 때문이다. 신문매체만을 타깃으로 삼아 시장과점을 규제하는 것은 보수신문의 힘을 약화시키려는 정치적 의도가 있다는 의심을 받을 수도 있다.

새 신문법은 또한 신문발전기금을 조성하여 마이너 신문사들에게 보조금을 지급할 수 있도록 했다. 그러나 이런 정책이 언론의 다양성을 위해 적절한 조치는 아니다. 문광부의 시행령안에 의하면 노사 동수의 편집위원회 설치, 독자권익위원회 설치, 연간 평균 광고지면 50% 이하, 공정거래법 위반이 없을 경우를 발전기금 우선지원 대상으로 삼고 있다. 이런 제도는 정부가 마이너 신문사의 논조나 편집방향에 간섭할 수 있는 여지를 제공하므로 지원대상 매체의 독립성과 자율성이 위축될 뿐 아니라 언론 다양성도 감소될 우려가 있다. 재정기반이 취약한 언론사들이 정부 보조금에 의존하게 될 경우 정부의 포섭적 통제정책이 또 다시 광범위하게 확산되어 언론의 자유는 축소될 수 있다. 정부는 기금지원을 통해 언론을 포섭하려는 유혹에서, 그리고 경영난에 허덕이는 언론사들은 정부의 재정지원에 의존함으로써 시장퇴출의 위기에서 벗어나려는 유혹에서 벗어나기 힘들 것이다. 이 유혹을 이겨내지 못한다면 신문발전기금은 새로운 유형의 '당근' 정책으로 전락할 것이며, 이는 개혁정책의 실패를 의미한다. 신문발전기금이 언론의 의견다양성을 증진시킬 것인지 축소시킬 것인지는 이 제도가 정부의 언론포섭 수단으로 사용될 것인지의 여부에 직결되어 있다.

3) 민주화이행시대 언론의 특성과 문제점

(1) 경제 권력(자본)으로부터의 자유 위축

민주화가 진행되면서 언론의 자유는 증가하였다. 특히 정부로부터의 간섭과 개입이 줄어들면서 언론인의 취재 및 보도활동에 대한 자유가 늘어났다. 그러나 민주화가 선사하는 언론의 자유는 정치권력으로부터의 자유였으며, 경제권력으로부터의 자유는 여전히 위축되어 있다. 다시 말해 정부의 언론에 대한 통제는 줄어들었으나 언론사 소유주와 광고주가 언론활동에 미치는 영향력이 줄어들지 않고 있음을 의미한다.[5]

(2) 과잉 및 불공정 경쟁으로 인한 시장실패

새로운 매체들이 급증하고 시장경쟁이 더욱 치열해짐에 따라 다양한 목소리를 담은 매체들이 등장했다. 그러나 과잉경쟁의 폐해 또한 만만치 않았다. 뉴스와 오락의 경계가 불분명해졌으며 선정주의가 확산되었다. 또한 주요 전국지가 저널리즘의 질 향상보다는 경품권 및 무료서비스 등 마케팅 자원을 확대함으로써 시장경쟁력을 갖추려는 전략을 취했고, 그 결과 신문의 판매시장이 혼탁해졌다.

(3) 언론의 과도한 정치도구화와 정파성

한국의 민주화는 권력구조의 양극화를 수반했다. 그리고 양극화된 권력은 대북정책, 대미정책, 노동정책, 언론개혁, 과거사 등의 사안을 놓고 담론투쟁에 돌입했다. 이 과정에서 언론은 정쟁의 도구로 활용되었다. 적대권력에 대해서는 감시와 비판을 게을리하지 않으면서 우호권력에는 협조적인 태도를 보이는 이중 잣대의 적용사례가 눈에 띄게 늘어났

5) 신문기자들이 평가하는 신문신뢰도 하락요인으로 '광고주의 압력'(5점 만점에 3.46)이 가장 높았고, '자사이기주의'(3.41)가 그 뒤를 이었다(《한국의 언론인》, 한국언론재단, 2003, 36쪽).

다. 양극화된 언론은 보수 혹은 진보 가운데 한 편을 거들었고, 따라서 이런 매체들의 사회통합 기능이나 합의도출 기능은 현저하게 떨어졌다. 신문시장을 장악하고 있는 '빅3'(조, 중, 동)가 보수세력을 편들고, 정부와 코드를 맞추고 있는 마이너 신문과 공영방송이 진보세력을 두둔하는 양극체제는 사회적 갈등을 해소하기보다는 증폭하는 결과를 초래했다.

언론개혁운동이 정쟁과 이념갈등의 전면에 나서게 됨에 따라 언론개혁의 목적과 방법에 대한 합의도출이 어려워졌다. 보수야당과 보수언론은 정부여당의 언론개혁을 '보수언론 죽이기'로 보고 있으며, 정부는 보수야당과 보수언론의 이러한 반응을 정치적 공세로 해석하고 있다. 보수세력은 정부가 추진하는 언론개혁운동이 보수신문의 개혁에만 초점을 맞추고 공영방송 개혁을 뒷전으로 미루는 모습을 보이고 있으므로 언론개혁운동에 정치적 의도가 있음을 우려하고 있다.

보수언론과 진보언론 간의 정치적 대립은 언론매체의 정파성 강화로 이어졌다. 2004년 언론재단이 조사한 수용자 의식조사에서 저널리즘의 가장 큰 문제로 정치적 편파성과 자사이기주의가 지목되었다. 수용자들은 방송보도에서도 정치적 편파성을 가장 큰 문제로 여기고 있는 것으로 나타나 신문과 방송의 정파성이 심각한 문제로 떠오르고 있다.[6]

6) 신문의 경우 문제점으로 '정치적으로 편파적이다'가 4점 만점을 기준으로 2.78점으로 가장 높았고, '국민의 이익보다 자기회사 이익을 먼저 생각한다'가 2.72점으로 그 다음을 차지했다. 방송의 경우에도 '정치적으로 편파적이다'가 2.75로 가장 높았고, '대책은 제시하지 않고 비판만 한다'(2.71), '돈과 힘있는 사람 입장을 대변한다'(2.69)의 순서로 나타났다(한국언론재단, 2004년 "언론수용자 의식조사").

〈그림 7-2〉 언론에 대한 신뢰도 평가 (5점 만점)

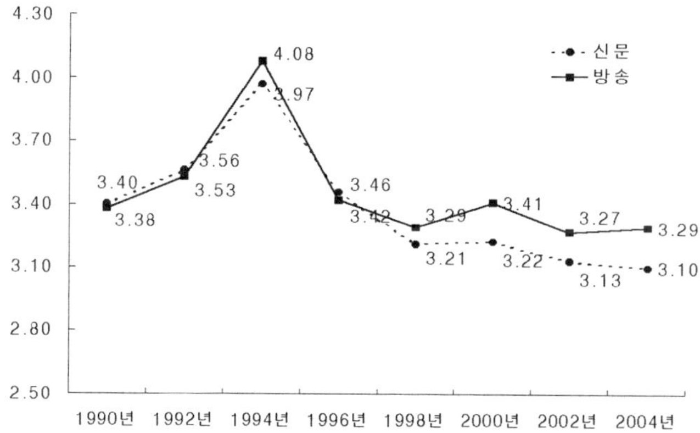

자료: 한국언론재단, 〈언론수용자 의식조사〉 결과를 근거로 재구성, 1990~2004년.

(4) 언론의 사회적 책임 약화와 신뢰성 하락

언론이 정치 및 경제적 이해로부터 독립성을 유지하고 자유로워야 한다는 명제는 민주주의의 기본 전제이다. 하지만 어느 사회에서나 언론이 무한정의 자유를 누리지는 못한다. 사회적 책임을 완수해야 한다는 임무를 띠고 있기 때문이다. 민주화 이후 언론의 자유를 향유하고 있는 언론(인)은 종종 정파적 이해를 추구한 나머지 균형감각을 잃거나, 부수경쟁이나 시청률 경쟁에 집착한 결과 공익을 무시하고 인권을 경시하는 모습을 보이기도 했다. 언론의 정파성과 상업성 심화는 언론에 대한 신뢰도 하락의 원인으로 지적될 수 있다. 최근 10여 년간 수용자들이 평가한 신문과 방송(지상파)에 대한 신뢰도는 〈그림 7-2〉와 같다.

〈그림 7-2〉에서 보듯이 신문과 방송의 신뢰도는 1990년대 중반을 기점으로 하여 지속적으로 하락세를 보이고 있다. 방송이 신문보다는 높은 신뢰도를 보이고 있으나 신문과 방송 양자 모두가 신뢰도면에서 동반하락 현상을 보여주고 있다는 사실은 언론매체 전반에 대한 공신력이 약화되고 있음을 암시하고 있다.

(5) 언론의 산업적 위기

매체의 수가 폭발적으로 늘어나는 디지털 환경에서 광고수주를 위한 경쟁은 더욱 치열해지고 있으며, 신문과 방송매체의 광고재정은 위기상황으로 치닫고 있다. 특히 인터넷 매체가 확산된 이후 종이신문의 독자감소 현상이 지속되고 있어 신문의 광고재정은 점차 악화되고 있다(〈그림 7-3〉).

광고비 매출은 신문이 2003년과 1996년을 비교해 볼 때 현저하게 감소한 반면, TV의 매출은 1998년 금융위기의 여파로 타격을 받았다가 2003년에는 크게 증가했음을 알 수 있다. 한편, 잡지의 경우 창간붐을 이루면서 전체적인 광고매출도 급성장했으나 경기가 불황에 빠진 2004년 이후에는 폐간하는 잡지들이 급격히 늘어났다(〈표 7-1〉).

〈그림 7-3〉 연도별 신문 정기구독률 변화

(단위: %)

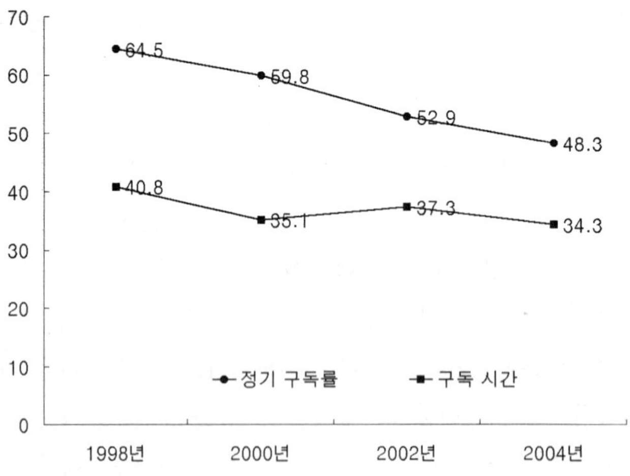

자료: 한국언론재단(2004), 〈2004 언론수용자 의식조사〉, p. 60.

〈표-7-1〉 4대 매체 광고비 매출액

(단위: 억 원)

	신 문	TV	잡 지	라디오
1996년	23,186	15,873	2,078	2,117
1998년	13,437	10,261	1,024	1,372
2003년	18,900	23,671	5,006	2,751

자료: 한국방송광고공사(2004), 〈영업통계 데이터베이스〉.

(6) 좋은 저널리즘 기준의 실종

객관저널리즘의 원칙에 대한 도전과 새로운 유형의 저널리즘 실험이 진행되고 있다. 특히 인터넷 언론매체의 확산은 다양한 형태의 대안적 저널리즘을 실천할 수 있는 기반을 조성해 주었다. 매체의 정치적, 이념적 지향성을 강조하는 주관적 저널리즘의 등장은 기존의 객관저널리즘 원칙과 충돌하고 있다.

2004년에는 대통령 탄핵방송의 공정성 문제를 다룬 "언론학회 보고서"(한국언론학회, 2004)를 놓고 각각의 정파들과 이념적 지향이 다른 언론매체들은 대립전선을 형성했다. 정치지형을 고려해 볼 때 충분히 예측할 수 있는 현상이었다. 그런데 한 가지 흥미로운 사실은 이 문제에 대해 방송사 내부에서 미묘한 대립전선이 조성되었다는 점이다. 기자들과 PD들이 보도의 공정성 문제를 놓고 시각 차이를 노출시킴으로써 양 집단간의 직업규범이 충돌하고 있음을 일깨워 주었던 것이다. 전통적인 객관보도 및 균형보도의 규범을 수용하는 기자들은 도덕적 판단과 시대정신을 앞세우는 PD들이 이러한 직업적 규범에 충실하지 않았음을 지적했다. 이런 갈등은 기존의 게임규칙을 충실히 따르는 객관보도 관행과, '정의'실현을 위해서는 게임규칙을 수정할 수 있다고 보는 '주창'(*advocacy*) 저널리즘 관행이 충돌했던 것이다(윤영철 2003).

4. 경쟁국가의 언론정책

1) 정책의 기본방향

노무현 정부는 보수언론에 대한 적대적 입장을 명확히 하며 견제하는 반면 진보적 성향을 보이거나 정권에 우호적인 언론을 포섭할 수 있는 언론 개혁정책을 내놓고 있다. 민주화 이행시대의 각 정부들이 채택했던 차별적 포섭정책을 강화하거나 합법화하고 있다고 하겠다. 차별적 포섭에 초점을 맞춘 정부개입은 언론을 바람직한 방향으로 이끄는 데 별로 도움을 주지 못할 뿐 아니라 다음과 같은 차원에서 볼 때 경제선진화에 걸림돌이 된다.

첫째, 언론전쟁을 심화시키고 양극화를 촉진시킴으로써 정치 및 사회 불안을 초래한다. 불안정하고 비예측적 상황에서는 투자의욕과 소비심리가 위축되며 이는 성장동력을 저하시키는 요인으로 작용할 수 있다.

둘째, 대립구도가 고착화됨으로써 사회적 합의를 도출하는 데 드는 비용이 상승하며, 그 결과 정부는 국민들로부터 경제정책에 대한 이해와 지지 및 신뢰를 획득하는 데 어려움을 겪는다. 아무리 좋은 정책이라도 국민들이 믿고 따르지 않는다면 성과를 기대하기 힘들기 때문이다.

셋째, 언론의 사회자본(*social capital*) 창출능력이 약화된다.[7] 언론은 사회구성원들에게 공통경험을 제공하여 그들이 원만하게 사회적 연결망을 형성하고 사회구성원들간의 신뢰를 구축하도록 해야 할 책임을 지니고 있다. 다시 말해, 언론은 사회자본을 창출하여 국민들이 서로 신뢰할 수 있도록 해야 하는데, 언론의 양극화는 이런 기능을 약화시킨다. 경제 주체들간의 신뢰는 상거래를 활성화시키고 거래비용을 절약시키는 효과를 지니고 있으므로 언론은 사회전체의 신뢰도를 제고하기 위해서

---

7) '사회자본'(*social capital*)의 개념은 Putnam(1993)에서 인용한 것이다.

공정성과 객관성을 유지해야 한다.

넷째, 언론시장의 경쟁원리에 역행하는 정부의 개입은 시장경쟁의 장점을 퇴색시키는 결과를 초래할 수 있다. 언론이 정치, 경제 권력으로부터 독립성을 유지하지 못하거나 정부의 보조금에 의존하여 시장퇴출 위기에서 벗어나려 한다면 시장에서의 공정한 경쟁을 통한 의견수렴 과정이 왜곡될 우려가 있다. 경제정책에 대한 시장(시민)의 요구나 반응이 언론매체를 통해 적절하게 공론화되지 않는 상황에서는 시민의 의견이나 국민의 경제생활 실상을 정책수립 및 결정과정에 제대로 반영하지 못할 우려가 있다.

따라서 정부의 언론개입은 최소화되어야 하며, 개입하더라도 충분한 사전조사와 타당한 근거를 확보하여 개입의 정당성을 확보해야 한다. 정부가 정치적 목적을 위해 성급하게 언론시장에 개입한다면 공정하고 투명한 시장경쟁의 장점이나 혜택을 누려볼 수 있는 기회까지도 상실하게 된다.

2) 정책 목표

(1) 언론사상(이념)의 재정립

노무현 정부가 언론개혁을 추진하고 있으나 언론개혁의 이념 및 목표에 관한 합의가 부족하므로 구체적인 실행방안을 놓고 논란을 벌이고 있다. 따라서 국민이 동의할 수 있는 언론개혁의 가이드라인을 제공할 철학적·이념적 원칙이 필요하다. 시장경제와 자유주의를 부정하는 이념적 가치를 언론개혁의 목표로 삼는다면 언론시스템과 다른 사회시스템 간의 적합도가 급격히 떨어질 뿐 아니라 언론의 사회통합 기능이 현저하게 약화될 것이다. 이로 인해 발생하는 사회적 비용의 상승은 경제 선진화의 걸림돌로 작용할 수 있다. 시장경쟁을 회피하는 정책보다는 시장경쟁의 결점을 보완할 수 있는 공동체주의적 자유주의를 언론개혁의 이념적 준거로 수용해야 할 것이다.

(2) 민주적 공론장 건설을 통한 민주주의의 공고화

다양한 유형의 매체가 등장함에 따라 공론장이 다원화, 파편화되는 경향을 보이고 있다. 따라서 각각의 매체는 언론의 자유, 권력·자본으로부터의 독립 그리고 사회적 책임을 유지하고, 매체별 특성에 따라 차별화된 역할을 수행하면서 민주적 공론장을 제공해야 할 것이다. 언론이 제공한 민주적 공론장에서 경제행위 주체들이 경제관련 모든 주요 현안에 관해 숙의하고 토론하는 과정이 중요하다. 그래야만 여론이 제대로 수렴될 수 있으며 국민들이 경제정책의 정당성을 인정하게 되어 정책성공의 가능성이 높아진다.

(3) 갈등해소와 사회통합 기능 복원

언론매체는 우리 사회에 존재하는 갈등을 해결하지는 못할지라도 일정한 정도로 해소할 수 있는 기능을 수행해야 한다. 이런 기능은 언론의 갈등관리 및 합의도출 기능을 강화함으로써 실현할 수 있다. 언론매체가 특정정파의 선전, 홍보도구로 활용되지 않도록 공공성을 강화해야만 지속적으로 추락하는 신뢰도를 제고할 수 있다.

경제 및 노동분야에도 사회적 갈등을 야기하는 여러 쟁점들이 있다. 언론은 객관적이고 공정하며 균형 잡힌 보도를 통해 갈등을 일정 수준으로 관리할 수 있도록 해야 한다. 따라서 정부는 언론을 정부의 경제정책 홍보도구로만 활용하려 하지 말고 이해가 상충하는 집단들간의 갈등이 언론을 통해 조정될 수 있는 법적·제도적 환경을 조성해야 한다.

(4) 미디어의 글로벌화

국내 미디어의 해외진출을 도울 수 있는 방안을 적극적으로 모색함과 동시에 외국 미디어의 국내진출에 대비하는 정책을 마련해야 할 것이다.

특히 최근 불고 있는 '한류' 현상을 일시적 유행이 아닌 지속적인 문화교류 과정으로 정착시키기 위한 지원정책이 필요하다. 한류는 문화교류로 나타난 현상이지만 한국 기업의 시장확대 및 국가・기업 홍보에 미치는 영향이 적지 않으므로 미디어 경제적 측면을 고려해야 할 것이다.

1997년 금융위기 이후 언론들은 경영합리화를 위해 해외취재인력을 감소했다. 그 결과 특파원 취재에 의한 보도가 줄어들었으며, 국제경제 뉴스의 비중도 감소하는 경향을 보이고 있다. 정부는 국내 언론매체들이 파견한 해외특파원들이 취재를 원활하게 수행할 수 있도록 행정적 편의를 제공해야 한다. 언론재단이나 기자협회 등 언론관련 단체 또한 기자들의 해외취재 능력을 향상시키기 위해 각종 국제교류 및 교육 프로그램을 활성화해야 한다.

(5) 미디어시장의 정상화

정보통신 및 미디어 산업의 세계진출을 위해서는 국내시장의 건전성과 투명성이 전제되어야 한다. 국내 미디어시장은 국제경쟁력을 갖출 수 있는 미디어 기업의 등용문으로서의 기능을 수행할 수 있어야 한다. 동일매체간 혹은 이종매체간의 경쟁을 활성화하여 서비스의 질을 향상시키는 등 시장경쟁의 긍정적 효과를 충분히 살려야 한다. 다만 시장 독과점으로 인한 폐해로 말미암아 의견 다양성이 훼손되었을 경우 정부의 개입이 정당성을 확보할 수 있다.

언론매체의 시장활동이 투명하고 공정하지 않은 상황에서 언론기업이 다른 기업의 윤리적 흠결을 문제 삼거나 투명성을 지적하는 경제기사를 쓴다는 것은 어불성설이다. 따라서 언론매체의 시장정상화는 경제전반의 시장정상화를 이룩하기 위해 선결해야 할 정책과제라고 하겠다.

5. 경제선진화를 위한 언론의 역할

1) 언론의 신뢰도 회복

정부의 언론정책만으로는 언론개혁에 성공하기 힘들다. 또한 타율적 언론개혁보다는 자율적 언론개혁이 언론의 자유를 덜 침해한다는 점에서 더욱 바람직하다. 따라서 언론사는 자율적 개혁프로그램을 추진하여 언론의 신뢰성을 회복해야 한다. 언론전쟁으로 인해 나타난 심각한 문제 가운데 하나는 신문, 방송 그리고 인터넷 등 모든 언론매체의 공신력이 하강곡선을 그리고 있다는 사실이다. 언론매체가 정파성에서 벗어나지 못하고 정치홍보도구화한 결과인 것이다. 언론사의 내외부에 뉴스제작에 영향을 미치는 많은 압력요인들이 존재하는 것은 사실이지만 결국 뉴스를 만드는 최종적 책임자는 언론인이므로 언론인들의 의지와 자구노력이 중요하다고 하겠다.

이런 맥락에서 보면 독자나 시청자들이 신뢰할 수 있는 경제정보의 제공이 중요하다. 일반 국민들은 언론매체가 제공하는 경제뉴스를 경제행위를 위한 판단자료로 삼는다. 사실과 다르거나 왜곡된 경제정보를 언론이 양산함으로써 일반국민들이 잘못된 판단을 내려 손실을 입게 된다면 국민경제 전반에 부정적 영향을 미칠 것이다.

2) 언론의 사회자본(*social capital*) 창출능력 제고

국민들은 언론을 통한 공통경험을 바탕으로 의사소통하며 사회적 연결망을 구축한다. 그리고 이런 연결망이 지속적으로 유지되는 가운데 국민들간의 신뢰가 형성된다고 하겠다. 이것이 언론의 사회자본 창출능력이다. 사회자본의 주요 요소인 국민들간의 신뢰도가 정부의 정책수행 능력과 사회의 경제성장이라는 두 변인들과 정적 상관관계를 맺고 있다는 연구결과에서 보듯이(Knack & Keefer, 1997), 언론을 통해 창출되는 사회자본은 국가의 경쟁력을 향상시키는 데 매우 중요한 역할을 한다. 따라서 언론은 국민들이 믿고 따를 수 있는 공정하고 객관적인 정보를 양산하여 사회자본을 증진시키고 국민들의 신뢰를 바탕으로 연결망을 구축하여 경제활동에 적극적으로 참여할 수 있도록 도와야 할 것이다.

3) 언론의 취재력 향상

정부기관의 경제관련 보도자료나 발표문에 의존하는 취재관행의 확산은 정부의 경제정책을 무비판적으로 옹호하는 보도를 양산하는 결과를 초래할 수 있다. 특히 '세계최초' 혹은 '국내최초' 등의 용어를 담고 있는 홍보성 보도자료에 대해서는 철저한 검증이 필요하다. 취재기자들은 출입처가 제공하는 정보에만 의존하지 말고 취재원을 다양화하여 여러 사실들에 기초한 분석기사를 제공해야 한다. 1990년대 말 한국언론은 금융위기를 예견하지 못하여 제때 경고를 내리지 못한 경험이 있다. 언론은 급변하는 경제환경을 충실히 감시할 수 있도록 취재력을 향상시켜야 할 것이다.

4) 경제권력(자본)으로부터 독립성 유지

경제뉴스의 출처는 경제관련 정부기관, 경제관련 단체 및 기업이다. 이 가운데 기업은 언론매체의 취재원이기도 하지만 광고주이기도 하다. 특히 대기업은 언론매체의 활동에 필요한 두 가지 중요한 요소인 (경제관련) 뉴스와 광고의 공급처이므로 언론매체를 통제할 수 있는 풍부한 자원을 소유하고 있다. 그러므로 언론은 대기업의 시각을 반영하거나 대기업의 입맛에 맞게 보도하도록 압력을 받을 소지가 있다. 언론인들은 경제권력의 압력에 굴복하지 않고 독립성을 유지할 수 있는 제도적 장치와 윤리기준을 마련해야 할 것이다.

5) 경제뉴스의 확대

경제가 사회전반과 국민들의 삶에 미치는 영향이 매우 크다. 국내외에서 일어나는 여러 유형의 문제는 경제요인과 직·간접적으로 연계되어 있으므로 경제뉴스는 사회문제의 본질을 이해하는 데 없어서는 안 될 정보이다. 더구나 국가경쟁력 우위를 유지하기 위한 대부분의 정책이 경제와 직결되어 있으므로 국민들의 이해와 협조를 구하기 위해서는 경제뉴스가 제자리를 찾아야 한다. 그런데 경제뉴스는 복잡하게 얽힌 경제문제를 다루고 있어 일반 독자나 시청자들에게 딱딱하고 어렵다는 느낌을 주므로 언론매체는 경제뉴스에 그다지 많은 지면과 시간을 할애하지 않는 경향을 보였다. 그러나 세계화 시대에 접어들어 경제문제에 관한 정보의 요구가 증가함에 따라 경제뉴스의 유용성과 중요성에 대한 인식도 높아졌다. 더욱이 신문이 권위지로 인정받기 위해서는 풍부하고 깊이 있는 국내외 경제동향 뉴스를 전달해야 한다.

6) 경제보도의 선정성 극복

언론사나 언론인들은 전문직주의(*professionalism*) 규범을 강화하여 경제보도의 질을 향상시켜야 한다. 경제보도의 가장 큰 문제점으로는 선정보도를 들 수 있다. 특히 경제관련 기사 헤드라인의 선정성은 한국언론의 고질적인 병폐 가운데 하나로 지적되어 왔다. 이를테면 "주식투자 세 달 만에 24배 돈방석"이나 "20~30대 증권갑부 속출"의 기사제목에서 보듯이 자극적인 용어를 즐겨 쓰는 경향을 보인다(김경원, 2002). '급등', '추락', '곤두박질' ,'총체적 난국' 등 감성에 소구하는 용어가 독자의 눈

길을 끌지는 모르겠지만 이런 제목은 상황을 과장하거나 확대해석 하도록 유도하여 실상을 객관적으로 이해하는 데 걸림돌로 작용할 수 있다.

7) 경제보도의 심층성 강화

경제관련 심층보도를 확대해야 한다. 언론은 사회적으로 중요한 경제관련 어젠다를 설정하고 심층적인 접근을 통해 경제현상을 종합적이고 다각적으로 풀어나갈 수 있는 기사를 제공해야 한다. 스트레이트성 기사만으로는 경제환경 변화의 본질을 제대로 짚어내기 힘들다. 언론이 경제환경 변화의 감시에 실패한다면 제때에 경제위기에 대한 경고를 내리지 못해 지난 'IMF 사태'의 전철을 밟게 된다.

평균적인 독자나 시청자가 알기 쉽게 경제관련 기사를 써야 한다는 요구를 맹목적으로 따르다 보면 경제관련 뉴스의 전문성 수준이 떨어지는 경향이 있다. 그 결과 보다 전문적인 정보를 획득하기 위해 독자들이 추가비용을 지불하고 있으므로 독자요구의 수준에 따라 차별화된 정보서비스 제공이 필요하다.

8) 전문성 제고를 위한 언론인 재교육 프로그램의 강화

경제저널리즘의 전문성 강화를 위한 언론인 재교육 프로그램이 활성화되어야 한다.

첫째, 경제에 관한 전문지식을 체계적으로 학습한 경제전문기자의 수가 많지 않으므로 경제전문기자를 늘릴 수 있는 대책이 필요하다. 국내 대학원을 이용한 연수교육과 국제교류 및 해외연수의 실시를 확대해야 한다.

둘째, 경제뉴스 취재 및 보도의 가이드라인 및 강령을 구비하여 자체교육의 효율성을 높이고 전문적 언론인으로서의 책임의식과 윤리의식을 고취시킬 필요가 있다.

9) 경제뉴스 모니터 및 비평제도의 도입

경제관련 기사를 모니터하여 잘못을 지적하고 고쳐줄 수 있도록 하는 경제뉴스 비평제도가 확립되어야 한다(이화진, 1999). 독자들이 참여하는 경제뉴스 모니터링, 혹은 경제학자나 경제전문가를 경제면 '옴부즈맨'으로 선정하여 경제보도를 자체적으로 감시하는 제도의 도입도 고려해 볼 만하다.

6. 결 론

1987년 민주화가 시작된 이후 정부의 언론정책은 자유화, 개방화의 흐름을 타면서 시장기능을 회복시키는 데 초점을 맞추었다. 권위주의적 언론통제가 사라지고 신문 카르텔이 약화되면서 언론의 자유는 신장되었던 반면 시장경쟁이 언론활동을 지배하는 규칙으로 채택된 결과 독자와 광고주 확보를 위한 경쟁이 격화되었고 상업주의는 더욱 심화되었다. 그런데 김대중 정부에 들어서면서 언론정책은 시장실패를 전제로 하여, 한편으로는 정부의 개입을 강화하고 다른 한편으로는 시민사회의 참여를 확대하는 방향으로 선회하였다.

문제는 언론현상과 관련하여 과연 시장실패를 입증할 수 있는 충분하고 객관적인 근거가 있는가 이다. 여권과 일부 진보적 시민단체의 답변은 '있다'지만 시장실패로 인해 언론전반에 걸쳐 의견 다양성이 위축되고 있다는 경험적 근거는 아직 보이지 않는다. 민주화 과정을 거치면서 다양한 유형의 언론매체 등장으로 의견 다양성이 확대되었기 때문이다.

시장이 항상 완벽한 것은 아니므로 시장의 결점을 치유하는 것은 중요하다. 그러나 정부의 시장개입이 최소 수준이어야 하며 과잉규제의 역기능을 조심해야 한다. 특히 정치적 이유 때문에 신문시장의 실패를 성급하게 결론짓고 언론개혁을 추진하는 것이라면 개혁의 성과를 기대하기 힘들다.

노무현 정부가 채택한 소규모 언론사들에 대한 차별적 지원정책은 두 가지 차원에서 심각한 문제를 야기한다. 첫째, 정부가 언론사를 재정적으로 지원하는 상황에서 언론의 독립성과 자율성을 기대하기 힘들며, 언론의 정부에 대한 비판, 감시기능은 현저하게 약화된다. 정부에 의해 포섭된 언론이 민주주의를 위해 기여할 수 있는 여지는 별로 없다. 둘째, 정부의 차별적 포섭정책은 보수와 진보언론 진영의 대립과 갈등을 더욱 심화시킬 수 있다. 이렇게 되면 정부의 주요 정책에 대한 사회적 합의를 도출하는 데 소요되는 비용은 더욱 커질 수밖에 없고 올바른 정책이라도 사회적 지지를 얻기 어려우므로 정책의 추진력이 떨어진다.

민주주의를 지속적으로 발전시키고 국가경쟁력을 제고하기 위해서는 정부의 일방적 시장규제 정책보다는 시장의 요구에 호응하는 언론정책을 수용해야 할 것이다. 독자나 시청자들 그리고 시민사회가 여러 언론매체들의 퍼포먼스에 어떤 평가를 내리고 어떤 행동을 취하는지를 좀더 지켜보고 난 후에 정부가 개입해도 늦지 않을 것이다.

정부의 개입을 늦추는 대신 신문시장의 강자인 보수신문은 명백한 시장실패 현상 — 여론의 독과점 심화 — 이 나타나기 전에 자율적 개혁을 실시해야 한다. 신문이 사기업으로서 이윤추구 목적을 지니고 있는 한편 저널리즘 매체로서 공익추구의 사명을 띠고 있으므로 시민사회에 대한 책임(*accountability*)을 완수할 수 있도록 자율적 규제기능을 강화해야 한다. 공영방송 또한 권력으로부터 독립성을 유지하고 공정성과 다양성을 확보할 수 있도록 제도적 개혁을 자율적으로 추진해야 할 것이다. 대통령과 여권의 눈치를 살피는 공영방송은 시청자들로부터 지지를 얻기 힘들며, 그럴 경우 공영방송의 정상화를 위해 필요한 '수신료 인상'은 더욱 어려워진다.

언론인 스스로 전문성을 강화하기 위한 노력도 중요하다. 급변하는 국내외 정세를 감안해 볼 때 언론인 개인의 경쟁력이 국가경쟁력의 척도라고 하겠다. 특히 국내외 경제환경의 변화를 제대로 모니터하고 경제문제에 대해 올바른 처방을 내려주는 경제전문기자의 활동은 언론매체의 경쟁력 확보에 도움이 될 뿐 아니라 궁극적으로는 국가경쟁력을 제고하는 데 적지 않은 공헌을 할 것이다.

· 참고문헌 ·

김경원(2002), 〈증시에 관한 신문보도의 몇 가지 문제점 제기〉, 주식시장과 주식관련 보도: 진단과 처방 세미나 발제문, 한양대학교 커뮤니케이션과 연구센터.

김해식(1992), "1960년대 이후 한국언론의 성격변화과정에 대한 사회학적 연구," 서울대학교 사회학과 박사학위논문.

윤영철(1995), "사회변동과 언론통제," 유재천 외, 《한국의 언론 I》, 소화.

______(2003), "한국의 언론개혁과 숙의 민주주의", 한국민주주의와 언론 세미나 발표논문.

이화진(1999), "경제전문 저널리즘 어디로 가야하나", 《저널리즘 비평》 27, 한국언론학회.

정진석(1992), "한국의 인쇄매체: 언론제도 · 언론사편제 · 취재 시스템을 중심으로", 《한국의 언론 II》, 한국언론연구원.

한국언론재단(2004), 〈2004 언론수용자 의식조사〉.

Kanck, S. & P. Keefer(1997), "Does social capital have an economic payoff? A cross-country investigation", *Quarterly Journal of Economics* 1(12).

Putnam, R. D. (1993), *Making democracy: civic transition in modern Italy*, Princeton: Princeton University Press, 안청시 외 역(2000), 《사회적 자본과 민주주의: 이탈리아 지방자치와 시민적 전통》, 박영사.

제 3 부

국민의식이 중요하다

제 8 장

경제선진화와 국민의식

이 내 영

1. 국가경쟁력과 국민의식

한국경제가 내수침체와 투자감소가 지속되고, 최근에는 수출둔화 추세도 나타나면서 장기불황의 조짐을 보이고 있다. 경제전문가들은 일본식 장기불황이 한국경제에 재연될 가능성을 경고하고 있다.[1] 또한 국민들 사이에서는 이대로 가다간 한국경제가 선진국의 문턱을 넘지도 못하고 자칫 2류, 3류 국가로 전락할 수도 있다는 위기의식이 팽배해지고 있다. 2004년 10월, 《한국경제신문》과 한국사회과학데이터센터가 공동으로 실시한 국민의식조사에서 우리나라 경제상황이 위기라는 주장에 어느 정도 동의하는지를 조사한 결과, '동의한다'는 응답은 85.1% (전적으로 동의한다 34.5% + 대체로 동의한다 50.6%), '동의하지 않는다'는 응답은 10.9% (전적으로 동의하지 않는다 2.1% + 별로 동의하지 않는다 8.8%) 로 조사되어, 전체 응답자 10명 중 8명 이상은 우리나라 경제상황이 위기라는 주장에 동의하는 것으로 나타났다(《한국경제신문》, 2004).

1) 이경, "장기불황, 가능성 배제하기 어렵다", 《나라경제》, 2005년 1월.

〈그림 8-1〉 한국경제가 위기인가에 대한 국민인식

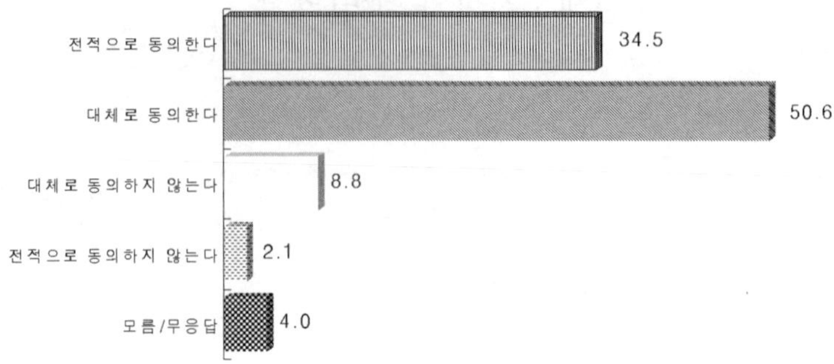

자료: 《한국경제신문》 & 한국사회과학데이터센터(2004).

한국경제의 보다 근본적인 문제점은 성장잠재력이 급속히 고갈되는 구조적 취약성을 나타내고 있다는 점이다. 우리 경제의 성장잠재력은 외환위기 이후 지속적으로 낮아져 현재 4%대를 밑돌고 있으며, 근로시간과 노동투입의 지속적 감소가 성장동력 약화를 초래하고 있다.[2] 이 결과 한국사회는 지난 10년째 국민소득 2만 달러와 선진국 진입은커녕 고용 없는 성장, 인구고령화, 소득양극화 등 선진국의 문제점만 고스란히 나타나는 형국이다. 한국경제가 성장잠재력이 급격히 고갈되는 경제적 이유로는 투자부진, 제조업의 경쟁력 상실, 경직된 노사관계, 내수와 수출부문의 양극화 등이 지적된다. 또한 경제위기를 부인해온 노무현 정부의 안이한 현실인식과 경제정책의 혼선이 이를 증폭시켰다고 할 수 있다. 경제회복과 민생안정에 국정운영의 우선순위가 주어지지 않았고, 혼돈의 연속이었던 경제정책으로 투자는 이탈하고 경기침체가 장기화되면서 국민은 실업 - 신용불량으로 고통받고 있는 것이 현실이다. 그

2) 김명기, "내수회복 촉진과 성장잠재력 확충에 정책역량 모아야", 《나라경제》, 2005년 1월.

러나 한국경제의 성장잠재력의 고갈은 경제적 요인 이외에도 당파적 정쟁을 반복하는 정당정치, 온존하는 부패문화, 심각한 노사갈등, 국민들의 반기업정서, 경쟁력을 상실한 교육제도 등 한국의 정치·사회·문화 전 영역에서 나타나고 있는 구조적 취약성과 비효율성과 관련이 있다고 판단된다.

이 글의 목적은 한국경제의 경쟁력을 약화시키는 데 영향을 미치는 문화적 차원의 요인들을 검토하고, 이에 대한 대안들을 제시하는 것이다. 특히 이 글은 한국경제의 성장잠재력을 약화시키는 한국인들의 경제적 가치관과 태도를 밝히고 이를 극복하기 위한 방안을 제시하려고 한다. 한 나라의 경쟁력은 정치환경, 경제제도와 정책, 인적 자원의 질 등 여러 요인들이 복합적으로 작용하여 결정되지만, 한 사회의 지배적 가치정향, 태도, 습속 등 문화적 요인들도 국가의 경쟁력에 영향을 미치는 주요한 변수라는 것이 이 글의 기본적 시각이다.

한 나라 경제의 성장과 침체를 국민들의 가치관, 태도 등 문화적 요인과 관련하여 설명하는 문화적 접근법은 막스 베버가 《프로테스탄티즘의 윤리와 자본주의》에서 개신교의 윤리가 자본주의 제도와 정합성이 높아 서구에서 자본주의가 발전하는 문화적 기반이 되었다고 설명한 이래 사회과학의 오랜 접근법이 되었다. 유명한 개발경제학자인 뮈르달(Gunnar Myrdal, 1968)은 *Asian Drama*에서 문화적 요인, 특히 종교적 요인들이 남아시아의 근대화를 저해하는 요인으로 작용하였음을 주장하고 있다. 또한 버나드 루이스(Bernard Lewis, 1994) 같은 중동전문가들은 이슬람 국가들의 경제적 정체와 정치발전의 지체요인으로 전통적 이슬람문화에 주목하고 있다. 헌팅턴(Huntington, 1996)은 현재의 세계를 오랜 세기동안 지속된 문화적 차이를 가진 8~9개의 주요 문명으로 구분하고, 다른 세계관과 가치관을 가진 다양한 문명 사이의 충돌이 불가피하다고 주장하였다. 잉글하트(Ronald Inglehart, 1997)는 세계 각국을 다양한 문화지대(*cultural zones*)로 구분하고, 이러한 문화지대 사이에 경제발전과 민주화의 수준에서 상당한 격차가 나타나는 것을 경험적으로 밝히고 있다.

문화적 접근법은 1980년 이후 라틴아메리카의 경제적 침체를 설명하는 새로운 이론적 패러다임으로 등장하였다. 1970년대까지 후진국의 저발전 원인을 외국자본의 수탈과 중심국가에 대한 종속의 구조에서 찾는 종속이론(*dependency theory*)이 중남미는 물론 제 3세계 지식인들에게 큰 영향을 미쳤다. 그러나 종속이론은 자신들의 가난의 원인을 외부책임으로 돌린다는 점에서 중남미 엘리트의 책임회피를 위한 이론이라는 비판에 직면하였고, 문화적 접근론자들은 중남미의 저발전은 국민들과 엘리트의 가치관, 태도, 마음의 상태(*State of Mind*)에 있다는 대안적 설명을 제시하였다(Harrison, 1985).

한 나라의 경제발전과 지체를 문화적 요인과 관련하여 설명하는 문화적 접근의 가장 대표적인 연구자는 로렌스 해리슨(Lawrence Harrison)이다. 해리슨은 정체적(*static*) 문화와 진취적(*progressive*) 문화를 구별하는 10가지의 가치관, 태도, 그리고 사고방식을 제시하였다. 그가 제시한 10가지 가치관은 ① 시간에 대한 태도, ② 일(*work*)에 대한 태도, ③ 절약(*frugality*)에 관한 태도, ④ 교육의 중요성, ⑤ 능력(*merit*) 중심 대 연고주의, ⑥ 일체감(*identification*)과 신뢰(*trust*)의 범위, ⑦ 윤리적 기준, ⑧ 정의와 공정성, ⑨ 권위: 분산되고 수평적인 권위 대 집중되고 수직적인 권위, ⑩ 종교의 영향력의 정도: 종교적 세속주의(*secularism*) 대 강한 종교적 영향이다.[3)]

해리슨이 제시한 정체적 문화와 진취적 문화라는 분석 틀을 가지고 한국사회의 문화적 특성을 살펴보면 경제발전에 도움이 되는 진취적 문화적 특성과 정체적 특성이 공존하고 있는 것을 발견할 수 있다. 우선 한국사회의 경제성장에 도움이 되는 진취적 문화적 특성으로 다음과 같은

---

3) Lawrence Harrison(1985), *The Pan-American Dream*, New York: Basic.

점들을 지적할 수 있다.

- 교육에 대한 강조
- 조직에 대한 높은 충성심, 근면성, 절약정신
- 종교적 세속주의

한국의 높은 교육열과 교육에 대한 강조는 경제발전에 도움이 되는 특성이다. 세계최고의 대학진학률과 낮은 문맹률은 한국이 지식정보시대에 높은 인적 자본을 제공하는 기반으로 작용한다. 또한 한국인들이 조직에 대한 충성심이 상대적으로 강하고, 일에 대한 적극적 태도와 근면성을 가지고 있으며, 높은 절약정신도 진취적인 문화적 특성으로 지적할 수 있다. 또한 종교를 가지고 있는 인구비율이 높은 편이지만, 한국사회에서 종교적 세속주의(*secularism*)가 유지되고 있는 점도 경제성장에 도움이 되는 문화적 특성이라고 할 수 있다. 그러나 한국의 문화적 특성, 특히 한국인들의 가치관과 경제의식 중에는 경제발전을 저해하는 요인들도 발견할 수 있다. 경제발전을 저해하는 한국인들의 경제적 가치관과 의식 가운데는 연고주의와 내부지향적 태도와 같이 오랜 역사에서 형성된 전통적인 문화적 특성도 있지만, 압축적 경제성장과 민주화의 과정에서 형성된 의식과 태도도 있다.

문화적 접근의 핵심가정은 한 나라의 경쟁력에 직접적 영향을 미치는 경제구조나 제도, 그리고 정책의 기저에는 이러한 구조와 제도, 정책선택에 영향을 미치는 한 사회의 가치정향, 습속 등 문화적 요인들이 자리잡고 있다는 것이다. IMF 경제위기를 겪으면서 우리 경제는 구조적인 문제를 근본적으로 개혁해야만 위기극복은 물론 선진경제로의 이행을 촉진시킬 수 있다는 국민적 공감대가 형성되었으며, 더불어 많은 개혁조치들이 추진되고 선진 경제제도가 도입되었다. 그러나 많은 경제제도의 도입 및 개혁 노력에도 불구하고 우리 경제의 구조적인 변화는 상당한 진통을 겪고 있다. 이는 우리 경제의 구조적인 문제가 경제제도의 도입만으로는 쉽게 해결되지 않음을 보여주는 것이다. 즉, 제도와 의식과 행위 간의 부정합성이 나타나고 있기 때문에, 제도도입과 더불어 제도를 이행하는 각 경제주체들의 경제의식이 변화해야 된다는 것을 보여준다. 이 글은 우리 국민의 경제의식의 특징과 문제점을 규명함으로써, 우리 경제의 지속성장을 위한 올바른 국민경제의식 함양방안을 도출하는 데 그 목적이 있다.

2. 경제선진화를 제약하는 국민의식과 극복방향

이 논문은 경제선진화를 저해하는 한국인들의 의식과 태도로 다음의 네 가지 요인들을 제시하고 이에 대한 극복방안을 모색할 것이다.

- 닫힌 민족주의 정서와 내부지향적 태도
- 공정한 경쟁의 룰과 투명성의 부족
- 민주화 이후 만연한 분배우선주의 정서
- 반기업정서

1) 닫힌 민족주의와 내부지향적 태도에서 국제주의로

(1) 한국인들의 닫힌 민족주의와 내부지향적 태도

한국인들의 태도와 가치관에는 아직 글로벌시대의 변화에 대응하지 못하는 닫힌 민족주의와 내부지향주의가 강하게 남아있는 것을 발견할 수 있다. 타문화에 대한 배타적 태도와 개방에 대한 두려움이 있기 때문에 한국경제의 개방화의 정도는 상대적으로 낮다. 세계 각국이 경쟁적으로 쌍무적인 FTA를 체결하고, 지역경제협력체에 참여하는 추세에도 불구하고 한국은 FTA 협정체결에 소극적이며 그 결과 한국이 세계경제에서 불이익을 당하는 추세가 나타나고 있다. 또한 한국의 언론보도에서 외신의 비율은 상대적으로 낮고, 국민들의 관심은 내부문제에 한정되는 경향이 있다. 더욱 우려되는 것은 상대적으로 외국문화에 대해 개방적이고 진취적 태도를 가져야 할 한국의 대학생이나 젊은세대들도 감성적 민족주의적 성향을 표출하고 있다. 최근 한국 젊은이들 사이의 반미감정도 이러한 특징을 보여준다. 최근 한국사회에서 논란이 되고 있는 새로운 국적법에서도 닫힌 민족주의적 태도를 발견할 수 있다.

① 경제세계화에 대한 이중적 태도

한국인들의 내부지향적 인식과 태도는 세계화와 자유무역에 관한 여론조사에서 반복적으로 확인된다. 2003년 8월 국정홍보처가 미디어리서치에 의뢰한 자유무역에 관한 여론조사결과를 보면 한국인들의 세계화에 대한 이중적 태도가 나타난다. 우선 무역자유화가 우리나라 경제에 '긍정적인 영향을 미칠 것이다'는 전망이 70.6%로, '부정적인 영향을 미칠 것이다'(26.4%)는 전망보다 2배 이상 많았다. 따라서 세계적 자유무역 확대 움직임에 우리나라가 동참해야 하는지를 물어본 결과, 응답자 10명중에 8명은 '동참해야 한다'고 응답했다.

우리경제가 보다 더 개방될 경우 삶의 질에 어떤 영향을 미칠 것인가에 대해서도 '현재보다 높아질 것이다'가 36.5%, '변화가 없을 것이다'가 45.9%, '나빠질 것이다'가 16.7%로, 대체로 긍정적이었다. 한편, 자유무역이 확대될 경우 가장 우려되는 점으로는 '농수산물 수입증가로 인한 농어촌 경제 타격'(71.7%)을 꼽았다. '공산품 등의 수입증가로 인한 내수기업 도산'에 대해서는 13.1%, '경쟁심화로 인한 실업 및 근로조건악화'는 13.7%로 나타났다. FTA와 관련해서는 응답자의 60% 이상이 '농업에 피해를 주지 않을 국가만 선택해서 자유무역협정을 추진해

〈그림 8-2〉 세계적 자유무역 확대에 대한 한국의 동참 필요성

(n=1,001/ 단위:%)

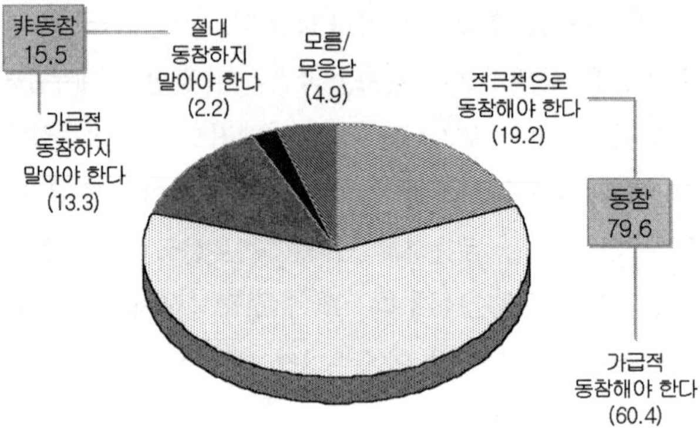

자료: 국정홍보처 & 미디어리서치(2003).

야 한다'(64.5%)고 답한 반면, '모든 주요 교역국과 적극 추진해야 한다'는 응답은 26.7%였으며, '추진하지 말아야 한다'는 응답은 4.9%였다.

2004년 8월 동아시아연구원이 미국 CCFR과 공동으로 실시한 여론조사결과를 보면 세계화에 대한 한국 국민들의 이중적 태도를 다시 확인할 수 있다. 경제의 세계화에 대한 한국인들의 시각은 응답자의 연령·학력·지지정당·이념성향 등에 따라 약간의 편차는 있지만 대체로 긍정적 태도를 가지고 있는 것으로 보인다. 경제의 세계화가 한국경제에 긍정적 영향을 미칠 것이라는 의견이 81%로 부정적이라고 보는 견해 19%를 압도했다. 그러나 한국인들이 경제의 세계화에 대해 총론적인 차원에서 긍정적인 평가를 하고 있음에도 불구하고, 구체적인 정책수준에서는 세계화로 인한 희생과 양보는 최소화되어야 한다는 입장을 나타냈다. 어떠한 대가를 치르더라도 국내 쌀 시장을 보호해야 한다는 의견이 78%에 달하고, 농민 보조금지원에 대해 87%의 국민이 찬성하고 있으며, 국제무역협정에 가입한 국가들이 근로조건과 관련한 최소한의 기

〈그림 8-3〉 한국의 자유무역협정(FTA) 추진에 대한 태도

(n=1,001/ 단위:%)

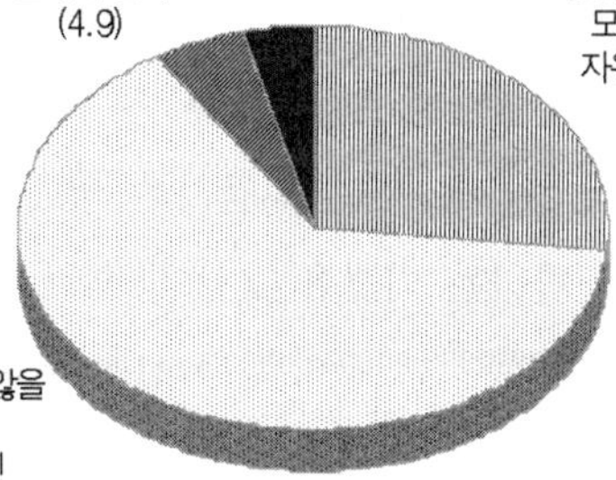

자료: 국정홍보처 &미디어리서치(2003)

준을 유지하는 것이 필요하다는 견해가 89%에 달하는 이 결과가 한국 국민들의 이중적 태도를 보여준다. 또한 외국기업의 한국기업 인수합병에 대해 부정적인 의견(57%)이 긍정적인 의견을 앞서고, 세계화 시대에도 국산품애용이 필요하다는 의견이 59%에 이르는 결과도 한국사람들이 여전히 강한 경제민족주의 성향을 가지고 있다고 해석할 수 있다(EAI & CCFR, 2004). 만약 어떤 나라가 세계무역기구에 한국을 제소했고 그 결과가 한국에 불리한 것으로 나왔을 경우 한국이 그 결정을 따라야 하는가에 대한 질문에 대해 52%가 따르지 않아도 된다는 의견을 보인 것도 한국국민 다수가 세계화 시대가 요구하는 국제규범을 수용할 태도를 가지고 있지 못함을 보여주고 있다(EAI & CCFR, 2004). 요약하면 총론적으로 세계화를 찬성하면서도 세계화로 인한 희생과 대가는 회피하는 이중적 태도는 한국인들의 세계화에 대한 의지가 아직 피상적 수준에 머물러 있고, 따라서 세계화를 둘러싼 국내적 갈등이 상당기간 지속되리라는 것을 예고한다.

② 외국자본에 대한 비우호적 태도

2004년 10월 《한국경제신문》의 국민의식조사에서 외국자본 국내기업 인수합병에 대한 국민들의 태도를 보면, 투기자본이므로 제한해야 한다는 응답이 39.1%로 가장 높게 나타났으며, 그 다음으로 자본은 원래 투기성이 어느 정도 있으므로 제한할 필요가 없다(29.0%), 외국에 국수주의적 이미지를 줄 수 있으므로 제한해서는 안 된다(11.9%)는 순으로 나타났다. 연령별로 구분해 보면 외국자본 국내기업 인수합병은 투기자본이므로 제한해야 한다는 의견은 20대가 41.9%, 30대가 40.9%, 40대가 39.5%, 50대 이상은 35.7%로 나타나, 연령이 낮을수록 외국자본 국내기업 인수합병은 투기자본이므로 제한해야 한다고 생각하는 것으로 나타났다.[4]

〈그림 8-4〉 외국자본 국내기업인수에 대한 태도

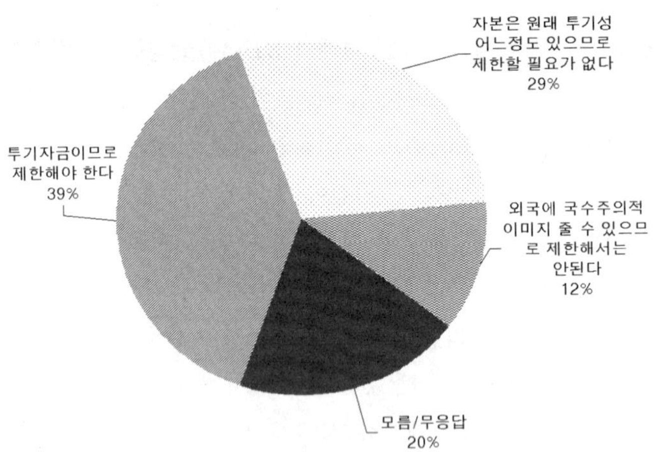

자료: 한국경제신문 & 한국사회과학데이터센터(2004).

4) 이러한 국민들의 외국자본에 대한 비우호적 태도를 반영하여, 올해 4월 국세청은 한국에 투자하고 있는 론스타와 칼라일 서울사무소를 전격 방문하여 서류를 압수하였다. 또한 국내은행의 외국인 이사 수를 제한하는 법안이 국회에 계류중이다(*International Herald Tribune*, 2005. 5. 12).

(2) 국제주의와 개방에 대한 긍정적 태도의 중요성

세계화 시대에 요구되는 중요한 가치관은 국제주의와 개방에 대한 긍정적 태도이다. 특히 한국경제처럼 국제무역을 통해 역동적 성장을 성취한 국가의 경우 국제주의적 태도는 국가경쟁력을 유지하기 위한 핵심적 요인이다. 물론 경제의 세계화가 선진국과 초국적 자본에 의해 추동되기 때문에 국가간의 경제격차를 심화시키고, 한 사회 내의 승자와 패자를 양산하는 부작용을 가져오는 것은 부인할 수 없다. 따라서 때로는 단기적 이익을 추구하는 금융자본에 의한 국내경제에 대한 폐해를 막기 위한 규제가 필요할 수도 있고, 국내산업과 사회적 약자를 보호하기 위한 정책도 요구된다. 그러나 세계화의 대세를 피하고 고립되어서는 국가의 경쟁력을 확보할 수 없는 상황에서 개방과 경쟁이 지배적인 가치관이 되어야 하고, 보다 적극적인 자세로 세계화의 파고를 넘는 태도가 필요하다. 경제개방의 이익만 향유하고 다른 나라의 상품과 서비스에 대해서는 폐쇄적 태도를 취해서는 선진통상국가가 될 수 없다.

WTO 가입이나 칠레와의 FTA 체결로 인해 한국 농민이 피해를 입었던 것처럼, 무역의존국인 한국에서 시장개방으로 인한 국내희생은 불가피하다. 정부의 책무는 시장개방으로 인한 희생을 최소화하고 이득을 최대화하기 위한 협상전략을 마련하고, 피해를 보는 산업과 집단에 대한 적극적 구조조정을 유도하고 보상정책을 통해 사회갈등을 관리해 나가는 일이다. 외국자본의 국내기업 인수합병과 금융시장 진출에 대해서는 국내기업이 역차별을 받는 것은 피해야 하지만, 과감한 개방정책이 필요하다. 2005년 2월 25일 취임 2주년 국회 국정연설에서 노무현 대통령은 선진경제로의 진입을 위해 개방형 선진통상국가를 목표로 제시했다. 그러나 선진통상국가가 되기 위해서는 우리 국민들의 의식구조가 선진통상국가라는 개념에 상응하도록 개혁되어야 한다. 국적을 불문하고 가장 효율적인 생산주체가 자유롭게 활동할 수 있도록 외국인과 외국인 투자에 대해 과감하게 문호를 열어야 한다.

빠르게 진행되고 있는 경제 세계화의 추세 아래서 한국이 선진통상국가로 선진국에 진입한다는 목표를 실현하기 위해서는 국민들이 국제주의적 경제관을 확고하게 가지는 것이 필수적이다. 우리기업은 한국인이 소유해야 한다는 의식과 헐값 매각을 앞세워 외국인투자를 반대하는 배타적 태도를 개혁하지 않고서는 외국인의 경제활동이 활발해질 것으로 기대할 수 없다. 이를 위해 정부정책과 교육의 변화가 일어나야 한다. 우선 정부관료의 충원과정에서 개방형 인재충원 제도를 확대하여 국제화에 적합한 인재들을 적극적으로 충원해야 한다. 또한 각종 국제기구에 한국의 우수한 인력들이 채용되어 역할을 할 수 있도록 적극적인 지원이 필요하다. 마지막으로 국민들이 국제문제에 대해 더 많은 관심을 가지고 균형 잡힌 시각을 가질 수 있도록 학교교육과 언론의 역할이 중요하다.

2) 공정한 경쟁의 제도화와 투명성의 확대

(1) 공정한 경쟁의 룰 부재: 연고주의와 부패의 문화

한 사회가 경제적 역동성을 가지기 위해서는 공정한 경쟁의 룰이 정착되는 것이 필수적이다. 특히 시장경제가 제대로 작동하기 위해서는 개인의 노력과 창의성이 정당한 보상을 받는 경쟁의 규칙이 확고히 뿌리내려야 한다. 그러나 한국사회에서는 능력과 업적이 중시되기보다는, 지연·학연 등 연고주의가 강하게 남아있다. 2001년 KDI 경제센터가 실시한 경제의식조사에 따르면 국민들은 경제활동에 있어 경쟁풍토가 아직 정착되지 못하고 있으며, 기초질서의 공정성 또한 제대로 정립되지 못하였다고 느끼고 있는 것으로 나타났다. 매매, 거래, 고용계약 등 경제활동에서 연고가 중요시된다는 응답(49.3%)이 경쟁이 중요시된다는 응답(45.6%)보다 약간 더 높게 나타났다. 국민들은 경제활동에 있어 경쟁풍토가 아직 정착되지 못했다고 느끼고 있음을 보여준다. 또한 국민의 대부분(86.8%)이 IMF 체제 이후 경제활동에 있어 기초질서가 '별 차이가 없다'(52.8%)거나 '오히려 불공정해졌다'고 응답하였다(KDI 경제센터, 2001).

경제의 공정성에 대한 국민들의 불신은 2004년 《한국경제신문》 여론조사에서도 확인되었다. 현재 수입이 일한 것에 비해 적당한가 라는 질문에 그렇다고 응답한 국민은 전체의 28.7%에 불과했으며, 나머지 대다수 응답자는 적당하지 않다거나(47.6%) 중간 정도의 의견(23.7%)을 표시했다. 또한 열심히 일하면 지금은 어렵지만 나중에 보상받을 수 있다는 경제의 공정성에 대한 믿음을 가지고 있는 응답자는 33.8%에 불과한 반면, 이러한 믿음을 가지고 있지 않은 응답자(47.8%)와 중간 입장의 응답자(18.4%)가 절대 다수를 차지했다(《한국경제신문》, 2004). 이러한 결과는 우리 경제의 현재의 어려운 현실을 반영하고 있는 것으로 보이지만, 더 나아가 우리 경제의 건전성 및 공정성에 대한 국민의 믿음이 그리 높지 않음을 나타내고 있다. 따라서 경제활동에서 경쟁풍토의 조성과 공정한 거래관행의 정착 등 시장경제원리를 정착시켜 나가기 위한 정부의 일관성 있는 노력이 필요하다.

또한 정부, 사기업, 노조 등 사회 전반에 걸쳐 투명성이 부족하고 부패문화가 온존하고 있다. 2004년 10월 20일 국제투명성기구(TI)가 146개국을 대상으로 조사한 국가별 '부패인식지수'(*Corruption Perceptions Index*)에서 우리나라는 10점 만점에 4.5점으로 47위를 차지했다. 부패인식지수는 세계 각국의 공무원과 정치인들 속에서 존재하는 부패가 어느 정도 인식되어 있는가를 나타내는 수치이다.[5] 일반 국민들도 정경유착과 권력형비리가 과거보다는 감소했지만 계속되고 있다고 인식하고

---

5) 국제투명성 기구의 2004년 부패지수 국제조사결과는 Transparency International, "TI CPI 2004 Press Release", http://www.transparency.org.를 참조할 것.

있다. 《서울신문》이 2004년 12월 실시한 여론조사에 따르면 광복 이후 우리사회가 극복하지 못한 문제로 부정부패(33.8%)를 꼽는 국민들이 가장 많았으며, 다음으로 빈부격차(28.9%), 이념갈등(12.2%), 지역분열구도(10.3%) 학벌·지역차별(9.6%) 등이 선정되었다. 최근 노무현 정부의 실세들이 개입한 것으로 논란이 되었던 철도공사나 행담도 개발과 관련한 비리의혹도 이러한 부패문화가 지속되고 있다는 것을 보여준다.

(2) 공정한 경쟁의 룰의 정착과 투명성의 확대

한국경제가 성장잠재력을 확보하기 위한 가장 중요한 문화적 기반은 국민들이 공정한 경쟁의 중요성을 내면화하고, 경제제도와 정책이 이러한 공정한 경쟁을 촉진하는 방향으로 마련되는 것이다. 21세기 무한경쟁의 시대에 국내에서 치열한 경쟁을 거치지 않고 국제무대에서 경쟁한다는 것은 불가능하다. 따라서 모든 분야에서 경쟁을 활성화해야 하고, 하향평준화를 지양해야 한다. 다만 경쟁에서 뒤처진 사람과 집단에 대한 배려가 필요하다. 이를 위해서는 정부의 성격을 시장친화적으로 변화시키고, 과감한 규제완화와 작고 효율적인 정부를 실현하기 위한 노력이 필요하다. 경제규모가 커지고, 개방화·국제화되는 추세에 정부의 경제개입이나 규제는 최소화하고 시장의 합리성과 자율성을 보장하는 노력이 필요하다. 다만 시장독점의 폐해를 방지하고 공정한 경쟁을 제도화하기 위해서는 공정거래위원회의 적극적 역할이 중요하다. 또한 정경유착과 권력형 부패가 근절되고 사회전반의 투명성이 높아져야 한다. 마지막으로 지연, 학연 등 연고주의를 청산하고 개인의 능력과 업적에 따라 평가하는 문화가 정착되어야 한다.

또한 한국사회에 남아있는 가부장적 문화와 여성차별의 관행도 공정한 경쟁을 가로막는 요인이기 때문에 이에 대한 적극적 대처가 요구된다. 한국사회에 온존하고 있는 여성차별의 관행은 높은 교육수준을 가진 여성인력들을 제대로 활용하지 못하고 있다는 점에서 국가경쟁력을 저해하는 요인이다. 한국여성의 공직참여 비율은 선진국은 물론이고 동남아시아 국가들보다도 낮은 비율을 나타내고 있다. 따라서 한국사회에 남아있는 여성차별의 관행을 척결하기 위해 정부와 민간부문이 보다 적극적인 노력을 기울여야 한다.

3) 분배우선주의에서 성장과 분배의 균형으로

(1) 분배우선주의적 정서

민주화 이후 한국의 경제성장을 저해하는 가치정향의 하나로 지적할 수 있는 것이 과도한 분배우선주의이다. 각종 여론조사에서 반복적으로 확인되는 것은 경제성장과 소득분배 중 어느 가치를 우선해야 하는가 라는 질문에 대해 한국 국민은 소득분배와 복지의 확충을 지지하는 것으로 나타났다. 〈표 8-1〉이 나타내는 것처럼, 경제성장과 분배와 복지에 관한 2002년 5월의 《한국일보》와 동아시아연구원의 여론조사에서 약 70%의 국민이 경제성장보다는 분배확대를 위해 복지의 확충을 지지하였다. 또한 소득재분배를 위해 고소득자의 세금을 크게 늘리거나(64.3%), 조금 늘려야 한다(25.2%)는 의견이 90% 가까이 되어 국민들의 분배에 대한 압도적 지지를 확인할 수 있었다.

그러나 2002년의 조사와 2003년과 2004년의 여론조사를 비교해 보면, 복지의 확충보다는 경제성장을 바라는 의견이 지속적으로 증가하였다. 2003년 조사에서는 복지의 확대를 지지한 여론이 56%로 줄었고, 2004년 조사에서는 다시 47%로 줄었음을 알 수 있다. 이와 같은 결과는 성장과 분배에 대한 국민들의 태도가 뚜렷하게 변화했음을 보여주는데, 아마도 성장률이 급락하고 경제침체가 장기화되면서 국민들이 복지확대보다는 경제성장에 우선순위가 주어지기를 바라는 여론이 증가했기 때문으로 해석할 수 있다.

〈표 8-1〉 경제성장과 복지정책에 대한 태도

	2002년 5월	2003년 6월	2004년 12월
경제적 약자를 위한 분배가 우선이므로 복지에 치중해야 한다	23.8%	21.7%	13.4%
다른 분야예산을 줄여서라도 복지예산을 다소 늘려야 한다	46.4%	33.8%	33.6%
경제성장이 중요하므로 복지예산은 현수준으로 동결해야 한다	16.1%	23.2%	36.2%
복지예산을 줄여서라도 경제성장에 힘을 기울여야 한다	11.2%	19.0%	15.7%
모름 / 무응답	2.5%	2.3%	1.1%

자료: 《한국일보》 & 동아시아연구원(2002, 2003, 2004).

한국사회에서 분배우선주의적 가치관이 강하게 나타나는 원인으로는 한국사회의 사회복지제도가 매우 낙후되어 사회안전망을 제공하지 못하는 현실에 기인한다. 또한 1997년 외환위기 이후 소득의 양극화가 빠르게 진행된 경제현실도 분배우선주의가 나타나는 현실적 토양이었다고 할 수 있다. 1997년 외환위기 이후 추진된 경제구조조정과 경제개방으로 인해 한국경제의 회생의 발판이 마련되었지만, 사회적 차원에서는 빈곤층의 확대와 중산층의 하향분해가 빠르게 진행되었다. 이러한 빈곤층의 확대와 중산층의 하향분해가 진행된 결과 소득불평등이 악화되어 한국의 지니계수가 빠르게 급증하였으며 그 정치적 효과는 진보적 정치세력에 대한 지지가 상승했다는 점이다.[6]

낙후된 우리의 복지수준과 심화되는 소득양극화 현상을 고려할 때, 정부가 복지예산을 증액하고 사회안전망을 확충하려는 노력을 하는 것

6) 외환위기 이후의 한국사회의 빈곤층의 확대와 중산층의 하향분해, 그리고 그 정치적 영향에 대해서는 송호근(2005), 102~115쪽을 참조.

이 필요하다고 판단된다. 그러나 복지확대 일변도의 재정운용은 성장잠재력을 더욱 악화시킬 수 있다는 점을 명심해야 한다. 경제가 본격적인 저성장 국면으로 들어서기 전에 성장잠재력 확충을 위한 재정운용에 우선순위가 주어져야 한다는 견해가 설득력을 얻는 이유이다.

또한 정부가 분배우선적 경제정책을 펴더라도 때로는 그 결과가 반대로 나타날 수 있다는 점도 고려해야 한다. 노무현 정부의 경제정책의 혼선에 대한 가장 뼈아픈 비판은 서민의 정부임을 표방한 참여정부에서 빈부의 격차가 더욱 확대되었고, 이와 같은 결과는 '분배중시 정책'이 실패에 그쳤다는 것을 입증한다. 실제로 2004년 5월 통계청이 발표한 지난해 도시근로자 가계수지 동향은 저소득층 서민가계가 붕괴되고 있으며 '부익부 - 빈익빈' 현상이 갈수록 심화되고 있음을 보여준다. 또한 노무현 정부의 부동산 정책이 의도와는 달리 강남과 분당의 부동산가격을 오히려 상승시키는 결과를 가져오는 것도 이러한 딜레마를 보여준다.

분배우선주의적 정서가 지배하는 사회에서는 정부의 경제정책이 대중영합적 성격을 가지기 쉽고, 강성노조가 등장하여 갈등적인 노사관계가 나타나는 경향이 있다. 대중영합적 경제정책과 갈등적 노사관계가 지배하는 사회에서는 경제불안과 사회갈등의 악순환이 반복되어 경제적 도약을 기대할 수 없다는 것을 중남미의 사례들은 보여주고 있다. 노무현 정부의 경제정책은 이러한 대중영합적 성격을 가지고 있다는 비판으로부터 자유롭지 않다. 노무현 정부 아래서 경제정책이 표류한 핵심요인이 경제정의, 평등, 개혁의 명분 아래 경제문제가 정치논리에 의해 지배되는 경제의 정치화(*the politicization of economy*) 현상이 지속되었기 때문이라는 비판도 제기되었다(공병호, 2004).

(2) 성장과 분배의 균형과 협력적 노사관계

한국이 성장잠재력을 회복하기 위해서는 지나친 분배우선주의, 평등주의 정서를 극복하는 것이 관건이다. 외환위기 이후 소득 양극화가 심화되고, 빈곤층이 확대되고 있는 현실 아래 정부가 사회안전망의 제공을 위한 복지와 분배정책을 추진하는 것이 필요하다. 하지만 분배의 확대를 위해서는 성장을 희생시키는 것이 불가피하다고 생각하는 성장과 분배에 대한 이분법적 논리를 극복하는 것이 중요하다. 사실 빈곤대책의 핵심은 일자리 제공이며 소득격차 확대의 주요 원인도 경기침제로 실업률이 높아졌기 때문이라는 것을 명심해야 한다. 따라서 경제성장의 회복이 가장 강력한 복지정책이라는 점을 인식하고, 경제성장을 통하여 일자리를 지속적으로 창출하는 점이 정부정책의 우선순위가 되어야 한다.[7] 즉, 성장과 분배를 이분법적으로 이해하기보다는 이에 대한 균형을 추구하는 태도가 한국경제의 성장잠재력을 회복하는 열쇠이다.

또한 갈등적 노사관계를 극복하고 협력적 노사관계를 정착시키는 것이 중요하다. 현재 한국의 노사관계는 투쟁적·전투적인 노동운동 성향이 지속되었고, 최근에는 노조관련 각종 비리로 불신이 고조되었다. 2005년 IMD 세계경쟁력 보고서에 따르면 우리나라 노사관계 경쟁력이 조사대상국 60개국 중 꼴찌 수준을 벗어나지 못해 국가경쟁력 강화를 위해서 노사관계 선진화가 시급한 실정이다(IMD, 2005). 세계 꼴찌 수준의 노사관계로는 우리 경제의 미래를 기대할 수 없는 만큼 협력적·생산적 노사관계 확립과 노사당사자간 신뢰구축이 절실히 요구된다. 협력적 노사관계를 제도화하기 위해서는 노사정의 자세가 변해야 하며, 특히 채용비리와 금품수수, 폭력행위 등으로 부패한 기득권 세력으로 국민들에게 인식되고 실망을 안겨준 대기업 노조와 양대 노총의 태도변화가 요구되는 시점이다.

---

7) 나성린, "경제성장이 가장 강력한 복지정책", 《나라경제》 2004년 9월호, 16~19쪽.

4) 반기업정서의 극복과 기업가정신의 고양

(1) 심각한 한국의 반기업정서

반기업정서(*anti-business sentiment*)는 열악한 물적 환경, 규제환경 못지않게 기업경쟁력을 훼손하는 요인이며, 특히 기업가 정신을 위축시켜 기업의 미래경쟁력을 잠식하는 독소로 작용한다. 어느 나라나 기업에 대한 어느 정도의 부정적인 정서가 있지만, 한국 국민의 반기업정서는 매우 강한 편이다. 〈표 8-2〉는 전경련이 2004년에 발행한 반기업정서에 대한 국제비교연구 결과인데, 한국의 반기업정서는 70으로 일본(40), 미국(23), 브라질(53) 등과 비교해 세계 최고 수준인 것으로 조사되었다.[8] 반기업정서와 경제자유지수(규제정도, 경영환경)를 비교해 보면, 대체로 자유지수가 높은 국가가 반기업정서도 낮은 것으로 나타났다.

① 대기업에 대한 반감

상당수 한국 국민은 대기업은 나쁘고, 중소기업은 선의의 피해자라는 인식이 강하다. 그럼에도 막상 자신은 대기업의 제품을 선호하고 직장도 대기업을 선호한다. 특히 한국의 재벌에 대한 반감이 뿌리 깊게 남아 있다. 재벌의 문어발식 경영과 독과점적 시장지배를 규제해야 한다는 목소리가 높지만, 이러한 재벌들의 국제경쟁력으로 인해 한국경제가 역동성을 유지하고 있는 현실은 외면한다. 물론 재벌들의 성장과정이 부분적으로는 정경유착과 관치금융 등의 특혜에 의존했다는 사실을 부정할 수 없다. 또한 한국기업들은 사회적 책임의식이 부족하고 윤리경영

---

8) 전경련 보고서는 세계적 컨설팅회사인 액센추어가 2001년에 실시한 반기업정서에 관한 국제연구의 결과를 인용하고 있다("선진국의 반기업정서 현황 및 시사점", 전경련, 2004년 4월).

이 취약하다는 비판으로부터도 자유롭지 못하다. 그럼에도 불구하고 한국경제의 발전과정에서 한국 대기업이 주도적 역할을 했고, 국민 모두가 비록 정도의 차이는 있지만 그 혜택을 누리고 있다는 사실은 부인할 수 없다.

〈표 8-2〉 반기업정서와 경제자유지수 비교

	반기업정서	경제자유지수
한 국	70	2.7
영 국	68	1.85
이탈리아	55	2.35
아르헨티나	55	2.95
브라질	53	3
프랑스	53	2.55
인 도	50	3.5
일 본	45	2.5
스페인	43	2.35
폴란드	40	2.9
독 일	40	2.1
멕시코	40	2.8
스웨덴	38	1.9
벨기에	28	2.1
싱가포르	28	1.5
미 국	23	1.8
캐나다	20	2.05
네덜란드	13	1.9

주) (1) 반기업정서는 각국 CEO의 응답률(%)로 높을수록 반기업정서의 정도가 심함, (2) 경제자유지수는 5점 척도 평가로 높을수록 자유도가 낮음.
자료: 전경련(2004).

〈그림 8-5〉 기업호감지수(CFI)의 변화추세

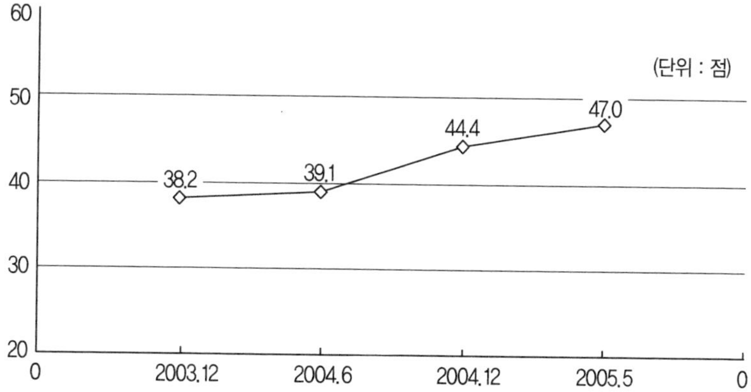

자료: 대한상공회의소(2005).

② 기업호감지수의 변화

〈그림 8-5〉가 보여주듯이, 2005년 6월 대한 상공회의소와 현대경제연구원이 전국 2065명을 대상으로 실시한 기업호감지수(CFI: *Corporate Favorite Index*) 조사에 의하면, 한국 국민의 기업호감도는 100점 만점에 47.0점으로, 지난 2004년 12월 조사의 44.4점보다는 2.6점 상승한 것으로 나타났다. 기업호감지수는 국민이 기업에 대해 호의적으로 느끼는 정도에 대한 평가로서, 기업이 생산하는 상품 및 서비스, 기업활동, 기업인에 대한 평가와 이미지를 통해 형성된다. 이 조사에서 기업호감지수는 5개 요소와 전반적 호감도를 합산하여 점수를 산정했다.[9] 2005년 기업호감지수 47.0점은 1차 조사(2003년 12월)의 38.2점보다 8.8점 높아졌다. 이러한 결과는 지속되는 경기침체를 타개하기 위해 가장 중요

9) 5개 요소는 ① 생산성/기술 향상, ② 국제 경쟁력, ③ 국가경제 기여도, ④ 사회 공헌 활동, ⑤ 윤리경영 요소 등으로 구성되어 있으며, 각 요소에 대해 응답자가 긍정적이면 100점, 반반이면 50점, 부정적이면 0점으로 하여 평균 점수를 냈다.

〈그림 8-6〉 기업활동의 우선순위

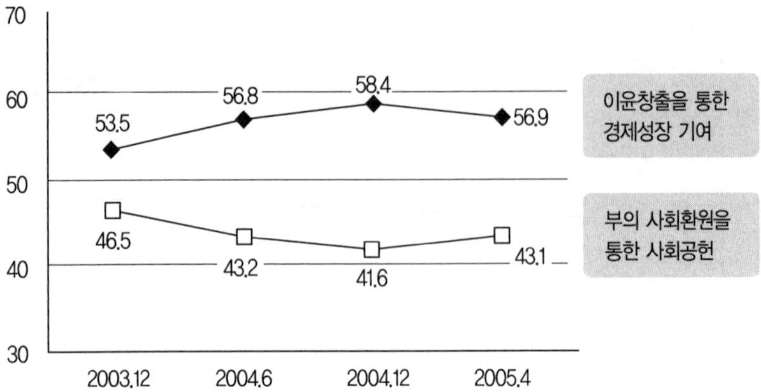

자료: 대한상공회의소(2005).

한 부문이 기업의 역할이라는 인식이 높아졌기 때문이라고 추측할 수 있다. CFI의 5개 요소별로 보면, '국제경쟁력'(70.5점)과 '생산성 향상 및 기술개발'(63.2점)은 평균수준 이상이었던 반면, '국가경제기여'(42.3점), '사회공헌활동'(35.8점), '윤리경영'(19.6점)은 평균수준을 하회하는 것으로 조사되었다.

〈그림 8-6〉이 나타내듯이, 한국 국민은 기업활동의 우선순위에 대해 '부의 사회환원'(43.1%)보다는 '이윤창출'(56.9%)이라는 의견을 가지고 있었다. 그러나 여전히 우리 국민 10명 중 4명 이상이 기업활동의 본질을 '이윤창출'이 아닌 '부의 사회환원'으로 보는 것은 우리 사회의 평등주의적 내지는 반(反)시장 경제적 경향을 반영한 것으로 보인다. 우리 국민의 이러한 경향은 기업의 비윤리적 행동과 사회적 무책임성에서 비롯된 측면이 없지 않지만 기업에 대한 올바른 이해나 시장경제에 대한 이해가 부족한 점, 그리고 지나치게 평등과 형평이 강조되는 분위기 등이 크게 작용한 것으로 풀이된다. 또한 〈그림 8-7〉은 한국 국민이 부에 대해서 상당히 비판적인 인식을 가진 것을 보여준다. '우리나라 부자들은 부정적 방법으로 부를 축적했을 것'이라는 의견이 70.9%로, '정당

〈그림 8-7〉 부자에 대한 인식

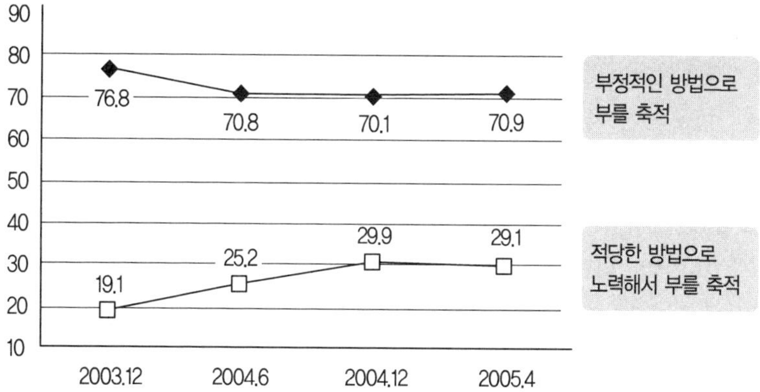

자료: 대한상공회의소(2005).

한 방법으로 노력해서 부를 축적했을 것'(29.1%)이라는 의견보다 두 배 이상 많았다.

한국인의 부에 대한 부정적 인식에도 불구하고, 기업에 대한 과거 평가와 향후 기대는 매우 중요하다는 인식이 지배적이었다. '우리 경제가 이만큼 성장하게 된 데는 기업의 역할이 매우 컸다'는 의견에 대해 우리 국민의 86.6%가 공감하며, '우리 경제가 발전하기 위해서 우리가 가장 의지하고 기대해야 하는 주체는 기업이다'는 의견에 대해서도 73.5%가 긍정적인 의견이었다. 즉, 국민들 마음 속에 '반기업정서'와 '기업기대정서'가 병존하고 있는 것으로 보인다. 한편으로는 기업에 대해 부정적인 인식을 가지지만 다른 한편으로는 기대를 하는 두 가지 상반되는 정서가 교차하고 있다고 볼 수 있다.

(2) 기업에 대한 존중과 기업가정신의 고양

한국경제의 성장잠재력 회복을 위한 가장 중요한 과제는 기업을 존중하는 태도, 기업가 정신을 고양하는 분위기를 마련하는 것이다. 반기업 정서가 만연된 상황에서는 투자와 경제활동은 위축되기 마련이다. 기업들이 무력증에 빠져 투자를 기피하는 것은 정책의 불확실성, 노조의 무리한 요구, 국민들의 반기업정서 등 기업환경이 좋지 않은 데서 비롯된다. 경제살리기의 핵심은 누가 뭐라고 해도 기업활력에 있는 만큼 기업들이 말하는 반기업정서를 어떻게 해소할지를 고민해야 한다. 한국경제의 선진화를 위해서는 세계적인 일류기업들이 많이 나와야 하고, 기업가 정신이 되살아나야 한다. 기업의 이윤추구가 자연스럽게 인정되고 존중받아야만 나라경제가 성장하고 일자리가 생기며 국민들의 삶이 윤택해진다. 기업인의 창의성을 격려해주고 그들이 얻은 부를 정당하게 평가해주는 분위기를 만들어 주어야 한다.[10]

선진국의 경우 한국과 같은 수준의 반기업정서는 존재하지 않으나, 기업과 유관단체들은 친기업적 환경을 유지하기 위하여 지속적으로 노력하고 있다. 우선 기업들이 경제교육에 적극적인 지원을 아끼지 않는다. 또한 선진국 정부도 민간기업 부문의 활성화가 중요하다는 인식을 가지고 기업의 활력을 제고하기 위한 기반을 창출하기 위하여 기업이나 각종 단체와 협력하고 있다. 영국 정부의 경우 기업가정신 제고 캠페인을 적극적으로 지원하고 있으며, 전통적으로 분배정책에 치중하던 스웨덴의 사민당도 민간기업 부문의 활성화를 가장 중요한 정책목표로 설정하고 있는 실정이다.

(3) 노블리스 오블리제와 기업의 윤리경영 확대

한국사회에서 평등주의 정서가 강하고 특히 반기업정서가 만연한 중요한 이유의 하나는 한국의 엘리트와 기득권 세력이 노블리스 오블리제를 실천하지 못하여 도덕성의 측면에서 국민들 사이에서 신뢰받지 못하

---

10) 최근 《중앙일보》 여론조사에서 나타난 것처럼 일반 국민들 사이에서 삼성, 현대 등 대기업에 대한 신뢰도는 최상의 상태에 달하고 있다. 최근의 경제 침체에 대한 반작용으로 보이지만, 과거에 있었던 재벌에 대한 반감과 부정적 이미지는 많이 사라지고 있다는 것을 나타낸다.

고 있기 때문이다. 한국의 주요 재벌과 대기업이 권위주의 정부 하에서 각종 편법과 특혜를 통해 성장했다는 불신이 아직 크게 남아있다. 또한 한국의 기득권 세력과 상류층이 자식 병역기피, 부동산 투기, 이중국적 논란 등에서 나타나듯 도덕적 모범을 보이지 못한 점도 이들에 대한 국민들의 신뢰수준이 낮은 주요 이유이다. 무엇보다도 한국의 주요 대기업들과 정치권의 검은 거래의 내막이 대선비자금 수사나 최근 X파일 사건 등을 통해 드러날 때마다 국민들의 기업에 대한 도덕적 불신이 깊어졌을 것이다.

한국기업들의 위축된 투자의욕과 기를 살리지 않고는 경제회복과 경제선진화는 불가능하다. 세계 각국이 무상토지제공, 세금면제 등 각종 인센티브를 주면서 외국기업의 투자유치를 위해 애쓰는 반면, 우리 사회는 기업들에 대해 반감을 가지고 투자의욕을 위축시키고 있는 상황이다. 그러나 반기업정서는 장기간 형성된 국민들의 의식이기 때문에 제도나 정책과는 달리 단기간에 변화시키는 것이 어렵다. 단지 더욱 악화되지 않거나 완화시키기 위한 노력을 기울일 수 있을 뿐이다.

반기업정서를 완화시키기 위해서는 먼저 대기업 스스로 무거운 책임감을 느끼고 나서야 한다. 이제부터라도 정경유착의 고리를 과감히 끊고 투명경영을 실천해야 한다. 겉으로는 기업의 자율성과 규제완화를 요구하면서도 속으로는 권력과의 유착을 지속하는 이중적 태도로는 국민들의 신뢰를 회복할 수 없다. 국민들의 신뢰를 얻기 위해서는 지금부터라도 사회적 책임을 다하고 도덕적으로 모범을 보여야 한다. 최근 전경련은 선진경제로 발전하기 위해서는 계층간 갈등구조 해소가 필수적이므로 향후 반부자정서 해소를 중요사업으로 추진하고 있다. 향후 '오블리스 노블리제' 운동을 전개하는 한편, 사유재산제도 등 시장경제의 기본원리에 대한 이해제고를 위한 시장경제교육을 더욱 체계적으로 진행할 필요가 있다.

또한 기업의 사회적 책임(*Corporate Social Responsibility*)을 깊이 인식

하고 윤리경영을 적극 실천해야 한다. 선진국에서는 기업의 사회적 책임수행을 전제로 한 윤리경영이 전략적 이슈로 부각되어 왔다. 기업의 사회적 책임수행이 단순한 기업 PR전략에서 탈피하여 기업의 생존을 위한 필수요건으로 부각되고 있으며, 사회가 요구하는 바를 경영에 반영하는 윤리경영(*moral management*)을 추구하고 있다. 반면 한국기업들의 경우 전체 매출과 순익은 매년 큰 폭으로 증가하고 있지만 사 공헌 성격의 기부금 지출은 IMF 외환위기 이전 수준에 머물러 있는 것으로 나타났다. 지난 10년 새, 매출 180%, 순이익은 750% 늘어났는데, 기업기부금은 겨우 6% 증가한 것으로 나타났다.[11)]

정부의 역할도 중요하다. 정부가 국민들의 평등주의적 정서에 편승해서 포퓰리즘적 경제정책을 추진하게 되면 반기업정서는 더욱 심화되고, 기업은 투자를 중단하거나 한국을 떠나게 된다. 그럴 경우 한국경제의 성장잠재력은 고갈되고 선진국 진입의 희망은 사라진다. 따라서 정부는 규제는 최소화하고 기업의 투자의욕을 고취시키기 위한 시장친화적 정책을 적극적으로 추진해야 한다. 우리 사회에서 기업의 이윤추구가 자연스럽게 인정되고 존중되어야만, 세계 일류기업들이 나오고 나라경제가 성장하며 그 결과 국민들의 삶이 윤택해질 수 있다. 한국정부와 국민들이 기업을 존중하는 태도를 공유하는 일이 경제선진화를 위한 중요한 문화적 기반이다.

따라서 앞서 제시한 문제점들에 대한 대안은 각각 다음과 같이 정리될 수 있다.

- 국제주의와 개방에 대한 긍정적 태도
- 공정한 경쟁의 룰 정착과 투명성의 확대
- 성장과 분배의 균형과 협력적 노사관계
- 기업에 대한 존중과 기업의 윤리경영 확대

---

11) 《조선일보》, 2005년 6월 21일.

3. 결론: 국가경쟁력과 국민들의 경제의식의 변화

2005년 5월 대한상공회의소가 국내기업 200개 사를 대상으로 실시한 '최근 경제현안에 대한 기업인 의견' 설문조사 결과에 따르면 많은 기업들이 연내 경기회복이 어려울 것으로 진단하고 있는 것으로 조사됐다. 현 경기상황에 대해서도 과반수가 넘는 기업이 '침체상황이 지속되고 있다' (52.8%) 고 응답하여 '미약한 회복세' (33.5%) 라는 의견보다 더 많았으며, 완연한 회복세라는 응답은 1.9%에 불과했다. 기업들이 경기를 이처럼 소극적으로 전망하고 있는 것은 국내경기가 도소매 판매 등 일부 지표상 회복기미를 보이고 있으나 고유가와 환율하락에다 세계경기 둔화와 위안화 절상 가능성, 북핵위기 등 대외적인 불안요인이 잇따라 대두됨에 따라 기업의 체감경기가 급속히 악화되고 있기 때문으로 풀이된다.

이렇게 한국의 경제불황이 장기화되고 성장잠재력이 고갈될 경우, 한국의 선진국으로의 진입은 요원한 과제가 될 가능성이 높다. 그러나 문제의 심각성은 성장잠재력의 하락이 경제적 요인들만이 아니라, 비생산적 정치, 경쟁력을 상실한 교육제도, 적대적 노사관계, 첨예한 이념갈등과 이익집단의 집단이기주의 등 한국사회 전반의 구조적 문제점과 깊이 연관되어 있다는 점이다. 국가경쟁력은 자본, 기술, 노동의 질 등 경제적 요인 등에 의해서도 결정되지만, 국민들의 가치관, 의식, 태도 등 문화적 요인에 의해서도 크게 영향을 받기 때문에 이 글은 한국사회의 가치관, 의식과 태도 등을 분석하면서 경제성장을 저해하는 문화적 특성들을 분석하고 이에 대한 극복방안을 제시하려고 하였다.

한국사회의 가치관, 태도, 습속을 살펴보면 진취적 문화의 속성도 가지고 있지만 정체적·문화적 속성도 찾을 수 있다. 교육에 대한 강조, 근면성, 개인의 성취동기, 절약정신, 책임감, 조직에 대한 충성도 등에서는 한국 문화가 매우 진취적 문화의 특성을 가지고 있다고 평가할 수 있다. 그러나 한국의 전통문화 가운데 정체적 문화의 유산이 남아있는 것을 발견할 수 있고, 또한 지난 20년간 한국사회가 민주화와 경제적 번영을 누리면서 생겨난 새로운 습속과 태도 등에서 한국사회의 선진화를 가로막는 새로운 문화적 특성을 발견할 수 있다. 이 글은 닫힌 민족주의적 태도, 공정한 경쟁의 룰의 부재와 연고주의, 분배우선주의적 태도, 반기업정서 등 네 가지 요인들을 경제선진화를 가로막는 문화적 특성으로 제시하고 이에 대한 극복방안을 제시하였다.

1) 지속적 제도개혁과 경제교육의 중요성

한 사회의 지배적인 문화적 특성을 단기간에 교체하는 것은 매우 어렵고 시간이 걸린다. 정부정책이나 제도의 변동에 비해 사람들의 가치관, 태도, 습속은 장기간의 삶의 경험과 역사와 전통의 산물이기 때문에 이를 변화시키는 일은 어려운 과제임에 틀림없다. 하지만 올바른 제도와 정책을 지속적으로 추진할 때 변화가 가능하다. 예를 들면 반부패캠페인과 부패방지위원회 설치 등 제도개혁이 부패의 관행을 줄이는 데 기여할 수 있다. 성장과 분배의 이분법을 극복하고 대립적인 노사관계를 합의적인 노사관계로 바꾸는 노력을 지속적으로 해나가면 성장과 분배의 가치가 공존하는 사회를 만들 수 있다.

한 사회의 지배적인 가치관을 변화시키기 위해서는 제도개혁과 더불어 학교교육, 시민교육이 중요하다. 우선 학교교육은 앞으로 한국사회를 이끌어갈 젊은 세대에게 균형 잡힌 세계관, 역사인식, 가치관을 형성시킨다는 점에서 매우 중요하다. 특히 올바른 경제인식을 가지게 하기 위해서는 시장경제 교육을 활성화할 필요가 있다. 현재 민간부문을 주축으로 운영되는 경제교육 프로그램을 정부차원에서 체계적으로 뒷받침하고 학교교육과 공공교육을 활성화하기 위한 방안을 강구할 필요가 있다. 기업 차원에서는 기업의 사회적 책임(*CSR: Corporate Social Re-*

sponsibility) 의 실천을 기업생존을 위한 필수요건으로 인식하고, 사회가 요구하는 바를 경영에 적극 반영할 필요가 있다. 기부 등 사회공헌(*social contribution*) 을 늘리고 기업윤리(*business ethics*) 에 더 큰 관심을 기울일 필요가 있다고 판단된다.

· 참고문헌 ·

김일영(2003), "참여민주주의인가 신자유주의적 포퓰리즘인가", 《의정연구》 10(1).

공병호(2004), 《10년 후 한국》, 해냄.

국정홍보처 & 미디어리서치(2003), 《자유무역에 관한 국민의식 여론조사》 (www. ksdc. re. kr).

나성린(2004), "경제성장이 가장 강력한 복지정책", 《나라경제》, 2004년 9월호.

대한상공회의소, "2005년 상반기 기업호감지수", 보도자료, 2005년 6월 16일.

서울신문(2004), 〈광복 60주년 국민 여론조사〉, 2004년 12월.

송호근, (2004), 《한국, 어떤 미래를 선택할 것인가》, 21세기북스.

전국경제인연합회(2004), 〈선진국의 반기업정서 현황 및 시사점〉, 정책보고서, 2004년 4월.

한국경제신문 & 한국사회과학데이터 센터(2004), 〈한국경제현안에 대한 국민의식조사〉(www. ksdc. re. kr).

KDI 경제센터(2001), 〈IMF 이후 국민경제의식 변화 여론조사〉, 2001년 8월.

한국일보 & 동아시아연구원(2002), 〈정치 · 사회분야 국민의식조사〉, 2002년 5월.

한국일보 & 동아시아연구원(2003), 〈정치 · 사회분야 국민의식조사〉, 2003년 5월.

한국일보 & 동아시아연구원(2004), 〈정치 · 사회분야 국민의식조사〉, 2004년 12월.

EAI & CCFR(2004), *Worldview 2004 Public Survey*, Seoul: EAI.

Fairbanks, Michael(2000), "Changing the Mind of a Nation", in Harrison,

E. Lawrence and Samueal Huntington (eds.), *Culture Matters: How Values Shape Human Progress*, New York: Basic Books.

Harrison, Lawrence (1985), *Underdevelopment is a State of Mind*, Cambridge: Center for International Affairs: Harvard University.

______(1997), *The Pan-American Dream*, New York: Basic.

Harrison, E. Lawrence and Samueal Huntington (eds.) (2000), *Culture Matters: How Values Shape Human Progress*, New York: Basic Books.

Huntington, Samuel (1996), *The Clash of Civilization and the Remaking of World Order*, New York: Simon & Schuster.

Inglehart, Ronald (1997), *Modernization and Postmodernization: Cultural, Economic, and Political Change in Forty-Three Societies*, Princeton: Princeton University Press.

IMD World Competitiveness Center (2005), *IMD World Competitiveness Yearbook 2005*, Lausanne, Switzerland: IMD.

Landes, David (1998), *The Wealth and Poverty of Nations*, New York: Norton.

Lewis, Bernald (1994), *Islam and West*, London: Oxford University Press.

Lindsay, Stace (2000), "Culture, Mental Models, and National Prosperity", in Harrison, E. Lawrence and Samuel Huntington (eds.), *Culture Matters: How Values Shape Human Progress*, New York: Basic Books.

Myrdal, Gunnar (1968), *Asian Drama: An Inquiry into the Poverty of Nations*, London: Periodical Service.

Porter, Michael, (1990), *The Competitive Advantage of Nations*, New York: Free Press.

Porter, Michael (2000), "Attitude, Values, Beliefs, and the Microeconomics of Prosperity", in Harrison, E. Lawrence and Samuel Huntington (eds.), *Culture Matters: How Values Shape Human Progress*, New York: Basic Books.

Transparency International (2005), "TI CPI 2004 Press Release" (in www.transparency.org).

제 9 장

경제선진화와 시민사회

경제선진화를 위한 정부-시민사회 관계의 모색

김 의 영

1. 들어가면서

'시민사회와 경제선진화'의 문제는 노조, 사업자단체, 시민단체 등 각종 시민사회단체가 경제에 미치는 영향을 중심으로 생각해 볼 수 있다.

우선 신문지상에 오르내리는 각종 이익집단들의 극단적 집단이기주의 현상은 시민사회가 경제선진화에 있어 걸림돌로 작동할 수 있다는 점을 보여준다. 이러한 문제점은 이미 여러 학자들에 의하여 지적되었다. 예를 들어 미국 건국 초기에 제임스 메디슨(James Madison)은 '파벌의 해악'(*mischiefs of faction*)을 경고했다. 그는 인간은 공동선을 추구하기 위하여 협력하기보다는 서로를 억압하려는 경향이 있으며 특히 강력한 파벌의 횡포를 통제해야 할 필요성을 주장한 바 있다. "같은 직업에 종사하는 자들의 대화는 공익에 반하는 음모를 하거나 가격을 올리기 위한 모략으로 끝난다"는 아담 스미스(Adam Smith)의 표현은 동종단체의 담합성향을 지적하는 것이다. 일반적으로 특수이익집단과 담합집단은 그들이 활동하고 있는 사회의 효율성과 총수익을 감소시키고 정치적 삶을 분열시킨다는 올슨(Mancur Olson, 1982)의 주장은 이익집단을 부정적으로 보는 신고전주의 정치경제학의 입장을 대변한다.

그러나 시민사회단체가 경제에 반드시 부정적인 영향을 미치는 것은 아니다. 우선 자유민주주의 사회는 결사와 표현의 자유를 보장하며, 공통의 이익 및 가치를 추구하기 위하여 조직되어 정부의 정책과정에 영향을 미치는 시민사회단체의 등장은 자연스러운 현상이며 피할 수 없는 정치적 현실이란 사실을 받아들여야 한다. 나아가 시민사회단체의 분화와 활성화는 얼마간 사회를 교란시킬 수 있지만 중장기적으로 정치체제의 책임성, 효율성, 정당성을 높이는 쪽으로 작동하고 이는 시민사회의 정부에 대한 존중과 정부 - 시민사회 간 상승적인 관계로 이어지며, 결국 국가의 통치능력 그리고 나아가 경제적 효율성을 향상시킬 수 있는 선순환이 존재할 수 있다. 보다 직접적으로 시민사회단체들은 정부정책과정에 필요한 정보를 제공하고 정책실행 과정에서 정부의 짐을 덜어줄 수 있다. 한편 시민사회단체들이 자신들의 문제를 스스로 해결하고 자발적으로 이익갈등을 조절할 수 있는 능력 — 이른바 사회적 자본(Putnam, 1993) — 을 함양하여 사회통합과 문제해결에 이바지함으로써 경제에 긍정적인 영향을 미칠 수도 있다.

'파벌의 해악'에 대한 메디슨의 경고와 대조적으로 토크빌(Alexis de Tocqueville)의 경우 미국 시민사회를 "결사의 예술"(*art of association*)이라고 극찬한 것은 이러한 시민사회의 양면성을 보여주는 것이다.

결국 경제선진화를 위한 시민사회의 역할과 정부 - 시민사회 관계의 모색은 이러한 순기능은 살리되 위에서 지적한 역기능을 시정하는 것이라고 할 수 있다.

이러한 문제의식을 배경으로 이 글에서는 현 우리나라의 시민사회와 정부 관계의 현실을 비판적으로 검토하고 새로운 대안 및 실천적 합의를 제시해보고자 한다. 2절에서는 권위주의 개발국가시대로부터 현재까지의 정부 - 시민사회 관계를 비판적으로 살펴봄으로써 새로운 대안의 필요성을 부각시키고자 한다. 3절에서는 경제선진화를 위한 새로운 정부 - 시민사회 관계를 구축하기 위한 정책적 · 실천적 대안을 시민단체와 정부의 역할을 중심으로 제시해 보고자 한다.

2. 시민사회와 정부관계의 현실

현 시민사회와 정부 관계는 다음과 같은 복잡한 양상을 보인다.

- 과거 권위주의 시대: 국가조합주의(*state corporatism*) 혹은 국가통제의 유산
- 민주화 시대: 다원주의(*pluralism*)의 확산
- 사회조합주의(*societal corporatism*)의 실험
- 시민단체의 등장

이하에서는 개발국가시대와 민주화를 거쳐 현재에 이르기까지 시민사회와 정부 관계의 변화의 양상을 비판적으로 고찰하고자 한다.

1) 개발국가의 유산과 국가조합주의

권위주의 개발국가시대의 정부 - 시민사회 관계는 한마디로 국가조합주의로 요약할 수 있다. 국가조합주의의 아이디어는 이익집단이 파벌적 행위와 지대추구적 활동을 통하여 정치경제적 비효율성과 불평등을 초래하고 국가정책을 왜곡시킬 수 있으나 이러한 이익집단의 여러 가지 해악을 국가의 통제 혹은 정부규제를 통하여 해결할 수 있다는 것이다.

> '국가'조합주의 체계에서 국가는 소수의 이익집단을 허가하거나 창립하여 그들에게 직업상의 이익을 독점적으로 대표할 수 있는 권한을

> 수여하는 대신, 편협하고 대립적인 요구를 못하도록 그들을 감독할 권리를 주장한다. 그러므로 국가는 '이익집단들의' 요구들을 통제(*shape*) 할 수 있고, 따라서 — 의도하는 바는 — 순종과 협조를 극대화하는 것이다(Wade, 1990, p. 27).

이러한 국가조합주의 모델의 경험적 사례는 바로 과거 우리나라의 박정희식 발전모델에서 찾을 수 있다. 한국 발전모델의 한 축을 이루는 국가조합주의는 경제발전의 한 원인으로 국가가 이익집단들의 단기적·이기적 이익으로부터 격리되어 장기적인 공공이익에 입각하여 정책을 결정할 수 있었다는 점을 강조한다. 또한 국가조합주의 제도 하에서 통제된 이익집단들은 정부의 정책을 전달하고 정부정책의 실행을 돕는 보조적 역할을 수행함으로써 국가능력을 향상시켰다는 것이다. 사업자단체와 정부의 관계를 예를 들면 정부는 법에 근거하여 각 산업을 독점적으로 대표하는 소수의 사업자단체를 세우고 업계의 갈등적·이기적 요구를 통제하는 한편 사업자단체를 산업정책의 수행을 위한 도구로 사용했던 것이다.

국가조합주의가 한때 '한강의 기적'을 가능하게 했던 것이 사실이더라도 이러한 통제적·권위주의적 모델은 현 민주주의 체제 하에서는 더 이상 그대로 받아들일 수 없는 모델이다. 무엇보다도 민주주의는 이익집단의 자유로운 조직과 활동을 보장하는 체제이며, 국가조합주의는 이익집단의 민주주의적 기능을 억압하기 때문이다. 가령 권위주의시절 국가조합주의는 노조 등 반체제적 이익집단에 대한 통제의 수단으로 사용되었던 것이다.

국가조합주의가 민주주의와 병립하기 힘들다는 당위적 차원의 문제에 더하여 국가조합주의는 그 목적과는 정반대로 경제적·정책적 비효율성과 불평등을 초래할 수 있다는 점에서 경제선진화를 위한 모델로써 적합하지 않다. 국가조합주의 기제가 제대로 작동하기 위해서는 국가의 자율성, 중립성, 그리고 이익집단을 감시하고 규율할 수 있는 국가능력이 필수적이다. 이러한 경우 국가조합주의는 국가의 업무부담을 덜고 이익집단의 파벌적 · 지대추구적 행위를 억제하며 정부 - 이익집단 간 정보의 원활한 흐름과 협의적인 관계를 제도화함으로써 정부의 정책적 효율성과 나아가서 경제적 효율성을 달성할 수도 있다. 그러나 국가의 자율성, 중립성, 규율능력이 결핍되어 있을 경우 이러한 관계는 국가와 힘있는 이익집단 사이의 담합적 관계로 전락할 수 있고, 여타 이익집단이 갖지 못하는 지위와 영향력을 소수 힘있는 이익집단만이 특권적으로 누리게 됨으로써 불평등한 이익집단정치를 초래할 수 있는 것이다.

민주화 이후 아직까지 남아 있는 사업자단체와 정부 관계의 국가조합주의의 유산이 왜곡되고 있는 현실이 이점을 잘 보여주고 있다. 즉, 법에 기초하여 국가로부터 독점적 지위와 정책적 권한을 부여받은 사업자단체들이 그 특권적 지위를 이용하여 담합과 지대추구 등 경제적 · 정책적 비효율성을 초래했다는 사실이다. 가령 정부와의 공생적 관계 하에서 사업자단체는 독점적 지위와 권한을 사용하여 가격과 물량을 단체가 직접 결정하거나 단체에 강제로 가입하게 하든지 산업에 진입하지 못하게끔 진입장벽을 치는 등의 경쟁제한 행위를 하는 한편 정부정책과정에서 집단이익 관철을 위한 로비 등 부작용을 낳을 수 있다는 것이다(김의영, 2002).[1)]

1) 공정거래위원회 자료에 의하면 1998년 말 현재 6,316개의 사업자단체 중 4,187개의 단체가 특별법에 설립근거를 두고 있다(공정거래위원회, 1999). 이러한 상황에서 사업자단체의 경쟁제한 행위는 음성적으로 이루어질 뿐 아니라 법령상 위탁받은 정부규제업무를 통해서도 종종 일어난다. 예를 들어 대한건설협회의 건설업자 도급한도액 산정, 건축사협회의 건축사사무소 개설자의 보수기준 산정, 한국증권업협회의 증권회사의 회사채 인수물량 배정, 중소기업협동조합의 각종 공동행위 등은 법령에 의해 위탁받거나 법령상 인정된 사업자단체의 카르텔 행위인 것이다.

2) 다원주의와 민주주의 혼돈의 시대

민주화 이후의 시기는 다원주의가 확산되면서 과도기적으로 혼돈을 야기하는 시기라고 할 수 있다. 기존 시민사회와 정부의 관계는 소수 독점적 집단에 대한 국가의 통제로 특징지어지는 국가조합주의로부터 다수 집단의 자유로운 활동과 경쟁에 기초한 다원주의로 변화되었던 것이다. 국가조합주의 모델이 파벌의 해악을 국가의 통제를 통하여 막아보자고 하는 시도라면 다원주의 모델은 파벌의 해악이 국가의 통제보다는 이익집단간 상호견제와 경쟁을 통하여 해소될 수 있다는 기대를 하고 있다.

그러나 이러한 다원주의 모델이 추구하고 있는 이상—결사의 자유와 견제와 경쟁의 메커니즘—이 아무리 훌륭하더라도 현실적인 문제와 한계를 노정하고 있다. 무엇보다도 다원주의는 이익집단간 집단행동능력의 비대칭성을 간과하고 있다. 가령 불특정 다수의 국민이 무관심하고 무기력한 가운데 소수의 조직화된 집단의 요구가 관철되고 마는 문제를 안고 있는 것이다. 다원주의는 이러한 이익집단간 힘의 불균형의 문제에 더하여 지나친 이익집단의 분화와 극단적인 이익갈등의 문제를 야기하기도 한다.

분산된 이익집단들의 과도한 요구 및 이익집단간 극단적인 이익갈등과 집단이기주의는 정치체제에 과부하(*overload*)를 걸고 정치체제의 이익갈등 조절능력을 마비시킴으로써 국가의 통치능력의 위기상황을 몰고 올 수 있다. 또한 경제적으로 이러한 분산된 이익집단들은 사회 전체의 생산과 성장에 기여하기보다는 자신의 분배의 몫을 늘리기 위해 활동하는 분배적 연합(*distributional coalition*)을 형성한다. 올슨(Olson, 1982)은 이를 한 사회가 생산하는 파이를 크게 만들어 그 결과로 자신의 몫을 늘리려고 하기보다는 어떻게 하면 주어진 파이의 보다 큰 조각을 얻을 것인가를 궁리한다라고 표현했다. 그는 국가들의 흥망성쇠의 원인을 바로 이러한 지대추구적·분배주의적 이익집단에서 찾고 있다. 오랜 기간 안정된 체제에서는 이러한 분배적 연합들이 늘어나고 이는 그 사회의 경제적 효율성을 저하시키며 결국 한 국가의 쇠퇴를 갖고 온다는 것이다.

우리 주위에서 이러한 다원주의의 폐해는 그다지 어렵지 않게 찾을 수 있다. 우리가 목도하고 있는 각종 이익집단의 과도한 집단행동, 집단이기주의 및 님비현상 등은 개별적으로 합리적인 전략이 집합적으로 비합리적인 결말을 낳게 된다는 이른바 집단행동의 딜레마를 잘 보여준다. 또한 집단행동 능력의 차이로 말미암아 불특정 다수의 국민이 무기력한 가운데 소수의 동질적이고 조직화된 이익집단의 이익이 과대 대표되기도 하며 나아가 첨예한 이해관계의 대립과 입장 차이로 인하여 국정마비 현상을 몰고 오기도 한다.

경제선진화를 위한 정부 - 시민사회 관계는 다원주의의 이상과 순기능은 살리되 이러한 역기능을 막을 수 있는 방안을 모색해야 한다는 점을 시사한다.

3) 사회조합주의 실험과 시행착오

민주화 이후의 시기에는 사회조합주의의 실험이 시도되고 있기도 하다. 다원주의의 정치적 · 경제적 부작용들은 위에서 살펴본 국가조합주의의 경우와 같이 이익집단에 대한 정부의 규제와 국가의 권위주의적 통제를 통하여 해결할 수도 있다. 그러나 사회조합주의는 이익집단들이 스스로 과도한 집단이기주의적 이익추구행위를 규제하는 메커니즘 — 이른바 사적 이익정부(*private interest government*)를 구성하고 이러한 사적 이익정부간 합의와 협상을 통해 이익갈등을 해결하는 방법이다(Streek and Schmitter, 1985).

사회조합주의의 대표적인 경우는 자본주의체제에서 가장 심각한 이익갈등이라고 할 수 있는 산업관계, 즉 노사갈등을 노사의 사적 이익정부, 즉 노조의 정상조직과 기업의 정상조직 간 협의를 통해 풀어나가려는 노력이라 할 수 있다. 우리의 경우 1990년 국민경제사회위원회의 실험으로부터 시작하여, 1993년 경총과 한국노총의 임금인상률 가이드라인 합의, 1994년 중앙노사협의회, 그리고 김대중 정부 이래로 시도되어온 현 노사정위원회 체제가 이러한 사회조합주의의 실험들이다.

이론적으로 정상조직, 올슨(Olson)이 말하는 '포괄적 조직'(*encompassing organization*)의 경우는 편협한 이기적 이익을 추구하는 분배적 연합 혹은 지대추구집단과는 달리 사회 전체의 경제적 효율성에 긍정적인 영향을 미칠 수 있다. 한 사회의 대부분을 포괄하는 조직은 편협한 조직에 비해 그 사회의 생산성의 증가(효율성)로부터 훨씬 더 커다란 편익을 받게 되고, 반대로 생산성의 감소(비효율성)가 초래하는 사회적 비용의 더 많은 부분을 감수해야 한다. 따라서 편협한 조직의 경우는 사회전체의 효율성에 미치는 영향을 고려하지 않고 자신의 이기적인 이익을 추구하는 경향이 있다면, 포괄적 조직은 사회적 비용을 초래하는 지대추구행위를 자제하고 사회전체의 효율성을 향상시키는 이익추구활동을 고려하는 경향이 있다. 즉, 보다 큰 파이조각을 얻으려고 다투기보다는 파이 전체의 크기를 늘려 자신의 몫을 늘리려고 하는 유인이 존재한다는 것이다. 가령 단위노조와 개별기업들과는 달리 정상노조와 정상사업자단체는 집단이기주의를 자제하고 사회 전체의 이익을 고려하여 서로 타협할 가능성이 더 높다고 볼 수 있다.

여기서 이러한 사회조합주의적 타협의 가능성은 최소한 아래의 몇 가지 조건을 필요로 한다. 먼저 정상조직이 포괄적일 뿐 아니라 중앙집권화되어 단위노조와 기업을 통제할 수 있는 사적 이익정부가 구성되어 있어야 한다. 노조정상조직과 기업정상조직 간 어느 정도 힘의 균형 및 타협과 신뢰의 문화가 있어야 일방적 강요가 아닌 협상이 가능하다. 또한 양자의 협약을 중립적인 입장에서 중재하고, 협약의 준수를 보장하며, 협약에 따르는 단기적 희생을 복지 및 사회안전망 등 공공재의 제공을 통해 보상해 줄 수 있는 국가의 능력을 필요로 한다.

우리가 목도하고 있는 현 사회조합주의 실험의 시행착오는 많은 부분 이러한 조건이 결여되어 있기 때문이다. 무엇보다도 정상조직, 특히 정상노조가 포괄적이지 못할 뿐 아니라 내부적으로 분열되어 있어 사적 이익정부의 역할을 할 수 없으며, 자본-노동 양자간 힘의 관계 및 타협과 신뢰의 문화 그리고 국가의 중재역할이란 면에서도 불리한 상황이다. 더구나 세계화와 신자유주의적 물결은 노동시장의 유연성과 국가의 역할축소 및 탈규제를 요구하고 있으며 이제 더 이상 정상 차원의 노사정 협의는 가능하지도 유용하지도 않을 것이라는 주장이 제기되고 있으며, 따라서 현재 노사정위원회에 대한 평가 및 전망도 그리 긍정적이지 못하다.

이러한 현실적인 문제에 더하여 사회조합주의의 한계는 자칫 자본과 노동 외의 다른 집단을 배제할 수 있는 제도라는 데에 있다. 사회조합주의는 본질적으로 생산자 집단 혹은 기능적 이익집단(*functional interest group*)의 이익대표체계로서 생산자 집단과 대비되는 소비자 집단의 이익은 배제되어 있는 것이다. 또한 기본적으로 사회조합주의는 환경문제, 인권문제, 교육문제, 삶의 질에 관한 문제 등 공익과 대의명분을 추구하는 집단들을 포함하지 못하는 문제를 안고 있다.

4) 시민단체의 등장

민주화 이후 한국 시민사회에 있어 가장 두드러진 특징은 경실련, 참여연대, 환경운동연합 등으로 대표되는 시민단체의 등장이다. 《한국민간단체총람》에 의하면 2003년 현재 총 3,544개의 주요 시민단체 중 50%에 달하는 1,752개가 민주화 이후인 1990년대에 설립된 것을 알 수 있다(〈표 9-1〉).

이론적으로 시민단체는 위에서 지적한 여러 문제점들을 해소할 수 있는 하나의 대안이 될 수 있다. 한마디로 시민단체는 국가조합주의, 다원주의, 그리고 사회조합주의적 이익대표체계에서 소외될 수 있는 일반 소비자 집단으로서의 시민의 이익과 공익적인 요구를 대표할 수 있다.

위에서 살펴본 것처럼 국가조합주의적 통제는 국가의 공공이익 추구 능력을 제고하기보다는 특수이익의 독점적 지위, 특권적 영향력, 담합적 관계 등의 해악을 초래할 수 있다. 다원주의적 경쟁은 이익집단간 집

〈표 9-1〉 시민사회단체 부문 및 설립연도별 현황

구분	1940 ~ 1949	1950 ~ 1959	1960 ~ 1969	1970 ~ 1979	1980 ~ 1989	1990 ~ 1999	2000	2001	2002	합계
시민사회일반 civil society general	18	16	38	59	135	473	63	60	30	892
지역자치빈민 local community	0	0	1	1	16	145	18	11	16	208
사회서비스 social service	22	159	89	58	265	488	70	39	10	1,200
환경 environment	2	0	2	9	20	235	42	31	15	356
문화 arts and culture	3	11	31	23	71	200	19	19	14	391
교육학술 scholarly and education	10	1	6	4	32	59	2	5	6	125
종교 religiously affiliated	2	0	10	13	20	30	2	3	0	80
노동 labor	6	9	21	30	53	101	8	9	10	247
경제 economy	0	0	1	0	0	4	0	1	0	6
국제 int'l relations	0	2	4	6	8	17	1	0	1	39
전체 total	63	198	203	203	620	1,752	225	178	102	3,544

자료: 시민의 신문, 《한국민간단체총람》(2003).

단행동능력의 비대칭성으로 말미암아 일반 소비자 집단에게 불리한 이익대표체계이자 과도한 이익갈등의 문제를 내포하고 있다. 사회조합주의적 협의 또한 기본적으로 소비자 집단의 이익과 비경제적 이슈들을 배제하는 경향이 있다.

이러한 상황에서 시민단체는 다음과 같은 세 가지 역할을 통하여 직·간접적으로 경제선진화에 기여할 수 있다.

- 정치적 기업가 역할
- 공적·공공정책적 기능
- 자발적·직접적 문제해결

첫째, 시민단체는 권력에 대한 견제세력으로서의 역할과 불특정다수의 시민을 대표하여 집단행동을 주도하는 정치적 기업가(*political entrepreneur*)로서의 역할을 할 수 있다. 즉, 시민단체는 국가의 실패와 특수이익집단의 폐해를 감시, 비판, 견제하고 공익적인 차원에서 정책대안을 제시한다는 점에서 긍정적 역할을 담당할 수 있는 것이다. 우리에게 잘 알려진 경실련, 참여연대, 환경운동연합 등 주요 시민단체들이 주로 이러한 역할을 활동목표로 하고 있다.

둘째, 시민단체는 공적 혹은 공공정책적 기능을 담당할 수도 있다. 이는 기본적으로 시민단체들이 정책결정자들에게 필요한 신뢰할 만한 정보를 제공하고, 정책형성 및 실행과정에서 정부의 짐을 덜어줄 수 있다는 것을 의미한다. 또한 시민단체는 시장과 국가에 의하여 제공되기 힘든 공공서비스를 제공할 수 있다. 즉, 시민단체들은 시장의 실패와 정부의 실패로 인해 제공되기 힘든 공공재와 공익적 서비스 — 가령, 교육, 의료 및 보건, 사회 및 법률적 서비스, 예술 및 문화 등 — 를 제공할 수 있다. 예를 들어 실업자직업훈련, 노숙자문제 해결 등의 공공서비스 제공에 있어 정부는 시민단체에 재정적 보조를 하고 시민단체는 정부를 대신하여 정책집행을 돕고 서비스 제공에 참여할 수 있다.

셋째, 나아가 시민단체, 특히 시민결사체들은 자발적으로 이익갈등을 조절하고 협력을 이끌어 내며 스스로 문제를 해결할 수 있다. 가령 공신력 있는 시민단체들이 의약분업 분쟁의 경우와 같은 첨예한 이익갈등을 중재하고 합의를 이끌어내는 역할을 할 수 있다. 그러나 보다 중요한 것은 시민들이 직접 참여하는 시민결사체들의 역할일 것이다. 이른바 사회적 자본(*social capital*)의 시각에서는 시민결사체들이 '신뢰의 규범 및 상호 호혜적 네트워크'로 정의되는 사회적 자본을 증대시켜 시민사회 구성원 스스로 협력하여 문제를 해결함으로써 궁극적으로 정치경제적 발전을 달성할 수 있다고 주장한다(Putnam, 1993; 2000; 2001). 가령 학부모-교사-학생-지역주민을 엮는 모임(PTA: *Parent Teachers Association*)을 통해 사회구성원들이 협력하여 현장에서 교육개혁을 추진하려는 노력을 예로 들 수 있다.

이렇듯 이상적으로 시민단체는 우리나라의 경제선진화에 직·간접적으로 기여할 수 있는 긍정적 역할을 수행할 수 있다는 점에서 하나의 대안으로 간주할 수 있다. 그러나 현실적으로 시민단체라고 문제가 없는 것이 아니며, 시민단체가 경제선진화에 동참하여 긍정적 역할을 수행하기 위해서는 다음과 같은 한계와 문제점들을 극복해야 한다.

5) 시민단체의 한계와 문제점

무엇보다도 시민단체들의 자원동원능력이 열악하다는 사실이다. 현재 잘 알려진 몇몇 시민단체를 제외하고 대부분의 시민단체들은 인적·물적·조직적 자원의 결핍으로 인하여 소기의 역할을 수행하기 힘든 상태이다. 또한 시민의 참여가 활성화되어 있지 못하여 '시민 없는 시민운동'이라는 비판을 받기도 한다.

- 물적 자원동원능력 부족
- 인적 자원동원능력 부족
- 시민단체의 정치참여에 대한 논란: 정치적 중립성 문제

〈표 9-2, 3, 4〉는 시민단체 자원동원능력이 열악하다는 점을 보여준다. 가령 2003년 자료로 보았을 때 우리나라 민간단체 중 약 56%가 연 예산 1억 원 미만의 영세단체인 것을 알 수 있으며, 약 80%의 단체가 상근자 수가 10명 이하인 것으로 나타났다. 회원 수에서도 약 69%의 단

〈표 9-2〉 예산별 비율

	1997	2000	2003
1,000만 원 미만	9.5	20.1	6.63
1,000만 원~1억	43.5	29.7	48.91
1억~10억	33.0	40.0	38.75
10억 이상	14.0	10.1	5.71

자료: 《한국민간단체총람》(1997, 2000, 2003)에서 집계.

〈표 9-3〉 상근자 수별 비율

	1997	2000	2003
5인 미만	69.2	69.0	59.95
6~10	13.7	15.6	19.68
11~50	13.8	12.6	17.63
51~100	2.0	0.8	2.08
100명 이상	1.4	0.4	0.66

자료: 《한국민간단체총람》(1997, 2000, 2003)에서 집계.

〈표 9-4〉 회원 수별 비율

	1997	2000	2003
100명 미만	25.7	24.9	14.15
101~1,000	42.6	42.4	54.48
1,001~10,000	19.3	20.8	21.6
Above 10,001	12.3	12.0	9.77

자료: 《한국민간단체총람》(1997, 2000, 2003)에서 집계.

체가 1천 명 미만의 회원을 보유하고 있고 회원 수가 1만 명 이상인 단체는 9.8% 정도에 지나지 않는 것으로 집계되었다. 또한 1997, 2000, 2003년 자료들을 비교해 봤을 때에도 예산, 상근자 수, 회원 수 면에서 개선되고 있는 조짐을 찾을 수 없다.

시민단체의 자원부족 현상은 많은 기존 연구들이 이미 지적하고 있는 바이며 최근 세계시민단체연합(CIVICUS)과 한양대 제3섹터 연구소가 조사한 시민사회지표에도 잘 나타나 있다. 전국 6대 도시의 시민단체 관계자 102명과 일반시민 600여 명이 참여하여 100여 개 시민단체의 현황에 대한 조사와 설문조사를 토대로 평가한 결과에 의하면 3점 만점에서 시민단체의 정책에 미치는 영향력은 2.5점인 반면 시민단체의 자원에서는 1.1점, 일반시민의 참여도에서는 1.3점으로 시민단체의 내부구조와 시민참여의 측면에서 매우 취약한 것으로 밝혀졌다(《동아일보》 2005.6.17).

우리나라의 시민단체에 대한 '시민 없는 시민운동'이라는 비판은 대부분의 단체들이 일반시민의 참여가 저조하고 인적·재정적 자원의 부족으로 인하여 열악한 상황에서 소수의 대형 시민단체들과 명망가를 중심으로 엘리트 중심의 운동을 전개하고 있는 현실을 꼬집어 말하고 있는 것이다.

〈표 9-5〉 시민단체의 정치참여 유형

유 형	공명선거실천	제도개혁	선거운동	정치세력화
활동방식	유권자 참여운동 후보자정보공개 공약유도 선거감시운동	정치제도 개혁운동	낙천·낙선운동 당선운동	후보전술 정당연계 창당 등
사 례	공선협, 경실련 YMCA	범국민정치 개혁협의회	총선시민연대 물갈이연대	시민사회1천인 선언국참 0415

자료: 김의영(2004).

시민단체의 자원동원능력의 부족에 더하여 또 하나의 심각한 문제는 시민단체의 정치참여에 대한 논란이다. 시민단체의 정치적 활동은 다양한 형태로 나타난다. 가장 기본적이고 시민단체 본연의 역할이라고 할 수 있는 권력감시로부터 정치제도 개혁, 낙천·낙선운동 및 당선운동과 같은 선거운동, 후보를 내세우거나 창당 수준에 이르는 정치세력화에 이르기까지 다양한 방식으로 정치에 직·간접적으로 참여하고 있다(〈표 9-5〉).

또한 시민단체의 정치참여는 시민단체 지도자들이 정부 고위직에 진출하거나 정부위원회에 참여하는 등 인적 차원에서 정권에 참여하는 방식도 포함된다.

시민단체의 정치참여에 대한 논란은 시민단체의 정치적 중립성 문제를 중심으로 이루어지고 있다. 한마디로 시민단체는 우리 사회의 권력감시기구로서의 본연의 역할을 분명히 하고 정치권력과 긴장관계를 유지함으로써 비정파성과 순수성을 지켜나가야 하며 정치참여의 수준도 간접적이고 낮은 수준에 머물러야 한다는 원칙론과, 낡은 정치청산과 법과 제도개혁을 위해서는 시민운동가들이 적극적으로 정치사회에 참여해야 한다는 현실론의 대립이라고 할 수 있다.

여기서 원칙론과 현실론의 시비를 따지고자 하는 것은 아니다. 다만 경제선진화를 위한 시민단체의 역할이란 점에서 중요한 것은 시민단체의 과도한 정치화가 자칫 시민단체의 정체성에 혼란을 가져올 수 있고 시민들로부터 신뢰를 잃게 됨으로써 소기의 역할을 수행하지 못하게 되는 결과를 초래할 수 있다는 점이다. 또한 시민단체의 정치참여는 위에서 살펴본 시민단체의 세 가지 역할—즉 권력 감시·비판, 공공정책적 기능, 사회적 협력 및 문제해결—중 주로 첫 번째에 해당하는 것으로서 시민단체가 과도하게 정치화됨으로써 나머지 두 역할이 상대적으로 등한시될 수 있는 위험이 있다는 것이다.

최근 들어 시민단체가 정치적 활동에만 치중한다는 인상을 주면서 시민단체에 대한 국민의 신뢰가 하락하고 있다는 우려가 제기되었다. 사실 그 동안 시민단체 전반에 대한 국민의 신뢰도는 다른 기관에 비해 높게 나타났다. 〈표 9-6〉에서 볼 수 있듯이 2002년도 갤럽 조사에 의하면 다른 정부기관과 시민사회단체에 비해 시민단체에 대한 신뢰도가 가장 높은 것으로 나와 있다. 또한 2003년도 세계경제포럼(World Economic Forum)의 조사에서도 시민단체에 대한 신뢰도가 76%로 노조(57%), 군(56%), 언론계(48%), 대기업(35%), 정부(25%), 국회(11%)에 비해 가장 높은 것으로 나타났다(《조선일보》, 2003. 3. 25).

그러나 최근 동아시아연구원(EAI)의 조사에 의하면 경실련과 참여연대와 같은 주요 시민단체에 대한 신뢰도는 대기업과 사법기관보다 낮은 것으로 나타났다. 나아가 〈그림 9-1〉에서 보면 경실련과 참여연대가 영향력이 높은 데 비해 신뢰도가 낮은 4분 면에 위치하고 있는 것을 알 수 있으며, 이는 국민이 이들 기관에 대하여 가지고 있는 관심과 기대에 부응하지 못한다는 불만과 부정적 평가를 의미한다고 볼 수 있다.

〈표 9-6〉 국민의 기관신뢰도

	매우 신뢰한다	어느 정도 신뢰한다	별로 신뢰하지 않는다	전혀 신뢰하지 않는다	모름/무응답
시민단체	269(17.6%)	904(59.3%)	249(16.3%)	52(3.4%)	51(3.3%)
노동조합	87(5.7%)	774(50.8%)	483(31.7%)	97(6.4%)	84(5.5%)
군 대	117(7.7%)	719(47.1%)	471(30.9%)	198(13.0%)	20(1.3%)
U N	99(6.5%)	712(46.7%)	391(25.6%)	80(5.2%)	243(15.9%)
종교계	117(7.7%)	651(42.7%)	487(31.9%)	172(11.3%)	98(6.4%)
세계은행	74(4.9%)	648(42.5%)	435(28.5%)	71(4.7%)	297(19.5%)
언론계	60(3.9%)	655(43.0%)	592(38.8%)	165(10.8%)	53(3.5%)
IMF	85(5.6%)	629(41.2%)	429(28.1%)	96(6.3%)	286(18.8%)
교육계	54(3.5%)	637(41.8%)	623(40.9%)	188(12.3%)	23(1.5%)
WTO	70(4.6%)	609(39.9%)	474(31.1%)	93(6.1%)	279(18.3%)
의료계	41(2.7%)	615(40.3%)	667(43.7%)	175(11.5%)	27(1.8%)
경 찰	37(2.4%)	511(33.5%)	668(43.8%)	299(19.6%)	10(0.7%)
대기업	29(1.9%)	496(32.5%)	733(48.1%)	213(14.0%)	54(3.5%)
다국적기업	33(2.2%)	490(32.1%)	659(43.2%)	192(12.6%)	151(9.9%)
법조계	24(1.6%)	440(28.9%)	713(46.8%)	322(21.1%)	26(1.7%)
정 부	32(2.1%)	325(21.3%)	734(48.1%)	424(27.8%)	10(0.7%)
국 회	20(1.3%)	149(9.8%)	480(31.5%)	870(57.0%)	6(0.4%)

자료: 한국갤럽 여론조사(2002년 7월). 한국갤럽으로부터 얻은 자료를 정리한 것임.

〈그림 9-1〉 23개 파워조직의 영향력과 신뢰도

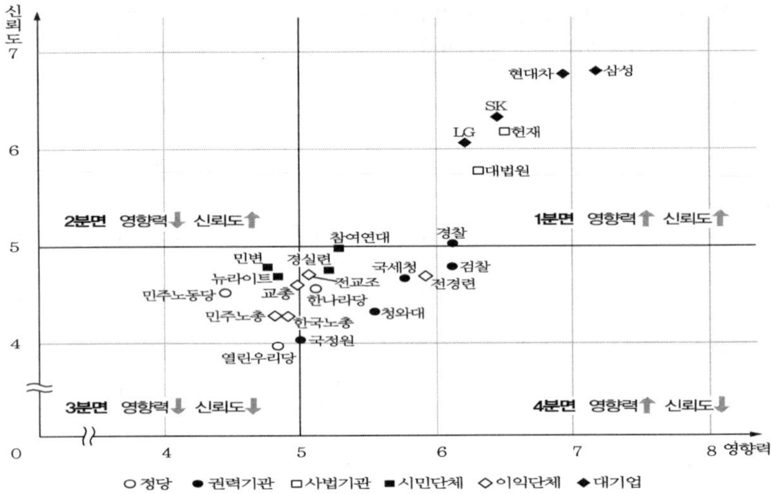

자료: 《중앙일보》(2005. 5. 25).

〈그림 9-2〉 한국 시민단체의 구조와 영향력

(최저 0점, 최고 3점)

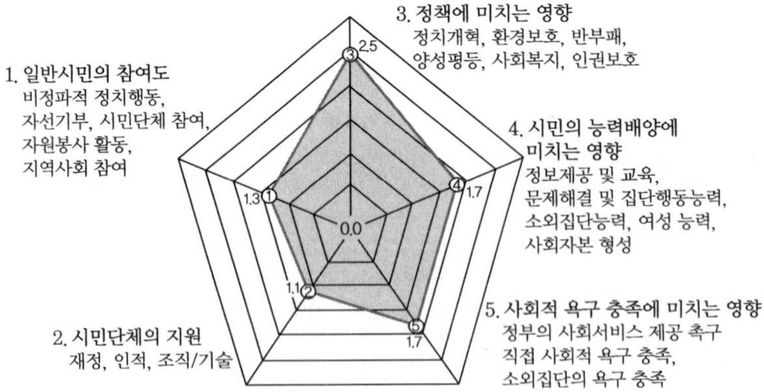

자료: 《동아일보》(2005. 6. 17).

이러한 결과는 최근 시민단체가 정치적 활동에만 치중한다는 인상을 주면서 국민의 신뢰도가 하락하고 있다는 사실을 시사하는 듯하다. 위에서 잠시 인용한 세계시민단체연합(CIVICUS)과 한양대 제3섹터 연구소의 조사결과를 보면 우리나라 시민단체들이 정치적 영향력 면에서는 3점 만점 중 2.5점으로 높은 평가를 받으면서도 시민단체의 자원(1.1)과 일반시민 참여도(1.3)뿐 아니라 시민의 능력배양에 미치는 영향(1.7)과 사회적 욕구충족에 미치는 영향(1.7)의 측면에서도 낮은 평가를 받아 동아시아연구원의 조사결과와 마찬가지로 영향력이 높은 데 비하여 다른 제반 측면에서 낮은 평가를 받아 상대적으로 부정적인 평가를 받고 있는 것으로 해석할 수 있다(〈그림 9-2〉).

물론 시민단체의 신뢰성 문제는 과도한 정치화뿐 아니라 시민단체 활동의 투명성, 공정성, 책임성 및 전문성 등 다른 문제들과도 긴밀한 관련이 있다. 이러한 제반문제들과 함께 시민단체의 정치참여 논란은 경제선진화를 위한 시민단체의 역할을 모색하는 데 있어 반드시 선결되어야 할 문제이다.

3. 경제선진화를 위한 정부-시민사회 관계의 새로운 구상: 시민단체와 정부의 역할을 중심으로

새로운 시민사회-정부 관계의 구상은 결코 용이한 일이 아니다. 시민사회는 서로 다른 집단으로 구성되어 있으며 다양한 형태의 정치적 양상을 보이기 때문이다. 우선 시민사회는 사업자단체, 노조, 주요 시민단체, 지역단위의 시민결사체 등 다양한 유형의 집단들로 이루어져 있다. 게다가 위에서 살펴본 각 모델들에서 추구하는 목표 혹은 가치도 다양하다. 즉, 국가조합주의는 국가의 규제와 통제를 강조하고, 다원주의는 자율적이고 경쟁적인 관계를 중시한다. 사회조합주의는 사적 이익

정부 혹은 사적 규제에 의한 협의적 정치를 제시하고 시민단체에 대한 논의는 시민의 참여를 통한 참여민주주의의 제고라는 서로 다른 그림을 그리고 있다.

이러한 모델들은 국가의 규제와 통제, 시민사회의 자율과 경쟁, 사적 규제와 협의, 평등과 참여 등 서로 모순적일 수 있는 목표를 추구하고 있으며, 사실 어느 하나도 포기하기 힘든 목표라고 할 수 있다. 국가통치의 안정과 과도한 지대추구행위의 억제를 위해서는 국가의 규제와 통제가 어느 정도 필요할 수 있다. 그러나 이를 위해서 결사의 자유와 자율 및 경쟁의 정신을 훼손할 수는 없다. 한편 노사관계에 있어 과도한 분열과 집단이기주의를 막기 위해서는 정상조직의 독점적 지위와 정상조직간 협의에 기반한 사적 규제가 유효할 수 있다. 마지막으로 자칫 소외되기 쉬운 일반시민의 이익을 보호하고 참여의 미덕을 살리기 위해서는 시민단체와 시민결사체에 힘을 실어주어야 한다.

이러한 사실은 새로운 시민사회 - 정부 관계의 구상이 어느 한 모델만을 지향할 수는 없다는 것을 말해준다. 가령 미국식의 다원주의 모델로 가자 혹은 서구식의 사회조합주의 모델을 따르자 등의 논의는 별 의미가 없다. 시민사회의 다양한 현실을 고려하고 서로 상충할 수 있는 목표를 가능한 한 조화롭게 추구하면서 시민사회의 순기능은 살리고 역기능은 억제하는 방향을 모색해야 하는 것이다.[2)]

---

2) 가령 국가조합주의의 왜곡된 유산인 사업자단체의 정부규제업무의 문제는 1999년 미완의 조치로 끝난 규제개혁안을 보완하기 위한 노력이 필요할 것이다(김의영, 2002). 다원주의가 야기하는 과도한 이익갈등 및 집단이기주의의 문제도 법치의 원칙에 따른 대응으로 불법 집단행동이 또 다른 불법 집단행동을 부추기는 부정적인 학습효과를 지양하고, 정부 차원에서 정책조율 및 이익갈등 중재기능을 개선할 수 있는 정책결정시스템 차원의 개혁을 시도하며, 전략적 차원에서 이해당사자들의 여론수렴, 중립적 입장견지, 전문적 대안제시 및 홍보노력, 직·간접적인 보상책 마련 등 이익갈등을 대화와 타협으로 이끌기 위한 다양한 전략을 시도할 필요가 있다. 사회조합주의

이하에서는 시민단체의 역할과 정부의 역할을 중심으로 경제선진화를 위한 정부 - 시민사회 관계를 구축하기 위해 몇 가지 실천적 · 정책적 대안을 제시해 보고자 한다. 이는 현 우리나라 시민사회에 있어 시민단체가 여타 시민사회단체에 비하여 상당한 영향력을 행사하고 있고, 특히 노무현 정부 하에서 기존 모델들의 문제를 극복할 수 있는 참여민주주의의 대안으로 고려되고 있는 상황에서 우선적으로 논의될 필요가 있기 때문이다.

1) 시민단체의 역할

- 과도한 정치화 지양
- 운영 및 재정의 투명성
- 이슈의 전문성 강화
- 시민사회 구성원의 의사결집

위에서 살펴보았듯이 시민단체의 정치참여는 시민단체에 대한 신뢰의 문제를 야기할 수 있으며, 우선 시민단체의 입장에서는 과도한 정치화의 위험을 조심해야 한다.

시민단체 본연의 권력 감시 · 비판의 역할과 비정파성 및 순수성을 강조하는 원칙론의 입장에서는 시민단체가 정치세력화에 나설 경우 시민단체와 정당과의 구별이 어렵게 되고 자칫 시민운동이 정치의 발판이라는 오해를 사거나 심지어 시민단체가 권력지향적 정치지망생들의 임시

실험과 관련해서도 현 노사정위의 현실적 문제들을 극복할 수 있는 제도개혁에 대한 연구가 이루어지고 노사정위를 보다 참여적 · 협의적 기제로 활용할 수 있는 방안이 모색되어야 할 것이다. 가령 산별교섭 차원의 조합주의 제도와 비교적 성공적인 사례로 언급되고 있는 네덜란드와 아일랜드의 경험에 대한 고찰과 응용이 가능할 것이다.

거처로써 수단화될 우려가 있으며, 이는 시민단체의 중립성과 도덕성에 치명적인 손상을 입힐 수 있을 것이라고 지적한다. 나아가 시민단체가 정권에 참여함으로써 본연의 감시와 비판기능을 수행하지 못하게 되고 오히려 정부 차원에서 시민단체를 동원화의 수단으로 이용하는 한편 시민운동이 정치세력으로 흡수되면서 시민운동의 공동화 현상도 나타날 것이라는 우려가 있다. 또한 정치개혁이 시민운동의 주요이슈이기는 하지만 그 외에도 우리사회에 존재하고 있는 여러 가지 과제 — 가령 국민들의 삶의 현장 및 생활과 직결된 과제 — 를 충실히 수행해 건강한 시민사회를 만드는 역할이 더욱 중요하다는 지적도 있다.[3)]

이러한 우려는 과거 김대중 정부 하에서 정부의 일방적인 계획과 하향적인 추진에 의하여 시도된 제 2건국운동의 사례가 극명하게 보여준 바 있다. 현 노무현 정부의 경우도 취임 초부터 시민단체의 요구를 수용하고 시민단체 관련인사들을 충원하는 등 시민단체와의 친화적 관계를 강조하는 상황에서 이와 같은 과도한 정치화의 위험이 도사리고 있다고 할 수 있다. 특히 국민 대다수가 정치를 매우 불신하고 시민단체의 순수성을 강조하는 국민정서상 시민단체의 과도한 정치화는 대국민 신뢰도

---

3) 시민단체의 정치참여를 옹호하는 현실론의 입장에서는 다음과 같이 반박한다. 시민단체의 정치적 성향은 정치적 영향력을 노리거나 정치세력화를 꾀하는 것이 아니며, 우리 국민들의 생활에 가장 큰 영향을 미치는 것이 정치이고 또한 사회개혁이 정치개혁과 맞물려 있기 때문에 정치개혁을 주장할 수밖에 없는 측면이 있다는 것이다. 오히려 정치권의 지지부진한 정치개혁이 시민단체들로 하여금 자신의 고유 활동영역을 벗어나 정치개혁에 힘을 쏟지 않을 수 없도록 만들었다는 현실을 제시한다. 또한 시민단체들은 다양한 영역에 걸쳐 활동하고, 정치적 성향을 보이는 단체도 있지만 국민의 생활현장에서 삶의 질의 향상을 위해 애쓰는 사회복지관련 단체가 더 많으며, 단지 정치개혁을 위한 애드보커시(*advocacy*) 단체들의 목소리가 좀더 크게 들리기 때문에 이러한 활동만이 모든 시민단체의 활동인양 오해받고 있다는 것이다.

의 하락으로 이어질 수 있다. 경제선진화를 위한 시민단체의 일차적 역할은 직접적인 정치참여보다는 정치권과의 긴장관계 속에서 권력을 감시・비판・견제하고 공익 차원에서 건전한 정책대안을 제시하는 데에 있다고 본다.

시민단체들이 이러한 견제역할과 함께 공공정책적인 역할을 담당하기 위해서는 신뢰성과 함께 시민단체 활동의 투명성, 민주성, 윤리성 및 전문성을 제고하기 위한 노력이 필요하다(김영래, 2004). 이러한 시민단체의 덕목들은 상호 밀접한 관련이 있으며 이러한 덕목들이 갖추어져 있을 때 공신력 있는 시민단체로서 견제 및 공공정책적인 역할을 성공적으로 수행할 수 있는 것이다. 사실 대의제 기구와 달리 시민단체의 활동에 대하여 선거에 의한 회고적 책임(*retrospective accountability*)을 물을 수 있는 방법이 없는 상황에서 시민단체에 대한 평가는 이러한 덕목들에 의하여 이루어질 수밖에 없다.

시민단체 운영 및 재정에 있어 투명성이 중요하다. 특히 정부나 기업으로부터 직・간접적으로 지원을 받는 경우 재정의 투명성은 더욱 중요할 것이다. 사실 그 동안 시민단체들이 정부나 기업의 투명성을 강조하는 만큼 시민단체의 투명성에 대한 요구는 없었으며 시민단체들도 투명성의 문제를 별로 심각하게 생각하고 있지 않은 듯하다. 시민단체 내부 의사결정과정의 민주성과 시민단체 지도자들의 윤리성 또한 같은 이유로 시민단체의 공신력에 있어 중요하다. 이러한 덕목들은 시민단체 스스로 내부 행동강령 및 규정을 강화하여 실천함과 동시에 경쟁관계에 있는 시민단체, 언론, 학계 등 시민사회의 다른 기관을 통한 감시의 기능이 활성화될 필요가 있을 것이다.

시민단체의 전문성과 관련하여 대형 시민단체들을 중심으로 백화점식 프로그램을 운영한다는 비판 또한 심각하게 받아들여야 한다. 지금까지 이들 시민단체들은 모든 문제를 다 다루다 보니 세분화된 이슈에 대한 전문적인 대안을 제시하기보다는 기본적 입장을 발표하는 수준을 넘지 못하는 측면이 있었던 것이 사실이다. 사회가 점차 분화되고 다원화됨에 따라 이슈 자체도 다양해지고 전문화되고 있으며 시민단체도 영역별, 이슈별, 지역별로 세분화되고 전문화될 필요가 있다. 또한 그 동안 주로 교수들을 통하여 전문적 지식을 공급받아왔으나 이제는 시민운동가 스스로 전문지식을 쌓아 정책대안을 수립할 수 있는 능력을 키우도록 노력해야 하며, 이를 위해 시민운동가들의 교육프로그램을 강화하는 방안을 고민해야 할 것이다.

시민단체의 견제역할과 공공정책적 기능을 넘어 풀뿌리 차원에서 시민결사체를 중심으로 사회적 협력을 이끌어내고 시민사회 구성원 스스로 문제를 해결해 낼 수 있는 능력을 함양하는 것이 중요하다. 이는 '시민 없는 시민운동'의 문제를 극복하기 위한 방법으로서 의미가 있으며 나아가 사회적 자본의 시각에서 강조하고 있듯이 궁극적으로 경제선진화를 위한 정치·경제적 발전에 기여할 수 있는 방안이기도 하다.

사회적 자본의 증대는 정치적 발전과 경제적 발전을 동시에 달성할 수 있는데, 이는 자발적 시민결사체들의 네트워크가 호혜주의(*reciprocity*)의 규범과 신뢰를 증대시킴으로써 이른바 집단행동의 딜레마를 해결하고 사회적 협력을 형성할 수 있게 해주기 때문이다. 퍼트남에 의하면 시민결사체들은 수요(*demand*)의 측면에서 정부에게 보다 나은 공공서비스를 요구하기 위하여 협력(혹은 집합행동)할 수 있기 때문에 그들이 원하는 결과를 얻을 수 있으며, 반대로 공급의 측면에서 볼 때 스스로 협력(집합행동)을 이끌어낼 수 있는 능력으로 인하여 정부정책의 성과가 제고될 수 있다는 것이다. 한 가지 예만 들자면 교육과 관련하여 사회적 자본이 축적되어 있는 곳에서는 학부모들의 조직화가 수월하고 이들의 교육서비스에 대한 요구를 교육당국이 무시하지 못할 것이며(수요의 측면), 부모들이 자원하여 학교교육의 일익을 담당함으로써 공교육정책이 성공으로 이어질 수 있다는 것이다(공급의 측면). 즉, 정책의 투입과 산출에 있어 시민결사체들의 집합행동능력이 정책의 성공을 가능하게 한다고 볼 수 있다.

이러한 역할은 최근 부산지역의 학부모 교육프로그램이 잘 예시하고 있다(《중앙일보》, 2005. 6. 16). 이른바 '부산발 교육혁명'이라고 불리는 학부모 교육프로그램의 요체는 '학교벽 허물기'로서 선생님과 학부모, 시민운동가, 사회 각 분야의 다양한 전문가 등 사회구성원 모두 교육에 참여하고 있다. 부산시 교육청이 운영하는 학부모교육원이 배출한 '독서지도 가르치미'가 학교현장에 투입돼 특별활동강사로 일하고, 지역의 교회·절·성당이 합심해 배움터와 토요프로그램을 제공하며, 지역기업들이 어려운 학생들에게 책을 나누어주는 한편, 시민단체에서 추천한 시민명예감사관들이 학교현장의 부정·부패를 감사하고 그 결과를 학부모에게 공개함으로써 교육행정의 투명성을 높이는 등 실로 '학교와 사회의 연계와 협력' 체제에 기초한 교육혁명이 이루어지고 있는 것이다. 이는 학부모·시민단체·기업 등 지역 시민사회 구성원 모두가 참여해 바람직한 공교육을 이루어낼 수 있다는 공감대가 형성되어 함께 협력하고 있기 때문에 가능한 것이다. 이러한 '부산발 교육혁명'은 경제선진화의 관건이라고 할 수 있는 교육분야에 있어 시민결사체의 협력적 참여모델로 제시될 수 있을 것이다.

사실 이러한 시민결사체의 역할은 이미 시민의식과 신뢰의 규범이 확산되어 있을 경우에만 가능하다고 볼 수 있다. 반대로 끼리끼리의 사적 신뢰에 기반한 특수주의 문화가 뿌리내린 경우 지역이기주의의 병폐로 전락할 수도 있다. 퍼트남(1993)의 경우도 초기 이탈리아에 대한 연구에서 일종의 문화적 결정주의(*cultural determinism*)의 입장을 견지하고 있다. 즉, 사회적 자본의 축적은 하루아침에 이루어지는 것이 아니며 매우 서서히 점진적으로 변화된다고 주장한다. 가령 이탈리아의 경우 북부와 남부의 문화적 차이는 천 년 전부터 벌어져 경로의존성에 의하여 확대·재생산되어 왔으며, 이러한 문화적 차이로 말미암아 북부에만 사회적 자본이 축적되어 정치·경제적 발전으로 이어졌으며, 반대로 남부의 경우 사회적 자본의 결핍으로 인하여 저발전으로 귀결되었다고 설명하고 있다.

그러나 퍼트남의 최근 연구들(Putnam, 2000, 2003)에서는 비교적 단시일 내에 사회적 자본이 생성되어 집합행동의 문제가 해결될 수 있으며 특히 그가 사회적 자본주의자(*social capitalist*)라고 부르는 시민결사체의 지도자 혹은 시민운동가의 역할이 중요하다는 점을 시사하고 있다. 가령 퍼트남(2003)은 미국의 열두 지역의 사례연구에 기초하여 비교적 짧은 기간에 지역공동체 차원에서 사회적 자본을 구축해낸 성공사례들을 제시하면서 사회적 자본주의자(*social capitalist*)들의 노력 여하에 따라 결과가 바뀔 수 있다는 점을 주장하고 있다.

퍼트남(2003)은 미국 열두 지역의 사례연구에 기초하여 사회적 자본을 증대하기 위한 각종 전략을 제시했다. 지역사회의 소규모 하부조직들을 연방조직들로 묶어 공동체 전체의 협력을 이끌어내는 중층화된 연방전략(*nested federal strategy*), 면대면 접촉을 통하여 관계를 조직화하는 전략(*relational organizing strategy*), 구성원간 일종의 토의 혹은 심의(*deliberation*)를 통하여 내부적으로 결속을 강화하고 이질적인 구성원간 벽을 허무는 전략(*story telling strategy*), 사회저변에 이미 자리잡고 있는 기존의 네트워크 혹은 공동체를 활용하여 사회적 자본을 확대·증식시키는 전략(*recycling strategy*),[4] 결사체 내부의 의사결정구조를 다수결 원칙에서 합의제 원칙으로 바꾸는 전략(*consociation strategy*), 참여 예술공연 프로젝트를 통하여 지역의 이질적인 거주자들 사이에 다리를 놓는 연결전략(*art performance strategy*) 등 실로 다양한 전략과 테크닉을 제시했다.

이러한 전략들은 단지 예시에 불과하며 우리 사회에서도 각 지역의

4) 가령 이미 조직화된 교회와 학교공동체의 네트워크를 활용하여 시민결사체를 조직하는 방법이 한 예이다.

특성과 상황에 따라 시민결사체를 중심으로 다양한 전략을 활용하여 사회구성원들의 협력을 이끌어 냄으로써 정치·경제적 발전에 기여할 수 있다는 점을 시사하고 있는 것이다.[5]

2) 정부의 역할

- 시민단체에 대한 재정지원
- 기금참여를 위한 유인체계 구축

경제선진화를 위한 시민사회 구현을 위해서는 정부의 역할 또한 중요하다. 이미 지적했듯이 현재 시민단체의 자원부족 문제는 심각하다. 정부는 시민단체들이 경제선진화에 바람직한 역할을 수행할 수 있도록 적절한 지원을 해줄 필요가 있다. 또 위의 '부산발 교육혁명'의 예에서 보듯이 시민결사체의 참여와 협력적 거버넌스의 구축을 위해서도 정부의 지원이 필요하다.

그러나 여기서 문제는 정부가 재정적 지원을 함으로써 시민단체를 통제하고 정치적으로 이용하는 기제로 악용될 수 있다는 점이다. 과거 관련단체에 지원을 집중하여 정치적으로 선거에서 표몰이를 위한 수단으로 악용한 예가 대표적이다. 또한 시민단체를 지지세력화하려는 정부 및 여당의 공공연한 의도와 정부의 지원을 받는 시민단체들을 정부의 호위병이라고 매도하는 야당의 비판 사이에서 정부의 시민단체에 대한 재정적 지원은 항상 논란의 대상이 되었다.

이러한 시민단체 지원에 대한 정부 및 정치권의 당리당략적 접근은 시민단체와 정부 간 협력적 관계를 가로막는 가장 주된 요인이라고 볼 수 있다. 한 시민운동가는 이를 다음과 같이 표현하고 있다(박병옥,

---

5) 이러한 역할에 대한 보다 이론적인 분석은 김의영(2005) 참고.

2000, 163쪽).

> 이러한 정치권의 태도는 정부는 물론 정치권에 대한 시민단체의 신뢰를 무너뜨리고 관계를 악화시키는 결과를 가져온다. 시민단체들에 대한 시민들의 의혹이 생기게 되고, 시민단체들은 정치적 중립성과 이에 따른 도덕성의 훼손을 우려하여 정부와 정치권에 대해 더욱 완고한 입장을 견지하게 되며, 협력이 꼭 필요한 사안에 대해서도 협력을 거부하게 된다.

물론 권력지향적 시민단체가 정부의 재정적 지원에 기생하여 정치적으로 동원되는 경우가 존재한다. 그러나 이러한 이유로 정부의 시민단체에 대한 재정적 지원 자체를 문제삼는 것은 정부와 시민단체 사이의 협력적이고 건설적인 관계의 가능성을 저버리는 것이다. 정부와 정치권이 시민단체에 대한 중립적인 자세를 견지해야 한다는 원론적인 지적과 함께 문제해결은 시민단체에 대한 정부의 지원은 활용하되 정치적 위험과 논란의 소지를 줄이는 데에 있을 것이다.

우선 세계적으로 시민단체에 대한 정부지원은 흔한 일이다. 미국 존스 홉킨스 대학 시민사회연구소의 연구에 의하면 1995년 세계 22개국 비영리단체의 수입원에서 정부지원은 40%를 차지하고 있다. 주로 정부에 대한 감시·견제를 일삼는 시민권리옹호단체의 경우도 38%에 이른다(Salamon, 1999). 또한 1996년 미국 비영리부문의 총수입은 대략 5,150억 달러였으며, 이 중 정부지원이 차지하는 비율은 36%로 나타났다. 더욱 흥미로운 것은 여성운동, 민권운동, 환경운동, 소비자운동 등 시민권리옹호단체들의 재원조달의 51%를 정부가 담당하고 있다는 사실이다(설러몬, 2000).

선진 민주주의 국가를 위시하여 전 세계적으로 시민단체에 대한 정부지원이 대세로 자리잡은 이유는 이들 단체들이 제공하는 서비스와 수호하는 가치가 우리 모두에게 필요한 공공재적 성격을 지니고 있다는 점을 인정하고 있기 때문이다.

그러나 선거운동과 같이 명백한 정치적 활동을 하는 단체들의 경우는 다르며 시민단체의 활동성격에 따라 규제할 필요가 있다. 이는 정부가 특정정파에게 재정적 지원을 함으로써 정치적 중립성을 지키지 못하는 결과를 초래할 수 있으며, 정부에 세금을 낸 납세자들의 입장에서도 자신의 정치적 선호와 다른 입장을 취하고 있는 단체에게 자신의 세금이 지원되는 모순을 내포하고 있다. 자유주의와 다원주의를 신봉하는 미국에서도 정부로부터 기부금에 대한 세금감면 지위를 부여받은 비영리단체들은 선거운동에 관여할 수 없도록 하고 있다. 이들이 정치적 활동에 관여할 경우 세금감면 지위를 잃을 수 있으며, 나아가 이들의 정치적 지출(*political expenditures*)에 대하여 세금(*excise tax*)이 부과될 수 있다(Salamon and Flaherty, 1996).[6]

또한 시민단체를 지원하는 방식도 직접지원보다는 간접지원이 더욱 바람직하다. 현재 비영리민간단체지원법 등 정부주도 하에 각 부처가 직접 시민단체를 지원하는 방식 또한 곡해의 소지가 있고, 시민단체의 자율성과 독립성을 훼손할 수 있는 문제가 있다. 물론 공개경쟁과 공익사업선정위원회의 심의를 통하여 객관적으로 사업을 지정하여 지원한다지만 사업선정과 평가과정에 정부의 의도와 영향력이 개입할 여지가 있다.

대안적으로 시민단체 지원을 위한 민간재단을 구성하여 정부지원자금과 관련된 제반사항을 독립적이고 합리적인 방식으로 관리하도록 하는

6) 미국 세법에 의하면 정부로부터 기부금에 대한 세금감면 지위를 부여받은 비영리단체가 선거운동 외에 법안 제·개정에 대한 로비와 같은 정치적 활동을 할 경우 해당 정치적 활동비용의 10%에 해당하는 세금을 단체에 부과하고 단체지도자에게 수입의 2.5%에 해당하는 세금이 우선적으로 부과되며, 이후 시정이 안될 경우 정치적 활동비용의 100%에 해당하는 세금과 기타 벌칙이 부과된다.

방안을 모색할 수 있을 것이다. 물론 민간재단이라 할지라도 정부지원 자금을 지원하는 정부의 간섭으로부터 완전히 자유로울 수 없으며, 민간재단 나름의 문제가 존재하지만 시민단체의 재정적 자립이 어려운 상황에서 차선책으로 고려해 볼 수 있을 것이다.[7)]

또한 직접적 자금지원방식보다는 소득세 등의 각종 세제혜택, 공공시설물과 공유지의 이용, 무료우편이용, 인턴인력의 제공 등 간접적 지원이 더욱 바람직하다는 것이 시민단체들의 지배적인 견해이다.

나아가 시민, 기업, 재단 등이 자유롭게 시민단체들에 기금하고 참여할 수 있는 유인체계를 구축해야 할 것이다. 가령 기부금에 대한 면세혜택을 부여하고 기부금품 모집규제법을 현실적으로 개정하며 자원봉사활동지원법을 제정하는 등 시민들의 자발적 기부문화와 자원봉사활동을 활성화하고 시민단체들의 자체적인 자원동원 능력을 제고할 수 있는 제도적 기반을 조성해야 할 것이다. 세금혜택과 같은 단순한 물질적 유인체계뿐 아니라 교육, 홍보를 통하여 시민참여의식을 고양시키고 확산시키는 노력도 중요하다. 예를 들어 시민교육법을 제정하여 시민교육의 틀을 마련하고 내실화하며 기부와 나눔에 대한 체계적인 교육을 실시하는 것도 가능할 것이다.

공공정책적 역할을 담당하는 시민단체에 대한 정부의 재정적 지원과 관련하여 슈미터(Schmitter, 1995)는 다소 급진적이나 흥미로운 아이디어를 제시하고 있다. 그는 일종의 상환권(*voucher*) 제도의 도입을 주장하는데 슈미터의 아이디어는 공적 권한을 부여받은 시민단체들이 지켜야 할 요건들—가령 책임성, 비영리성, 공공성 등—을 명시한 헌장(*Charter*)에 따라 자격요건을 갖춘 단체들에게 공적 지위를 부여하고 국

---

7) 박상필(2004)은 자금을 지원하는 정부의 간섭배제의 어려움, 민간영역 스스로의 합리적인 자금배분과 적절한 평가·감독의 한계, NGO 자체의 재정충원 및 자립능력의 방해 등의 문제를 들고 있다. 그는 국무총리실 산하에 시민단체 지원재단을 두는 안을 제안하고 있다.

가가 이들에게 직접 재정적 지원을 하는 대신 일반시민에게 상환권을 나누어주고 그들로 하여금 자신들이 원하는 서비스를 제공하는 단체에 수여하도록 하는 방식이다.

· 참고문헌 ·

공정거래위원회(1999), 《공정거래백서》, 서울: 공정거래위원회.

김영래(2004), "한국 시민운동의 과제와 전망", 김영래 · 이정희 외 공저, 《NGO와 한국정치》, 서울: 아르케.

김의영(2002), "진입장벽 완화: 사업자단체 규제개혁 사례", 모종린 외 편, 《한국경제개혁 사례연구》, 서울: 오름.

______(2004), "제17대 총선에서 시민단체의 선거참여", 《의정연구》 10(2).

______(2005), "결사체 민주주의에 대한 소고", 《한국정치학회보》.

박병옥(2000), "한국 시민운동과 정부간 관계의 재정립 방안", 박재창 편, 《정부와 NGO》, 서울: 박영사.

박상필(2004), "NGO에 대한 정부의 재정지원 유형 비교", 김영래 · 이정희 외 공저, 《NGO와 한국정치》, 서울: 아르케.

레스터 설러먼(2000), 《NPO란 무엇인가?》, 서울: 아르케.

시민의 신문(1997; 2000; 2003), 《한국민간단체총람》, 서울: 시민의 신문.

Olson, Mancur(1965), *The Logic of Collective Action*, Harvard University Press.

______(1982), *The Rise and Decline of Nations*, New Haven: Yale University Press.

Putnam, Robert(1993), *Making Democracy Work: Civic Traditions in Modern Italy*, Princeton: Princeton University Press.

______(2000), *Bowling Alone*, New York: Simon & Schuster.

______(2003), *Better Together: Restoring the American Community*, New York: Simon & Schuster.

Salamon, Lester M. and Susan L. Q. Flaherty(1996), "Nonprofit Law:

Ten Issues in Search of Resolution", working paper of the Johns Hopkins Comparative Nonprofit Sector Project.

_____ et al. (1999), *Global Civil Society: Dimensions of the Nonprofit Sector*, Baltomore, MD: The Johns Hopkins Center for Civil Society Studies.

Schmitter, Philippe C. (1995), "The Irony of Modern Democracy and the Viability of Efforts to Reform its Practice", Joshua Cohen and Joel Rogers, *Associations and Democracy*, London: Verso.

Streeck, Wolfgang and Philippe Schmitter (1985), "Market, State, Community, and Association?: The Prospective Contribution of Interest Governance to Social Order", Streeck and Schmitter (eds.), *Private Interest Government: Beyond Market and the State*, London: Sage.

Wade, Robert (1990), *Governing the Market: Economic Theory and the Role of Government in East Asian Industrialization*, Princeton: Princeton University Press.

제 10 장

경제선진화와 통상국가

민주주의 · 시장개방 · 경제적 효율성

정 진 영

시장개방이 한국사회의 중요한 정치적 이슈로 등장했다. 우루과이라운드에 이어 도하라운드와 한·칠레 자유무역협정 체결 등 국내시장개방을 위한 협상이 계속되면서, 시장개방의 폭과 깊이에 비례하여 시장개방에 대한 사회적 저항이 거세지고 있기 때문이다. 시장개방이 불가피할 뿐만 아니라 한국경제의 선진화를 위해 바람직한 반면, 이에 대한 사회적 저항도 필연적이라는 사실을 감안할 때, 어떻게 하면 사회적 비용을 극소화하면서 시장개방의 목표를 달성할 것인가가 한국경제선진화의 중요한 과제다. 그러나 민주화 이후 우리 정부들은 지금껏 이러한 목표달성에 실패했다. 시장개방에 저항하는 집단들에게 엄청난 규모의 사회적 보상을 제공하면서도 시장개방과 구조조정의 목표는 제대로 달성하지 못하고 있다. 그 결과 시장개방에 대한 저항과 사회적 보상에 대한 요구는 계속해서 증가하고 있다. 국가예산의 제약으로부터 비교적 자유로운 정부와 국회가 개방 반대세력의 요구에 굴복하여 예산을 통한 지원을 늘려주고, 이것을 알고 있는 개방 반대세력은 계속해서 저항의 강도를 높인다. 일종의 도덕적 해이가 조장되고 있는 것이다. 권위주의 체제에 기초한 수출주도산업화전략이 경제적 성공을 거둔 이후, 민주주의와 시장개방 시대에 적절한 통상정치의 모델이 수립되지 못하고 있다. 이 장에서 우리는 한국 민주주의의 이러한 과제를 검토하고 해법을 모색해 보고자 한다.

1. 무역과 발전의 정치경제

1) 무역과 경제발전

경제발전에 있어 무역의 역할을 둘러싼 낙관론과 비관론 사이의 논쟁은 무역이 경제발전에 기여한다는 낙관론의 승리로 일단락되었다.

과거 제국주의론, 종속이론에 기초한 무역비관론이 상당한 호응을 얻은 때가 있었다. 그러나 이 이론에 기초하여 수입대체산업화를 추진한 중남미 국가들과 사회주의 계획경제를 추구한 구공산권 국가들이 모두 경제적 파탄을 경험함으로써 1980년대 이후에는 무역에 대한 긍정적 평가가 지배적이 되었다. 따라서 이들 국가들도 이제 모두 수출주도형 발전전략을 추구하고 있다.

경제발전 전략의 선택에서는 여러 가지 요인들이 고려되어야 하지만, 대한민국과 같이 인구는 많지만 자원은 빈약한 나라의 경우 경제발전을 이룩할 수 있는 유일한 길을 무역에서 찾을 수 있다. 경제활동을 증대시키기 위해서는 자본재와 자원의 수입을 증대해야 하는데, 수입할 수 있는 능력을 증대하기 위해서는 수출을 증대시켜야 하기 때문이다. 따라서 무역의 증대가 경제발전의 핵심적 요소가 될 수밖에 없고, 무역의 증대 없이는 경제발전을 이룩할 수 없다. 한국을 비롯한 동아시아 국가들은 모두 이러한 전략을 통하여 급속한 경제발전을 이룩하는 데 성공하였다.

세계적 수준에서도 무역의 증가속도와 경제성장속도는 정비례관계임이 역사적으로 드러났다. 세계무역의 성장속도가 빠를 때에는 세계경제의 성장속도가 빨랐지만 반대의 경우는 경제성장속도도 느렸다.

산업화(공업화)를 추구하는 개도국들의 경제개발전략에는 수입대체산업화(ISI)와 수출주도산업화(EOI)가 있다. 전자가 무역비관론의 입장에 기초한다면, 후자는 무역낙관론에 기초한 발전전략이다. 이 두 가지 전략은 흔히 중남미와 동아시아의 발전전략을 대표하는 것으로 인식되고 있다.

수입대체산업화와 수출주도산업화는 모두 초기에는 국내시장의 보호를 추구한다는 데에 공통점이 있다. 국내시장의 보호 없이는 국내산업을 발전시킬 수 없기 때문이다. 그러나 수입대체산업화가 국내시장을 겨냥한 산업화 자체를 목표로 하는 반면, 수출주도산업화는 국제시장을 겨냥한 국제경쟁력이 있는 산업 육성을 목표로 하는 데 그 차이가 있다.

수입대체산업화는 자립적인 국민경제건설을 목표로 한 데 비해 수출주도산업화는 세계시장을 활용하는 개방적 국민경제 건설을 추구한다. 따라서 수입대체산업화가 효율성을 경시하고 자립경제 건설이라는 정치적 목표를 중시하는 데 비해, 수출주도산업화는 효율성을 중시하고 국제경쟁력을 갖춘 산업건설이라는 경제적 목표달성을 우선적으로 고려하는 특징이 있다.

수입대체산업화는 국내시장을 중시하기 때문에 노동자의 임금을 수요기반으로 인식하고 임금인상에 대하여 호의적인 데 비해, 수출주도산업화는 해외시장에서의 경쟁력을 중시하기 때문에 임금을 비용으로 간주하고 임금인상에 대하여 부정적이다. 따라서 수입대체산업화 전략은 노동을 지지기반으로 하는 민중주의적 권위주의 정부와 친화력이 있고, 수출주도산업화 전략은 국가의 효율적인 자율배분을 추구하는 권위주의 정부와 친화력이 있다.

그러나 두 전략의 결과는 의도와는 매우 다르게 나타났다. 수입대체산업화 전략의 경우에는, 중간재와 자본재의 수입을 증가시킨 반면에 1

차 상품의 수출을 감소시켜 만성적 무역수지 적자를 초래했다. 그리고 생산성을 무시한 임금인상으로 국제경쟁력 약화, 물가상승, 실질소득 감소와 같은 부정적 결과를 초래하였다. 이에 비해 수출주도산업화는 수출증대를 통하여 수입능력을 증대시키고, 국제경쟁력 강화와 고용증대를 통하여 실질임금을 상승시키는 결과를 가져왔다.

2) 시장개방의 정치경제

(1) 시장개방 · 비교우위 · 구조조정

시장개방은 국내산업을 세계시장 경쟁에 노출시킴으로써 국제경쟁력이 있는 산업과 없는 산업 사이에 판이하게 다른 영향을 미친다. 국제경쟁력이 있는 산업은 해외시장까지 개척하여 더욱 번성할 수 있는 기회를 갖게 되는 반면, 그렇지 못한 산업은 국내시장마저 수입품에 빼앗겨 도태될 위기에 처하게 된다.

시장개방이 국내산업에 미치는 이러한 효과는 산업구조의 조정을 통하여 현실화된다. 국제경쟁력을 갖춘 산업은 더욱 성장하고 확장되는 반면에, 국제경쟁력이 없는 산업은 도태의 위험에 처하게 된다. 이러한 과정을 통하여 생산요소가 후자에서 전자로 이동하게 되는데, 이것이 곧 시장개방에 따른 구조조정의 핵심이며, 이로써 경제의 전반적 효율성과 국민소득이 증대되는 긍정적 결과가 산출된다.

자유무역이론은 시장개방의 이러한 효과를 중시하여 자유무역을 지지한다. 자유무역 지지자들은 자유무역에 따른 시장경쟁의 증대가 비교우위가 있는 산업을 선택하여 성장시킴으로써 국가별 전문화가 이룩되고 세계 전체적으로나 개별국가 차원에서 경제발전이 이룩된다고 믿는다.

그러나 경제발전의 초기단계에 있는 개도국들은 시장개방을 통한 국내의 비교우위 산업 선택과 전문화에 비판적이다. 왜냐하면 이들은 경제개발을 통하여 기존의 1차 산업 위주의 산업구조를 타파하고 공업화를 통한 경제발전을 희망하기 때문이다. 따라서 이들은 국내의 유치산업(*infant industry*)을 보호하기 위한 보호무역을 선호한다.[1)]

개도국의 산업화를 위한 유치산업 보호론은 대개 긍정적으로 평가된다. 산업화의 초기단계에서부터 수입품과 경쟁해야 한다면 개도국의 산업들이 국제경쟁력을 확보하기도 전에 도태될 가능성이 높기 때문이다. 그러나 유치산업 보호를 위한 보호무역은 종종 두 가지의 위험에 직면하게 된다. 첫째, 보호무역의 지속으로 인하여 국내산업의 경쟁력이 떨어질 위험이 있다. 보호를 받는 산업은 산업화의 초기단계를 지나서도 계속해서 국내시장의 보호를 요구할 것이기 때문이다. 둘째, 정책적으로 육성할 산업을 국가가 선정하는 것은 산업의 발전가능성이 아니라 정치적 동기에 따라 좌우될 위험이 있다. 즉, 유치산업의 선정이 비교우위를 확보하고 성장할 가능성을 기준으로 이루어지기보다, 정치적 고려에 따라 이루어질 가능성이 크고 경제의 효율성이 떨어질 우려가 있다.

따라서 경제의 지속적인 발전을 위해서는 국내시장 보호를 통한 산업화가 어느 정도 이루어지고 나면 시장개방을 통하여 비효율적인 산업을 도태시키고 효율적인 산업을 육성하는 구조조정이 필요하다.

---

1) 자유무역을 통한 전문화는 교역조건의 변화와 전문화되는 산업의 성장잠재력에 따라 국가들 사이에 매우 불평등한 발전을 초래할 수 있다. 교역조건은 한 나라의 수출품과 수입품의 가격변화를 비교하여 구한다. 수출품의 가격보다 수입품의 가격이 더 빨리 오르거나 더 늦게 내려가면 교역조건은 악화된다. 보호무역을 통하여 후진국의 산업화를 주장하는 이론적 입장은 후진국이 수출하는 1차 상품과 수입하는 2차 상품의 교역조건 변화가 후진국에게 불리하다는 판단에 기초하고 있다. 비교우위에 기초하여 특정한 산업을 전문화하더라도 그 산업의 생산성 증가속도가 느리고 수요의 소득탄력성이 낮으면 경제성장의 속도가 느릴 수밖에 없다. 따라서 각국은 성장잠재력이 큰 산업을 전문화하려고 경쟁하게 된다.

(2) 시장개방의 정치경제

시장개방이 경제의 선진화와 통상국가로서의 생존을 위해 필수불가결한 것임을 인정한다고 하더라도 시장개방을 현실적으로 추진하기는 매우 어렵다. 무엇보다도 시장개방으로 피해를 보는 집단들이 시장개방에 저항할 것이기 때문이다. 국제경쟁력이 낮은 산업에 종사하는 사람들은 시장개방으로 자신들의 직장과 회사의 생존이 위협받는 것을 두려워할 수밖에 없기 때문이다. 이들에 비해 시장개방으로 이익을 보는 집단들은 시장개방을 지지하는 세력으로 동원되지 않는 특성이 있다. 이와 같은 통상정치(*trade politics*)의 전형적 패턴에 따라 시장개방에 반대하는 세력들의 목소리는 강력한 데 비해 시장개방을 지지하는 세력들의 목소리는 거의 들리지 않는다.[2)]

시장개방에 따른 피해를 입는 집단들에 대하여 국가가 여러 가지 방

---

2) 이와 같은 사실은 통상정치와 관련하여 매우 오래 전부터 잘 알려져 있다. 보호무역의 혜택은 소수의 생산자에게 집중되는 데 비해 그 비용은 다수의 소비자에게 분산되기 때문이다. 이에 비해 자유무역의 혜택은 다수의 소비자에게 분산되는 데 비해 비용은 소수의 생산자에게 집중된다. 따라서 역사적 경험에 비추어 볼 때, 무역정책이 사회적 영향력에 따라 결정되는 경우 보호무역이 등장하는 경향이 강력하다. 샤트슈나이더(Schattschneider)가 분석한 스무트-홀리(Smoot-Hawley)법의 경우가 대표적이다: "많은 경우 보호주의체제에 따른 관세나 부과금은 넓은 영역에 걸쳐 실시되고 분산될 가능성이 많기 때문에, 부담이 너무 넓게 퍼져 있어서 영향을 받는 다수의 집단들로부터 반응을 불러일으킬 수가 없다. … 관세와 관련된 정치적 행동은 많은 경우 입법에 따른 개별 생산자에 대한 이익은 명백한데 비용의 많은 부분은 불명확하다는 사실에 의해서 심대한 영향을 받는다. … 이익은 집중돼 있는데 비용은 분산돼 있다. 생산자들이 통상 자신들의 생산물에 대한 보호를 원료나 중간재에 대한 관세 부과에 반대하는 것보다 더 많이 희망한다는 일반화의 논리적 근거가 바로 여기에 있다." E. Schattschneider, *Politics, Pressures, and Tariff*, Englewood Cliffs, N. J. : Prentice-Hall, 1935, pp. 127~128.

법으로 지원을 제공함으로써 이들의 반대를 약화시킬 수 있다. 그러나 이 경우 잠재적 피해집단들은 국가로부터 보다 많은 지원을 얻기 위하여 더욱 강력히 저항할 우려가 있다.

국제적으로도 시장개방이 어려운 여건이 존재한다. 시장개방이 무역상대국과의 협상을 통하여 이루어지고, 이러한 협상에서 자국의 시장개방이 양허로 간주되는 점을 고려할 때, 각 국가들은 자국의 시장개방은 축소하고 상대국의 시장개방은 증대시키려는 유인을 갖게 되기 때문이다.

통상협상은 무역상대국과의 협상과 국내 이익집단과의 협상이라는 양면게임의 틀에서 이루어진다. 따라서 협상안은 대외적 협상타결 가능성과 국내적 비준가능성을 모두 만족시킬 수 있어야 한다. 그러나 현실적으로 협상의 양면 사이의 연계는 국력의 차이, 국가-사회관계, 통상제도 등 다양한 변수들에 의해서 영향을 받는다. 더욱이 국내 이익집단들의 반대를 앞세워 시장개방의 정도를 가급적 줄이는 것이 성공적인 협상이라는 협상게임의 논리는 경제선진화에 도움이 되지 않을 수도 있다.

시장개방과 구조조정을 통하여 경제전반의 효율성을 효과적으로 높일 수 있는 정치경제체제의 설립이 지속적 경제발전을 위한 관건이다. 즉, 민주주의 하에서 지속적 경제발전을 이룩하기 위해서는 시장개방 → 구조조정 → 효율성 증대 → 경제발전의 선순환이 이루어질 수 있는 사회정치적 환경이 조성돼야 한다.

3) 한국의 무역과 시장개방의 정치경제

- 수출주도산업화 전략의 성공
- 시장개방과 자율적 경제관리에 대한 대내외적 요구 증대

한국은 수출주도산업화 전략을 통하여 경제발전에 성공한 대표적 사례이다. 인구는 많지만 자원이 빈약한 한국의 상황에서 수출을 통한 외

자의 확보와 이를 통한 설비투자의 증대는 고도성장을 달성하는 데 필수적 요건이었다.

1964년 1억 달러에 불과했던 수출은, 1971년에 10억 달러, 1977년에 100억 달러, 1986년에 1,000억 달러를 각각 넘어섰으며, 2004년도에는 2,500억 달러를 초과하였다. 이에 따라 일인당 국민소득은 1962년 100달러에서 1977년에 1,000달러, 1995년에 10,000달러를 넘어섰고, 2004년에는 14,000달러를 넘어서게 되었다.

국제비교를 통해서 보면, 한국이 이룩한 성과는 매우 놀랄 만한 것이다. 1964년 우리나라와 비슷한 정도의 수출을 하고 있었던 에티오피아와 니카라과가 아직 5억 달러 전후의 수출실적을 올리면서 일인당 국민소득이 각각 90달러와 730달러에 머무르고 있는 현실을 감안할 때, 한국은 경이적인 발전을 이룩했다고 평가하지 않을 수 없다.

그러나 개발연대를 통하여 국가주도로 이루어진 수출주도형 경제발전 전략은 자체적인 모순과 대내외 여건의 변화에 따른 한계로 인하여 지속가능한 전략이 아닌 것으로 드러났다. 즉, 그러한 전략의 지속적 추구 자체가 불가능하게 되었고, 설사 추진할 수 있었다고 해도 발전을 지속할 수 없었다.

우선 대외적으로 수입을 억제하고 수출을 촉진하는 중상주의적 전략을 지속하는 것은 불가능하게 되었다. 경제개발의 초기단계에서는 무역의 규모가 작고 개도국으로서 우대를 받았기 때문에 중상주의 전략이 가능했다. 그러나 무역의 규모가 커지고 개도국의 지위를 졸업할 단계에 이르면 시장개방의 압력이 거세질 수밖에 없었다. 더욱이 1990년대에 들어서 강화된 세계화의 추세는 중상주의체제의 지속을 더욱 불가능하게 만들었다.

국내적으로도 국가주도의 경제발전 전략을 유지하는 것은 점차 어렵게 되었다. 민간부문의 규모가 커지고 경제구조가 복잡해지면서 국가의 개입을 통한 자원배분이 효율성을 발휘하기 어렵게 되었기 때문이다.

국가개입에 따른 부작용이 심각히 나타나고 있는 가운데, 시장을 통한 경제관리에 대한 요구가 증대하였다. 더욱이 정치의 민주화 역시 국가주도에서 시장주도의 경제관리체제로의 전환을 불가피하게 만들고 촉진시켰다.

그러나 1980년대부터 시작된 시장개방과 경제관리방식의 전환을 위한 노력은 과거의 체제를 해체하는 데에는 어느 정도 성공을 거두었지만 새로운 것을 형성하는 데에는 아직 성공하지 못했다. 한국 정치경제가 안고 있는 본질적인 문제가 여기에 있다.

특히 시장개방이 본격적으로 추진되면서 나타나는 사회적 갈등을 민주적 절차를 통하여 효율적으로 해소하는 데 실패하고 있다. 그 결과 시장개방과 구조조정 자체도 제대로 추진되지 못하는 가운데, 사회적 갈등만 증폭되는 경향이 있다.

UR 협상을 거치면서 한국에서도 시장개방을 둘러싼 사회적 갈등이 정치의 주요한 의제로 등장하였다. WTO 차원의 개방노력과 자유무역협정(FTA) 등을 통한 시장개방이 가속화되고 있는 현실을 한국도 결코 피해갈 수 없는 상황이다. 시장개방은 한국경제의 선진화를 위해서도 불가피하다. 그러나 시장개방에 따른 사회적 갈등이 심각하게 제기되고, 이를 효율적으로 관리하기 위한 방안은 아직 마련되지 않은 실정이다.

시장개방과 경쟁체제의 확립을 통한 국제경쟁력 강화가 한국경제발전의 관건임을 고려할 때, 이를 적극적으로 추진하고 효율적으로 관리할 수 있는 '열린 통상국가'의 설립이야말로 한국 민주주의의 성공을 위해 필수불가결한 조건이라고 볼 수 있다.

2. 개발연대: 정치적 권위주의와 경제적 중상주의

개발연대 한국의 정치경제는 정치적 권위주의와 경제적 중상주의의 결합으로 특징지을 수 있다. 한국은 이러한 모델을 통하여 급속한 경제성장을 달성할 수 있었는데, 그 이유는 중남미나 동남아의 많은 나라들과는 달리 권위주의 정부가 경제개발에 대한 강력한 신념을 가지고 있었고, 수출주도형 경제발전전략이 매우 적절했기 때문이었다.

• 권위주의+중상주의 → 투입증대 → 경제성장

군사정부는 경제개발에 대한 강력한 신념을 갖고 있었고, 이를 국가의 적극적 경제개입을 통하여 달성하고자 하였다. 국가중심적 사회와 권위주의적 정치구조 속에서 지도자의 신념은 나라 전체의 방향과 운명에 지대한 영향을 미쳤다.

한국경제의 자원부존 여건을 고려할 때, 경제성장은 곧 산업화를 의미할 수밖에 없었다. 그런데 산업화를 위해서는 한편으로는 필요한 자본재와 원료의 수입을 증대시켜야 했고, 다른 한편으로는 국내시장의 보호와 수출증대가 필요했다. 권위주의 정부는 국가주도의 자원동원과 배분, 수출장려, 노동탄압을 통한 임금인상 억제 등을 통하여 이러한 경제발전모델의 작동이 가능하게 만들었다.

성장을 위해서는 수입이 필요했고, 수입을 위해서는 수출을 해야 했으며, 수출을 위해서는 임금을 낮추고 소비를 줄여야 했다. 더욱이 투자가 국내에서 수요가 있는 분야가 아니라 수출이 가능한 분야로 집중되게 하기 위해서는 자원배분에 대한 국가의 강력한 개입이 필요했다. 한국의 권위주의 정부는 이러한 경제발전의 기제를 효과적으로 관리함으로써 고도성장을 이룩하는 데 성공했다.

이러한 의미에서 개발연대의 한국 정치경제모형은 경제개발의 효과적

달성이란 측면에서 내적 일관성을 갖고 있었고, 급속한 경제성장은 권위주의 정부의 취약한 정통성 기반을 잠정적으로나마 보강해 주는 역할을 했다.

〈그림 10-1〉은 권위주의 시대 한국의 정치경제모델을 도식적으로 보여준다. 여기서 상하의 사각형(권위주의, 중상주의)은 정치체제와 경제체제의 성격을 보여주고, 좌우의 사각형(투입증대, 경제성장)은 경제성장의 조건과 결과를 보여준다.

개발연대 초기의 경제발전을 위해서 가장 필요한 요소는 투입의 증대이다. 경제성장의 속도를 결정하는 두 변수인 투입과 효율성 증대 중에서 개발 초기에는 투입이 보다 중요하기 때문이다. 이러한 투입의 증대를 위해서는 투자가 증대돼야 하고, 투자의 증대를 위해서는 임금억제를 통하여 자본축적이 용이해야 하며, 수입의 증대를 통하여 자본재 공급이 원활히 이루어져야 한다.

〈그림10-1〉 개발연대의 한국 정치경제모델

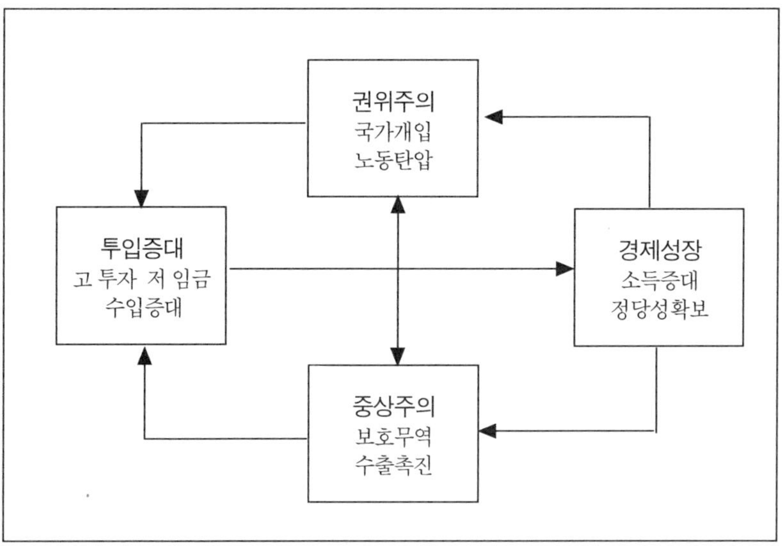

경제개발에 필요한 투입증대를 위해서 권위주의 정치와 중상주의 경제정책이 긍정적 역할을 수행하였다. 권위주의 정부에 의한 국가주도적 자원의 동원과 배분을 통하여 산업화에 필요한 자금을 조달했고, 임금인상을 억제함으로써 수출상품의 가격경쟁력을 높이는 데 기여하였다. 중상주의 경제정책은 국내산업을 보호하고 수출을 장려함으로써 국내기업들의 투자와 성장을 지원하였다.

다른 한편, 급속한 경제성장은 국민들의 소득을 증대시킴으로써 권위주의 정부의 정당성 확보에 기여하였고, 국가주도에 의한 수출지향적 발전전략의 타당성을 입증하였다. 즉, 경제적 성과와 정치경제모델에 대한 국민들의 지지를 증대시킴으로써 정치안정과 경제발전 전략의 효과성을 높여주었다.

그러나 권위주의-중상주의 정치경제모델은 대내적으로나 대외적으로 장기간 지속될 수 없는 성질의 것임이 드러났다. 이른바 '성공의 역설'(*paradox of success*)로 인하여 이 모델의 성공 그 자체가 이것의 지속가능성을 훼손시키는 효과가 있기 때문이다. 그 이유로는 다음 세 가지가 있다.

- 경제적 효율성 저하
- 권위주의체제의 정당성 결여
- 국내시장개방에 대한 외부압력

우선 경제의 규모가 커지고 구조가 복잡해짐에 따라 국가 경제개입이 자원배분의 왜곡과 경제적 효율성 저하를 초래할 위험이 커졌다. 경제의 규모가 작고 구조가 단순할 때에는 국가가 비교적 효율적으로 개입할 수 있었고, 긍정적인 결과를 산출할 수 있었다. 그러나 경제발전의 결과 국가개입의 긍정적 효과는 떨어질 수밖에 없었다.

경제발전과 더불어 도시화가 이루어지고 중산층이 증대함으로써 군사

권위주의 정부에 대한 정치적 저항이 증대했고 점차 이러한 체제의 존속 자체가 어렵게 되었다. 정치적 민주화에 대한 요구는 날로 거세졌고, 관주도 경제관리방식의 효율성은 날로 떨어졌다. 권위주의-중상주의 모델이 아니라 민주주의-시장경제에 대한 요구와 필요성이 날로 증대했다.

대외적으로도 중상주의 경제전략은 더 이상 지속되기 어려운 상황에 직면했다. 수출입의 급속한 증대에 힘입어 한국이 세계의 주요 무역국가로 등장하면서 국내시장의 개방에 대한 외부압력이 날로 거세졌기 때문이다. 국내시장 보호와 수출장려는 국제적으로 더 이상 용인될 수 없었다. 개발연대의 정치경제모델이 대내외적으로 한계에 부딪힌 것이다.

3. 민주화와 시장개방 : 이익갈등의 사회적 비용

한국 민주화는 경제발전모델의 대내적 · 대외적 모순 속에서 이루어졌다. 국가주도 경제관리의 비효율성이 드러나고 국가개입에 대한 민간부문의 반대가 증대하는 가운데, 중상주의적 경제체제 해체에 대한 대외적 압력이 강력해지면서 권위주의적 정치경제모델의 유지가 불가능하게 되었다. 정치적 민주화운동에 대한 국민적 지지의 증대는 결국 개발연대의 정치경제모델의 해체를 가져오는 전환을 가능하게 만들었다.

따라서 정치적 민주화는 경제운영의 모든 측면에서 중대한 변화를 불가피하게 만들었다. 민주화가 경제발전모델의 한계와 관련이 있듯이 민주화는 경제관리방식에서의 변화를 불가피하게 만들었다. 그 내용은 다음 네 가지로 요약될 수 있다.

- 관주도에서 민간주도 경제관리로
- 국가의 계획이 아니라 시장을 통한 자원배분

- 노동억압이 아니라 노사간 자율협상 중시
- 복지제도의 확충 요구 증대

대외적으로는, 세계화의 추세 속에서 한국의 국내시장 개방도 불가피하게 되었다. 과거와 같은 중상주의적 무역정책은 더 이상 지속할 수 없게 되었다. 그 결과 시장개방을 둘러싼 이익갈등이 분출하게 되었다. 그러나 민주화 이후 기존체제의 해체가 곧 새로운 상황에서 효과적인 정치경제체제의 성립을 의미하는 것은 아니었다. 사실 한국은 지난 20여 년간 민간주도의 시장경제체제로의 전환을 위해 노력했음에도 불구하고, 아직 민주적이면서도 효율적인 경제관리체제의 확립에 여전히 성공하지 못하고 있다.

〈그림 10-2〉는 민주화 이후 한국의 정치경제모델을 도식적으로 제시하고 있다. 민주화와 세계화에 따른 구조적이고 복합적인 변화는 다양한 사회적 갈등과 비용을 유발시켜 경제의 효율성 증가를 둔화시킴으로써 한국경제의 성장잠재력을 잠식하고 성장속도를 둔화시키고 있다. 그 결과 민주정치와 세계화에 대한 국민들의 지지도가 약화되고 있다.

민주화는 국가의 경제개입을 축소하기 위한 탈규제 정책을 통하여 민간부문과 시장이 주도하는 경제체제의 수립을 지향하게 만들었다. 그리고 권위주의 시대에 억제되었던 노사갈등이 분출하면서 노동쟁의의 건수나 쟁의에 따른 노동손실 일수가 크게 증가하는 추세를 보였다. 즉, 이익집단, 시민사회단체, 지역 등 다양한 집단들의 정치적 활동이 활성화됨으로써 국가정책이나 분배문제를 둘러싼 사회적 갈등이 크게 증대되었다. 이와 동시에 세계화의 진전은 다자적 · 쌍무적 무역협상을 통하여 국내시장 개방을 불가피하게 만들었고, 이에 따른 사회적 갈등도 증대했다.

〈그림 10-2〉 민주적 전환기의 한국 정치경제모델

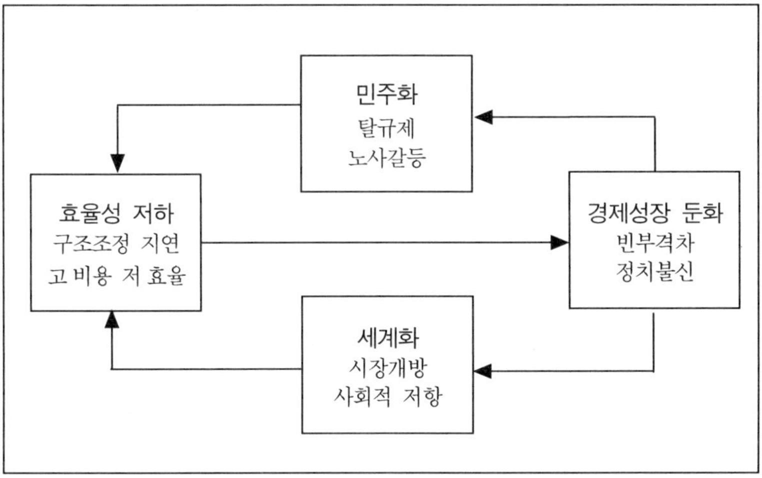

그러나 심화되는 노사갈등과 사회적 이익갈등에 대응할 수 있는 효과적인 수단이나 갈등관리체제가 존재하지 않는 가운데, 정부는 늘어나는 사회적 갈등에 대하여 임금인상, 재정지출 증가 등 포용정책을 추구하게 되었다. 그 결과 구조조정은 지연되고, 고비용·저효율·저투자의 경제구조가 등장하였으며, 결국 한국경제의 효율성과 성장속도가 둔화되는 결과가 초래되었다.

민주화 이후 정부의 경제관리의 실패와 경제성장세의 둔화는 민주정부의 분배중시 공언에도 불구하고 사회적 불평등을 오히려 악화시키는 결과를 초래하였고, 정치에 대한 국민들의 불신도 높아졌다.

- 분배투쟁, 개방반대 → 구조조정 지연 → 효율성 저하 → 경제성장 둔화 → 정치불신

우루과이라운드(UR) 협상과 칠레와의 자유무역협정(FTA) 협상은, 시장개방에 따른 피해가 주로 농업부문에 국한되었음에도 불구하고, 강력

한 사회적 저항에 부딪혀 엄청난 규모의 재정지원을 약속함으로써 비준안을 통과시킬 수 있었다. 그러나 대규모의 재정지출에도 불구하고 시장개방, 구조조정, 농업 국제경쟁력 향상 어느 하나도 제대로 달성하지 못했다.[3] 정부와 국회의 예산지원과 개방반대세력들 사이에 도덕적 해이가 조장되고 있는 것이다.

UR 협정의 비준을 위해서 1992년부터 10년간 82조 원의 재정투융자 지원계획을 발표하고 집행하였으나 농가부채만 늘어나고 농업의 국제경쟁력 향상은 이루어지지 못했다. 한 예로, 중국산 마늘수입에 대한 긴급 수입제한으로 촉발된 한중 마늘분쟁을 타결하면서 정부는 1조 8천억 원에 달하는 마늘산업 종합대책을 제시했다. 그 밖에도 WTO 쌀시장개방협상에서 최소수입물량을 증가시키는 방법으로 협상안을 타결하면서 정부는 쌀농가 소득을 보전하기 위한 농가직불제를 도입하기로 하였다. 한·칠레 FTA 협정안의 국회비준을 위해서 정부는 4대 농어업지원 특별법안을 제출하여 통과시키고, 과일산업 등에 대한 피해보상을 위해 막대한 재정지원을 약속하였다. FTA 이행 특별기금으로 1조 2천억 원, 농특세 10년 연장으로 20조 원, 부채경감을 위한 금융지원으로 5,077억 원, 경영이양 직불제 연령 연장으로 170억 원의 지원을 하기로 약속하였고, 총 119조 원에 달하는 중장기(2004~2013년) 농어촌 투자계획을 발표하였다.

요컨대, 민주화 이후 한국의 정치경제체제는 과거체제의 해체에는 성공했지만, 정치적 안정과 경제발전을 가져올 수 있는 새롭고 내적 정합성 있는 체제의 형성에는 실패하고 있다.

---

3) 한국 통상정치의 현황에 대한 논의는 정진영, “시장개방, 구조조정, 사회적 보상의 정치경제: 한국 통상정치의 경우”, 《국제정치논총》 제 44집 4호(2004년) 참조.

4. 선진통상국가와 민주주의의 효율성

1) 선진통상국가

선진통상국가란 무역을 통하여 경제선진화를 추구하되 중상주의적 방법이 아니라 국내시장의 적극적 개방을 추구하는 경제발전모델을 가리킨다. 무역은 부가가치 창출의 원천으로 국민경제의 규모가 작을수록, 국내에서 조달할 수 있는 자원이 부족할수록 경제발전에서 중요한 역할을 수행할 수밖에 없다. 앞서 살펴본 것처럼, 경제개발의 초기단계에 자원은 부족하지만 노동력이 풍부한 개도국에서 무역의존적 경제발전모델을 추구하는 이유도 여기에 있었다.

경제개발의 초기단계에서는 대개 국내시장을 보호하고 수출을 장려하는 중상주의적 정책을 추구할 수밖에 없었다. 국내의 산업기반을 확립하기 위해서는 수입경쟁으로부터 국내산업을 보호해야 하기 때문이다. 그러나 경제개발이 어느 정도 성취되고 국내 산업기반이 확립되면 무역보호의 수준을 낮추어 국내산업을 국제경쟁에 노출시켜 국제경쟁력을 키울 필요가 있다. 지속적인 보호는 국내산업의 국제경쟁력을 약화시켜 경제발전의 지속을 불가능하게 만들기 때문이다. 즉, 국내시장의 개방은 주요 통상국가로서의 국제적 책임을 다하기 위해서 필요할 뿐만 아니라, 국내 경제체제의 효율성 제고를 위해서도 반드시 필요하다.

〈표 10-1〉에서 볼 수 있는 것처럼, 선진국의 경우 비슷한 수준의 일인당 국민소득을 가지고 있더라도 경제규모가 클수록 무역의존도가 낮고 일인당 수출액이 적다. 이에 비해 경제규모가 작을수록 높은 수준의 국민소득을 달성하기 위하여 무역에 의존하고 있음을 알 수 있다. 네덜란드, 독일, 일본을 비교해 보면, 경제규모가 작은 네덜란드가 무역의존도, 일인당 수출액의 측면에서 가장 개방적이다.

〈표 10-1〉 무역과 경제발전 (2003년)

국가	인구 (천 명)	GDP (10억 달러)	무역의존도 (%)	일인당 수출액 (달러)	일인당 국민소득 (달러)
네덜란드	16,224	512.7	85.1	14,103	31,600
독일	82,502	2401.9	56.2	9,073	29,100
일본	127,619	4300.9	19.9	3,698	33,700
한국	47,925	605.4	61.5	4,044	12,600
멕시코	102,708	625.6	53.6	1,608	6,100

자료: OECD

한국과 멕시코의 경우를 비교하더라도 마찬가지 추세를 발견할 수 있다. 두 나라는 경제규모에서는 비슷하지만, 무역의존도와 일인당 수출액의 측면에서 한국이 훨씬 앞서 있고, 그 결과 일인당 국민소득도 훨씬 높은 수준이다.

선진통상국가 모델을 통하여 경제선진화를 달성하기 위해서는 국가의 역할과 시장경쟁질서가 국민경제의 전반적인 효율성과 국제경쟁력을 증대시키는 방향으로 작동해야 한다. 효율성이 낮고 국제경쟁력이 떨어지는 산업은 시장개방에 반대할 것이고, 이렇게 되면 개방형 통상국가를 지향하는 데 어려움이 있다. 더불어, 국가는 시장경쟁질서의 확립이라는 기본적인 역할 이외에 사회간접자본 확충, 교육 및 연구개발 지원, 사회적 타협과 신뢰의 증진 등을 통하여 국민경제의 효율성 증대, 국제경쟁력 제고에 기여할 수 있다.

효과적인 시장개방을 위해서는 다음 조건의 충족이 필요하다. 첫째, 생산요소의 이동성(*factor mobility*)이 증대되어 국제경쟁력이 없는 산업에 고용되어 있는 토지, 자본, 노동이 국제경쟁력이 있는 다른 산업으로 쉽게 이동할 수 있다면, 시장개방에 대한 저항도 줄어들고 국민경제의 효율성도 증대될 것이다. 둘째, 시장개방이 원활히 이루어지기 위해서는 시장개방으로 피해를 보는 집단들을 지원할 수 있는 사회적 보상체제가 갖추어져야 한다. 여기에는 시장개방 피해에 대해 직접 보상, 경쟁력향상 지원, 사회보장제도를 통한 지원 등이 포함될 수 있다. 스웨덴, 네덜란드와 같은 북구 국가들의 경우 복지국가의 건설을 통하여 시장개방에 대한 저항을 극복하였다.[4)]

2) 한국 정치경제의 새로운 모델

한국이 지속적인 경제발전과 안정된 민주정치를 실현하기 위해서는 열린 통상국가의 모델을 추구할 수밖에 없다. 시장개방 → 구조조정 → 효율성 증대 → 고소득 선진국으로 발전할 수 있는 정치경제체제를 갖추어야 한다. 한국기업들은 이미 세계시장에 깊숙이 참여하여 활동하고 있으며, 한국경제활동의 상당한 부분은 무역을 통하여 이루어지고 있다. 한국의 무역의존도는 70% 이상으로 매우 높은 상태이다. 한국의 경제규모와 자원부존을 고려할 때, 무역을 통한 지속적 발전의 추구가 불가피하다.

그러나 한국은 이제 더 이상 자유로운 국제무역질서에 무임승차할 수 없다. 자유무역질서의 혜택을 향유하기 위해서는 우리도 응분의 책임을 다해야 하며, 그것은 곧 국내시장의 개방이다. 시장개방을 통하여 대외적으로 한국 기업들의 해외 시장진출을 지원하고, 대내적으로 비효율적

---

4) 시장개방과 사회적 지출의 증대, 복지국가와의 관계에 대해서는 많은 연구들이 존재한다. 예컨대 다음의 문헌을 참조하라. Dani Rodrik, *Has Globalization Gone Too Far?* Wahington, D. C : Institute for International Economics, 1997 ; Geoffrey Garrett, *Partisan Polistics in the Global Economy*, Cambridge : Cambridge University Press, 1998.

인 경제활동의 도태를 통하여 자원사용의 효율성을 증대시켜야 한다.

- 선진통상국가모델: 시장개방 → 구조조정 → 효율성 증대 → 지속적 경제발전
- 원활한 시장개방을 위한 체계적인 사회적 보상제도의 확립

〈그림 10-3〉은 선진통상국가 건설을 위한 한국 정치경제 모델의 주요 요소들을 도식적으로 제시하고 있다. 정치적 민주주의의 성숙과 경제적 자유주의의 상호보완적 관계를 통하여 국민경제 전반의 효율성이 증대하여 지속가능한 경제발전모델을 구축한다는 것이 핵심적 내용이다.

우선 한국 민주주의는 국가의 역할을 경제발전에 이바지하는 경쟁국

〈그림 10-3〉 선진통상국가를 향한 한국의 정치경제모델

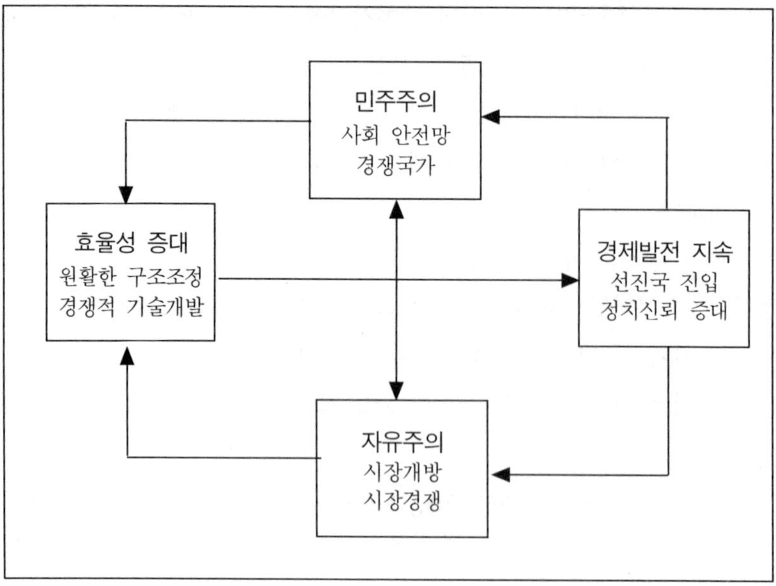

가의 모델로 발전시켜야 하며, 다양한 사회적 갈등을 사회적 합의를 바탕으로 관리하고 해소하기 위해서는 사회적 안전망의 확충이 필요하다. 또한 경제적 자유주의 이념이 확산되고 사회의 주요 흐름으로 확립되어 시장개방과 시장경쟁을 긍정적으로 인식하고, 이를 통한 구조조정과 경쟁이 국민경제의 효율성 증대와 기술개발 경쟁을 통하여 선진국 진입을 가능하도록 만들어야 한다.

정치적 민주주의와 경제적 자유주의의 보완적 상호작용을 통하여 한국경제의 효율성이 증대하고 이에 따른 지속적인 경제성장은 정치경제 모델에 대한 국민적 신뢰를 높일 것이다. 즉, 선진국 진입과 정치적 신뢰도의 증가는 민주주의와 자유주의를 더욱 강화하는 피드백 기제로 작동할 것이며, 선진통상국가의 모델을 지속가능한 발전모델로 안착시킬 것이다.

'시장개방 → 구조조정 → 효율성 증대 → 경제발전'의 선진통상국가 발전모델이 작동하기 위해서는 시장개방이 원활히 이루어질 수 있는 사회적 보상과 지원의 시스템 확립이 필수적이다. 여기서, 시장개방에 따른 피해에 대한 보상을 사회적 비용으로만 인식하는 것은 잘못된 것이다. 시장개방이 기존의 사회적 분배에 영향을 미친다는 점을 고려할 때 피해를 입는 집단들은 당연히 반대할 것으로 예상할 수 있다. 그러나 이들의 반대로 인하여 시장개방이 불가능해지면 사회 전체적으로 손실이 발생한다. 시장개방에 따른 피해보상은 시장개방과 구조조정이 원활하게 이루어질 수 있는 방법으로 진행되어야 한다. 사회적 보상 자체가 정치적 이슈가 되고 더 많은 보상을 획득하기 위한 정치게임이 일어난다면 사회적 보상은 원활한 시장개방과 구조조정에 기여할 수 없을 것이다.

따라서 시장개방과 구조조정을 지원하기 위한 사회적 보상의 체계는 분명한 원칙과 적절한 수단을 기반으로 설립되어야 한다. 그래야만 중복 과다지원을 초래하는 도덕적 해이와 사회적 낭비를 방지하고 소기의 성과를 거둘 수 있을 것이기 때문이다. 〈그림 10-4〉는 이러한 사회적

〈그림 10-4〉 사회적 보상의 원칙과 수단

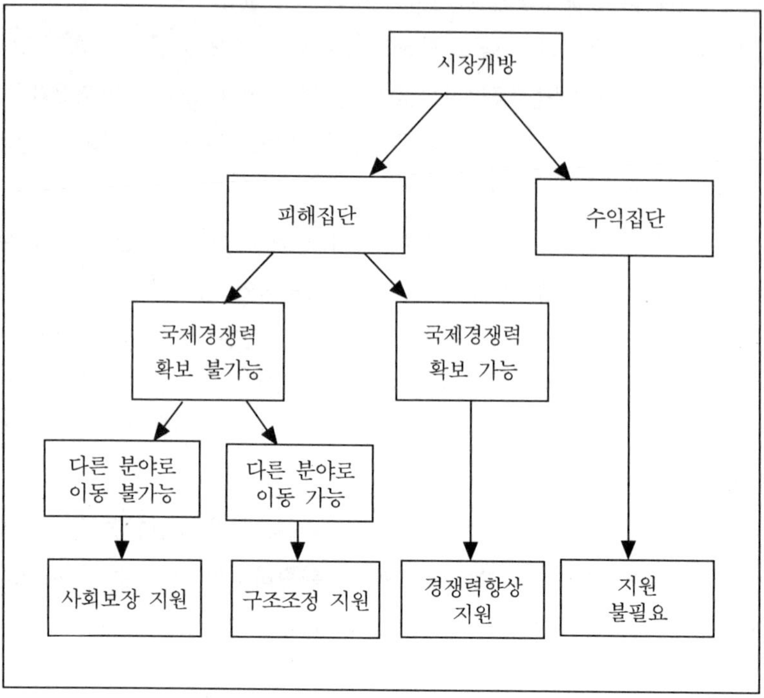

보상체계를 도식적으로 보여준다.

첫째, 시장개방이 관련산업과 집단에 미치는 영향에 대한 정확하고 객관적인 평가가 필요하다. 피해가 시장개방에 따른 것이라면 보상이 필요하다. 물론 시장개방으로 수익을 보는 집단에 대해서는 사회적 지원이 불필요하다.

둘째, 시장개방으로 피해를 보는 집단 또는 산업의 경우, 사회적 지원을 통하여 국제경쟁력이 확보될 수 있는 것인지에 대한 판단이 중요하다. 만약 시장개방으로 피해를 보는 산업이 국제적으로 허용되는 정부지원이나 단기간의 보호를 통하여 국제경쟁력을 확보할 수 있는 경우라면 국제경쟁력 향상을 위한 지원이 제공될 필요가 있다.

셋째, 개방된 시장에서 경쟁력 확보가 어려운 산업이라면 구조조정을 통하여 퇴출되어야 한다. 이 경우 그 산업에 고용된 생산요소들이 다른 분야의 경제활동으로 이동이 가능한지 여부에 대한 판단이 중요하다. 다른 산업으로 이동이 가능한 경우라면 구조조정 지원을 통하여 전업·전직을 지원할 필요가 있다. 그러나 그렇지 못한 경우라면 사회적 안전망을 통한 지원으로 생활안정을 이룩할 수 있도록 해야 한다. 〈그림 10-4〉는 이러한 원칙과 수단을 요약해서 제시하고 있다.

5. 결 언

민주화 이후 한국의 통상정치는 사회적 혼란, 구조조정 지연, 과잉보상 등의 특징을 보이면서 시장개방이 구조조정을 통한 국민경제의 효율성 증대라는 소기의 목표를 달성하는 데 실패하고 있다. 시장개방에 따른 피해의 사회적 지원과 보상체계가 설립되지 못한 가운데 그때그때의 임시방편으로 대규모의 재정지원이 사회적 보상으로 제공된다. 이러한 방법으로는 시장개방도, 구조조정도 제대로 이룩하지 못하는 결과가 초래된다. 피해집단들의 경우 정부로부터 보다 많은 재정지원을 얻어내기 위하여 시장개방에 대한 저항의 강도를 높이고, 정부는 시장개방의 목표도 제대로 달성하지 못하면서 재정지출의 부담만 안게 되는 결과가 초래되고 있다.

지금까지 한국의 시장개방에 따른 피해는 주로 농업부문에 집중되었다. UR과 같은 다자간 무역협상의 경우 공산품 시장개방의 폭과 속도가 국내기업들이 감내할 수 있는 정도였고, 칠레와의 자유무역협정의 경우 칠레의 공산품이 경쟁력이 없기 때문에 국내산업에 미칠 피해가 미미했기 때문이었다. 그러나 정부가 추진중인 일본, 아세안, 중국, 미국 등과의 FTA는 국내의 특정한 산업에 대해 상당한 피해를 줄 것으로 예상된다. 이에 대비하여 정부는 기존의 무역피해구제제도와는 다른 무역조정지원법안을 준비하고 있다. 시장보호가 아니라 구조조정 지원을 통하여 시장개방을 보다 원활히 하려는 취지이다.

시장개방을 통하여 국내산업의 구조조정과 경쟁력 강화를 달성하기 위해서는 시장개방에 따른 피해를 체계적으로 다룰 수 있는 사회적 보상체계의 확립이 필요하다. 지금과 같은 임기응변식의 대응은 사회적 비용만 증가시키고 시장개방과 구조조정의 목표는 제대로 달성하지 못하는 결과를 초래하기 때문이다. 따라서 시장개방에 따른 피해의 성격과 규모를 정확히 파악하고, 구조조정과 효율성 증대라는 사회적 목표의 달성에 기여하는 지원책이 효율적으로 제공돼야 한다. 이에 관한 원칙과 절차, 수단에 대해서 우리는 앞절에서 논의했다. 그리고 시장개방을 바라보는 국민들의 인식도 바뀌어야 한다. 과거의 중상주의적 대외관으로는 선진통상국가를 설립할 수는 없다.

요약하자면, 시장개방과 구조조정이 체계적인 원칙·절차·수단을 통해 이루어지는 정부와 사회의 인프라가 구축될 때, 개방반대와 정부지원이라는 도덕적 해이의 고리가 끊어지고, 한국경제의 지속적 발전을 가능케 하는 선진통상국가의 모델이 설립될 수 있을 것이다.

· 참고문헌 ·

정진영(2004), "시장개방, 구조조정, 사회적 보상의 정치경제: 한국 통상정치의 경우", 《국제정치 논총》 44(4).

Garrett, G. (1998), *Partisan Politics in the Global Economy*, Cambridge: Cambridge University Press.

Rodrik, D. (1997), *Has Globalization Gone Too Far*?, Washington, D.C.: Institute for International Economics.

Schattschneider, E. (1935), "Politics, Pressures, and Tariff", Englewood Cliffs, N.J.: Prentice Hall.

찾아보기

ㄱ

ㄴ·ㄷ·ㄹ

ㅁ · ㅂ

ㅅ

ㅇ

ㅈ · ㅊ

ㅌ·ㅍ·ㅎ

기타

필자약력

(가나다순)

김 병 국 (金炳局)

미국 하버드대 경제학과 졸업. 미국 하버드대 정치학 박사. 대통령자문정책기획위원회 위원. 미국 하버드대 케네디 스쿨 Ralph I. Straus Visiting Professor 역임. 현재 고려대 정치외교학과 교수, EAI 원장, *Journal of East Asian Studies* 부주간. 주요 저서로는 《분단과 혁명의 動學》, 《국가·지역·국제체계: 변화와 연속성》, *Consolidating Democracy in South Korea* (공편), *Between Compliance and Conflict: East Asia, Latin America, and the "New" Pax Americana* (공편) 등이 있다.

김 은 미 (金恩美)

이화여대 사회학과 졸업. 미국 브라운대 사회학 석사 및 박사. 미국 남가주대 부교수 역임. 현재 이화여대 국제대학원 원장 및 국제학과 교수. 주요 논저로는 《경제위기의 사회학: 개발국가의 전환과 기업집단 연결망》, 《한·일 FTA와 대기업의 직면과제》, *Big Business, Strong State: Collusion and Conflict in South Korean Development 1960~1990*, *The Four Asian Tigers: Economic Development and the Global Political Economy*, "Contradictions and Limits of a Developmental State" 등이 있다.

김 의 영 (金義英)

서울대 정치학과 졸업. 미국 미시간대 정치학 박사. 세종연구소 객원 연구위원. 경남대 극동문제연구소 객원 연구위원 역임. 현재 경희대 정치외교학과 교수, 경희대 NGO대학원 교수, 한국 NGO학회 상임이사. 주요 논문으로는 "진입장벽완화: 사업자단체 규제개혁 사례"(공편), "인터넷 거버넌스: 도메인네임체계 관리의 정치", "결사체 민주주의에 대한 소고" 등이 있다.

나 성 린 (羅城麟)

서울대 철학과 및 경제학과 졸업. 영국 에섹스대 경제학 석사. 영국 옥스퍼드대 경제학박사. 미국 워싱턴대 초빙부교수. 한국조세연구원 초빙연구위원. 세계은행 자문관. 한국재정공공경제학회 회장 역임. 현재 한양대 경제금융학부 교수. 주요 논저로는《공공경제학》,《빈곤론》, "Transitional Problems in Optimal Tax Theory", "모집단화 적용을 통한 조세 및 사회부조정책의 소득재분배 효과 측정" 등이 있다.

송 호 근 (宋虎根)

서울대 사회학과 졸업. 미국 하버드대 사회학 박사. 한림대 사회학과 부교수. 한국사회학회 연구이사. 미국 스탠퍼드대 방문교수. 서울대 사회발전연구소 소장. *Korea Journal* 편집위원 역임. 현재 서울대 사회학과 교수. 주요 저서로는《한국 어떤 미래를 선택할 것인가》,《한국 무슨 일이 일어나고 있나》,《세계화와 복지국가》,《정치 없는 정치시대》,《시장과 복지정치》,《열린 시장, 닫힌 정치》 등이 있다.

윤 영 철 (尹榮喆)

연세대 신문방송학과 졸업. 미국 뉴욕주립대(올바니) 사회학 석사. 미국 미네소타대 언론학 박사. 강원대 신문방송학과 교수. 미국 위스콘신대 방문교수 역임. 현재 연세대 신문방송학과 교수, 연세대 커뮤니케이션 연구소장. 주요 논저로는《한국민주주의와 언론》,《한국 사회변동과 언론》(공편),《지배 권력과 제도 언론》(역서), "Media Management of International Conflict" 등이 있다.

이 내 영 (李來榮)

고려대 정치외교학과 졸업. 미국 위스콘신대(메디슨) 정치학 박사. 경희대 국제대학원 교수 역임. 현재 고려대 정치외교학과 교수, EAI 여론분석센터 소장. 주요 논저로는《동아시아의 민주화와 과거청산》(공저),《노무현 2002 대선평가와 노무현 정부의 과제》(공저),《변혁기의 세계질서와 한반도》(공편), "반미여론과 한미동맹", "세대와 정치이념", "Changing South Korean Public Opinion on the US" 등이 있다.

이 종 훈 (李宗勳)

서울대학교 경제학과 졸업·미국 코넬대 노사관계대학원 경제학 박사. 한국개발연구원(KDI) 연구위원 역임. 현재 명지대학교 경영학과 교수. 주요 논저로는《한국의 고용과 인적자원개발》,《교육훈련카드 및 교육훈련 바우처제도 도입·실시방안에 관한 연구》,《공기업 노사관계의 주요쟁점과 정책대응》, "인건비예산의 효율화 방안", "임금유연성제고를 위한 임금체계 개선방안", "임금 프리미엄의 결정요인" 등이 있다.

이 홍 규 (李弘圭)

서울대 정치학과 졸업 · 미국 오레곤대 MBA · 한국 외국어대 경영학 박사. 산업자원부 국장 · 한국정보통신대 경영학부장 역임. 현재 한국정보통신대 경영학부 교수. 주요 논저로는 《대통령의 성공조건》(공저), "지식역전과 기업조직의 변화", "소유 및 자본구조가 기업가치에 미치는 영향에 관한 연구", "Virtual Enterprise: Redefining the Concept" 등이 있다.

장 훈 (張勳)

서울대 정치학과 졸업. 미국 노스웨스턴대 정치학 박사. 한림대 정치외교학과 조교수. 한국국제정치학회 출판이사 역임. 현재 중앙대 정치외교학과 교수, EAI 거버넌스연구센터 소장. 주요 논문으로는 "The 1997 Presidential Election in South Korea", "한국 대통령제의 불안정성의 기원", "민주화 10년의 정당정치" 등이 있다.

정 진 영 (鄭璡永)

서울대 정치학과 졸업. 미국 일리노이대 정치학 박사. 한국개발연구원 연구원. 세종연구소 연구원 역임. 현재 경희대 국제학부 교수. 주요 저서로는 《시장개방, 구조조정, 사회적 보상의 정치경제》, 《세계화 · 지역화와 한국의 대응》, 《외환 · 금융위기와 동아시아 발전의 미래》 등이 있다.

EAI 정책연구시리즈 ⑥

경제를 살리는 민주주의

2006년 7월 5일 발행
2006년 7월 5일 1쇄

편 자 : **장 훈 · 김병국 · 정진영**
발행자 : **이 홍 구**

발 행 처 : (재) 동아시아연구원
100-849 서울 중구 을지로4가 310-68 삼풍빌딩 909호
전화 : (02) 2277-1683 (代), FAX : (02) 2277-1684
등록 : 제 2-3612 호 (02.10.7)
http://www.eai.or.kr

제작 · 공급 : (주) **나남출판**
413-756 경기도 파주시 교하읍 출판도시 518-4
전화 : (031) 955-4600 (代) FAX : (031) 955-4555
post@nanam.net

ISBN 89-953453-8-1

책값은 뒤표지에 있습니다.

• 이 책을 낼 수 있도록 동아시아연구원(www.eai.or.kr)을 도와주신 분들입니다.

강윤관	강찬수	강홍렬	고승수	고은희	고형식	고혜선	공성원
곽노전	곽준엽	구상환	구준서	권용순	금영수	김건호	김경순
김관호	김국형	김남이	김 담	김동건	김동은	김만호	김미영
김병국	김병표	김상기	김석우	김석준	김세종	김수진	김시연
김신숙	김연옥	김영구	김영미	김영원	김용규	김용남	김용수
김용준	김용직	김용호	김우상	김 원	김유상	김윤호	김은숙
김은영	김인혜	김재두	김정수	김정온	김 준	김준희	김지정
김지현	김진기	김진영	김진혁	김철영	김하정	김형국	김형재
김형준	김형찬	김효신	김희동	김희정	김희진	남윤호	노영훈
노재경	노호식	라종일	류재희	마금희	마정재	명정모	문성환
문윤성	문지욱	문진성	민병문	민선식	민선영	민지숙	박근아
박대균	박상준	박수진	박순휘	박용준	박재준	박정호	박준형
박진원	박찬근	박찬선	박 현	방효은	배위섭	백승태	백혜영
서미혜	서영민	서용주	서은숙	서창식	성정은	소치형	손재키
송대창	송우엽	송지연	신권식	신동원	신동준	신성호	신영준
신윤경	심윤보	안건영	안준모	안중익	여동찬	예병민	오명학
오미순	오복실	오 철	우병익	원종숙	원종애	유문종	유성수
유욱상	유창수	육은경	윤상민	윤용집	윤혜성	이규호	이 근
이근우	이내영	이동찬	이동훈	이마리	이민교	이민자	이병인
이상호	이선주	이성량	이여희	이영복	이용자	이원종	이미혜
이재섭	이정민	이정은	이정호	이종수	이종진	이지원	이지희
이창헌	이충형	이태석	이 항	이현옥	이홍구	이홍규	이홍미
이효재	이희정	임상균	임재환	임현모	임현진	임홍재	장원호
장의영	장진호	전경수	전명선	전혜경	정랑호	정봉화	정아영
정연태	정영국	정원칠	정재호	조동현	조상호	조은희	조홍식
주미야	주영아	주진균	주 한	진선희	진지운	차국린	차순만
채혜경	최 건	최관주	최복대	최윤준	최종호	최진원	최철원
하영호	한계숙	한금현	한선호	한숙현	한일봉	한정원	한준희
한지현	한하람	현정은	황석희	황성진	황의숙	황정원	